▲ 紫金矿业第八届董事会全体成员合影

▲ 青年时代在紫金山进行地质找矿的陈景河

▲ 矿山开发前的紫金山

▲ 前任总裁罗映南为紫金铜业闪速炉点火

▲ 前任总裁王建华在龙兴公司项目投产仪式上

▲ 前任副董事长、总裁蓝福生为刚果（金）穆索诺伊公司投产致辞

▲ 副董事长、总裁邹来昌在刚果（金）卡莫阿铜矿调研

◀ 2016年启用的厦门中航紫金广场

◀ 紫金矿业前身上杭县矿产公司

◀ 紫金矿业总部大楼

▶ 1991年的紫金山上地质村

◀ 1996年春节紫金山矿区雪景

▼ 紫金山铜金矿

▲ 1997年12月17日，紫金山金矿实施千吨级揭顶定向抛掷大爆破成功，揭开了上杭紫金山金矿露天开采的序幕

▲ 2000年福建紫金矿业股份有限公司创立会上，公司主要领导班子成员与股东代表合影。左起：柯德育、饶毅民、蓝福生、刘晓初、陈景河、罗映南、柯希平

▲ 2003年12月23日,紫金矿业在香港成功上市

▲ 2008年4月25日,紫金矿业正式在上海证券交易所挂牌上市,图为陈景河董事长与蓝福生副董事长共同敲钟

▲ 2015年5月26日,紫金矿业董事长陈景河与艾芬豪矿业董事长罗伯特举行合作签约仪式

▲ 刚果(金)卡莫阿-卡库拉项目投产

▲ 刚果（金）穆索诺伊项目

▲ 塞尔维亚丘卡卢·佩吉铜金矿

▲ 2020年11月23日，圭亚那奥罗拉项目在完成交割90天后实现全面复工复产

▲ 2022年3月20日，阿根廷3Q盐湖锂业科思项目开工

▲ 建设中的西藏拉果资源项目

▲ 西藏巨龙铜业

▲ 2010年10月,中国甘肃舟曲发生特大泥石流灾害,紫金矿业组建救援队前往救援,成为到达时间最早、第一家把大型设备开进救援现场的企业,也是救援时间最长的队伍之一

▲ 紫金矿业出资8.6亿元设立上杭县紫金中学(非营利性)

◀ 2022年8月20日,紫金矿业刚果(金)项目为周边社区打水井,解决用水困难问题

▶ 哥伦比亚大陆黄金公司扶持社区农户种植咖啡

▼ 诺顿金田积极推进Binduli南项目周边遗址保护性搬迁

▲ 塞尔维亚波尔州紫金奖学金签约仪式

▲ 紫金矿业刚果(金)科卢韦齐项目的非洲员工

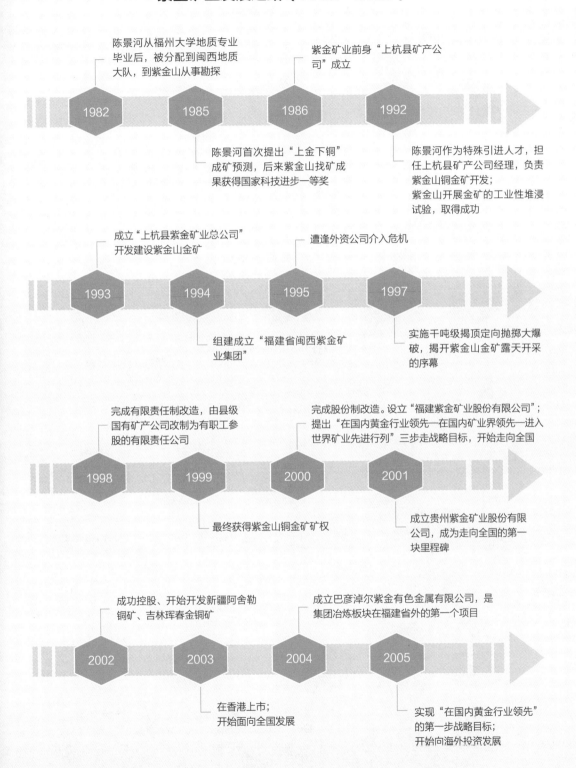

紫金矿业发展之路（1982—2023）

2006
- 成为科技部公布的首批118家国家认定企业技术中心之一；
- 参股多宝山大型铜矿的开发

2007
- 与福州大学合作创办福州大学紫金矿业学院；
- 截至2007年年底，已在国内20多个省（区）投资组建了约80家下属公司；
- 开始在"一带一路"沿线国家收并购矿业项目

2008
- 在A股上市；
- 紫金山被授予"中国第一大金矿"荣誉称号

2010
- 先后发生"7·3"汀江污水外泄事故与信宜紫金"9·21"溃坝事故；
- 确定7月3日为安全环保日，7月为安全环保月；
- 提出实施以国际化、项目大型化、资产证券化为特征的新一轮创业

2011
- 第一次发布企业《社会责任报告》；

2012
- 首次收购境外上市公司澳大利亚诺顿金田，并成功运营

2013
- 实现"在国内矿业界领先"的第二步战略目标；

2015
- 收购巴里克黄金50%股权和50%债权，收购刚果（金）卡莫阿铜矿49.5%股权

2016
- 国际化进入收获期，增持科卢韦齐铜矿权益至72%

2017
- 完成多宝山铜矿100%权益收购

2018
- 开始披露ESG年度报告；
- 提出"五年再造一个紫金"目标；
- 收购塞尔维亚波尔铜业公司63%股权，收购塞尔维亚提莫克铜金矿上部带矿100%权益、下部带矿60.4%权益

2020
- 收购哥伦比亚武里蒂卡金矿，收购西藏巨龙铜业50.1%权益，收购圭亚那奥罗拉金矿100%权益

2021
- 首次进入福布斯、财富全球500强，分别位列第398位、486位；
- 公告五年（2+3）规划和2030年发展目标纲要，提出未来十年发展的三个阶段战略目标，着手布局新能源新材料产业

2022
- 投入319亿元，收购阿根廷3Q盐湖锂矿、西藏拉果错盐湖锂矿、湖南湘源硬岩锂矿、新疆萨瓦尔顿金矿、安徽金沙钼矿、招金矿业、海域金矿、龙净环保、苏里南罗斯贝尔金矿、江南化工等项目

2023
- 首次跻身福布斯全球前300强，位列第284位

紫金全球矿业梦
一家矿业企业的创新迭代与滚动发展

傅长盛 著

机械工业出版社
CHINA MACHINE PRESS

本书通过紫金矿业的发展缩影展现了中国矿业企业的高质量发展历程。本书讲述参与紫金山十年艰辛勘探的青年地勘专家陈景河，转型为资不抵债的县级国有小矿业公司经理，通过艰苦奋斗、开拓创新，将曾被上级部门视为贫矿的紫金山金矿建成中国第一大金矿。进入21世纪，紫金矿业完成了股份制改造，走向全国，走向世界，借力资本市场，逐梦全球，在14个国家开发了矿山项目，入选财富世界500强及福布斯全球500强企业，成为中国最大的矿产铜、金、锌（铅）生产企业和国际前十的大型跨国矿业公司，为中国矿业企业参与"一带一路"建设和高质量发展树立了一个标杆和典范。

图书在版编目（CIP）数据

紫金全球矿业梦：一家矿业企业的创新迭代与滚动发展 / 傅长盛著. — 北京：机械工业出版社，2023.9（2024.8重印）

ISBN 978-7-111-73735-3

Ⅰ.①紫⋯　Ⅱ.①傅⋯　Ⅲ.①金属矿-矿山企业-工业企业管理-研究-上杭县　Ⅳ.①F426.1

中国国家版本馆CIP数据核字（2023）第160439号

机械工业出版社（北京市百万庄大街22号　邮政编码100037）
策划编辑：康　宁　　　　　责任编辑：康　宁
责任校对：张爱妮　张　薇　责任印制：单爱军
北京联兴盛业印刷股份有限公司印刷
2024年8月第1版第2次印刷
170mm×230mm・24.25印张・8插页・359千字
标准书号：ISBN 978-7-111-73735-3
定价：96.80元

电话服务　　　　　　　　　网络服务
客服电话：010-88361066　　机　工　官　网：www.cmpbook.com
　　　　　010-88379833　　机　工　官　博：weibo.com/cmp1952
　　　　　010-68326294　　金　书　网：www.golden-book.com
封底无防伪标均为盗版　　机工教育服务网：www.cmpedu.com

推荐序

矿产资源是一种不可再生的自然资源,又是国家经济建设、社会发展、文明进步不可或缺的物质资源。人类社会要获得矿产资源,就需要矿业企业对其进行勘查开发。而矿业企业拥有可供开发的矿产资源,是企业生存与持续发展的先决条件。作为全球矿业市场的先行者,必和必拓、力拓等老牌超级矿业公司控制了全球最优质的大量矿产资源,是其经久不衰的重要原因。

紫金矿业深知这一点,公司目前控制的重要金属矿产资源储量、产量和利润已经稳居国内第一,并迈入国际一流金属矿业公司行列。从最新的排名榜单看,紫金矿业已成为《福布斯》2023 年全球企业第 284 位。当年也许谁都没有奢望过,仅用 30 年,这个诞生于原中央苏区、开办费仅有 1 万元的县属矿产公司,能够"燎原"成跨国矿业集团。

多年前,我曾运用马克思主义哲学的观点,探讨过"紫金模式"。在《关于紫金矿业阶梯式发展的思考》一文中,我认为紫金矿业发展的每个阶段都包含着"实践、认识、再实践、再认识"的循环上升过程。

紫金矿业的过人之处就在于,每定下一个目标,就化大阶梯为小阶梯,尽量缩短阶梯的"宽度",提高阶梯的"高度",并抓住了矿业企业占有资源是首要任务这个主要矛盾,使企业一直处于"有米下锅"的状态,而且保有的资源在同行业处于领先地位。在此基础上,在公司开发资源的每个阶段,经营者通过对实际情况的充分理解,不断总结并否定之前的"经验",寻找到最适合当下的发展道路,通过量的积累引起质的变化,使企业规模和全球竞争力迈上了一个又一个新的台阶。

以陈景河为代表的紫金人，是一个富有创新创造精神、勇于攀登、具有自我觉醒意识的群体，我甚为钦佩。他们在企业还很弱小的阶段，就坚持一切从实际出发，勇于创新，在不同发展阶段，敢于提出有明确达成时间的、但又被人认为是不切实际的"放卫星"式的发展目标。30年过去，狂沙吹尽见真金，当年紫金人提出的那些目标，一个一个都超常规地提前实现了。陈景河率领的紫金矿业团队所创造的令世人瞩目的成就，使我十分高兴。

紫金人还有一个特点，就是有着"理想的饥饿感"。这在他们的文化中表述为"追求卓越"，从体制改革"三步走"到发展战略"三步走"，再到构建世界超一流企业"三步走"，折射出紫金矿业一贯追求更高目标的价值取向，这就决定了这家企业从不认为自己的哪一天是最好的，一旦达成某个目标，就会寻找新的高地，并且坚定地相信一定能够抵达彼岸。

《紫金全球矿业梦：一家矿业企业的创新迭代与滚动发展》这本书正是从紫金人筑梦、追梦、圆梦的角度，全景展示了这颗改革开放的春风春雨中的"种子"，在最不起眼的角落里坚忍不拔地生长，一群胸怀大志的矿业人在强手如林的生存环境下，艰苦创业、自力更生、后起勃发，实现从"跟跑"到"并跑"、从"并跑"到跨越的奋斗历程。这是一部励志读本，也是我国矿业界的一项文化成果。相信本书对那些有志于建设世界一流企业的人们，必将有所启发、有所借鉴、有所裨益。

在记述这个传奇故事的著作即将问世的时刻，作为景河的同行好友，我乐以为序。

九三 老翁

朱训

全国政协第八届全国委员会秘书长、原地矿部部长、
中国矿业联合会创会会长、地学哲学委员会名誉会长
2023年7月1日

引 子

光荣与梦想

2023年1月28日，农历正月初七，中国东南部的福建省上杭县古田镇，寒风凛冽，天寒地冻，田野上已风传花信，红梅含苞，春天即将来临。紫金矿业集团股份有限公司（以下简称"紫金矿业"）2023年战略发展务虚会在翠绿簇拥的古田山庄召开。

从2000年完成股份制改造后，每逢重大战略节点，紫金矿业都要进行战略制定，以战略目标为导向，牵引公司快速前行。正是在战略蓝图的驱动下，紫金矿业跨越了一座又一座高峰，实现了一个又一个宏愿。

紫金矿业第八届领导班子刚在2022年年底完成换届，此次会议选址于距总部仅50余千米远的古田。

新一届董事长陈景河在会上作题为《洞察大势定战略，问题导向谋发展》的开幕主旨讲话，回顾了过去三年的发展成绩，指明了现阶段主要矛盾及存在的问题，分析了全球形势及行业现状，强调要直面主要矛盾和发展中的短板，全力系统解决国际化人才问题。

陈景河是紫金矿业的创始人、引路人、掌舵者和精神导师。连同2000年紫金矿业股份制改造前担任总经理的8年，陈景河已经领航紫金矿业30年整，是中国矿业界、企业界少有的"化石级"常青树。

1993年1月3日，时年35岁的陈景河骑着一辆自行车，穿过大半个破烂的县城，来到汀江南岸的上杭县矿产公司上班，原本担任地质分队长的陈景河头发蓬松、胡子拉碴、双颊清瘦、目光如炬，开始了从一名地质专家到矿业公司经理的转型。

或许连陈景河自己都没有想到，30年过去了，这位身手不凡的地质队员，爆发出了火山般的能量，创造了中国矿业界的非凡传奇。他率领的紫金矿业团队，三十年如一日，专注矿业一个航道，死磕一个战略目标，在艰苦卓绝中一往无前，一步又一步地实现梦想，让紫金矿业从汀江上的一叶小舟，壮大成为一支项目遍布15个国家的有色金属的全球"航母舰队"，在波翻浪涌中前行。

从1993年到2022年，紫金矿业实现30年连续盈利，公司净利润从1993年的63.4万元上涨到2022年的200亿元。尤其是2020年以来，新冠疫情肆虐的艰辛三年，却是紫金矿业逆势爆发的三年，公司归母净利润从65.08亿元到156.72亿元，再到200亿元，一年一个台阶，实现跨越式增长。2022年，公司实现营业收入2703亿元，总资产达到3060亿元，是中国最大的矿产铜、金、锌（铅）生产企业，其铜、金、锌产量分别位居全球第6、第9和第4。

30年弹指一挥间。当年陈景河接手的上杭县矿产公司，是一个仅有76名员工的资不抵债、濒临破产的县级国有小矿企。如今，紫金矿业已是财富世界500强及福布斯全球500强企业。紫金矿业目前在海外的矿业类资源、主要矿产品产量及利润已经全面超越国内，主要指标达到国内金属矿业行业领先、国际前十水平，紫金矿业已成为一家名副其实的大型跨国矿业公司，初步具备了全球矿业竞争力。

从一个贫困县的草根国有小企业，成长为耀眼的全球矿业集团，这无疑是世界矿业史上最激动人心的传奇之一，也是中国经济史上一个高质量发展的标杆。

然而，陈景河一如多年来的云淡风轻。面对煌煌功勋，他泰然自若，毫不骄矜。他对 30 年来的成绩轻描淡写，对存在的问题和潜在危机却如数家珍，对公司近年的战略误判、人才瓶颈、"国有大企业病"等问题痛心疾首。他认为公司现阶段的主要矛盾是日益全球化与局限的国内思维及管理方式之间的矛盾，提出今后工作的总方针是提质量、控成本、增效益。

过去的 2022 年，对于中国有色金属界乃至中国矿业界来说，是一个年成极好的时期，金、铜、锂等矿产品价格高企，矿业公司开足马力，几乎都实现大幅盈利，个个挣得盆满钵满。

然而，紫金矿业提出"日益全球化与局限的国内思维及管理方式之间的矛盾"，这在中国矿业几乎是一个闻所未闻的理念。

这其实不难理解，紫金矿业已经率先进入了中国矿业全球化的"无人区"，她的成长烦恼无法对人言说，只有陈景河、邹来昌团队自身为之困扰煎熬。

陈景河在开幕讲话结束时呼吁：我们务虚求实，谋定而动，请所有参会人员认真参与研讨，为早日实现紫金的全球矿业梦、谱写超一流国际矿业集团新篇章而不懈奋斗！

这是一次公司战略思想上的"空中加油"。战略发展务虚会进行分组讨论，与会代表围绕公司主要矛盾、战略规划、重点工作等展开深入讨论，"头脑风暴"在聚焦，思想火花在迸发；来自国内各行业的资深专家、独立董事从投资融资并购、可持续发展、科技创新、依法合规等不同方面发言，为紫金矿业未来发展建言献策。

2023 年新春，紫金矿业在"古田问道"，一鼓作气，继续前行，超前谋划公司未来三年及 2030 年的宏伟奋斗目标。

此时，紫金矿业正在攀登世界矿业最高峰的山腰上。陈景河团队再一次擘画未来发展蓝图。光荣和梦想正呼唤着公司汲取新动能，从新起点上再出发。

30年前,陈景河率领76名县矿产公司员工,胼手胝足开启了紫金山开发之路。今天,陈景河作为"有色航母"的舵手,再次调整航向,目标是打造"绿色高技术超一流国际矿业集团",跻身全球矿业巨头前列,实现紫金的全球矿业梦。

三十年奋进,三十年风华,万水千山不忘来时路。哲学界有三个著名的终极问题:你是谁?你从哪里来?要到哪里去?这三个人生的终极命题,也是企业的终极命题。

紫金矿业是谁?她从哪里来?30年来穿越了怎样血与火的历程?她为什么要孜孜以求、锲而不舍地跻身全球矿业之林?

让我们一起从30年前开始,回顾紫金矿业激荡30年的奋进历程和追梦传奇。

目　录

推荐序

引　子　光荣与梦想

01

第 1 章
春天故事：地质队员的初心和使命　…001
在春潮中悄然启航　…002
土楼里出来的高材生　…004
千年金山发现宝藏　…009
从省城调回地质队　…012
勘查出特大型铜矿　…014
紫气东来贫困县　…018
小经理旗开得胜　…023

02

第 2 章
创业艰难：企业文化筑起发展基石　…029
七百万启动创业　…030
峭壁上的蓬勃劲松　…033
一分钱掰成两半花　…037
风雪紫金山　…040
筑巢引凤凰　…042
创新大舞台　…049

03

第 3 章
生死极速：审时度势的战略决策，化危为机 ... 053

因祸得福的战略转向 ... 054

吨金大跨越，实现绝地反击 ... 057

开发方案取胜外资 ... 062

进京汇报获取上级支持 ... 064

揭顶大爆破，转变开采方式 ... 069

天上掉下来个大礼包 ... 073

危机中见转机 ... 077

激情燃烧的"冬天" ... 079

04

第 4 章
华丽转身：股份制改革激发内外部活力 ... 083

企业改制三步走 ... 084

完成有限公司改造 ... 088

引进战略投资者 ... 091

发动职工股认购 ... 093

安溪商人加仓紫金矿业 ... 097

目 录　XI

第 5 章
走向全国：利用技术优势，开创跨越式发展新局面　...101

抢抓机遇，赢得先机　...102

贵州水银洞"点石成金"　...108

西北边陲开发"新金山"　...111

"嫁接"东北国有老矿企　...115

首战青藏高原　...118

戈壁滩上的"大金宝"　...122

锌板块在草原上崛起　...125

铜冶炼项目闽西开局　...128

黄金时代的来临　...132

A+H 股上市重塑增长动能　...136

第 6 章
面朝大海：创建国际一流矿业企业新目标　...143

从山到海的转型　...144

艰难的开局　...150

林海雪原探路　...154

在中亚探索国际化　...158

07

第 7 章
走向全球：抓管理、控成本、创绿色矿山 ... 163

穿越"至暗时刻" ... 164

笑傲全球"矿业寒冬" ... 170

狠抓管理，自我改革 ... 174

里程碑意义的海外并购 ... 179

在非洲创造"紫金速度" ... 186

再创塞尔维亚矿业辉煌 ... 193

书写新一轮找矿奇迹 ... 201

08

第 8 章
逆势跨越：特立独行的发展之路 ... 207

逆境攻坚不畏难 ... 208

雪域高原"巨龙"腾飞 ... 214

主力矿山再创辉煌 ... 217

新能源赛道一飞冲天 ... 221

金融板块扬帆启程 ... 225

智慧矿业在崛起 ... 230

09

第 9 章
社会责任：让尽可能多的人受益 ... 237

紫金矿业"股份村"的嬗变 ... 238

普惠公益的领先创新 ... 241

脱贫攻坚的生力军 ... 244

ESG：走向国际的通行证 ... 249

共同发展是企业社会责任 ... 253

让尽可能多的人受益 ... 257

打造绿色生态低碳品牌 ... 260

10

第 10 章
成功密码：在管理提升中创新和进步 ... 265

混合所有制的体制优势 ... 266

优秀的专家决策管理团队 ... 269

伟大的公司要有伟大的董事会 ... 271

独具特色的监督体系 ... 274

创新是最核心的竞争力 ... 278

最适合的就是最好的创新 ... 282

创新是不断否定自我的过程 ... 286

让艰苦创业文化深入一线 ... 290

创新方法论："矿石流五环归一" ... 293

探索跨文化管理之道 ... 297

11

第 11 章
成事在人：构建真正培养人才、激活人才的人才机制 ... 301

"土老帽"成为"栋梁材" ... 302

从"梧桐引凤"到"按图索骥" ... 306

月夜追"韩信" ... 310

不拘一格降人才 ... 315

从"膏药摊"到"英才1000"计划 ... 321

"庐大"、紫金班和福州大学紫金学院 ... 325

科技免责制 ... 330

在实践中学习实践 ... 335

让"李云龙"脱颖而出 ... 340

培养工匠精神 ... 345

12

第 12 章
决胜未来：始终奋进是企业发展的永恒主题 ... 351

战略牵引聚焦星辰大海 ... 352

让处在一线的人做决策 ... 356

构建全球矿业核心竞争力 ... 362

矿业追梦人再出发 ... 366

后 记 ... 371

第 1 章

春天故事：地质队员的初心和使命

英雄固能造时势，时势亦能造英雄。

——中国近代思想家、文学家　梁启超

在春潮中悄然启航

1993年8月19日上午，闽西小城上杭县北环路县经贸局大楼门口，噼里啪啦响起了一串鞭炮声。几位中青年的企业经理人员揭开了红绸带后，在鞭炮声中排成一溜，笑着鼓起掌来。长条形的牌匾上，露出了"福建省上杭县紫金矿业总公司"的大红字样，在硝烟和初秋阳光里闪闪发光。

在这个中国东南部山区的小县城，改革开放带来的春天的世界是如此之新，一个未来激荡中国和全球矿业的名字，姗姗来迟，在这里悄然命名。

参与仪式的公司领导成员，包括总经理陈景河在内，没有一个人能预料到，30年后紫金矿业会成为蜚声全球的矿业巨头和世界500强企业。因而，在如今公司的档案中，竟然找不到一份当初挂牌典礼的详尽文字记录和影像资料。

当年上杭县经济贸易委员会批复组建的上杭紫金矿业总公司，最初包括在建中的紫金山金矿、新光源材料厂、主营铁锰的矿产公司、在建中的汀杭砂金矿、鑫辉珠宝首饰公司等几个下属单位。其中主要的利润来源是在建中的紫金山金矿，该金矿1992年生产黄金8.05千克，销售收入169.30万元，利润总额4.87万元。

在春天中破茧而出的紫金矿业，实在太普通太不起眼了。不要说在中国黄金行业，就是在本地区、本县，都找不到多少存在感。

1993年全国黄金产量94.5吨，紫金矿业全年黄金产量33千克，在全国390家黄金企业中显得微不足道。当时的上杭县，就有制药厂、棉纺厂、农械厂、变压器厂、水泥厂、化肥厂等一批国有小企业，随便哪一家的产值和利润都超过紫金矿业。

虽然弱小，紫金矿业却是福建省、龙岩地区和上杭县学习贯彻邓小平南方谈话精神的产物，是上杭县领导寄予厚望的公司。

对于当年的革命老区县、国家级贫困县而言，上杭县委县政府学习邓小平南方谈话精神，最重要的是解放思想，探索发展经济、脱贫致富的路子。此前，福建省地勘部门在上杭县紫金山发现了"上金下铜"的特大型铜矿，因为品位低、矿体变化大而将其搁置一旁。上杭县却如获至宝，认为大有可为。1992年6月10日到11日，福建省委省政府在连城县召开加快龙岩地区改革开放座谈会，会上形成了《关于加强龙岩地区改革开放座谈会纪要》，明确紫金山"金矿以地区为主进行开发"和"铜矿争取以福建省为主开发"。根据会议纪要，福建省冶金矿山公司退出，同时龙岩地区明确紫金山金矿由上杭县开发。

与此同时，上杭县矿产公司组建紫金山金矿中间试验站，在国家地矿部低品位金矿堆浸技术研究中心的指导下，于1992年上半年开展现场堆浸中间试验并取得成功，生产出首批黄金，极大地振奋了上杭县开发紫金山金矿的信心。

因此，县委县政府将开发紫金山金矿的重任，放在上杭县矿产公司身上。在1992年年底，当时的上杭县委书记丁仕达，打破常规，引进年轻的地质专家、闽西地质大队第八分队队长陈景河，担任县经委副主任兼矿产公司经理，挂帅紫金山金矿开发。

就这样，紫金矿业在改革开放的春潮中悄然启航。此时，距陈景河于

1993年1月3日来矿产公司上班主持工作仅半年多时间。

关于公司的命名,纯粹是一次饭后闲聊的偶然决定。

那是1993年7月的一天,陈景河在公司旁最时髦的金杭酒店请一位家乡来的朋友午餐。午餐结束后,经理陈景河、公司书记曾庆祥、两名员工和客人在包厢喝茶。

陈景河说:矿产公司格局太小,最近县里准备成立矿业总公司,你们想想用什么名称比较好。

一位员工说:上杭县矿业总公司就不错,以后可以简称"杭矿集团"。

曾庆祥书记说:可以取上杭紫金山矿业总公司嘛。

另一位员工说:紫金山矿业有点土,山字最好不要,不然用上杭紫金矿业总公司?

陈景河呷了一口茶,当场说:紫金矿业好!

就这样,紫金矿业的名称就定下来了。

陈景河选定紫金作为公司名称,不仅是这两个字富有诗情画韵,还在于他大学毕业后的紫金情缘——在紫金山上十年地质勘探、与紫金结下的"此生不了情"。

土楼里出来的高材生

陈景河是客家人,1957年10月出生于福建省永定县高陂镇上洋村的一座土楼里。永定县是著名的客家土楼之乡,全县有2万多座圆形、方形的土楼,这些土楼是客家人聚族而居、耕读传家、艰苦创业的象征。

客家,是指西晋以来,中原汉族不断南迁,陆续迁入南方各省,在与外界相对隔绝的状态下,经过千年演化,最迟在南宋就形成的一支具有独特方言、风俗习惯及文化形态的汉族民系。闽粤赣等地的客家人，经过千年迁徙的磨炼和偏僻山区恶劣环境的锻冶，形成了吃苦耐劳、艰苦奋斗、崇文重教、敬祖睦宗和爱国爱乡的客家精神。

陈景河在五个兄妹当中居老二。父亲陈炯进是当地一个和善厚道的小学教师，母亲在家务农，在20世纪六七十年代，全家七口人靠陈炯进每月60.5元的工资过着窘迫的日子。陈景河上中学时，每个学期开学注册时总是无法按时交清学费，每次都被班主任点名，搞得他很不好意思。

穷人的孩子早当家。陈景河深知家庭的不易和人生的艰难，从小就帮助父母亲挑起家庭重担，十来岁就干起挑煤炭、耕田等活计，做事勤快主动，个性低调，不爱张扬。

中学时代的陈景河，学业非常优秀，他喜欢看书，从小就表现出比一般孩子更为强烈的求知欲，家里买不起新书，他就到邻居家"讨"来旧书，一样看得津津有味。老师们回忆，陈景河从小就知识涉猎较广，对自己的要求很严格，成绩总是名列前茅，是个"不简单的孩子"。他的文笔尤其好，会写诗，老师同学们都认为他是一个当大作家的料。

1975年，陈景河从高陂中学毕业，由于高考取消，只好回乡参加生产劳动。所有对未来的瑰丽梦想，都被烈日底下天天面对的黑土地揉碎。陈景河开始了脚踏实地的农民生涯，由于年轻又有文化，被推举兼职担任上洋大队二队会计。

生产队会计成了陈景河人生第一份职业。陈景河边干边学，学习上一任会计的账目，很快就学会了记账，帮助生产队制定出一套多劳多得的分配制度。当时的生产队长出身铁匠，不懂农业和管理，因此组织生产的任务落到了陈景河肩上。二队人均只有三分地，吃饭都有问题，陈景河组织社员搞起副业，组建工程队，承揽防洪堤等小工程，参与米粉线面加工、开砖瓦窑业务，搞得有声有色。二队的经济效益因此在上洋大队九个生产队中居首，其他生产队一般十个工分值四角多，二队十个工分达到七角钱。

1976年，陈景河一天可以拿到8个工分，按照一年200个劳动日计算，再加上全年300个会计补贴工分，一年就是1900工分，每工分7分钱，一年就是133元人民币。加上他做砖瓦等副业的收入，陈景河这一年收入在300元左右。陈家添了一个强劳力，家庭经济立竿见影地好转起来，从每年入不敷出到全家一年的存款达到300元人民币。

陈景河白天参加生产队劳动，晚上还得在煤油灯下记账。尽管只有粗茶淡饭，但陈景河什么重活都干，种烟、插秧、做砖瓦、砍柴、做小工、砌石头。吃苦耐劳的习惯，始终伴随他此后的职业生涯。

正当陈景河完成从一个高中生到一个青年农民的角色转变的时候，命运之门向千百万中国青年开启。1977年秋天，邓小平决定恢复中断十年之久的高考。

那年年底，陈景河通过广播得知全国恢复高考的喜讯，非常激动振奋。

等待已久的机会终于来了！陈景河兴冲冲地从箱底摸出两年前的课本，开始人生第一次冲刺。此时他好像不知道什么是疲倦，白天在生产队劳动，晚上就在灯下复习到半夜三更。虽然只有20多天的时间复习备考，但靠着高中打下的优良基础，他轻松通过了1977年年底的高考。

填报志愿的时候，陈景河填报了一个冷门专业——福州大学"区域地质调查及矿产普查"专业。他当时的想法很简单，一要确保考上，二要毕业后的职业工资高，搞什么专业无所谓。

高陂镇是个产煤区，陈景河小的时候，看到在村里来来往往的地质队员，神气活现，从不为生计发愁，经常填不饱肚子的他打从心眼里羡慕他们。有一段时间地质队租住在陈家，一天晚上，地质队员收工回来，煮了一大锅香喷喷的猪肉面条，叔叔们顺便给陈家孩子们各打了一碗。那热气腾腾的美味，让饥肠辘辘的小陈景河终生难忘。

20世纪六七十年代，反映地质队员生活的电影《年青的一代》风靡一时，地质队成了那个时代最令人向往、羡慕的人群。当时地质队每个月配给粮食42斤，待遇好，工资也高。当地质队员，至少可以吃饱饭，让家里永远摆脱借钱买大米的窘迫日子！

1977年高考，基础扎实的陈景河几乎没有什么悬念就被福州大学录取了。

恢复高考第一年，福州大学"区域地质调查及矿产普查"专业（以下简称"地质专业"）招生91人，而整个地矿工程系招了130多个学生。

地质专业91名学生，被分为三个班，陈景河在2班。当时班上聚集了十届高中毕业生，最大的年纪已30岁，年龄比辅导员林登平还大。这批从工厂车间、农村田野里走上来的大学生，非常珍惜来之不易的大学生活，读书非常自觉，专心刻苦，誓把损失的时间夺回来。陈景河尤其珍惜这个迟到的机会，全身心投入到地质专业的学习上。他的大学生活是低调的，他没当班干部，连一个小组长都不是，全部精力都放在专业学习上，每天都是"宿舍—教室—图书馆"三点一线，单调而充实。大学的辅导员林登平老师回忆说，陈景河是班上最用功钻研的学生，每次都是最早来到实验室，最晚离开。

大学三年级，毕业于北京大学地质系的江爱耕教授为陈景河的班级教授岩石学中的变质岩课程。陈景河尤其钟爱这门课程。地球几十亿年的地壳运动、地质矿物的形成，包含着天地变迁的哲理，让他痴迷和倾心。在江老师的印象中，陈景河对于地质这个艰苦的专业很淡定，他不仅非常认真地学习专业课程，而且不满足于考试，还善于关注与这门课程相关的最新理论。为了看到英文科技资料，陈景河花了很多精力学习英语。有一次他对江爱耕老师说：他学习英语跟别人不一样，别的同学注重发音、语法，他的目的是看懂英语专业资料，能读懂就行了。陈景河自创的一套英语学习法见效很快，他在大三下学期就能看懂地质专业英语科技资料了。

上完岩石学课程后，1981年初夏，江爱耕老师带着陈景河等10名同学到东山岛实习，考察闽南沿海东山岛一带的岩石状况。实习小组住在岛上一个砂矿矿部，为同学们做论文搜集岩石标本资料。

陈景河对岩石学情有独钟，着意研究福建沿海与台湾的地质关系，论文方向是福建与台湾由于大陆漂移造成的地质双变质带问题。在土楼里成长起来的陈景河第一次看到大海，这让他非常兴奋。在东山岛的飞来石面前，面对亿万年的沧海桑田、大陆漂移和地质变迁，他思索良久，感慨万千。

实习结束，师生们背着一大堆岩石样品，满载而归，回校后在实验室将这些石头切成薄片，在显微镜下观察分析。对于台湾的地质资料，当时福州大学几乎找不到相关的中文参考资料，只好转道求助于英文资料了。陈景河的英文阅读水平派上了用场，他从英文资料中翻译了一些反映台湾东部太鲁阁地区的变质岩构造的文章，作为他的毕业论文材料。

陈景河的毕业论文刚刚写成初稿，福建省地质科学研究所在福州召开了一个全国性的岩石学会议。时任所长潘国祥，不时被请到福州大学地矿系讲课，陈景河经常向老专家问这问那，一来二去，潘国祥就记住了这位好学爱问的学生。听到会议消息，陈景河觉得机会来了，自信而大胆的陈景河兴冲冲地找到潘国祥，将自己的毕业论文《中国东南沿海变质带和台湾到南澳岛地质特征及关系探讨》初稿呈上。

潘国祥，1949年毕业于南京中央大学地质系，毕业前夕就加入了中国共产党，是个爱才识才的老伯乐。他看到陈景河的论文文笔优美、行文严谨、观点新颖独到，不由得眼睛一亮，击节叫好，特批了一个会议名额给陈景河。他顺顺当当地把这篇论文用油印打印出来，在这一届"中国岩石学年会"上交流。当时，福州大学只有两个出席会议的教师指标，居然又冒出一个学生代表，而且在会议上发表论文，陈景河立马名声大振，引起了全系师生和国内地质行业的关注。后来，陈景河在论文答辩时得了五分（优）。

大学四年默默无闻的陈景河，在临近毕业的时候一鸣惊人，一夜之间扬名福州大学地矿系。

千年金山发现宝藏

1982年1月，学业优异的陈景河毕业了，被分配到福建省地矿局下属的闽西地质大队。春节过后，他来到位于三明市的大队部报到，立即被大队派遣到驻扎在龙岩地区上杭县的地质分队，前往紫金山进行地质找矿工作。

紫金山，古称金山，位于上杭县城北15千米处的旧县镇、才溪镇境内，海拔1138米，山势峻拔巍峨，风景秀丽，是上杭的名山胜地。

据史料记载，早在北宋，紫金山就是朝廷的矿场。《宋史·食货志·坑冶》称，金山是北宋初年全国11个金冶之一。同时，宋代35个铜冶矿场，福建汀州就有3个，分别是金山场、赤水场、锺寮场，其实都属于金山同一个矿脉。明代嘉靖年间的《汀州府志》记载："金山，在上杭县北平安里，邑之主山也，宋康定间尝产金"，并描述了金山上的"胆水池"："有三池，上下二池有泉涌出，中一池则蓄上池支流，相传宋时浸生铁可炼成铜。"

在20世纪末的紫金山上，反映古人采金炼铜活动的遗迹依然有一百多处。据20世纪90年代矿冶专家统计，金山古代黄金矿石的采掘总量为40万~50万吨，黄金总产量在200~300千克，至于铜金属的出产数量就更为庞大，为北宋朝廷铸钱供应了大量铜材。

紫金山自从南宋开始中断政府主导的铜金矿开采之后，800年来，古代矿区附近的汀江、旧县河及其支流，民间淘金活动从未中止，金子成为一个时断时续的传说。

新中国成立后的30年里，福建省的地质工作者，三次在紫金山附近、汀江两岸勘查探宝。

20世纪50年代，地质队在紫金山下进行水化学测量，发现了铜的异常和富铜矿石，但最终没有发现有价值的铜矿。60年代，福建省区域地质调查队在二庙沟、铜矿沟进行了几年的铜矿普查，发现了个别铜矿体和金矿化样本，打了一批钻孔，确认有几千吨的铜矿，但认为矿体变化很大，也放弃了。1967年到1971年，福建省区域地质调查队在上杭县紫金山地区进行了全面的土壤与岩石的划段测量，发现紫金山下的中寮、迳美金重砂异常，地质调查队提交了《迳美金矿点踏勘报告》，认为有进一步找矿的远景。

地质队员们"三进三出"，并没有深入山上勘查，找矿工作没有实质性成果，但为以后找金、找铜提供了有价值的线索。

当陈景河来到紫金山下时，闽西地质大队在汀江两岸的新一轮地质普查已经开始。

福建省稀有金属资源储量非常落后，多年来为"缺金少铜"而苦恼。改革开放后，周边的江西、广东、浙江三个省的黄金找矿工作有很大进展，福建地勘部门决心在国家"六五计划"（1981—1985）期间，加大黄金矿山找矿力度，力争在"六五计划"末期提交5吨左右的黄金储量，闽西地质大队承担起了新一轮的黄金找矿任务。

毕业于北京地质学院金属勘探专业的刘国源，1981年夏天受命作为闽西地质大队三分队队长，在闽西上杭县、长汀县开展地质普查。在沿着汀江两岸进行地质调查的时候，刘国源发现汀江里有不少人在淘砂金，顿时兴致盎然，很想搞清楚这些砂金的来源。他带着由技术员、淘金工组成的普查小组，溯汀江而上，边淘金边考察，一直追到汀江上杭县与长汀县交界一带。经过对比，普查组认定紫金山下的湖洋乡碧田村附近，砂金含量更丰富、更有价值。因此地质队员们进驻碧田村，沿着紫金山旁边的小河、水沟、旱沟进行淘金，发现了丰富的金砂。

刘国源分队在汀江淘金和旱沟找金异常的工作，专业术语叫作"河流重砂测量""坡积物重砂测量"，这是地质异常检查的一个重要工作手段。通过一整年的工作，地质三分队发现了紫金山周边四个金的重砂异常地点。

队员们在紫金山周边河沟里淘到了金子颗粒,而且发现几个河沟、旱沟金异常,大家都非常兴奋。这些砂金到底是哪儿来的呢?

地质队员们在野外作业的时候,紫金山下的村民就不时向他们透露一个信息:紫金山上有众多的古代采矿洞。

于是,从1982年冬天开始,地质异常检查工作重点,就从汀江河沟淘金转向上紫金山调查。

一个风和日暖的冬日,刘国源、陈景河等十来个新老技术人员登上紫金山。他们从碧田村的金山下渡口,坐船摆渡后一直爬坡,经过一天门、五龙寺、古中峰、麒麟殿,经过两个半小时爬山,终于到了海拔800米的主峰附近。

在山上,地质队发现了古代的水池,不时还可以在荒草乱石间发现一些老硐。接下来,他们开始了对山上古代采矿洞和周边蚀变岩石的取样分析工作。

起初,地质队早出晚归,带着午饭上山,每个星期要跑五天,早上7点出发,晚上7点回碧田村住宿,回去时还要背二三十斤的样品,非常艰苦。

天天来回跑实在太辛苦,地质队就带着铺盖在山上寺庙麒麟殿里住,十几个人住在麒麟殿偏殿和走廊上。庙里有厨房,平时香客稀少,正好为地质队员所用。时值初冬干旱季节,寺庙旁边的泉眼此时水源濒于枯竭,最艰苦的时候一天只有一桶水,只能饮用和煮饭,要洗澡根本没有可能。这十多个人后来都像叫花子一样,全身臭烘烘的,没有一处干净。地质队员一溜下山回到村里,每人拄着一根棍子,背着地质包,"远看像逃难,近看像要饭,仔细一看原来是地勘",让碧田村群众都乐了。

那一段时间,地质队最大的收获是,在麒麟殿游姓老住持的带领下,找到了传说中最大的古代采矿洞——燕子洞。燕子洞在海拔760米的紫金山山腰上,洞口才一米见方,外洞上百平方米的面积,高十多米,洞里人工挖凿的痕迹非常明显，且有埋锅造饭的灶台遗迹，内洞更是曲径通幽。地质队员们在燕子洞里，借着手电筒的光亮，用矿锤取回了一批样品。

回到碧田村，普查组借来村民用于舂米的石槽，将燕子洞里采回的部分岩石样品进行粉碎。经过筛分，细小的金粒出现了，全体地质队员们欢喜雀跃！紫金山下的金异常现象，在山上的古代采矿洞里找到了源头！

1983年秋，从燕子洞取得的样品，经过闽西地质大队队部化验，结论是：矿石样品中含金量高的达到10克/吨，一般的达到6克/吨，低的也达到3克/吨。

地质队在麒麟殿旁盖起简易的木棚，作为山上的工作生活的用房，在紫金山上长住下来，开始地质填图作业，利用进一步的槽探方法，扩大勘探范围和力度。

随着紫金山主峰周边的一大批岩石化验结果的得出，一个原生金矿在紫金山上存在的证据更加确凿。这个原生金矿床赋存于紫金山主峰附近，初步被认定为"次生氧化富集矿"。

从省城调回地质队

紫金山主峰发现原生金矿的消息，震动了省地矿部门。省地矿局在上杭县召开全省金矿普查现场座谈会，全省的地质工作者都来到紫金山勘查基地学习取经。这其中就有当年慧眼识才的福建省地质科研所所长潘国祥。

参与工作不到两年，地质专业的新手就参与发现了原生金矿，陈景河让恩师潘国祥大为赞赏。在潘国祥的提携推荐下，1984年初，陈景河被调到省地质科研所金矿研究室专门从事金矿研究。所里的资料室订阅了一批国内外黄金资料、黄金开采冶炼动态等方面的杂志，陈景河经常泡在资料室，这些珍贵的资料，让这个已有找矿实践经验的地质队员眼界大开，理论方面得到迅速提高。

在新的单位，陈景河在岩石学的基础上进一步钻研矿床学，沉下心来研究紫金山成矿规律。在成矿理论上，金铜金属往往是姊妹关系，紫金山上既然发现了金矿，而且还有古代炼铜的遗迹，是否是一座金铜伴生矿呢？为什么紫金山下的锤寮场持续了上百年的铜矿开采？

陈景河沉浸在大量中外矿床学资料里，通过紫金山成矿蚀变的分带，一个"上金下铜"的大胆想法，开始在他脑海中酝酿、迸发、燃烧。在《福建地质学报》上，陈景河发表了《关于紫金山金铜矿垂直分带规律》的论文，首次根据紫金山的地质情况，设想上部可能是金矿化为主，下部是铜矿化为主，首次提出"上金下铜"的概念。

在此期间，陈景河参与了闽侯县罗桥金矿的地质勘查任务，研究这个小金矿的找矿远景，还与金矿课题组远赴山东考察招远金矿。在地质科研所期间，陈景河接触的新信息、新技术，对他日后的研究和创新启发很大。通过对闽侯小金矿的对比考察，陈景河摸到了找矿的规律，尝到了甜头，他查阅了很多资料，预感到紫金山蕴含着不可限量的找矿前景。

1985年年底，陈景河又一次在福州见到分队长刘国源，陈景河兴奋地说："紫金山值得搞！"陈景河产生了回到紫金山的想法。

此时，单位已分给他一套房子，就在福州地质大院10号楼一楼。而妻子赖金莲也调到了福州地质疗养院工作。两夫妻在省城工作，一家三口的幸福生活，已经足以让当时无数人羡慕。

然而，视野的开阔，更坚定了陈景河对紫金山找矿的信念，紫金山无时不让他魂牵梦萦，一个强烈的念头在召唤着他：回到闽西地质大队第八分队，继续在紫金山从事地质勘查！

陈景河和妻子赖金莲商量，希望回到紫金山工作。陈景河对妻子说：紫金山应该有一个大矿，那才是他可以大显身手的地方。

赖金莲是陈景河高陂中学的高中同学，当年高考考上龙岩卫校，毕业后在龙岩第二医院担任护士。两人结婚后，赖金莲独自一人在龙岩带着刚出生的儿子，一家人离多聚少，好不容易在省城相聚，人家都是人往高处走，如今老公却发疯了想回到紫金山，说她心甘情愿那是假的。

这位贤惠的客家女性犹豫了一会儿，咬着嘴唇轻声说：这事由老公你来决定。赖金莲希望两夫妻能一起行动，两人可以互相照顾。

那个年代，大家都想尽千方百计进城，包括陈景河的大学地质专业的同学，最后都没几个留在地质队。当年，地勘单位作为中央事业单位，拥有众多的大、中专毕业生。陈景河主动逆向流动，出城下乡，当时是绝无仅有的，陈景河成为行业标兵、学习榜样，这件事也成为福建省地勘部门的一大新闻。他很快回到紫金山，成为勘探项目的骨干。

1986年8月，陈景河回到紫金山不久，妻子赖金莲也从福州调到闽西地质大队第八分队当医务员兼电台发报员。两夫妻和年仅4岁的儿子陈磊，一家三口终于在紫金山上简陋的地质村团聚。

勘查出特大型铜矿

紫金山金矿的发现，引起了国家和福建省有关部门的高度重视。1984年，金矿普查项目获得国家正式立项。1985年，福建省地矿局闽西地质大队专门成立黄金分队，也称第八分队，人员增加到50多人，此时，陈景河从原先的普查组组长升为副分队长，几年后又升任分队长。

紫金山普查的手段，也在步步深入，从槽探到硐探、钻探，再到普查钻机。1987年，当探勘钻机钻进紫金山深处300米后，地质队员从岩芯取样中发现大量铜元素。经过对这些幽蓝幽蓝的矿石的化验分析，地质队员得出结论：位于金矿下部的铜矿矿脉深厚，矿藏属于蓝铜矿，规模非同小可。

陈景河提出的"上金下铜"理论，被紫金山上的进一步勘探证实（见图 1-1）！

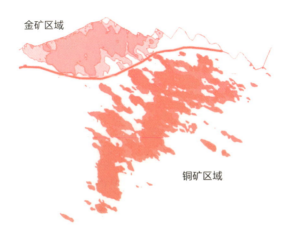

图 1-1　紫金山地质"上金下铜"结构示意图

发现铜矿后，紫金山勘查重点从金矿转向铜矿。省地勘部门成立了几个专业队，驻扎在紫金山进行勘探作业，除了钻探施工，还打出了近万米的坑道和平硐，进一步摸清紫金山铜矿的规模、储量、品位等情况。

不久，山上开出了简易公路，架设了高压线路，引来了生活用水，一个地质村逐渐形成。

随着铜矿详查钻探立项和地质钻探的加深，1988年，紫金山上部金矿、下部大型铜矿的赋存情况基本确定，尤其可喜的是，铜的层数多、矿层厚，单层就达20多米，矿石品位高，推断属于大型铜矿。

闽西地质大队第八分队负责收集分析资料、测量、绘图，专门对钻探、勘探得出的岩石资料进行地质分析，写出普查报告。

接下来的铜金矿普查野外勘查作业，工作量更大，劳动更为艰苦。第八分队在紫金山周围十几平方千米的土地上，进行"地毯式"测量、取样、填图。他们对每座峰峦、每条沟壑，都进行了一一梳理。

最为艰险的作业，是从陡峭的北坡，一直测量到紫金山主峰，费时费力，惊险莫测。地质队员在岩石峭壁上进行高测量，50米一个剖面，没有先进的激光测量仪器，只能用皮尺直线拉过去测量。头上是蓝天白云，身下就是绝壁深谷，有时候地质队员的生命就悬挂在悬崖的几根树枝上。

地勘工作者经过十余年艰苦的努力，跋涉山山水水，克服重重困难，终于揭开了紫金山神秘的面纱，向世人宣告特大型铜矿和中小型金矿的发现。

详查报告显示：紫金山铜储量100万吨以上，是福建省发现的唯一一个国家级铜矿，是"七五"期间发现的国内第二大金属矿床，矿区面积约2.48平方千米，已探明的铜矿体78个，铜储量达到129万吨，品位为1.02%；还伴生明矾、钼、铝、铁、锌等。而上部的金矿储量只有四五吨，平均品位3克/吨以上，虽然品位不高，但可选性较好。

紫金山铜金矿是"七五"期间我国找矿的重大成果，更是我国在火山岩地区找矿获得的重大突破，是福建省预想不到的地勘成绩。1996年，《福建省上杭县紫金山大型铜金矿床的发现、研究与勘查》项目荣获国家科技进步一等奖，并且位居全国14项一等奖的榜首。作为紫金山铜金矿的主要发现者、研究者、现场勘查负责人和项目主要完成人之一，陈景河主笔了《福建省上杭县紫金山铜金矿西北矿段铜矿详查报告》，该报告获得地矿部找矿一等奖。1986年，陈景河获得了省五一劳动奖章，1992年获得了地矿部优秀青年称号并享受政府特殊津贴，同时被破格升为高级工程师。

那一天，当陈景河亲自将上杭县矿产公司改名为紫金矿业的时候，他真真切切感受到自己今生与紫金有缘，今生为紫金而生，紫金山就是他生命的春天之田，紫金矿业就是他的人生使命。他热血沸腾、情深意切地写下了散文诗《此生不了情》。这首散文诗既是写给紫金山的情书，也是紫金矿业启航远征的宣言书：

我和紫金，曾有一段情。少年的我，从书本上知道了有天文台的紫金；那探索宇宙奥秘的地方，曾使我神往和憧憬。然而勘探队员寻找地下宝藏的锤声，吸引了我充满理想的心灵。广阔天地，改天换地赤诚的红心；体能和意志的磨砺，让我初尝收获的喜悦、生活的艰辛。在春天来临之际，背负着家乡父老乡亲的嘱托，我毅然跨进了地质勘查的门径。

我和紫金，注定有此情。当我进入高等学府的科学殿堂，总是感到一种神圣。都市的繁华与我无缘，那地壳的运动、宝藏的形成，却使我那么的专注和倾心。第一次来到大海边，又使我迷上沧桑的变迁、大陆的漂移和双变质带的踪影。那么的执着，曾使地质泰斗们由衷地欢迎。但难离的故土，还有那永恒的爱情；四年后我又回到了闽西，一脚踏上了紫金。

我和紫金，此生难了情。来到了真正的紫金，那古老的传说，那雄伟的身影；千百万年地质历史留下的痕迹，使我痴迷，使我一见钟情。骑着"五龙"驾雾，伴着"麒麟"入眠；多少汗水、多少艰辛，终于发现了日思夜想的黄金！导师的关怀，使我暂别了紫金，回到了曾经学习生活的榕城。都市的文明，科技圣地的宁静，仍使我夜夜梦紫金。那是初恋般的梦呵，于是我又回到了紫金。在紫金的怀抱里，倾心地探索，终于摘下了金帽子，抢出了铜娃娃，苍天不负有心人。

我和紫金，此生不了情。铜娃金帽，处处颂紫金；老区的贫困，翘首盼紫金。为了梦的圆满，为了那种神圣，使我再次选择了紫金。为紫金，多少人付出了辛勤的汗水，甚至生命！大山的熏陶，大自然的洗礼，诞生了紫金精神。艰苦创业，开拓进取，无私奉献的旗帜在紫金山上高擎！陡崖峭壁，浓雾狂风，暴雨山洪，难不倒紫金人，在这里，我们要把沉睡千万年的宝藏唤醒，要开创宏伟的辉煌和功勋！一切虽刚刚开始，却显示极其美好的前景。矿业、紫金；紫金、矿业，一项伟大而神圣的事业啊，让我们共同拥抱这神奇的紫金！

紫气东来贫困县

在现存的公司档案资料中，陈景河的名字第一次出现，是在1991年上杭县矿产公司与闽西地质大队第八分队合股组建紫金山金矿黄金中试站的会议纪要里。陈景河作为董事担任中试站副站长。这是陈景河与上杭县矿产公司的第一次交集。

紫金山特大型铜矿的发现，成为上杭县上下奔走相告的新闻。当初传闻国家马上立项修筑赣龙铁路，绕道上杭开发紫金山，饱受交通闭塞、贫困之苦的上杭人民，一度为这个特大喜讯激昂振奋、神采飞扬。

不久，这个消息就烟消云散。由于紫金山铜矿含硫，处理起来投资大、难度大，而"金娃娃"储藏量小、品位低，当时负责有色金属矿山开采管理的中国有色金属工业总公司（以下简称"有色总公司"），对东南沿海同时期发现的矿床——紫金山铜金矿和贵溪银矿进行比较选择，最终还是放弃了紫金山，选择了贵溪银矿作为投资开采目标。

福建省冶金工业部门得出的结论也是，紫金山金矿工业品位低，不具备开采价值。按照国家的标准，每一吨矿石有1克黄金，这是边界品位，而每一吨矿石要有3克以上黄金才具备开采标准。

20世纪90年代初，上杭县还属于国家级贫困县，山多田少，交通不便，人口众多，财政收入仅2000万元左右。老领导丁仕达记得，1990年8月，他担任上杭县委书记的时候，县政府没钱为上万名干部职工发工资，只好到龙岩地区财政局和隔壁永定县，借了整整8个月的工资款。

然而，上杭县政府毕竟看到了希望，并不甘心抱着金饭碗讨饭吃，把紫金山金矿列入"科技兴县"项目。县委县政府召开了脱贫致富专题研讨会，研究摆脱落后面貌、寻找发展经济的突破口，提出了八项措施，其中第一条就是开发紫金山金矿。

但是，无论在当时矿产资源调拨还是今天采矿权招拍挂的体制情况下，一个县级地方政府要取得一个国家级特大型铜矿的自主开采权，几乎是异想天开的事情。

事情却柳暗花明，有了转机。1991年，福建省计委向有色总公司提出金矿立项报告，要求地方率先开发金矿。9月6日，有色总公司在《关于开发上杭紫金山金铜矿的批复》中指出："在不影响下部主矿体和总平面布置的前提下，可首期开发地质程度较深、含金合理的上部矿体……经营方式由福州公司同上杭县确定。"据此，省冶金矿山公司与上杭县共同开展金矿开发前期工作，双方召开紫金山铜金矿联合开发研讨会，提出了以省为主、省县联合开发和由县组织开发建设、由省公司提供行业服务的两种开发方案。

这一年的7月，紫金山金矿勘探已经处于尾声，经过十年艰辛勘探的陈景河，不甘愿地勘队员们的勘探成果付之东流，决心探索出一条适合紫金山金矿"低品位、矿体变化大"的特点的低成本开采工艺。

黄金选冶工艺在所有的金属选矿当中，应当说是难度最大的技术之一，大自然中的原生金矿，每吨矿石包含的黄金一般在3~8克，黄金选冶就是要从十万分之几中选出金子，这令人惊叹！而铜矿、铁矿的选冶率分别是百分之几和百分之几十，相比之下更为容易。

当时国内矿业界，金矿常规的开采流程是，购买大型的研磨机器，把矿石磨成粉末，逐步分离出汞金和金精粉，再进行冶炼。这种传统炼金方法的一个缺点是投资大，对于低品位金矿尤其不经济。

陈景河反复查阅资料，想起了前几年在福建省地质研究所钻研过的西方堆浸工艺。"堆浸提金工艺"是20世纪60年代兴起于美国的黄金提炼新技术，其方法是把大量经过研磨的矿石堆拢在一起，用化学溶液把矿石中的金子稀释出来，这种冶炼技术的好处是投资少、成本低，适用于一些低品位的矿山。这种工艺，对紫金山低品位金矿开发是一条捷径。

上杭县矿产公司也在寻找开发低品位黄金矿山的路子，1991年年初便组织人员前往北京、河南、新疆、广东等地考察同类矿床，调研国内的黄金生产技术。

陈景河找到上杭县矿产公司经理黄毓咸，建议由地质队与县矿产公司合股建立金矿中试站。两人一拍即合，经过协商，决定由县矿产公司出资20万元、闽西地质大队出资10万元作为启动资金，对紫金山进行试验性开发。

1991年9月14日，上杭县紫金山金矿中试站第一届理事会召开，会议上推举县矿产公司经理黄毓咸为第一届董事会董事长，蓝福生担任站长，闽西地质大队第八分队队长陈景河任董事兼副站长，并负责地质技术，中试站开始运转。

中试站只有24人，分为生产技术、计财、保卫、后勤等组，麻雀虽小，五脏俱全。中试站设在紫金山海拔760米的高山上的一处两山之间的坳口，大家开始铺设水电线路、安装设备、建造贫液池和炭浸系统、建筑堆场。中试站因陋就简，终于建起了三幢以石棉网遮阳挡雨的土坯房，这样，住宿、办公、化验室、仓库，全都有了！

一批批的矿石，由标高840、800的两个原地质队勘探巷道扩建而成的平硐中开采，几个月后，一年可以处理万吨矿石量的两个堆场建起来了。技术上，中试站请来地矿部低品位金矿堆浸技术研究咨询中心的专家指导，研究咨询中心原主任李璀明——一位年近70岁的正处级女专家，被派到紫金山上现场蹲点。同时，县矿产公司让熊辉昌、刘家才两人到河南洛阳地质调查队学习炼金技术，经过两个月拜师学艺，两位职工学成归来，学到了"高温高压加氰解吸工艺"，还买回一套黄金解吸电积设备。

冬去春来，中试站建立的两个堆场，堆浸矿石2012吨，入选原矿品位是2.55克/吨，经过72天喷淋浸出，尾碴品位0.343克/吨，总浸出率为86.55%，现场堆浸中间试验取得了很大成功，生产出最初一批载金炭。

上杭县政府备受鼓舞，提出"炼出金子迎接五一"的目标。县矿产公司从洛阳请来杨子健师傅，就地帮助调试设备、指导炼金。公司在南门租了一套房子，专门为他配了一个厨师，还买了一辆自行车供他使用。每天早上，杨子健便骑着自行车从南门大桥前来矿产公司的电解车间上班。经过几天几夜的奋战，电解车间对载金炭进行解吸、电积，1992年4月29日，炼金试验宣告成功。

五一这天，杨师傅和两个小徒弟小心翼翼将金水倒到铸金的模子当中。第一块金锭铸成了！时隔800年之后，紫金山重新开采冶炼出金子，简陋的县矿产公司院子里，响起了一连串的鞭炮声。

此时，正是1992年的春夏之际，紫气东来千山翠，东方风来满眼春。邓小平南方谈话，震撼着神州大地。大江南北，长城内外，加快改革开放的大潮奔涌，如同春雷激荡，冲击着上杭这座千年古城。

20世纪二三十年代，上杭县是中央革命根据地的重要组成部分，著名的古田会议曾在这里召开，开展中国革命实践，大批群众参加红军。新中国成立40年来，这个老区县由于交通不便等多种原因，发展步伐缓慢，到90年代初期依然闭塞、贫困、落后。

在南方谈话精神激励下，革命老区自主开发紫金山脱贫致富的强烈愿望，得到福建省和龙岩地区的全力支持。1992年6月10日至11日，福建省委省政府在连城县召开加快龙岩地区改革开放座谈会，形成了《关于加强龙岩地区改革开放座谈会纪要》，会议明确紫金山"金矿以地区为主进行开发"和"铜矿争取以福建省为主开发"。根据会议纪要，省冶金矿山公司退出，同时龙岩地区明确紫金山金矿由上杭县开发，上杭县则将金矿开发的重担交给县矿产公司。

紫金山金矿的开发权，就这样不费太大的周折，顺利赋予上杭县了。

陈景河也预感到新一轮的大发展时机即将到来。作为一个充满梦想和抱负的年轻人，他一直在思考：国家花费了大量的地质勘探资金，发现了紫金山铜金矿，如果矿藏不能为国家和地方的经济发展做出应有的贡献，那么十年来大批地勘人员的艰辛工作将毫无意义。

此时，国家刚刚启动地勘体制改革，规定谁勘查谁就有黄金开采的优先权。闽西地质大队第八分队也热切期望参与接下来的金矿开采，享受矿山开发的收益。陈景河等第八分队的30多名地勘技术人员，联名上书上级主管单位福建省地矿局，建议由省局与上杭县合作开采金矿，由闽西地质大队作为股份合作方负责具体实施。与上杭县合作开采金矿，不仅第八分队可以发挥技术优势，而且紫金山勘探完成后的富余人员有地方去，是一桩两全其美的事情。

但是，不知什么原因，福建省地矿局没有同意这个方案，让闽西地质大队第八分队的地质人员极为失望。

陈景河早有破釜沉舟的打算，在省地矿局放弃参与开发金矿的情况下，决心单骑离开奋斗了十年的地质队，寻找开发紫金山的新平台。

千金易得，一将难求。在上杭县，陈景河却"炙手可热"。这位年轻的地质专家、紫金山的"活地图"，是县领导心目中金矿开发独一无二的一把手人选。在县委书记丁仕达的极力引荐下，陈景河再一次"逆向流动"，从当时省地勘部门调到贫困县工作，担任上杭县经委副主任，兼县矿产公司经理。

当初，1985年，陈景河主动从福建省地质科研所申请调回到紫金山从事地质勘探工作，就是福建省地勘部门的一大新闻。此时，陈景河再一次放弃省地勘部门的一个正科级干部的位子，跳槽去地方搞企业，让不少人觉得不可思议。

当时省地矿局的一位领导打电话对陈景河说："你现在出走是错误的。"

陈景河问："我错在哪里？"

这位领导说，省局已经准备再次将他上调到福州，非常明确准备将他作为总工程师来培养。

"谢谢您的栽培！可是我觉得官场不适合我。而且我的志向也不是搞行政。"

就这样，陈景河扎根紫金山十年，发现"上金下铜"的宝藏之后，终于以一个地质专家的身份领衔县矿产公司开发紫金山。

小经理旗开得胜

1992年年末，就在陈景河来上杭县矿产公司的前几天，公司新光源材料厂的职工们，忽然听到办公室乒乒乓乓的声音。原来是在公司年终例会上，经理黄毓咸与副经理蓝福生争吵起来，两个人都爆了粗口，最后双方拍起桌子来，让书记曾庆祥和副经理林仁春忙着"劝架"。

争吵的原因在于老经理与大学生副经理对公司发展方向有不同意见。一个认为应该扩大新光源材料厂的稀土荧光粉的生产，另一个认为应该加大紫金山中试站的黄金生产力度。

上杭县矿产公司成立于1986年，前身是上杭县矿山管理站，由县财政提供了1万元的初始国有资本金。创办之初主要是与地方联营搞铁矿、稀土开发，采集一些铁矿石、钨矿、铅锌矿、电池锰粉、氧化稀土，然后拉到龙岩，通过龙岩火车站的火车皮，再卖到其他地方，靠此经营得来的收入来发放工资和维持公司的运转。

1989年7月，刘文洪从福建冶金工业学校采矿专业毕业，被分配到县矿产公司工作。现任紫金矿业工会主席的刘文洪，是紫金矿业最老的员工，对当年的状况记忆犹新。

刘文洪来到最初位于上杭县解放路242号的公司办公地点时，当时就愣住了。所谓办公室，就是在这条仅有 4 米宽的老街道上的一间土木结构瓦屋，90 平方米的平房还包括稀土矿仓库。刘文洪是县矿产公司第 18 个员工和第 3 个大中专生，由于家在乡下，只好住在办公室后部的稀土矿仓库里。这间房子的对面是一间狗肉店，下班后公司员工经常让店家将香喷喷的狗肉端过来，在办公室吆五喝六、大快朵颐。刘文洪独自一人住在这间破败的瓦屋里，有一天晚上刮起暴风雨，一根梁突然掉了下来，吓得他一个晚上没睡。一次他睡到半夜，忽然发现肚子上痒痒的，一摸，竟然是一只小老鼠，右腿上一拍又是一只。刘文洪大惊失色，从床上跃起，掀开被窝，腿上还有两只老鼠嗖地跳下床逃之夭夭。刘文洪那个夜晚之后满身起痘，后来每每回想起来都毛骨悚然。

1990 年，矿产公司从上海购买"稀土三基色荧光粉"生产技术，建起了新光源材料厂，并在 1991 年介入黄金生产中试，这才逐步从纯"二盘商"的角色转向生产经营型企业。

黄经理与蓝副经理的争执不是没有道理。1992 年，黄金中试站全年处理矿石 4800 吨，黄金产量为 8.05 千克，当时每克黄金销售价为 48 元，但是成本就在 47 元左右，基本上没有什么利润。当年三基色荧光粉销售形势好转，而黄金价格极度低迷。假如三基色荧光粉产能扩大，销售渠道顺畅、货款回笼及时，新光源材料厂未尝不是一个有前景的好项目。

陈景河接任上杭县矿产公司经理后，公司关于三基色荧光粉与黄金的方向之争才告一段落。但是，一个外县籍的年轻经理"空降"到公司，原有的势力显然受到冲击，这位地质专家一开始没少尝坐冷板凳的滋味。新经理只是一个不受待见的"光杆司令"，最初连办公室的桌椅、茶具都没人帮忙搬运。一帮本地籍老员工们，老爱在老经理办公室扎堆，用本地话飞短流长。公司开会的时候，陈景河在台上部署今年的黄金生产计划，员工用本地话开小会的声音比经理还要大。一次，陈景河在兴致勃勃展望紫金山金矿开发前景，台下一位职工冷不丁一句"陈经理，紫金山能不能承包"，引来职工一阵怪笑。

志向高远的陈景河，当然不会在意这些小动作。不久，陈景河辞掉了县经委副主任的政府官员身份，一心一意搞他的矿产公司。

然而，陈景河接手的是一个沉甸甸的担子。截至1992年年底，公司共有员工76人，固定资产42.9万元，流动资金3.8万元，银行和财政贷款达到237万元，实际上是一家严重资不抵债的企业，沉重的债务吞噬了大量利润，当年公司承担的利息总额就达到18.83万元，利润仅4.45万元。

县矿产公司由于是国有企业，吃大锅饭现象很严重。营销人员对产品销售的资金安全意识淡薄，货发出去后就觉得大功告成、不闻不问了，导致大量货款无法及时回笼，1992年就有光锰粉15万元、三基色产品21万元一直无法回款，公司还出现三基色产品在外地被骗走一笔10万元货款的事故，一名负相关责任的副经理因此被免职。

后来，稀土三基色荧光粉销售、货款催收成为纠缠紫金矿业多年的一条烂尾巴，大笔货款最终没有收回来，这是后话。

稀土荧光粉虽好，但对于上杭县来说，开发紫金山金矿才是脱贫致富的战略方向，让地质专家陈景河挑起重担，让专业人做专业事，就是要在短时间里找到突破口。此时梦中的紫金山，守望探索了十年的"春天之田"，已经摆在陈景河的眼前，正在深切呼唤着新任的领头人。

初到公司，陈景河着手实施开发紫金山铜金矿的计划，提出"先金后铜、因地制宜、因陋就简、从小到大、滚动发展"的方针。

首先，集中精力用堆浸法，扩大紫金山黄金中试站黄金生产规模，是目前最有效益的途径。陈景河在职工大会上下达任务：1993年扩大中试规模，年处理金矿石2万吨，生产黄金30千克，为从中试过渡到正式建立矿山做好准备工作，争取1994年年产黄金100千克！

1993年要搞黄金30千克！30千克黄金，接近前一年的4倍，对于当时仅有30多人的中试站来说，是一个不得了的数字。不少员工在私下议论：

"陈经理吹牛皮。"

紫金山中试站设备非常简陋，采矿只有两个硐，矿产公司将采矿承包给包工头张添水。安溪老板张添水在洞口搭了个遮阳棚，自己跷着二郎腿泡功夫茶。民工们在近千米长的幽深的硐内，用板车把金矿石叽嘎叽嘎拉出来。张添水的老婆守在硐口，灰头土脸的板车手从女人手里领过一张背后有"张添水"私章的扑克牌，晚上根据回收的扑克牌数量记矿石数量。然后将矿石拉到中试站，破碎、堆浸、吸附、电解、冶炼，生产出黄金。

陈景河从县政府借了一点财政周转金，对紫金山金矿中间试验站进行系统扩建和改造，将采矿硐扩大，买铲车、农用车铲运矿石，将当年的矿石处理量提升到1.5万吨，产金量果然达到了33千克。

中试站太小了，当务之急是要建立正规的矿山。陈景河的主要精力，还是放在紫金山金矿的筹备上，他四处奔波，去龙岩、福州跑立项。1993年10月1日，在紫金山金矿中试站基础上，上杭紫金山金矿终于被上级批准成立了，建设规模为年矿石采选能力5万吨。

陈景河的第一部"座驾"，是1992年从一个乡镇锰矿手中拿过来抵债的二手"金杯"工具车。这辆宝贝座驾，经常引擎发动不起来，要一堆人帮忙推车擦火，上紫金山则经常要在半坡上停下来加水。

几个推车的职工，笑嘻嘻地建议经理换一部好车。正推车的陈景河，气喘吁吁地摇着头："能用就可以了，不要讲派头。"

不久，陈经理觉得这辆破车确实影响出行，才托关系买了一部北京吉普。没想到车子开回来，发现不是正宗的北京吉普，而是某地组装的"山寨"版吉普。这部山寨车成了上杭紫金矿业总公司的主要交通工具，陈经理曾千里迢迢开到江西省南昌市，找南昌有色金属设计院优化图纸设计。没有出差的时候，这部车则当做职工往返紫金山的交通工具，有时小吉普里面塞了12个人，吭哧吭哧爬坡，卷起满山尘土，煞是壮观。

陈景河任职的第一年就大有斩获。1993年，中国黄金市场放开，当年8月，金价与国际金价接轨，可以自由买卖黄金了，黄金价格翻了近一番，全年平均售价达到每克89.93元，上杭紫金矿业总公司当年实现黄金产量33千克，当年的成本还是前一年的47元/克，全年因此实现利润63.4万元。

陈景河来上杭县矿产公司第一年就旗开得胜。曾一度怀疑新经理吹牛的职工们，此时都乐滋滋地说陈景河是"福星"，一来公司工作金价就上涨，让公司大赚一笔。

本章思考

1982年至1992年是紫金文化的发轫阶段。陈景河大学毕业后主动放弃优渥的城市工作生活条件，选择"逆向流动"到极其艰苦的紫金山找矿一线。他率领地质小组，传承客家人艰苦奋斗、敢于探索、百折不挠、拼搏奉献的精神，在中国矿业史上首次提出"斑岩上部高硫中低温次火山热液成矿"新模式，发现并探明东南沿海陆相火山岩地区首例特大型铜金矿床，也在巍巍紫金山上播下了紫金文化的"火种"。

管理大师吉姆·科林斯曾经说过："让谁上车，是企业管理的重中之重。"上杭县慧眼识才，引进在紫金山地质勘探十年、发现特大型铜矿的地质专家陈景河领衔紫金矿业，担当起开发紫金山的重任，奠定了后来炫目全球矿业的传奇的基础。

历史就是这样充满了偶然性和必然性。假如当年陈景河大学毕业后没有分配到紫金山找矿，假如陈景河中途调到省城后不再回来，那中国将会多一个出色的地质工程师，但毫无疑问将少了一位全球杰出的矿业企业家，也不会有紫金矿业后面精彩的传奇。

第 2 章

创业艰难：企业文化筑起发展基石

高级别的文明体从来都是在异常困难而非异常优越的环境中降生的，挑战越大，刺激越强。

——英国历史学家 阿诺德·约瑟夫·汤因比

七百万启动创业

紫金矿业的职工宿舍早期是平房，风一吹，呜呜作响，职工宿舍的瓦楞板屋顶经常被掀翻。有一次，职工蓝茂仁睡到半夜醒来，发现屋顶没了，天上的星星正对着他眨眼、笑他呢，蓝茂仁浑身冷飕飕的，想着幸亏没有下雨，好不浪漫！

第一批350万元贷款还没完成投资，国家银行体制改革，中国人民银行已经没有了专业银行的贷款职能，成了行业管理机构。中国人民银行将贷款指标转给专业银行。陈景河经理抱着试试看的心情找到工行。工行省、地、县三级行迅速组织力量进行反复调查和充分评估。时隔不久，350万一期技改的第二批贷款就如春雨及时到位。

最终，紫金矿业用这总共700万元，完成了原本设计投资2950万元的首期技改，矿石处理能力比原来设计的多一倍，达到年10万吨。1994年，黄金收购价格达到每克102.12元，紫金山金矿一期技改顺利完成，年产黄金96.43千克，实现利润286万元。

紫金山金矿一炮打响，率先在南方气候多雨、地形条件恶劣的情况下，成功地利用了堆浸提金技术，原本被认为品位低、无利可图的贫矿，开始绽放出灿烂的光芒。

紫金矿业挟着初战告捷之势,开始了扩张之路。公司兼并了县酒厂、县燃料公司等濒临破产的企业,迅速重组整合,1994年10月15日成立福建省闽西紫金矿业集团(以下简称"紫金矿业"),以闽西紫金矿业集团有限公司为核心企业,包含上杭县铜矿有限公司、燃料公司、鑫辉珠宝首饰公司、物资公司、紫金大酒店等紧密层企业,另有半紧密层企业、松散型企业17家。

此时,站在紫金山上的陈景河,初享从地质专家成功转型为企业家的喜悦,可谓春风得意,激情满怀,豪气冲天,他赋词一首《永遇乐·金山》,尽情抒发着他的理想和雄心壮志。

"紫金矿业,追求卓越""艰苦创业,开拓创新",巨大的标语牌,挂在紫金矿业的楼顶上,大楼位于上杭县城的中心,成为小县城的一道风景线。陈景河在大会、小会上对职工宣扬紫金精神、企业文化、做强做大的理念。

陈景河亲自设计企业标志,用"紫金"两字的首字母Z、J的艺术化图案,组成一个红心和两片金黄色的齿轮。齿轮围着核心转动,代表团结拼搏;齿轮不断转动,代表开拓前进;中间一个点,然后是一个螺旋形向四面扩散,象征着飞速发展。这个标志既像中国古代的象征风水和财富的八卦双鱼图,又像《封神榜》里哪吒脚下一日千里的风火轮,更像吉姆·柯林斯著作《从优秀到卓越》里快速旋转的飞轮。陈景河设计这个标志,意在彰显紫金人的远大理想和不懈追求。

在这个时候,陈景河梦中未来的金山光芒,实际上主要是来自于"金帽子"下面的"铜娃娃"。120万吨的铜矿啊,几乎是全国第一的世界级铜矿,这是何等激动人心的前景!而金矿,一向被认为储藏量少、品位低,1995年批准储量只有5.45吨。陈景河一开始也认为上部的金矿储量并不大,不得已要掀掉上面的"金帽子",才能大规模开采"铜娃娃"。

开发特大型铜矿,也是当时上杭县既定的产业战略。最初的蓝图,是要紫金矿业做成一家铜矿采选冶一条龙的大企业。1994年3月8日,上杭县政府主持召开"上杭紫金山铜矿开发协调会",决定上杭紫金矿业总公司为开发铜矿项目的实施单位,提出1995年投产并达到日处理矿量300吨、1996年达到日处理矿量600吨的计划,并开始日处理矿量6000吨的采、选、冶的前期工作。

在铜矿筹建会议上,陈景河提出开发紫金山铜矿的新思路,即在大规模开发铜矿之前,按照"从小到大、滚动发展、以我为主、股份形式"的思路,开发顶部和边缘矿体,先干再说。

在上杭县的扶持下,紫金矿业拉上县烟草公司,合股组建铜矿有限公司,筹措了1000万元,以工业试验厂的名义,悄悄揭开了紫金山特大型铜矿开发的序幕。公司在紫金山标高520米处,打通了连接山体南北的长达2200米的主平硐,在标高640米处采掘的铜矿石,源源不断地通过主平硐溜进北口标高230米处的铜工业试验厂。

陈景河规划了紫金矿业五年(1993—1997)发展纲要。在这个五年发展蓝图里,项目四面开花,紫金山特大型铜矿开发是主旋律,其次才是金矿的技改,上杭萝卜干的工业化生产、客家黄酒的研制及工业化等项目,具有重大的社会效益和经济效益,也是五年发展纲要的重要项目。

陈景河像一头精力充沛、不知疲倦的牛,日夜工作。他在公司管理会议上说,自己对家庭琐事毫无兴趣,对企业的事情却异常兴奋。

出于对紫金山铜金矿开发资金的渴求,紫金矿业想尽早完成资本原始积累,对项目来者不拒。搞水电站、承包酒店、广告公司、电影院、香料厂,租赁厦门的彩印厂,甚至一度准备承包县水泥厂,因其不久就倒闭方才罢手。初涉商海的陈景河雄心勃勃,四面出击,不断尝试多种产业。

上杭萝卜干是传统的"闽西八大干"之一,杭梅也是当地土特产,上杭县急于做强这两个特色产业,以公司加农户的形式,带动农民致富。陈景河不辞使命,让紫金酒业公司扛起了这两个产品产业化的担子。

陈景河对上杭萝卜干非常执着,四处宣扬这个传统特产光无形品牌价值就达数百万元,他信心满满,要将上杭萝卜干打造成福建的"涪陵榨菜"。很快,杭梅系列产品的开发中,话梅、脆梅、盐水梅、青梅酒等品种小试完成。到1996年年底,萝卜干厂与乡镇签订了萝卜种植面积3000亩,建成500亩萝卜腌制初加工厂,投资200多万元,基本形成年产1000万袋真空小包装萝卜干的生产线,还准备投资360万元建设300万瓶萝卜干罐头生产线,目标产值一个亿。

兼并上杭县酒厂后组建的酒业公司,不仅开发出本土特色的"客家黄酒",还聘请某轻工业学院教授潜心两年共同研制开发出"华南虎酒",建起了一条勾兑、过滤、灌装32度浓香型白酒的生产线。

陈景河在酒业公司会议上强调:酒业公司要靠这两大产品,迅速壮大和发展,不是为谁而干,是为自己而干,要高唱《国际歌》,全靠自己救自己。

峭壁上的蓬勃劲松

沉睡了近千年的金山的荒山野岭,又焕发出了勃勃生机。

不过,这次的大规模采金,与北宋年间的人海战术完全不同,白天现代化设备机声隆隆,入夜则灯火如昼,一派热气腾腾的景象。

陈景河带领金矿的开拓者们在荒坡僻野中安营扎寨,披星戴月、风餐露宿,顶着酷暑严寒,任凭风雨雷电,开始了创业历程,就像紫金山峭壁上的种子,生根发芽,迎风成长。

紫金矿业出身寒微,在几乎没有资本金的情况下起家。以首期700万元黄金专项贷款,要撬动正常国有矿山数千万元才能启动的金矿开发,其艰难程度可想而知。陈景河说,唯一出路靠艰苦创业。

创业之初，陈景河率队到西部某国有金矿考察，当时这个年产值1亿多元的金矿，一线生产条件相当简陋，矿部非常豪华，电影院、夜总会、办公楼、招待所、职工套房、学校、商店、医院、邮电所等设施一应俱全，可谓"小矿山，大社会"，仅四部豪华丰田吉普就价值200多万元，一年招待费100多万元，机关干部实行双休制，每个周末都到150千米外的城市潇洒度周末。

国有金矿的奢华，让紫金矿业的同行大跌眼镜、自叹不如。相比之下，白手起家的紫金山金矿条件确实极度艰苦寒酸。

紫金山主峰常年云遮雾障，气候条件恶劣，是闽西少有的风区、雷区、暴雨区。矿区山高路险，气候变化无常，劳动场所和生活条件十分艰苦。房子，住的是工棚，吃饭见沙，风吹掀顶；交通，靠的是两条腿；暴雨山洪、冰冻雪灾就是"最高指示"，不分干部职工，不分男女老少，掀起铁锹，扛起沙袋，一同冲向堆场、关键设施，排洪抢险。

老职工张文如曾回忆他最初来到紫金山上班时的情景：一条窄小、崎岖的山路蜿蜒盘旋，向着大山深处延伸，路的一边是陡壁、一边是悬崖，人坐在装满炸药的卡车上，穿行其间，左边万丈深渊如在脚下，右边嶙峋怪石扑面而来，犹如进入巴山蜀道，令人望而生畏。住的是土坯房，喝的是洞坑水，行靠双脚，用靠肩挑，雨天喝黄汤，雪天吃冰块，碰到风大的时候，往往屋顶被整个儿掀掉，苦不堪言……

在紫金山上创业的职工，大都出生于20世纪50年代到70年代，是在农村成长起来的穷孩子，他们忠诚、肯吃苦、质朴。他们长期居住在低矮、潮湿的"干打垒"土房内，无论刮风下雨都坚持野外作业，每逢节假日，职工们照常坚守在工作岗位上，放弃与亲人团聚的机会，加班加点，尽职尽责，毫无怨言。

周铮元1995年5月到金矿任财务科长。他后来非常清晰地记得，紫金山上经常下暴雨，路也是又窄又弯的沙石路，坐车上山，下面是悬崖深渊，像走钢丝一样非常惊险。山上只有一座占地面积200多平方米的二层楼房，楼下是食堂，楼上是金矿的办公室。当时金矿只有90多人，全部住土坯房。由于山上常年潮湿，床板是松木板，一年起码要开7个月的电热毯，被褥才能保持干燥，职工只要下山一段时间再回去，被子就长满了绿毛，必须重新加热烘烤才能睡人。

一到夏天，经常打雷。周铮元亲眼从房间里看到外面用于晒衣服的两根竹竿之间的铁线，一打雷时，强烈耀眼的雷电火花哗啦啦从铁线的一头瞬间扫到另外一头，非常吓人。通信工具就靠矿部的一部大哥大，由于使用的人多，按键上的数字都已经磨损得看不清了。员工要对外联络，找专门的大哥大管理人员，由他帮忙按键，打完按照分钟数收费。

最初，陈景河等企业管理人员上紫金山，山上没有招待所，睡觉就借用上大夜班的职工的床铺。周铮元清楚记得，职工宿舍前面是一排破碎机，一天到晚哐哐哐的破碎声音，虽然吵，大家都习惯了，每天下班后都在这个节奏中做着香甜的梦。倒是声音不响了，大家反而睡不着觉了，都半夜起床，探出头往外看："怎么啦？是机器坏了，还是没矿石了？这可影响月度计划！"大家反而担心起来了。

陈景河是"工作狂"，经常半夜三更到通宵作业的矿区或者提炼车间检查工作，和职工一起干活是家常便饭。一次，在520硐，陈景河头戴矿帽，身穿工作服，和五六十名职工一起，在坑坑洼洼的巷道里用力拖拉着沉重的电动车架空线，顶上如注的井水和溅起的水柱打湿了他的全身，硐内浓烈的炮烟呛得他不停地咳嗽。这个场景让在场的职工好感动。

艰难困苦造就"上下同欲"的氛围，上至企业最高领导，下至普通员工，锻造出了艰苦创业、开拓创新的紫金精神。在以陈景河为首的企业家的带领下，全体紫金人心往一处想，劲往一处使，大家亲如兄弟姐妹，互相关心鼓劲，只有一个目的：把生产搞上去。

1993年夏季的一个中午，原本晴朗的天空突然乌云笼罩，电光闪闪，眼看暴雨将至。恰在此时，两辆满载生产材料的汽车开进了矿区。"不能让生产材料受损失！"矿领导一声令下，20多位职工，其中有8位女同志，紧急出动抢卸材料，他们疾步如飞，只短短十几分钟，两车材料安然入库，当大汗淋漓的人们还未来得及松口气时，一场大雨倾盆而下。

1994年2月的一个夜里，山上的气温最低达到零下6度，冷风刺骨，为了保护堆浸场上的喷淋管道，金矿的全体员工迅速地从床上起身，奔向堆浸场上，烧水、挑水、浇管、包扎，冰霜侵肌，大家手冻肿了，脚冻麻了，耳朵冻红了。职工们在寒冷中挺过了5个多小时，管道终于完好无损。

多雨的6月，山洪和暴雨吞噬着整个矿山，顷刻矿区成为一片泽国。洪水涌进了堆场，涌进了宿舍，然而此时，没有人顾及被淹没的床铺，也没有任何人进行号召动员，全矿职工只有一个共同的心愿：引开洪水，保护池中的富液，保护仓库里的物资财产，抢救转移化验仪器设备。大家奔波在山洪雨水中，英勇地向洪水宣战。

1996年8月8日，闽西地区短时间内普降暴雨，发生了百年不遇的特大洪灾。暴雨山洪席卷紫金山矿区，金矿职工在狂风暴雨的气候条件下仍然坚守岗位，坚持野外露天作业，矿领导带人巡查防洪设施，排除各种险情，在罕见的特大灾害面前，金矿仍然正常生产和基建，基本上没有损失。

1996年《紫金矿业报》的"新春寄语"上，陈景河激情挥洒，写下这段文字："创业是艰难的，需要一种精神，需要员工为之进行艰苦的、创造性的工作，需要做出奉献，需要牺牲个人的局部利益；创业又是令人神往的崇高事业，她能磨炼人的意志，提高人的素质，使人精神境界得到升华。"

陈景河用熊熊烈火般的创业激情，感染着他那帮裤腿满是泥巴、头盔始终是黑灰的员工。因为有一个良好的机制和优秀的领头人，有一个宏伟的目标，在紫金矿业这家企业里，许多原本平平凡凡的人，便迸发出了最大的潜能和创造力。

一分钱掰成两半花

缺乏资本，缺乏技术，缺乏矿山开发的人才，紫金矿业就在这种情况下艰难起步。

陈景河对这段艰苦日子记忆犹新。他后来回忆说："紫金山金矿是在没有背景、矿山品位很低的情况下发展起来的，当时金价又低迷，我们手中又没钱，只得一分一分地抠着花。这造就了紫金人强大的资本控制能力。"

没有资金，只好勤俭节约，自力更生，艰苦奋斗。矿山开发之初，由于经费十分短缺，创业者们就住在油毛毡工棚里，矿山只有几部低价购买的二手车，建设项目靠自己设计和组织施工，出差吃方便面，不住宾馆住旅社，一分钱掰成两分钱花……

1994年春节，陈景河回永定县老家过年，他心疼公司派车来回接送又要汽油又要驾驶员补贴，干脆自己坐车回高陂镇。正月初三，正逢公路改造施工，雨天四处泥浆。弟弟陈景松用摩托车将他送到龙岩市区坐车前往上杭，在前往市区的泥浆路上，摩托车差点翻到路边深沟里。

自己动手，是紫金矿业创业之初的无奈之举。矿山建设，不外乎土建、设备采购和安装。于是，为了节省有限的资金，紫金矿业的职工们能干的都自己动手来干。1994年，由于县城黄金冶炼的电解车间无法满足生产需要，要在山上标高760处建一个电解车间。新车间的一套解吸电积设备，本来计划要花费20万元购买，陈景河觉得还是自己做划算，让职工熊辉昌等人找来那套设备的图纸，组织施工。熊辉昌从县里的机械企业找来电焊工、模具工、剪板工，硬生生造出一套设备，利用山上勘探队的食堂，建成一个新的电解车间，仅花了七八万元。1996年炭浆厂建厂，为了节省资金，从改造、制作到安装基本依靠了自己的力量。机电车间用短短半年的时间，靠自身力量完成了2号球磨机的安装，以及二系列浮选槽、炭浆设备、破碎机等设备的安装，节省安装费用数十万元。

为控制成本，陈景河把财务管理提上日程，制定了预算计划管理、资金管理、成本管理等财务管理制度。每笔开支都必须先有预算，并经签字批准，避免了那种资金使用上的盲目性、随意性。在成本管理中，他们将一项项指标分解到车间、班组，每个工序都要算出每月成品的费用消耗指标，并采取同奖同扣30%的方法，鼓励职工勤俭节约。矿山生产耗电极大，为了节电，他们采取了在用电低谷期进行生产的办法，仅低谷电与高峰电的差价，每月就节省电费2万多元，而他们的上班时间却从白天变成了晚上。

陈景河痛恨经营中的腐败行为对企业的侵蚀，他自己带头廉洁自律。1994年，紫金矿业要建设铜工业试验厂，各地设备厂家闻风而动，江西一家设备厂为争得设备订货，以陈景河的名字在银行存入2000元，并将存折送到陈景河家里。陈景河立即将存折交给公司书记，在没有办法退回的情况下，最后交公司计财部入账。陈景河和公司领导以身作则，带动全体干部职工廉洁奉公，对外采购实现招投标制度，形成一个良好的风气和制度。

他秉公办事，却因此得罪了某些地方势力。一位有背景的老板私下找陈景河，要承包工程，遭到婉拒，此人恼羞成怒，在陈景河妻子赖金莲面前放出狠话："老子治不了你陈景河，也要打断你儿子陈磊的双腿！"赖金莲哭着把这事告诉书记曾庆祥，曾庆祥背着陈景河，每天都在陈磊到上杭一中上下课的路上，派保安暗中跟踪保护。这事情一直没有让陈景河知道，以免让他工作分心。

紫金矿业的财务管理制度规定，对外采购中所有100元以上的进货发票务必注明销售商地址、名称和电话号码，以便核查，随时让财务稽查介入监督，防止腐败造成企业损失。

对于腐败行为，陈景河毫不客气地重拳出击。从黑龙江引进的原金矿副矿长刘某，不远万里来到上杭县，家属孩子都得到了妥善的安置，薪酬收入也不低，按理来说没有后顾之忧了。但是他仍然经不起诱惑，利用职务之便，收受施工单位的贿赂，东窗事发后被开除公职、锒铛入狱。

陈景河经常鼓励大家：贡献每一份力，节约每一厘钱，回收每一克金，争创每一分利。

就靠这么一点一点地省，一滴一滴地抠，紫金矿业在短短几年间，迅速发展壮大起来。金矿的第一期投资才700万元，就达到且超过原设计能力，到1996年紫金矿业已基本还清贷款。

随之，他们又投入400万元，实施第二期技改，将规模扩大一倍。到1996年年底，紫金山金矿全年实现黄金产量220千克，利润突破1000万元大关。

正因为缺乏资本，在解决项目建设资金问题上，紫金矿业不是找政府而是按市场规律去解决。公司经营中凡是能对外承包的一律采用承包制度，减少企业开支。公司一开始就在办矿体制上进行创新：生产工艺正规化、企业用工社会化、投资主体多元化、生活设施简易化。公司没有后勤系统，实行全员合同制，不搞小而全、大而全，按市场规律办事，搞社会化协作，实行社会化承包。

紫金矿业要用"最少的投资换取最大的效益"，出路只有一条：艰苦奋斗、开拓创新，由此也闯出了一条独特的创新之路。

陈景河在艰难的创业环境下，形成了他经典的低成本创新理论："普遍的科学原理与客观实际的完美结合就是创新，创新就是寻找最合适的路线、方案和模式的过程，一句话，能够用最小的成本实现最优效益，就是最好的创新。"

风雪紫金山

当年紫金山的冬天非常冷，几乎一到深冬就大雪纷飞。1996 年 2 月，当家家户户都在举家团圆、欢度新春佳节之际，紫金山铜金矿职工们却开始了一场与大自然的顽强搏斗。

一场罕见的强大寒流突然降临，一夜寒风，让紫金山变成了冰山。整个山峦白雪皑皑，到处冰霜覆盖，路滑难行。尤其让人震惊的是，山上十几根高压、低压电线杆折成几段倒下，电线一片狼藉。水管冻裂，设备冻坏，停水断电，交通中断。40 多名坚守岗位的员工，在冷冰冰的寒风雨雾中吃完了年夜饭，突然电灯熄灭，机器停转，矿区陷入一片黑暗。

金矿副矿长练绍章和选矿车间副主任傅飞龙立即决定组织全体留守职工抢险：在电线杆倒下的路边安排人员守护警戒，以免电线伤及路人，其余男女员工，全部集中到喷淋班，抢卸吸附塔中的载金炭。

此时，神州大地上，正是年夜饭刚刚吃完、精彩春晚开始播出、爆竹迎春的万家团圆时刻。紫金山上的几十名员工，却在风雪交加之夜，提着矿灯、打着手电，和严寒搏斗。即使在白天晴空下，卸炭都是一项繁重的体力活，何况是在雪夜，艰苦程度可想而知。由于吸附塔各部位及管道上已经结满冰霜，他们得先把这些冰块敲掉，然后取出一块块沉重的载金炭，用炭袋装好，扛回室内。

从除夕晚上九点干到凌晨三点，职工们个个全身雨雪、手冻脚肿，终于将九座塔内的载金炭全部卸完。就这样，留守职工们用坚韧不拔的意志，度过了一个难忘的除夕之夜。

处于"孤岛"上的紫金山员工无暇欣赏壮美的雪景，大年初一早上，没有了水，他们只好捡拾冰块，融化成水，用于饮用和熬稀饭、煮面条。由于过分疲劳不慎摔倒，练副矿长抢险时头部受伤，缝了五针。这天清晨，已经回家过春节的副矿长黄孝隆，紧急受命从南阳镇乘坐公司的吉普车赶到山上。天寒地冻，吉普车上盖满了冰雪，靠燃起火堆烘烤才启动发动机，加热后冰块才慢慢融化。30多名金矿职工带着葫芦钢索等工具，在冰雪中重新竖立电线杆。在紫金山山腰铜矿留守的蓝福生、赖富光等40多名职工，赶来支援。冰天雪地的紫金山，大年初一，近百名工人在竖电线杆、拉钢索、绑铁丝、架电线，嘿嘿哟哟，热火朝天。经过一天的奋战，线路重新接通，光明又回到了紫金山。

山上路断了，补给无法送上来。老职工黄宜彬记得，春节过后他所在的班组就只剩下一点粉丝，没有油，吃了呕酸水，女同志都哭起来了。但在生活艰苦的情况下，从大年初二到正月十五的十多天里，紫金山金矿机电、采选、办公室的全体男职工，在矿长邓一明，副矿长黄孝隆、陈家洪的分头带领下，顶着寒风细雨，踏着泥泞崎岖的山道，全力投入竖电线杆、架电线的抢修工作中。一根几百斤重的水泥电线杆，靠大家用双肩来抬；十几米高的电线杆，由职工爬上去；又长又粗的电线，靠大家翻山越岭拉过去。金矿的男职工变成了电力工人。仅一个多星期的时间，他们用自己的双手，重新竖起了高压、低压电线杆25根，架设电线2.3万米，终于在元宵节前把被损坏的线路及有关设备修复，开始恢复生产。

来自铜工业试验厂的参加春节抢险的年轻技术员陈建超，平生第一次也是最后一次看到美丽的紫金山雪景。陈建超1995年毕业于福州大学资源系采矿工程专业，到紫金山铜金矿工作后，很快成为一名优秀的技术员。陈建超平时热爱写诗，经常在公司内部报纸上发表小诗、散文，讴歌紫金山美景和矿工的创业精神。

1997年5月15日，金矿上部670硐放炮，连接金矿和下部铜矿的天井突然贯穿，有毒的炮烟弥漫在天井中。当时铜矿的天井里有三个职工，其中一个逆风而跑；老地质八队紫金山派出所所长、紫金山保卫科科长高金岭和铜矿技术员陈建超却顺风随着炮烟跑，在运动中吸入大量有毒气体，被送往上杭县医院后，又因院方缺乏这方面的救护经验，不治身亡。

陈建超的父母亲本来是上杭城关居民，20世纪60年代被下放到太拔乡农村，生育三个儿子，陈建超是老二。当年陈家家境贫寒，陈父靠卖血才供完儿子陈建超在福州大学的学业。

一个具有诗人气质的技术员的牺牲，对于嗜才如命的陈景河，打击很大。陈景河当时就把陈建超的弟弟夫妻招进紫金矿业。陈建超父母亲后来回到县城，没有房子住，靠陈建超一个月几百元的抚恤金生活，日子过得很艰辛。

这件事陈景河一直记挂在心上。2008年，紫金矿业进行新一轮集资建房，陈景河特别指示公司工会，按照成本价并且允许分期付款的方式，把一套指标给陈建超的父母亲，这对辛苦的农民夫妻终于在紫金小区住上了三室一厅、共140平方米的"豪宅"。紫金矿业工会负责人曾庆祥、刘献华前去看望陈老夫妻时，老两口非常感动，跪在工会领导面前，泪流满面，久久不肯起来。

此后多年，1996年春节的风雪紫金山，一直是紫金矿业艰苦创业的一个象征，一个经久传颂的企业文化图腾。

筑巢引凤凰

年青地矿专家陈景河，挂帅上杭县矿产公司后，这个地方政府引进的特殊人才，像磁铁一样，吸引了一大批地矿专业人才，短时间内，陈景河像一根线，将一颗颗珍珠串起来，身后的人才队伍越来越长。

1993年1月3日，就在到县矿产公司报到的那一天，陈景河办的第一件事情，就是引进了紫金矿业历史上第一个采矿专业的本科生。陈景河到县矿产公司不到一小时，一位毕业不久的大学生就找到陈景河的办公室，毛遂自荐前来求职。

巫銮东，1990年毕业于南方冶金学院矿业系，原本在德化县的福建阳山铁矿工作，听说家乡准备开发紫金山，就有调回上杭县工作的想法。两人小谈片刻，陈景河了解到他的专业和工作情况后，当场让小巫打调动报告并立即签批。

到县矿产公司后，巫銮东无处落脚，经理办公室白天作为陈景河的办公场所，晚上就成了巫銮东的住处。不久，陈景河从经理办公室搬走，巫銮东一家人都搬到了上杭县，巫銮东在这里结婚、生子、创业，后来成为公司细菌炼铜的技术带头人。

陈景河深知科技人才的重要性。他在县里、公司大会上大声疾呼：市场经济的核心是竞争，竞争归根到底是人才的竞争。企业的发展，呼唤着一批高素质的管理专家、高级专业人才，要创造出一种能够吸引人才的条件、有利于人才成长的氛围。

陈景河带着人员，前往周边的国营地矿单位，悄然物色网罗人才，将一批采矿、地质专业的闽西籍人才引进到公司。连城铅锌矿的刘春荣、蓝选庆、游志康、吴茂旺，福建省地质八队的谢成福、陈家洪、曾宪辉……一批大中专毕业的技术骨干、管理人才加盟紫金矿业，公司人才队伍越来越壮大。

邓一明，龙岩市新罗区人，1987年大学毕业后被分配到贵州有色勘查局四队工作，年过三十才在局领导的牵线搭桥下，与本地姑娘杨再红成婚。1993年春节，邓一明携新婚妻子从贵州返回闽西老家过春节。在老家期间，他看到福建《支部生活》杂志上的一篇介绍上杭紫金山金矿开发的文章。这篇文章描述的紫金人的艰苦创业精神和紫金山铜金矿的前景深深吸引着邓一明，他长久以来调回家乡的想法再一次被点燃。于是，邓一明夫妻在根本没有到紫金山矿区看看的情况下，就向上杭县人才交流中心发出了自荐信。

陈景河看到地质专业人员送上门来,大喜过望,立即签批调令。当年6月,邓一明和杨再红夫妻俩抱着还未满月的婴儿,千里迢迢从贵州返回上杭县,邓一明被安排到紫金山金矿担任副矿长,杨再红被安排在县法院工作。

邓一明来到紫金山金矿后才发现,这里的工作条件远远不如贵州的原单位,住的是由油毛毡、土夯墙组成的简易工棚,上无片瓦、下无块砖,冬天寒冷潮湿,夏天蚊虫成群。大年三十,一家三口在紫金山上过年。那几年的除夕之夜都会下雨,一刮风下雨,邓一明就上工地检查,剩下杨再红和女儿在工棚里。北风吹得没有锁扣的房门砰砰作响,老鼠也乘着过年瞎凑热闹,在房间里上蹿下跳,吓得母女俩心惊胆战。

起初,采矿车间管理混乱,晚上不少员工在车间睡觉。邓一明从矿石计量管理抓起,制定一套采矿经济责任制,严格管理,多劳多得。不久,上班打麻将、睡觉的现象消失了,车间管理逐步规范,采矿成本、单价也降了下来,产量下半年大幅上升。

贵州遵义人李桦,也是因一个极其偶然的机会加盟紫金矿业的。李桦于1994年从成都理工大学地质专业毕业,毕业后被分配到贵州省101地质队。当年地质队效益不好,整个行业停薪留职的情况非常普遍。

1995年,李桦到广东东莞一家制衣厂打工。这年国庆节期间,李桦前来上杭县参加一位大学同学的订婚宴,在同学陪同下找到紫金矿业总经理陈景河。求才心切的陈景河,看到又有地质专业人才上门,亲自开车带着李桦上紫金山参观。当时矿山非常简陋,但公司的待遇——每个月1000多元的薪酬,还算不错,李桦留了下来。

李桦在紫金山金矿生产技术科从科员干起,参与了揭顶大爆破的三期技改,公司股份制改造后,开始了在大西南的外派生涯。

实际上,地处偏僻的上杭县,地矿专业的本科生本来就稀少,创业之初的紫金矿业四处招贤,不管什么专业,只要是本科生一律照单接收,在矿山实践中锻炼成专业管理人才。

廖伯寿是福建中医学院中医学专业的五年制本科生，1994 年毕业时，作为贫困县的毕业生，只好回当地就业。正好这年 8 月，紫金矿业首次招聘应届毕业生，其中一个职位是紫金山金矿的临床医生，条件只要求是中专，小廖"病急乱投医"，前来应聘，将简历交给在摊位上接待的陈景河总经理。

陈景河看了他的简历，问道："矿山很苦、很单调，你能适应吗？"

小廖大表决心："我是农民的孩子，什么苦都吃过！"

就这样，廖伯寿从金矿的医生兼总务干起，一步一个脚印，从头学起，成长为一位优秀的矿山管理人员。

为了网罗人才，1995 年，紫金矿业利润不到 300 万元、在矿业界还是默默无闻时，陈景河就以他超前的眼光和胆略，面向全国，开始实施全国性人才战略，在《中国黄金报》等专业报刊上刊登招聘科技人员启事，招募人才。

20 世纪 90 年代中期，是矿业风雨飘摇的年代，大批国有企业冗员众多，包袱沉重，矿产品低格低迷，企业半死不活。一家面向市场的企业，只要多开出几百元的薪水，就能挖到国营矿山的工程师。陈景河的创业激情和紫金矿业的新型体制，吸引了一批国有矿山的骨干，纷纷投奔还很弱小的紫金矿业。

将央企的一个副矿长挖到手，是紫金矿业人才战略的第一个传奇。

胡月生，1951 年生，1978 年南方冶金学院采矿专业毕业生，大学毕业后在有色总公司的兴国县画眉坳钨矿工作，不久后当上了副矿长，1989 年又奉命北上组建贵溪银矿，担任副矿长。从画眉坳到贵溪银矿，胡月生走过了 10 个矿山，技术管理水平已经臻于成熟，在业界已小有名气。他不仅有理论、有实践、懂管理，而且动手能力强，可以自己搞设计，建过几个矿山，而这恰恰是紫金矿业急需的人才。

1995年夏天，正在四处物色矿山专业人员的紫金矿业找到胡月生。当年8月，胡月生专程来到上杭，经过实地考察，他认同陈景河的观点，认为紫金山铜矿属于特大型，金矿储量应该不止5.45吨，随着开发技术水平的提高，矿山将越挖越多，这是一座宝山。

此时，胡月生已经45岁，不仅已经是副处级干部，而且是破格晋升的高级工程师，生活舒适，前途无量，要从一家央企到一个地方小矿，人生地不熟，一切从头开始，确实让他颇为犹豫。但是，胡月生还是下定决心寻找一个施展身手的新天地。

正好那一年，胡月生的女儿胡丛丛从赣州中学初中毕业，正要升高中。如果那一年不转学过来读高一，等到高二再转学恐怕就难以适应了。陈景河听说了这个忧虑，当场向胡月生保证，县里引进的人才，孩子可以保证到省重点中学上杭一中就读。胡月生终于下定决心，先将女儿送到上杭一中读高一。当年10月，他从一家央企调到上杭县，担任上杭县铜矿有限公司副经理兼副矿长。

当时，参与铜矿公司建设的上杭县烟草公司干部蓝永龙，悄悄地用上杭客家话对铜矿副矿长蓝福生说："他这样一个堂堂的副处级干部，跑到这里来，如果紫金矿业倒了怎么办？"

没想到，这话让身为赣南客家人的胡月生听懂了。他用客家话笑嘻嘻地回答："哪里会倒，只会越来越好呢。"

同样是江西一家大型国企副矿长的刘献华，为陈景河的爱才之心所感动，来到紫金山。

刘献华1979年从江西冶金学院采矿专业毕业后，被分配到有4000多人的大型国有企业——江西大余西华山钨矿，从基层的技术员、班长干起，一步一个脚印，35岁就成为江西省冶金系统最年轻的副矿长、高级工程师。

西华山钨矿是新中国第一个五年计划中由苏联专家援建的重点项目。到了90年代，出现资源枯竭、冗员负担沉重、企业办社会等问题。由于当时钨价低廉，职工工资低，有时还发不出来。刘献华虽然是一个副处级干部，到1996年的月工资仅500多元，老婆没有工作，两个女儿正在读中学，将来读大学的一大笔学费如何筹措，成为刘献华的一块心病。

1996年8月初，刘献华在与调到浙江的老同事通电话时得知，福建上杭的紫金矿业要招聘懂技术、会管理的人才。老同事还戏问他想不想去尝试一下。没想到，不经意的话语却在喜欢挑战自我的刘献华心中荡起了阵阵涟漪。刘献华就按广告里的电话号码打了过去，与总经理陈景河取得联系。陈景河听说刘献华的经历之后非常感兴趣，热情邀请他到福建来考察。

1996年8月下旬，刘献华悄悄地来到上杭，在紫金山上与陈景河见了面。他看到此时的紫金矿业刚刚起步，条件很简陋，职工宿舍是上面盖石棉瓦的"干打垒"，就连陈景河也住在简易的二层小房子里，跟自己原先的企业没法比。但他从陈景河那充满自信的话语中感觉到希望、力量和前景。

此时刘献华四十出头，风华正茂，在原企业里感到浑身的力气使不出来，他不想平平淡淡地过一生，紫金矿业这样全新体制的企业正是他的用武之地。1996年10月1日，刘献华说服了家人，义无反顾地只身一人踏上了创业的征程。

加盟紫金矿业之初，他先后担任公司开发部副经理、紫金山金矿副矿长兼采矿厂厂长等职务，当他看到由于管理和技术方面的原因，金矿每天的采矿量只有几百吨时，便主动向公司领导提出：要用实现每天1000吨的采矿量向公司报喜。对此，不少人都抱着怀疑的态度，刘献华却硬凭着不服输的性格和顽强的意志，和全矿员工并肩作战，真的在一周后实现了这一目标。

在年底的庆功晚会上，陈景河亲自为他点了一首《把根留住》，唱得刘献华热泪盈眶。1997年春节，刘献华把全家接来上杭，陈景河亲自开车迎接他们一家，公司班子、县领导一齐出动，为他们接风洗尘，让刘献华一家好不感动。从此,《把根留住》这首歌曲便成了刘献华的"最爱",一直激励着他为紫金矿业作奉献。

紫金矿业在《中国黄金报》的广告,还吸引了一位陕西的黄金选冶专家的注意。不久,陈景河就收到陕西马鞍桥金矿一个叫杨云忠的副矿长的来信,信中表示想了解一下这个金矿的情况。陈景河当即邀请杨云忠到紫金山来看看,来回路费公司给予报销。

1955年出生的杨云忠,是陕西泾阳县人,从西北大学化工系毕业后到周至县氮肥厂工作,1993年开始参与了陕西马鞍桥金矿全泥氰化炭浆工艺改造的全过程。投产后,杨云忠撰写了国内首部关于湿法黄金冶炼的专著《氰化提金概论》,这本由陕西科技出版社出版的著作,理论实践兼具,指导性和操作性很强。

1997年3月初,杨云忠辗转来到4000里外的上杭县。当时他压根儿没有离开陕西的想法,只想来一次黄金矿山考察之旅。陈景河总经理和曾庆祥书记热诚地接待了他,对杨云忠带来的著作爱不释手,紫金矿业刚刚将铜工业试验厂改成金矿炭浆厂,正缺一个这方面的高级专业人才。

看到紫金山金矿边采边探,储量当时就超过了30吨,资源发展前景好,紫金山上大家热火朝天干事业的拼劲,杨云忠感到这是完全与众不同的新型企业,天地非常广阔,他当时就萌生了加盟紫金矿业的想法。此时42岁的杨云忠,年富力强,已是马鞍桥金矿副矿长、总工,全盘主管生产,对技术流程了如指掌。杨云忠夫妻都在矿里工作,住在离古城西安市仅40分钟车程的周至县城,生活非常舒适。马鞍桥金矿已完成二期技改,日处理矿量已经达到700吨,年产金量200多千克,在1996年和紫金山金矿产金量相当。

在考察的时候,杨云忠对陈景河说:自己是金矿的顶梁柱,按照正常手续肯定调不过来,矿里是不会放人的。第二天,陈景河告诉杨云忠说,昨天他已经将情况跟县里说了,县里专门开了会,表态可以为杨云忠和妻子王麦霞专门建档，而杨家的三个孩子，都可以到县一中和重点小学上学。

两夫妻的工作关系和孩子们读书问题的解决，让杨云忠吃了定心丸。尽管马鞍桥金矿一再挽留杨云忠，但杨云忠去意已定，下定决心加盟福建紫金山金矿，"孔雀东南飞"。

1997年5月1日，杨云忠前来紫金山上班，担任金矿炭浆厂副厂长。

创新大舞台

紫金矿业的全新体制，陈景河强烈的事业心和人格魅力，吸引着大批矿山人才投奔麾下。短短几年，一批化工、地质、采矿、选矿、冶金等方面的专业人才在紫金山上聚集起来。陈景河搭起了一个创新的大舞台，让来自五湖四海的人才在紫金山上竞相进行低成本技术创新。

胡月生来到紫金山后，主持完善了矿山地下矿井的开拓、运输系统，增设溜井，大大减少了矿石运输路程，使金矿生产规模迅速扩大。他敏锐地意识到，爆破技术对于紫金山金矿生产具有重大意义。因为紫金山金矿连成一片，品位又低，由于历史原因，井下古人采金老硐纵横交错，后来的采空区较大而且分布不规范，利用硐室爆破，既能迅速提高采矿矿量、降低成本，又能保障安全。

没有爆破经验的胡月生在公司的支持下，不断积累爆破方面的经验。胡月生凭着扎实的专业基础，悉心研读一本同学寄来的《硐室大爆破》，为公司自行设计装药量32吨的燕子硐堆场硐室爆破，一次性取得成功。后来，又挑起协助省高能爆破公司设计审查千吨级揭顶大爆破的重任。接二连三的硐室大爆破的成功，让胡月生成为名副其实的爆破专家。

杨云忠来到紫金矿业，为公司开发出来的第一项重大创新成果是喷淋系统改用国产的液体氰化钠，代替进口的固体氰化钠，经济效益非常明显。杨云忠到金矿后发现，当时进口固体氰化钠 15000 元 / 吨，如使用相同含量的国产液体氰化钠，只要 9000 元 / 吨，如果这样改变一下，不是可以节省很多钱吗？杨云忠组织力量先在炭浆厂使用新产品，当年节约 170 万元。这项技术改进的运用，此后每年都为公司带来数百万元的节约。

在此后紫金山金矿重选——堆浸——炭浆联合提金工艺的采用中，杨云忠发挥了重要的作用。他对金矿更为熟悉后，提出静态吸附的创见，实现了用选矿静态吸附工艺代替搅拌吸附工艺，既解决了长期以来搅拌槽动态吸附产生大量炭末的问题，提高了回收率，又由于整个过程完全自流，基本无须动力消耗，节省了大量电耗，每产黄金一吨可以产生经济效益 50 万元。这个工艺中的关键设备吸附装置在当时国内尚属空白，更遑论可以满足大规模堆浸生产工艺的设备了。

后来，杨云忠向国家知识产权局申请专利。2002 年 3 月 13 日，国家知识产权局授权颁发专利证书，正式批准杨云忠设计的"敞口式非流态化固定床吸附装置"获国家实用新型专利权。至此，年仅 10 岁的紫金矿业获得了第一个国家专利。

邹来昌是福建林学院化工专业的毕业生，在上杭县林产化工厂没干几年，企业便濒临倒闭，被紫金矿业招到麾下。邹来昌嗜书如命，从大学毕业后就养成了每晚十点读书到深夜的习惯，多年来的知识积累让他涉猎甚广。

但是邹来昌并不是个"书呆子"，而是一个学以致用、勇于实践创新的人。他到紫金矿业黄金冶炼厂担任技术科长以后，凭着在化工、机电、物理等专业的造诣，开始发挥创新的才干。最初的成功是自行开发出公司首台无氰化高压解吸设备。1997 年 9 月，黄金管理局向公司推荐这种先进设备。在与国内仅有的生产厂家联系后，厂家寄来了一张说明书。陈景河将资料交给邹来昌，要他考虑自己制作或者购买。邹来昌翻阅了大量相关书籍，向陈景河拍胸脯："这种设备自己能做！"

经过几个月的攻关，邹来昌自行设计了一套无氰化高压解吸设备图纸，而且还对原设备结构进行了几项重大改进，经过调试成功投入使用，总投资22万元，比购买最低价62万元节省了40万元。无氰化高压解吸设备投入使用后，生产成本下降30%，生产能力大幅提高。

后来，邹来昌又开发出黄金提纯技术、高温高压流程实验装备等一系列新科技，成为紫金矿业科技成果最多的科技人员之一，也成为公司湿法冶金学科带头人。

紫金矿业鼓励创新，放手让科技人员大显身手，这批人在紫金山这个新平台上如鱼得水，发挥出巨大作用，很快形成了独具特色的竞争力。

对于引进人才，陈景河认为，人才不是来分粥的，是往锅里添粥的。搞好了，还可能端来大蛋糕。事实上，由于大批高素质的高、中级人才的加盟，当代黄金行业科技进步之花在紫金山盛开，也给紫金人带来丰厚的回报：

将新技术和新思维应用于地质勘查后，紫金山金矿可利用资源迅速增加，从最初的5.45吨扩大到30吨、50吨、100吨以上，为企业发展奠定了坚实的资源基础；

在南方首创堆浸提金法并成功运用，使品位低的紫金山金矿开始放射出灿烂的光芒；

自创的重选——堆浸——炭浆联合工艺使紫金山金矿在综合技术和经济指标上，发生了巨大的突破，在低品位利用方面达到国际先进水平；

成功开发和研制无氰高压解吸—电积设备，将冶炼黄金生产效率提高了三倍，生产成本降低了40%，让紫金矿业掌握了高端黄金冶炼技术；

凭借科技进步实现了井下矿山运输的机械化、金矿环保的零排放工程，成功进行了大规模的硐室爆破……

陈景河提前铺设管道，在企业规模尚小之时，就实施全国性人才战略，网罗了一批国内一流的采选冶专家。紫金矿业的"珍珠串"越来越长，越来越亮。到1997年年初，12位高级工程师，50多位工程师，数位副处级以上干部以及众多的优秀分子聚集在紫金矿业旗下，在紫金山上，各显身手。一大批采选冶地质等方面的专门人才，一支矿山开发、管理的专业队伍，为紫金矿业的腾飞打下了坚实基础。

本章思考

在资金、人才、技术极度缺乏的条件下，陈景河通过多轮创造性的技术改造与创新，使原不被看好的"鸡肋"小金矿焕发出生机与活力，最终一跃成为"中国第一大金矿"。

一群充满激情和理想的年轻人，在陈景河带领下，边学边干边探索，企业上下同欲，领导身先士卒，员工尽心尽力，通过一系列自主技术创新，践行从小到大、滚动发展的战略。"风雪紫金山"成为艰苦创业的大熔炉，锻造了一支充满创新精神的技术和管理团队，更为重要的是初步形成了富有特色的艰苦奋斗、开拓创新的文化，奠定了紫金矿业企业文化的基础。

陈景河高瞻远瞩，利用矿业低迷时机，在企业初创、弱小的情况下，筑巢引凤，在全国引进一批地矿专业人才，紫金山成为低成本的创新大舞台，为大规模开发打下了人才和技术基础。

第 3 章

生死极速：审时度势的战略决策，化危为机

投之亡地然后存，陷之死地然后生。

——春秋时期军事家 孙　武

因祸得福的战略转向

俗话说：田瘦无人耕，耕了有人争。当初紫金山金矿被当作"烫手山芋"，大家唯恐避之不及，矿山开发初步成功后，昔日一度被认为没有开采价值的金矿，却吸引了众多目光。

由于在 1992 年 6 月的福建省政府《关于加强龙岩地区改革开放座谈会纪要》中规定"金矿以地区为主进行开发，铜矿争取以福建省为主开发"，为了加快紫金山铜矿的开发，省有关部门在缺乏资金和技术上无法解决铜矿含砷高、国内技术一时无法处理、国内没有开发业主的情况下，从 1994 年开始，以开发铜矿的名义进行对外引资。

1995 年春，以澳籍华人李文杰为总裁的澳大利亚兴盛国家资源公司（以下简称"兴盛公司"）抢到了紫金山"比武招亲"的绣球。兴盛公司是在毛里求斯注册的一家国际矿业资本投资公司，实际上是澳大利亚、英国等国的矿业界、金融界人士初创不久的初级勘探公司。在当时铜价低迷的情况下，铜矿开发投入大、回报慢，几乎无利可图，他们真正感兴趣的是紫金山上部的金矿开发。通过一批国际顶级黄金地质专家的实地勘查，外资公司发现一个大型的低品位氧化黄金矿山"养在深闺"的秘密。外资公司向有关部门提出了一个铜金矿开发的一揽子方案，欲将铜金矿产权全部抓住，并向有关部门提出要率先开发金矿的问题。

此时，紫金矿业通过短短四年的埋头苦干，完成了一、二期技改，已经掌握了一套独特的黄金选冶技术，正在准备将地采转变为露采，用露天开采的方式开采紫金山铜金矿，用规模效应获取超额利润。

从 1983 年被发现以来，紫金山金矿一直被认为是中小型低品位矿床。1994 年经福建省储委批准的工业储量也只有 5.45 吨，平均品位 4.24 克/吨。从 1993 年到 1996 年，紫金山金矿硐采矿石处理量总计才 34 万吨，累计产金达 477 千克，金矿产量稳步增加，不过只能说是小打小闹的"掏蛋黄吃"。

但是这几年的金矿开采实践，让紫金矿业初步组建了一支专业人才队伍，以重选——堆浸——炭浆为核心的自主黄金联合选冶工艺技术日益成熟，这是紫金山金矿大规模开发不可或缺的前期热身和准备。

还有一个更大的收获在于：紫金矿业在四年的硐采和不断补充勘探中隐约发现，可以用于采选的金矿应该远不止 5.45 吨，接二连三的外国地质专家前来考察和陈景河董事长到外国参观看到的露采项目，也在启迪着紫金人的思路。

1996 年，转变思路的时刻到来了。经过进一步勘查，陈景河发现，紫金山金矿存在大于 1 克/吨的低品位黄金金属量约 30 吨，如果这些矿石的储量能够在自主开发出来的低成本选冶技术条件下得到有效利用，那么紫金山的金矿资源将增加数倍，金矿迅速扩大生产规模有充分的资源保障，通过全面技改，紫金山金矿将有可能从原来的小型金矿进入到全国大型产金矿山行列。当时金价每克接近 100 元，规模扩大意味着利润增加。

曾经寄托了巨大希望的特大型铜矿，原来是个难啃的硬骨头。紫金矿业要取得铜矿的业主地位难度极大，而且当时铜价低迷，铜工业试验厂濒临亏损，而金矿的效益已经非常明显，假如有资金投入进行大规模开发的话，短时间里就可以取得非凡的成绩。

外资公司的介入，让陈景河团队感到前所未有的巨大压力，也开始重新思考紫金矿业的发展战略。他迅速改变主攻目标，做出了暂时放弃铜矿采选工业试验、集中力量专攻紫金山金矿的决策。

1996年8月3日，紫金矿业召开二届三次职代会。这是公司发展战略方向调整的一个重要会议。会议认真讨论并一致通过了公司1996年生产经营计划和五年发展纲要的修改意见，确定了重点发展紫金山金矿的思路和战略举措，加大金矿生产规模和技术改造力度。紫金矿业第一次把紫金山金矿的全面大规模开发，作为公司五年发展纲要的重点：一方面加强正在进行的二期技改工作，争取如期投产达产；另一方面实施三期技改工程，主要采用露天开采的方式，迅速扩大矿石的生产和处理规模。会议确定1997年的黄金产量须比1996年增加一倍，到1998年达到年产黄金1吨、销售收入上亿元的规模。

面对强大的外来竞争对手，紫金矿业并没有被吓到，而是继续在全国招兵买马，为企业发展后劲打基础。在秋季风雨之中，金矿三期技改拉开了序幕，到处是钻机声和阵阵开山炸石爆破声，修盘山公路，扩建堆场，为40万立方米的硐室松动大爆破开拓的800米的巷道工程在日夜掘进。技改工程的配套设施金矿综合楼和职工宿舍也在紧锣密鼓地施工。

利用硐室爆破，既能迅速提高采矿矿量，降低成本，又能保障安全，真正达到"多、快、好、省"的效果，满足紫金山快速发展的需要。1996年11月16日，由福建省高能爆破公司设计的装药120吨的紫金山金矿硐室松动大爆破一次起爆成功，爆破土石40万方。这次爆破是闽西地区有史以来最大的一次爆破，为1997年矿石处理量的飞跃发展打下了基础。

与此同时，公司迅速把铜矿工业试验厂改为金矿炭浆厂。炭浆法提金，是20世纪70年代西方发明的选金技术，具有工艺简单、投资少、回收率高的特点，为紫金山进一步技术改造——细粒级高品位部分进行炭浆提金，粗粒级低品位部分进行堆浸法提金打下了基础。炭浆提金，有望使金的回收率提高15%~20%，而堆浸——炭浆联合工艺，将使紫金山金矿在综合技术和经济指标上发生巨大的突破。

如果说此前是小打小闹的话，从1996年秋天开始，紫金山金矿全面大规模开发的号角已经吹响。

这是一次在外资追逼下悲壮的绝地反击，却也是一次因祸得福的企业战略转向。

吨金大跨越，实现绝地反击

1997年年初，紫金矿业面临着生死关头的严峻局面。紫金山铜金矿开发已经进入关键时期，一方面由公司组织的开发工作取得了重大生产经营成果，并在酝酿着更大的突破，另一方面，外资公司仍对紫金山虎视眈眈。

兴盛公司1995年开始介入紫金山开发考察谈判。1997年春天，兴盛公司的人员和勘探钻机来到山上，四处钻洞取样，对紫金山铜金矿进行"补充勘探"。

1997年1月中旬，正是农历腊月时节，南半球却是气候宜人的夏天。兴盛公司邀请福建省地矿、冶金、黄金等部门的官员前往澳大利亚、巴布亚新几内亚考察。紫金矿业总经理陈景河，也在考察名单之列。其实，兴盛公司高管李文杰和吉姆在前期考察紫金山的过程中，就认识了陈景河，并对他的专业学识和管理能力大为赞赏。邀请陈景河去南半球考察矿山，外资公司也表现出有心留住陈景河的用意。外资公司即将进驻紫金山，准备对陈景河委以重任，让他继续挑起紫金山铜金矿开发的重担。毕竟，陈景河浸淫紫金山多年，是一个不可多得的矿山开发经理人才。

此时，闽西山区已进入了寒冬腊月，紫金山上也不时出现冰雪雾凇的美丽景观，过年的气氛越来越浓烈。但是南半球的澳大利亚和巴布亚新几内亚，却正处于迷人的夏秋之交。碧蓝碧蓝的海水、湛蓝湛蓝的天空、一望无际的海岸线。陈景河没有多少心思欣赏悉尼歌剧院的宏伟、黄金海岸的壮丽、澳大利亚草原上可爱的袋鼠，也没有沉醉于巴布亚新几内亚迷人的珊瑚礁风光。萦绕在他心里的是，利用这个大好机会，尽量捕捉一切有利于紫金山加快发展的信息。

澳大利亚和巴布亚新几内亚，是南半球两个矿产资源极为丰富的国度。澳大利亚黄金产量当时就是世界第三，而巴布亚新几内亚，虽然是面积仅46万平方千米的岛国，但其铜矿、金矿资源储量在全世界占有一席之地。这次考察的五大黄金矿场分别是澳大利亚的本迪戈、巴拉瑞特等三个金矿床和巴布亚新几内亚的潘古纳、瓦乌铜金矿矿场。这些露采的矿场，一圈又一圈像梯田一样的黄金矿田，让陈景河眼界大开，他生平第一次看到如此众多的重型机械和如此宏大的露天采掘场面。哈，黄金矿山的露采施工原来是这个样子的！几年之间的思考茅塞顿开。陈景河不失时机地拍照、记录，尽量将陡帮露采的数据记录下来。

这次考察的重点，是巴布亚新几内亚的潘古纳铜金矿。潘古纳铜金矿是南半球最大的黄金矿山之一，黄金储量达到500吨，属于火山岩型和斑岩型铜金矿，和紫金山铜金矿属于同一个类型。陈景河在这个世界级的大型陡帮露采矿场，想到紫金山铜金矿和这个矿床类型如出一辙，非常兴奋。他心想，有朝一日，紫金山铜金矿也要进行这种现代化的大规模露采施工。

后来的结果表明，邀请陈景河是兴盛公司一次得不偿失的行动。经过半个多月的免费考察，陈景河不仅拓宽了自己对现代化矿山露采施工的眼界，而且还摸清了兴盛公司的"西洋镜"。

陈景河在五大金矿矿场，用大学时代打下的英文基础，不断阅读分析矿山的英文资料，发现考察的五大矿山，并非是兴盛公司创办人投资的，只是他们曾在这些矿山工作过而已，而且五大矿山中有三大矿山隶属于太平洋矿业公司。

陈景河一回到公司,就进行照片冲洗和资料整理,马上请来国内矿山专家一起研究规划紫金山金矿露采的方案。

2月5日,正是农历腊月二十九,过年的气氛已经非常浓烈了,上杭县城到处是爆竹声。刚刚从澳大利亚、巴布亚新几内亚考察回来的陈景河,紧急召开管理层会议。

陈景河在会上介绍了本次考察的有关情况和收获,全面分析了紫金矿业目前所处的内外部环境,提出企业自身要生存和发展,首先要从思想上有重大突破,不能再"温柔"地发展了。

陈景河决定以最大限度加快、加大紫金山金矿开发力度,超常规促进企业飞跃发展,通过突破性的发展,力争在1997、1998两年内,实现资产的迅速膨胀,迅速跨入全国大型产金矿山行列,一年内跨入全国重点产金矿山行列,两年内争取成为全国最大的黄金矿山,从而确定公司在紫金山铜金矿开发中的业主地位。

紫金矿业的具体目标是,1997年争取产金1吨,企业总资产达到1亿元,利润突破2000万元;1998年争取产金2吨,利润实现4000万元。

紫金矿业的创业者们,在这生死关头,在前有堵截、后有追兵的情势下,爆发出"洪荒之力",开始与自己赛跑!

其时,紫金矿业已经聚集和培养了能打硬仗的人才队伍,基本上掌握了矿山开发的技术和工艺,完成了资本的原始积累,已经万事俱备,只待冲天腾飞。

从资源上来说,自从外资公司进入紫金山进行补勘以来,紫金矿业的地质人员也在悄悄进行补充勘探。到1997年年初,紫金山探明的黄金储量增加到了50~70吨,比原来省储委审批的5.45吨多出了十几倍。

无论是技术、资金还是人才,经过四年的积累都已经初步具备,陈景河此时完全有把握实现跨越发展，在一两年内实现"翻天覆地"。关键有地方政府全心全意的支持，紫金矿业有天时地利人和的优势，与外资公司竞争的胜算还是很大的。

春节刚过，在公司全体职工参加的"吨金保卫战"动员会上，陈景河慷慨陈词。

"同志们，大家都应该清楚现在公司的处境了。据我们了解，紫金山铜金矿将很快换新的主人，即将成立的中外合作公司，跟上杭县、跟紫金矿业毫无关系，也跟你们中的很多人都没有关系。外资公司已经明确表态，只能有选择地留下一部分员工。我陈景河，凭我个人的专业、学识、能力，在新公司谋一个高薪的位置，或者换一个单位，毫无问题。但是，大家怎么办？500多位员工怎么办？紫金矿业的未来怎么办？"

会场下面，是一片死寂般的沉默，大部分职工还是第一次听说紫金山要给外资公司开采的事情，都非常惊讶。

"说实话，要讲对紫金山的感情，全公司没有一个人比我更深！从大学毕业到现在，我已经陪伴紫金山15年了，铜金矿是我参与一手发现的、金子是我们亲手开采出来的。我不甘心看到上杭县的金山、国家的宝藏不明不白落到外资公司手里。我实在不忍心抛开四年来和我同甘共苦的员工。"

"现在，留给我们的还有两年的时间，如果我们能在这两年进入全国重点产金矿山行列，那么，紫金山很可能将还在我们自己手里！现在，首先第一步，能不能在今年实现吨金的目标，全看同志们的了，紫金山的命运在我们大家手里！大家有没有信心？"

"实现吨金目标，力争跨入全国重点产金矿山行列，其实就是与外资公司赛跑，与自己赛跑，实质上就是紫金山保卫战。紫金矿业面临着强有力的对手，这是一场生死攸关的比赛。形势已经把公司推向最严峻的时刻，紫金矿业只有背水一战，实现年产 1 吨黄金的生产目标，才能争回生存空间，才能取得这场保卫战的全面胜利，才有可能成为紫金山铜金矿的开发业主，争回属于紫金矿业的宏伟事业！"

陈景河的话语回荡在公司会议室，回荡在矿山。

"吨金保卫战"的号召，让全体职工认清了形势，统一了认识，成为职工夜以继日的精神动力，唤起了每一个人的危机感、紧迫感、使命感。

1997 年的任务一下子要跃升到 1 吨，是前一年的 4 倍多，压力之大、担子之重，可想而知。然而，公司上下同心，志在必得，士气高昂。金矿矿长陈家洪代表职工表态："勇挑重担，抓住发展有利契机，出色完成历史使命！"

而刚刚在一无经验、二无资料的情况下建成炭浆厂的铜矿矿长黄孝隆，则更加豪迈："紫金矿业已拥有一个好的机遇，应当还上杭人民一个奇迹。"

金矿常务副矿长刘献华，拍着胸脯向公司表示："时间过半，任务过半！"

春暖花开，风和日丽。紫金山上，机声隆隆，车来人往，开展劳动竞赛活动，落实经济责任制，你追我赶。由副总工程师胡月生主持，自行设计、施工，在燕子硐堆场成功举行了装药 42 吨的硐室定向大爆破，大大加快燕子硐堆场建设速度、扩大了堆场面积。金矿着重进行了井下开采系统、运输系统和堆浸系统的建设。

作为整个技改工程的重中之重——4 米宽、4 米高、110 米长的天井贯通工程制约整个生产系统，起着上通下联的瓶颈作用，它担负着金矿 640 硐、670 硐及其他各中段矿石下料任务，紫金矿业仅仅用了 100 多天就完成了施工任务，这一天井在 1997 年 8 月 4 日顺利贯通，形成四通八达的运输网络，一个高效率的矿石输送系统被成功打造出来。

金矿还扩建了760风车斗堆场、燕子硐堆场选矿系统，于当年9月开始进行840标高地段的局部露采。

这些技改的实施，使金矿的规模和生产能力大幅度提高，形成了每天矿石采、运、选达到2500吨的能力，是技改前的五倍。

紫金矿业暂时放弃铜矿采冶，对铜矿进行技改，转产黄金，采用炭浆工艺提取黄金。由铜矿改建成的金矿炭浆厂也于当年5月试产。

开发方案取胜外资

1997年4月2日，福建地质矿产技术开发有限公司与兴盛公司签订了开发紫金山铜金矿的《福建福盛矿业有限公司合同书》，合同中已经承诺了探矿权和银行可行性研究之后的开采权。《福建福盛矿业有限公司合同书》是一份合作期限为30年的合同，合作内容有以下几个要点：

1. 合作公司首期投资总额为1200万美元，由乙方（兴盛国家资源公司）全额出资以完成项目区域的补充地质勘探和银行可行性研究以及项目区域外围的选点补充勘探；
2. 注册资本首期500万美元自合作公司领取营业执照12个月内到位，其余700万美元18个月内到位；
3. 金矿铜矿开采阶段的股份投入和分配比例，甲方（福建地质矿产技术开发有限公司）在六个月内可在下述三种方案中选择：

第一种方案是乙方与甲方按照6∶4的比例投入开发资金，并按此比例分红；

第二种方案是由乙方全额投资，股本金及其利息全部收回后，再由乙方与甲方按照7.5∶2.5的比例分红；

第三种方案是由乙方全额投资，项目投产并销售六个月后甲方从合作公司获得收益 200 万美元，此后每月获得 16.6667 万美元（即一年 200 万美元）；偿还期结束后，乙方与甲方按照 8.5：1.5 的比例分红。

如果甲方在上述六个月内未做选择，则表示甲方选择了第三种方案。

这个补充的合作条款，绝不是画蛇添足。后来六个月过去后，中方形成的事实选择自然是第三种方案。

首期澳大利亚方投入 1200 万美元用于补充勘探和前期工作，在当时确实是一个很大的数字。但这笔资金并不完全是紫金山铜金矿采矿权的"赎买费"，还包括外方差旅、吃喝等管理费用，但这笔前期投入对于中方来说相当有诱惑力，其下属的地勘队作为优先承办方，还是可以轻松获取上千万元的收益的。

在开发阶段，中方每年从合作公司获得 200 万美元的固定收益，按照 1997 年 1 美元兑换 8.2796 元人民币的汇率，每年中方获得人民币约 1656 万元。按照初步评价计算，金矿开采 7 年，中方可以获得 1.16 亿元人民币，铜矿开采 14 年，中方可以获得 2.32 亿元人民币，合计 3.48 亿元人民币。

这个合同由于没有经筹备组成员单位认真研究讨论，中方除了少数部门获益之外，其他损失重大。

福建省黄金集团通过调查研究发现，兴盛公司是由海外几位矿业和金融界人士发起设立的新公司，还没有任何经营业绩，公司进军中国，投入部分资本金，获得矿山项目合同和进行可行性研究后，准备在国际金融市场上进行资本运作，融资圈钱。

与此同时，紫金矿业也与有色总公司做出了"紫金山铜金矿总体开发规划"。在这个内资方案中，金矿按 1.5 万吨/日的规模建设，总投资 3.49 亿元（含流动资金），年产金达 4483 千克，年销售收入 3.64 亿元，利润达 1.16 亿元，投资利润率达 33.18%，矿山服务年限 14 年；铜矿按 3.0 万吨/日的规模建设（露采），在金矿开发 7~8 年后进行，总投资 18.09 亿元

（含流动资金 1.6 亿元），年产电解铜 5 万吨、电金 4484 千克，年销售收入 12.74 亿元，年利润 2.26 亿元，投资利润率 12.48%，矿山服务年限 19 年，经济效益尚好。

根据可行性研究成果形成的内资方案，金矿在年处理 450 万吨的条件下，年利润可达 1.16 亿元，恰好与外资公司全部开发完金矿付给中方的利润相同。但是中方自行开发金矿可生产 14 年，利润总额可达 16.24 亿元，外资公司给付中方的利润仅为内资方案的 7.1%。对于铜矿开发，内资方案按 3.0 万吨／日处理量计，每年可实现利润 2.26 亿元，矿山服务年限 19 年，总利润达 42.94 亿元。而外资方案中方仅获 2.32 亿元，与内资方案一年利润相近，外资公司付给中方的利润仅为内资方案的 5.4%。

按照铜金矿开发的内资方案，紫金山全部开采完成后，可获利润 59 亿元；而按照外资福盛公司的方案，铜金矿全部开采完，中方仅获 3.48 亿元收益和约 8.5 亿元的所得税，两者相比，中方损失高达 40 多亿元人民币。

进京汇报获取上级支持

1997 年 9 月初，福盛公司在紫金山上的权利进一步得到确认。情势非常危急，面对这个严峻的事实，陈景河团队几乎面临泰山压顶，紧急寻求对策。

福盛公司实际上一直没有放弃做陈景河的思想工作，也向陈景河开出了诱人的条件：经营班子可以基本不动，合作公司取代紫金矿业开始大规模开发后，陈景河可以到新公司继续担任总经理，年薪为 30 万元，加上奖金和分红等收益，一年挣个上百万没有问题，而在当时紫金矿业的工资册上，陈景河每个月的工资和奖金不足 3000 元。

对于当时年收入仅四五万元的陈景河来说，这几十万的年薪是一个天文数字，他完全可以在此时"华丽转身"。但是外资公司恰恰碰上了这个对紫金山死心塌地、有着"此生不了情"的地矿专家。

陈景河根本不理睬外资公司的高薪笼络，他要的是紫金矿业独立自主开发紫金山，外资参股可以，要吃掉紫金山则免谈。事实明摆着，他们已经取得了巨大的成绩。即使是做成中国最大的金矿的目标，也绝不是他的终极理想，他要搞的是矿业报国，进军全国，乃至全球。一旦紫金山落入外资公司之手，陈景河将永远失去施展才华的平台，紫金山将仅仅是别人的一个棋子，他理想中的金山光芒将永远无法按照他自己的意图"夺目耀眼"。

时间紧迫，福建省黄金集团总经理柯德育急中生智，想起了最后一招：前往北京向国家黄金管理部门汇报申述。

此前，柯德育了解到，对于黄金矿山的招商引资，国务院有文件规定必须经过国家黄金管理部门审批，而福建福盛矿业有限公司（以下简称"福盛公司"）尚未得到国家黄金管理部门的批准，合同也要得到国家主管部门批准才能正式生效。

柯德育建议马上由福建省黄金集团、上杭县、紫金矿业的负责人组成汇报组，前往北京向冶金部黄金管理局汇报紫金山开发的情况，以抢在第一时间得到国家有关部门的支持。

1997年9月14日，福建省黄金集团总经理柯德育、上杭县委书记郑如占、紫金矿业总经理陈景河等人一同飞抵北京，作紫金山前途的最后一搏。

9月15日上午，是紫金山金矿的一个普通的工作日，采矿硐里热火朝天，堆浸场地热气腾腾，炭浆厂机声隆隆，紫金人在为年底的吨金宏伟目标冲刺。

9点18分，在福州温泉大酒店，中外合资企业福盛公司举行隆重的成立庆典。锣鼓喧天，礼花缤纷，高朋满座。董事长杰弗里·阿奇伯·劳顿、总裁李文杰、总经理吉姆等公司高管志满意得，公司的核心资产紫金山铜金矿似乎已经唾手可得。据说，福盛公司为这次隆重的庆典花了上百万元，前来共襄盛举的贵宾每人得到了一支价值近万元的万宝龙金笔。

同一时刻，在北京的冶金部黄金管理局会议室，柯德育一行向黄金管理局领导专题汇报福建的黄金发展情况和紫金山金矿的开发情况。福建黄金部门的同志小心翼翼，诚恐诚惶，这是紫金矿业的一场大考、关乎紫金山命运的最后一搏。

一边是中外合资公司奢华的开局盛典，一边是关乎紫金山命运的考验！

柯德育代表福建省黄金集团，向黄金管理局汇报紫金山金矿从地质勘探到1993年以来成功开发的情况："福建省黄金工业长期处于落后状态，直到1989年才生产黄金21两，实现零的突破。20世纪90年代以来，福建省黄金生产突飞猛进，尤其是紫金山金矿依靠艰苦创业、自主创新，采用堆浸、炭浆工艺，短短的三年当中，建成矿石处理量从10万吨达到70万吨的黄金矿山。黄金生产长期默默无闻的福建省，在十四大以后的五年间，黄金生产快速发展，1992年全省产金仅为544两，到1997年达4万两；到2000年将产金10万两。特别是上杭县紫金山金矿，日处理矿量已达3000吨，1997年产金将达1吨，在国内处于领先水平。"

柯德育接着汇报的是，有关部门与外资公司签订合同，将会严重损害中方利益，若紫金矿业能坚持按照自己的思路开发，将有一个更加宏伟的发展规划。

柯德育最后请求黄金管理局支持紫金矿业自主开发紫金山金矿。柯德育说，依靠福建黄金部门自己的力量，紫金山将按新的工业指标重新圈定矿体，把矿山从地下开采转为露天开采，将生产能力扩大到日处理矿量1万~1.5万吨规模，经过改扩建，完全可以建成日处理矿量万吨以上、年产金3吨以上的国际级大金矿。

时任黄金管理局局长王德学、副局长艾大成、总工杨达礼听取了汇报。

他们对紫金山金矿的突飞猛进感到非常惊讶。1996年紫金矿业年产黄金206千克,在全国黄金矿山排名100位之外,籍籍无名;当时全国产金量最大的山东新城金矿产金1883千克,而1996年全国吨金矿山仅有18个;而根据紫金山的发展形势,1997年紫金山金矿产金将达到1吨,在全国92个产金万两以上的矿山排行榜上,将一跃上升到第20名左右。

心直口快的黄金管理局副局长艾大成情不自禁地说:"福建省黄金发展真是不鸣则已、一鸣惊人啊!"

黄金管理局的领导当场就在会上拍板,支持紫金矿业自主开发紫金山金矿,而且就按照大规模露采开发方案实施。

艾大成副局长表示:福建黄金脱颖而出,大有后来居上之势,令人兴奋,黄金管理局要全力支持福建黄金发展。他希望福建黄金行业狠抓资源,以战略眼光搞好全省黄金发展的总体规划,矿山都要以适应市场经济的新模式建设。

王德学局长说:"上杭紫金山金矿项目,符合抓大扶优方针,符合今后黄金工业发展的总体思路。黄金管理局要把紫金山金矿纳入重点企业系列进行管理,把紫金山金矿的改扩建项目,作为黄金行业的导向性项目,作为'试验田'和示范矿全力抓好,要在技术、装备、管理、效益等方面达到国际一流的水平。要考虑金铜的综合开发,做'大买卖',创大效益。要切实贯彻党的十五大精神,按照现代企业制度的要求,按市场经济规律办事,规范紫金山金矿的建设,实现投资体制多元化,依靠国内的力量,共同努力把紫金山金矿建设成为具有国际规模水平的大金矿。"

黄金管理局领导出人意料的表态,让柯德育一行非常振奋,一扫此行前笼罩在大家心头的阴霾。

一向寡言沉稳的县委书记郑如占,禁不住兴高采烈地脱口而出:"我们没有想到国家黄金管理机关对我们的自主开发的设想那么支持!"

郑如占顺势向黄金管理局领导提出：黄金管理局能否搞一个这次汇报会的会议纪要，明确紫金山金矿开发不需要引进外资，以便回去后向有关部门汇报有个依据。黄金管理局领导当场同意，交代办公室人员立即办理。这份《冶金部黄金管理局与福建省黄金集团关于福建省黄金工业发展中的有关问题商谈纪要》非常及时，在当时外资公司看似已胜券在握的形势下，成为上杭县和紫金矿业接下来向福建省政府专题汇报、与外资公司抗衡的关键文件凭证。

如今看来，这次汇报会极为关键，紫金山金矿经过1997年的跨越式发展，已经作为国内黄金行业新秀浮出水面，而且汇报的时机非常之好。

当时，党的十五大即将召开，十五大的会议精神主调——以建立社会主义市场经济为目标的国有企业改革——已经确定。黄金行业也准备大力推进国有企业改革，实现规模经营，建设若干个具有国际规模水平的大集团、大公司、大金矿，作为行业的导向，带动中国黄金工业的发展。20世纪90年代中期以来，一些国有矿业企业面对突然放开的市场竞争束手无策，陷入发展的低谷之中，而紫金矿业却逆风而上，紫金山金矿以崭新的办矿模式，规模已达到国内黄金行业大、中型矿山水平，成为一匹瞩目的黑马，正好走进黄金部门的视野，黄金行业正需要这样一家市场化、高效益的标杆企业，作为典范加以扶持推广。

因此，刚刚过完国庆节，10月7日到9日，冶金部黄金管理局派出总工杨达礼带队的调研组前来紫金山考察，围绕把紫金山建设成为中国最大的黄金矿山，对矿山总体规划、工业指标、配套设施、采选工艺等有关问题进行考察调研。杨达礼在向郑如占通报考察成果时指出："紫金山金矿有良好的资源背景，国内能干的就国内干，要依靠国内的力量，把紫金山金矿建成全国最大的世界级黄金矿山。"

黄金管理局调研组在紫金山完成调研后，前往福州向福建省领导汇报紫金山调研情况，表明黄金管理局不支持引入外资公司开发的态度，并肯定了紫金矿业自主开发的成绩。

后来，这次汇报会被认为是紫金矿业的转折点，紫金山保卫战因此获得了第一阶段的胜利。

王德学，毕业于昆明工学院采矿系，是从中国黄金总公司吉林海沟金矿矿长一路成长起来的黄金管理局局长，对于中国黄金资源、黄金生产有着深刻的认识。

多年以后，他在北京接受笔者采访，回忆当年汇报会的情景时说："柯德育和陈景河两位同志给我的第一印象是，敢于担当、很负责任，他们当时完全可以顺水推舟，既然省领导都指示矿山跟外资合作而且签了协议，省黄金主管部门和矿山负责人一般就不管了，随他去了，但是他们并没有这样做。同时，我也觉得资源这么好，怎么可以如此廉价卖给外资公司？因此支持柯德育和陈景河的意见，将矿山留下来。当时没有想那么多，主要就是考虑国家的宝贵资源不能白白外流，假如福建缺乏资金，我们中国黄金也可以参股投资啊，让我们自己来开发，对国家、对福建省，尤其对上杭这样的贫困县都是有利的！"

揭顶大爆破，转变开采方式

国家冶金黄金部门的支持，极大地鼓励了陈景河。1997年10月，紫金矿业明确提出，要把紫金山金矿建成中国最大的世界级现代化黄金矿山，计划用三年时间，建成年矿石处理量300万~400万吨、年产金3.0~4.0吨规模的矿山。

达到这个宏伟目标的第一步，就是实施大规模的露采计划。

针对紫金山金矿品位低、储量大、矿体埋藏浅的特点，采取大规模露天开采以提高产量、扩大生产规模，取得规模效益是最佳选择。不过，紫金山顶30~50米厚的废土石要花费大量的时间和财力来剥离。从1997年8月中旬，公司就开始设计海拔840米以上100万吨的抛掷爆破，争取在1998年6月前完成废石剥离任务。

揭顶大爆破，总爆破量100万方，装药1000多吨，如此规模的爆破，在福建省历史上尚无先例，在中国都是属于大型之列。尽管此时已经有一系列小型爆破经验，但对于紫金矿业而言，千吨级大爆破无疑是一个严峻的考验。万一失败，可是紫金矿业的灭顶之灾，不仅三期技改功亏一篑，而且矿山更有理由被收走，这是一场只许成功、不许失败的硬仗。

这次大爆破，紫金矿业依然选择具有40多次工程爆破经验的福建省高能爆破公司为合作伙伴，由他们负责整个工程的设计，而施工则依靠自己的力量。

在紫金山金矿硐室爆破中"自学成才"的专家胡月生，挑起了施工总负责的重担，负责对设计进行审查，并负责整个项目的实施。在审查工程中，由于有单独开展的硐室爆破成功经验，胡月生提出了两个重要的修改意见，一是凭借对现场情况的了解，将爆破抛掷方向由东北改为西北，使爆破抛掷量增加20%，这个关键的方向改动节约剥离成本1200万元，二是补充设计了大爆破上方岩石的爆破方案，修筑栈道解决材料运输问题，完善了整个爆破计划，爆破后的作业开辟了新的工作面，缩短了剥离时间，加快了露采进程。

在施工方面，如此大的工程，如此短的工期，安全是最大的压力。胡月生充分考虑安全因素，技术上采取两套短路装置，以防止提前起爆和拒爆；对装药、布线、填充过程层层把关，确保质量和万无一失。施工采取两队承包方式，以缩短工期，提高工效。

对于2600多米的导洞掘进，施工现场负责人王进城立下军令状，每天

18个小时,分三班倒日夜施工,分10个洞口、40个工作面掘进。从10月6日到11月28日短短一个多月,施工队完成了2644米的导洞掘进,创下日平均掘进40多米的惊人成绩。

12月3日,导洞装药开始,一辆辆满载炸药的车辆,驶过泥泞,蜿蜒驶上紫金山。装卸车辆无法直接开到海拔900米高的硐口,工人们硬是将30千克一包的炸药一袋袋扛进现场,仅仅在半个月内完成装药量1033吨,充填堵塞工程量2600余方。

胡月生掌管了承包方案的制定、施工方案的设计,作业方式、风、水、电的安排,修路,阶段性进度的掌握,炸药的流向掌握等全部工作。原定在12月16日爆破,整个工期规定至12月15日,由于供药和天气不正常的影响,失去了两三天时间,大家都认为交工无望。奇迹出现了,12月15日晚11时,爆破工作准备全面完成。

工程施工进度之快,令福建省高能爆破公司总经理陈绍潘大为惊讶:"紫金山创造了一个奇迹!我们搞过这么多次爆破,没有看过这么快的!"每一个参与人员一天仅睡眠四五个小时,施工现场负责人王进城从7月14日上紫金山后,就没有离开爆破工地一天。爆破结束后,王进城回家狠狠地睡了两天两夜。

为了整个大爆破的安全,紫金矿业请县公安局调集一批警力协助。从运药、装药到爆破,都投入了大量人力、物力。从11月29日开始,由公安局和公司人员组成的警戒组,就开始在划定的警戒区内设五个点进行24小时三班倒值班,管理人员、工人凭卡上班,禁止任何闲杂人员进入爆破区。

冬天的紫金山,风特别大,半夜的寒冷非常人所能忍受,许多值过大夜班的人后来讲起那苦差事,就禁不住心有余悸:"晚上吃的两碗粉,到半夜两点早就没了,搜肠刮肚,连开水都没得喝,加上冷得要命,只好一个劲地来回踱步。"

12月16日早上，35名上杭县公安局公安干警，在紫金山展开"绝对安全、保证万无一失"的警戒任务，与金矿32名保安人员一起在警戒范围内设了九个路卡和一个机动组，确保无闲杂人员入场。另外金矿还组织了九组清场队，在危险区内进行了数轮清场。

经过两个半月的周密准备，紫金山顶部掘进爆破巷道2371米、爆破药室47个，共装炸药1032.8吨。一切都已经准备就绪，人员经过严格清场，只待一声令下，紫金山山顶将飞上天。

1997年12月17日，紫金山上晴空万里。

紫金人在大爆破地点的远处，用毛竹搭建了一个简易的观爆台。观爆台上方写着"金矿大爆破指挥部"，右边写着"大炮一响黄金万两"，左边写着"技改三期前途无量"。只有县政府部门和紫金矿业人员出席这次具有历史意义的大爆破。

上午10时30分。

"10，9，8，7，6，5，4，3，2，1，起爆！"

随着大爆破指挥部一声令下，天边传来一声闷雷般的声音，远处山坡在"轰隆"声中飞上天空，数重蘑菇云快速升腾，烟雾、尘土四处弥散……

"成功了！成功了！"

在远处观爆的上杭县、紫金矿业的领导职工，欢腾雀跃。

爆炸声打破了紫金山万古的寂寞，沉睡了千万年的金田，第一次向人类祖露出赤黄色的胸膛。

这次大爆破，是福建省矿山最大的一次工程爆破，在全国也属于大型之列。根据紫金山峻峭的地形地势，爆破标高为880米以上，采用揭顶定向抛掷的方式，将山顶废石抛至北口深沟中。爆破后的现场观察表明，大爆破达到了预期的效果，爆破厚度为30~50米，抛掷量为60%以上，爆破的总土石方量为100万立方米，投资额为700多万元，节约了半年的剥离时间和1000多万元的剥离经费。

千吨级大爆破，是紫金山成为中国黄金矿山"老大"的"奠基礼"，揭开了金矿大规模露采的序幕。

紫金矿业的企业家们，以非凡的胆识，把强大的压力化为了动力，在万分危急中抢抓了机遇，终于以自己强大的实力做大了紫金山、守住了紫金山。

1997年，是紫金山生死时速的一年，是紫金矿业命运转折的一年。当年的紫金山金矿实现惊人的一跃，井下矿石处理量竟然达到70余万吨，是上一年的四倍；紫金矿业以黄金产量958千克的成绩首次在全国万两黄金矿山排行榜上闪亮登场，居于第25位，并因发展潜力被黄金管理局定为重点扶持的"十大黄金企业集团"之一。

12月17日，爆破成功那晚的庆功宴上，陈景河累得几乎虚脱。他有气无力地对书记曾庆祥、副总经理蓝福生说："想不到搞企业那么复杂，那么辛苦，招引了那么大的麻烦！"陈景河这个刚强的客家汉子，第一次在同事面前流下了泪水，将庆功酒一饮而尽。

天上掉下来个大礼包

冬去春来，紫金山山顶上银装素裹，皑皑雪野清新而凛冽的空气里，依然充满着硝烟的味道。

然而，爆破后的露采工地上只有几台"爷爷辈"的东方红推土机，冒着黑烟，吃力地啃着大石堆。面对这个场景，陈景河感到十分沮丧：靠这些破家伙，猴年马月才能清完场，更别指望大规模露采施工了。

紫金矿业又面临一个紧接大爆破而来的大问题，那就是露采施工采掘装运的重型机械设备。

在当今号称"基建狂魔"的中国大地上，包括福建省的山区，到处都是各式各样的工程机械在纵横驰骋。但是在1997年的内陆山区，情况可完全不是这个样子，挖掘机还是一个非常新鲜少见的玩意。

还是那个老大难：资金。

为了投资金矿三期技改，紫金矿业此时已经债台高筑，到1997年年底企业总负债达到8499万元。就连揭顶大爆破的炸药款，都是福建省高能爆破公司垫的。

花数千万元购置现代化的采掘设备的可能性微乎其微。这个时候，哪怕是购置数百万元一台的卡特彼勒大型挖掘机，都可能压得紫金矿业喘不过气来。

紫金矿业只有创新思路，引进社会上的工程队伍，实行市场化承包，从而达到节省投资的目的。但是最初从当地连城锰矿、潘洛铁矿引进的工程队设备力量都很薄弱，何况此时中国矿业处于低谷，不少同行此时也是"泥菩萨过河，自身难保"。

而且在周边地区，根本就找不到拥有大型采掘设备的工程队。就在1997年10月，上杭县被国家有关部门授予"建筑之乡"称号，包括紫金山下的才溪镇就有成千上万人在广东等地承包建筑工程。但非常遗憾的是，这个搞土建的地方却没有人搞采矿施工作业，因为怕赚不到钱，几乎没有人参与采矿的土石方工程。

就在陈景河一筹莫展的时候，一个意想不到的绝好运气送上门来了。

1998年春节刚过，陈景河忽然接到柯德育从福州打来的电话。柯德育透露给他一个令人心动的信息：柯德育的安溪小老乡柯希平等人在水口电站买了一批二手大型采掘设备，急着要转让。

陈景河立马赶到福州，和柯德育一起前往闽清县的水口电站。

在水口电站的物资堆放场地，柯德育和陈景河看到一片空地上，堆满了自卸车、挖掘机、推土机、装载机等重型机械，算起来有上百台，横七竖八，密密麻麻，看不到边际。

这些"超级机械手"，正是上一年春节前陈景河在澳大利亚矿山露采场看到的大家伙！陈景河与柯德育喜出望外。

水口电站是改革开放之初，国家为缓解福建省电力紧张局面，批准规划在闽江上游建设的一个大型水电站，是华东地区最大的常规水电站。由于当年水口电站开挖土石方879万立方米，填筑土石方320万立方米，工程极为艰巨，土建工程主体华田联营公司（中日联营体）从日本、美国采购了大批土石方机械设备，大大推进了工程进度。

1996年，水口电站工程全面结束后，土建承包方华田联营公司将所有采掘施工机械设备拍卖，被湖北一家公司中标。这家公司中标后又将这批机械原封不动地转手倒卖出去。1997年春天，厦门恒兴实业公司董事长柯希平，通过湖北同学的关系看中了这批货。柯希平邀上安溪老乡、福建新华都集团的董事长陈发树，筹资6000多万元，从湖北公司手中接下水口电站工程机械这单生意。而且，事前已签订与下一个买主的合同，已经拿到定金，不费什么力气，倒腾一下就可以从中赚个一两千万元。

这200多台设备种类繁多：挖土机、推土机、钻机、翻斗车、小火车、挖砂石料用的轮船、船缆机。这些采掘装运设备，全是世界一流品牌：卡特、日立、大松、小松、日野、阿斯特拉。而且几乎都是重型工程机械设备：单单小松HD-465翻斗车，大的45吨，小的32吨，45吨的卡特载重汽车、250匹马力的小松推土机，卡特992装载机，十方一斗；小松PC300，斗容1.7立方米；日立1100-3型大型挖掘机，铲斗容量6.5立方米；日立超大型反铲挖掘机，斗容2.7立方米；350匹马力的日野自卸翻斗车，一车就可拉20立方米，都是移山填海的大家伙。

柯希平和陈发树没想到，还没有等到给下家公司交货，接手的公司就破产了！命运真是作弄人，这么一笔大金额的设备就砸在手上出不去了。

这时候，社会上有风言风语传说，陈发树、柯希平两个安溪佬现在彻底完蛋了。陈发树、柯希平不想完蛋，只能尽量减少损失，将一些设备稍加维修，卖多少算多少。一些中小型汽车卖掉了，但是大部分重型设备找不到买主。当时整个福建省，几乎找不到如此大的土石方施工项目需要这些重型采掘设备。

柯希平和陈发树眼睁睁地看着大批设备经风吹雨淋、日渐生锈，心急如焚，只好找各种适合的项目，自己做起了工程，在浙江、江西接了开采土石方的活。

1998年初春，柯希平打听到，龙岩市上杭县有个黄金企业要进行大型露采施工，于是兴冲冲地跟老乡柯德育联系。

柯德育、陈景河的到来，让柯希平的心头又重新燃起希望之火。他的意图是将这些设备全部卖给紫金矿业，赚不赚钱无所谓，能脱手解套就算了，否则他都要打算将这些大玩意当废铁处理了。

当柯希平说出他的想法时，柯德育笑嘻嘻地说："我们没钱。"实际上，柯德育和陈景河心里清楚，即使紫金矿业有钱，也不会买这些已经干了将近十年的二手货。

柯希平大失所望："那怎么办？"

陈景河慢吞吞地说："这样吧，你们成立一家工程公司，紫金山上的采掘工程包给你们干！"

做梦都没有想到要做土石方工程的安溪老板，只好合资成立福州华都工程有限公司（以下简称"华都公司"）。陈发树占50.99%的股份，柯希平占49.01%的股份，硬着头皮搞起自己不熟悉的土石方工程业务。

水口电站的二手重型采掘设备，在紫金矿业发展的节骨眼上从天而降，对于紫金矿业来说，简直就是一个天赐大礼包，紫金山金矿下一步的露天采掘所需的数亿元的机械设备，就这样轻而易举地解决了。

和紫金矿业挂上钩后，华都公司从闽江工程局调集一批技术骨干前往上杭县，并连夜组织将这批设备从水口转运到紫金山。

1998年4月2日，这批重型机械，在福建省公安厅的001号警车的开路引导下，一路浩浩荡荡从东向西行进，穿越500千米，从福州闽清县水口镇拉到闽西的上杭县。这些设备，重型汽车开着走，挖掘推土设备用平板车运载，确实非常大的家伙，干脆拆散装运。一路走走停停，浩浩荡荡，三天三夜才到达紫金山。

设备上山后，华都公司也更名为上杭县华都建设工程有限公司（以下简称"华都公司"）。闽江工程局从水口电站工地调来的40多名重型机械驾驶、修理、管理等人员上紫金山帮助华都公司，这些骨干后来全部被华都公司收编。

华都公司的加盟，让紫金矿业一下子从相对落后的状态变成拥有重型装备的"机械化部队"。

关于引进工程队，陈景河后来在大会上三番五次说，引进工程队省下了两三个亿的投资，这才是紫金矿业的活力之源，有了这个承包制，紫金矿业就活起来了。这些工程队带着机械、人员，省去了紫金矿业自己投资经营的大量投资、管理精力，是公司的一大创新，如果自己投资买设备、搞管理，当时肯定会被拖垮。

危机中见转机

当初，陈景河泪洒金山，作了最坏的打算。让他意想不到的是，紫金山上的千吨级大爆破，并没有惹来大祸，矿山也没有马上被收走。而且天遂人愿，事情朝着对紫金矿业有利的方向发展。

1998年4月15日，省主管部门就上杭紫金山金矿维持现有开采规模和紫金矿业资产评估入股等事宜，同兴盛公司总裁李文杰进行了协商。李文杰起初还能面对现实，接受新的合作伙伴，但回到澳大利亚与兴盛董事们商议后就改变态度。兴盛公司不久连续三次电传给有关部门，提出无法继续与中方合作，要终止合同，并声称要按有关法律向中方索赔。外方以紫金矿业总体开发规划超出约定范围和所谓破坏了环境为由，提出无法再进行合作，准备撤资。

李文杰要全身而退的内在原因，并非仅仅是紫金山飞跃发展和大爆破启动的大规模开发。此时，外资公司的运气可谓"屋漏偏逢连夜雨"。1997年6月27日，福盛公司刚完成注册，下半年，国际金铜价格开始大幅下跌，跌幅高达20%以上，黄金价格从360美元跌破300美元，每盎司金价在1998年1月9日跌至278.7美元，1997年中国国内黄金收购价格两次下调，黄金企业损失惨重，世界黄金采掘业哀鸿遍野。

金铜价格的低迷，打乱了兴盛公司上市筹资的阵脚。紫金山铜金矿本来就属于低品位矿床，在当时那种价位上，紫金山项目按照国际惯例评价基本上变得不太可行，直接影响了兴盛公司在金融市场上融资的可能性。

兴盛公司欲反戈一击，以紫金矿业破坏了环境和总体开发规划超出约定范围为由撤资并向中方索赔，以求将损失降到最小，然后抽身而退。

福建省黄金集团抓住福盛公司的"命门"：福盛公司合同并没有按照国务院有关规定经中央有关部门批准，并没有生效；外方并没有按合同如期注入500万美元的补勘资金，中方可向其反向索赔。紫金矿业展开反击，请求省政府督促有关部门贯彻落实1997年12月与上杭县商谈纪要精神，办理紫金矿业作为中方主要代表的有关手续，坚持紫金矿业按照三期技改规模进行生产。

福建省委省政府很快做出决策。"紫金山保卫战",终于以福建省主要领导亲自过问而一锤定音。

有关部门给了外资公司适当补偿后,事情终于和平了结。澳大利亚商人折腾了数年,损失了几百万元人民币,离开了紫金山这块伤心地。

激情燃烧的"冬天"

从 1997 年下半年开始的国际金价大跌,引发了持续四年之久的黄金行业的"冬天"。一边是荷兰、比利时、澳大利亚、瑞士等西方国家央行大肆抛售黄金,另一边是由于黄金开采技术工艺提高,世界黄金供给量有增无减。1998 年平均金价为 294.09 美元 / 盎司(相当于 78.42 元 / 克),比 1997 年下降 11.2%。到 1999 年,黄金已经经历了十年的萧条期,国际金价达到 20 年来的最低点。当年 8 月 26 日,金价跌至 251.9 美元 / 盎司(相当于 68.42 元 / 克),创下自 1980 年以来 30 年里的最低位。国际金价继续探底,国内金价也跟着下降。

当时,作为货币商品,甚至纯粹商品,黄金似乎已失去"长期持有"的价值,黄金期货市场一片"狼来了"的喊声,不少专家预估 21 世纪初金价要见 150 美元。

这一年,世界黄金矿山一半亏损,中国黄金行业 1/3 亏损、普遍无盈利。不仅是黄金,包括铜、锌等有色金属的价格同样低迷,矿业的严冬越来越冷。然而,紫金矿业却逆势飞扬,开始享受大规模露采、低成本提金带来的高额回报。

紫金山金矿转入露采施工后,利用先进的穿孔爆破技术、重型采掘装运设备系统、短距离溜井矿石输送系统,使采矿效率大幅度提高。公司根据金矿矿石性质自主开发出来的重选——堆浸——炭浆联合工艺，已经运用得轻车熟路、炉火纯青。紫金山把几种选矿技术组合起来，回收率提高了10%，综合回收率达到80%以上。前来参观的南非安格罗黄金公司专家认为，这是低品位矿山的世界先进水平。

随着华都公司的上山，紫金矿业的办矿模式打破了国有矿山小而全的传统思路，露采剥离与采矿工程全部外包，给承包公司定量、定价，超出指标部分单价上调，完不成任务则下调。建矿模式的转变，给矿山减少了近2亿元的投资。尽管入选品位逐年下降，但是矿石处理成本和克金成本开始大幅度降低。

从1998年开始，随着以露采施工为主要内容的紫金山金矿三期技改完成，露天采矿量急剧增长，紫金山金矿的规模和成本优势逐步显现。1998年，国家两次下调黄金价格，紫金矿业损失利润1200万元，但还是有30%以上的利润率。

紫金山的克金成本，1996年是88.17元，1997年是71.14元，1998年是62.48元，1999年是58.36元，2000年达到51.46元。当国内外黄金企业亏损面加剧、黄金采掘行业叫苦连天之时，紫金矿业每年的利润都大幅上升。

1999年，国际金价下跌至最低点：68元/克。然而紫金矿业的克金成本已经降到58.36元，这一年利润达到5005万元。

且看紫金矿业1997—2000年"黄金行业严冬"的成绩单（见图3-1）：

1997年，矿石处理量70万吨，生产黄金958千克，实现利润2066万元，跃居全国黄金矿山产量第25位；

1998年，矿石处理量160万吨，黄金产量1406千克、利润2563万元，跃居全国黄金矿山产量第11名、利润第9名；

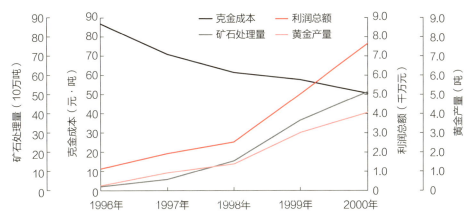

图 3-1 紫金山金矿转入露采后的综合经济指标（资料来源：《紫金矿业志》）

1999年，矿石处理量达到369.8万吨，其中露采采矿量达到197.60万吨，实现黄金产量3010千克，跃居全国单个黄金矿山产量之首，利润5005万元，居全国第4位。

到1999年，紫金山采选规模是全国第二大黄金矿山的五倍，已基本上达到了两年前提出的日矿石处理量1万~1.5万吨的开发规划。紫金山金矿一跃成为全国单体储量最大、采选规模最大、采矿入选品位最低、吨矿石处理成本最低、黄金产量最大、经济效益最好的矿山，成为国家黄金部门重点扶持的"十大黄金集团"，被核定为大型企业和高新技术企业。

1999年9月29日，紫金矿业与福建省地质矿产技术开发公司正式签订了上杭县紫金山铜金矿产权转让合同。该转让合同主要内容是，省地质矿产技术开发公司把紫金山铜金矿北西段2.5平方千米范围的铜金矿矿权整体转让给闽西紫金矿业集团有限公司，转让价为本次评估确认价。全面开发阶段付1680万元，分三年付清；铜矿开发阶段按本次评估确认减去1680万元后的50%计算转让款，届时确定采用入股或分期付款的方式，另外50%由紫金矿业公司享有有关权益。

历时多年的矿权纠纷终于得到了圆满解决。紫金矿业终于完完整整取得了紫金山金、铜矿产权。

11月3日，国土资源部给紫金矿业颁发采矿许可证，依法划定了矿区范围，矿区面积约2.8846平方千米，开采深度为0米至1138.4米。

当陈景河、黄毓咸、曾庆祥、蓝福生、周铮元抚摸着这本得来不易的采矿许可证，这些创业者们百感交集，泪水长流，久久说不出话来。

从1993年开发紫金山到1999年，总共七年时间，紫金矿业就将一座原先被认为低品位没有开采价值的小型金矿做成中国最大最赚钱的单体黄金矿山！

也是整整用了七年时间，经过漫长的拉锯战，紫金矿业才最终获得紫金山铜金矿的采矿权！

本章思考

初生牛犊不怕虎，紫金人居然敢向外资公司挑战，勇于完成看似"不可能完成"的任务，需要非凡的智慧、胆略和实力。

什么是担当精神？上杭县地方政府官员和紫金矿业的企业家敢于向外资公司说不，这就是惊天动地的胆识、担当和远见。陈景河后来曾说："紫金矿业和很多企业的差异，在于我们的总经理大部分敢于担责，一些企业领导不愿意承担责任，什么事情能推则推，尽可能保护自己，这种队伍是没有希望的。"

自助者天助之，成功在于天时地利人和。紫金山铜金矿矿权最终花落紫金矿业，在于这位红土地之子的天然合理合法性，和紫金矿业自主开发的辉煌业绩。

第 4 章

华丽转身：股份制改革激发内外部活力

经济改革最好的手段是利用股份制的形式来改造现有的国有企业，改造现有的大集体企业。

——著名经济学家　厉以宁

企业改制三步走

1997年12月，上杭县向福建省和龙岩市提出组建股份制公司、合作开发紫金山铜金矿的建议，主要形式是由紫金矿业联合国家黄金工业总公司、福建省黄金集团、省地矿厅下属公司，发起设立股份有限公司，先共同开发金矿，再争取公司上市、发行股票募集资金，开发下部铜矿。

其实，早在1994年10月，闽西紫金矿业集团有限公司成立之初，陈景河便意识到建立现代企业制度的必要性和紧迫性，他在上杭县的会议上呼吁按照产权明晰、权责明确的方式建立有限责任公司，并将集团下属的子公司作为股份制改革的试验田进行现代企业尝试。

陈景河是一个十足的"股份迷"，热衷股份制，尤其对职工参股的新机制一直寄予厚望。从1993年开始，他在紫金矿业兼并改组的一些下属子公司，让职工参股。上杭县紫金燃料有限公司，职工股占5%；上杭县紫金酒业有限公司，职工股占10%；1994年7月组建的上杭铜矿有限公司，由紫金矿业投入600万元、上杭县烟草公司投入350万元，同时在总股本中留出150万元由双方内部职工出资参股——紫金矿业职工出资80万元占股7.3%、县烟草公司职工出资70万元占股6.4%，各自组成"职工合股基金"，由各自公司工会管理。

上述职工参股的小企业，后来业绩平平，经营萝卜干、杭梅、客家黄酒、华南虎酒的酒业公司，到 1999 年总计亏损 200 万元，最终只好"断尾求生"。

这些成绩不佳的股份制实践，是后来紫金矿业内部职工参股乃至发动全县干部职工认股的"热身"。

陈景河四处宣扬职工股，认为从企业的发展和管理机制来看，职工拥有本公司的股份是非常好的改制形式，要让企业员工真正成为主人，这样有利于企业内部管理、监督机制的改善。作为企业，它的发展不能长久地依靠个人的觉悟。企业的职工、管理人员要真正成为企业的主人，就必须持有公司的一部分股票。

在 1995 年年底，紫金矿业的产值才 2500 万元、利润才 500 万元的时候，陈景河就提出，要进行企业产权改革，要将企业推上市。陈景河对前来视察的龙岩市（当时还是龙岩地区）领导放出豪言："政府不要绑住我们的手脚，让我们放手干，十年之内要进入全国五百强！"他认为，对紫金矿业这种国有独资公司，完全可按照《公司法》对公司的股权进行改组，将公司改造为多种投资主体的现代企业。

"陈股份"的理想主义，并没有得到大部分县领导和老干部的认同，由此赢得的另一个"陈大炮"的外号，却在紫金矿业和上杭县广为人知。"陈大炮"一套套超前的理念，什么改制上市、紫金文化、企业家精神、财务管理、全国性人才战略等，让不少人不知所云。陈景河超前的理想主义和书生气息，放在当时的上杭这样一个闭塞、观念落后的小地方，让很多人不以为然，说他尽吹牛皮、讲大话。

如果说 1995 年"陈大炮"改制提议的声音只有他自己才听得到的话，到 1997 年紫金矿业生死攸关的时候，企业改制再一次被提上日程，则是地方政府应对与外资公司争夺铜金矿产权及股份的迫切需要。

经过紫金山保卫战的洗礼，上杭县领导层的国有企业改制观念，受到了很大的冲击。更多人认同陈景河提出的向股份公司方向发展，做好前期工作，争取在适当时候上市，使企业从资产经营向资本经营转变的理念。

1997年10月，国家冶金部黄金管理局杨达礼总工一行，前来上杭县调查黄金工业规划。紫金矿业在汇报材料中的"企业股份制改造意见"里，提出按建立现代企业制度的要求，以上市为目标进行改制，实施关键在于国家、省黄金管理部门参股，通过国家、省黄金管理部门在资金、技术、人才、管理上的优势来保证金矿按规划建设。紫金矿业第一次提出企业改制的三步走战略。

第一步，把企业改制成规范化的有限责任公司。为了理清产权关系，第一步以吸收内部职工入股形式把企业改为规范的有限公司。改制初步方案为以5000万元净资产作为国有股、占90%的股份，内部职工投入556万元、占10%的股份。

第二步，把公司改为股份有限公司。届时以紫金矿业为主要发起人，有选择性地邀请国家、省黄金集团以及其他对紫金山金矿投资感兴趣的企业法人，共同发起设立"紫金矿业集团股份有限公司"，股权分配初步方案为紫金矿业占50%，其他法人共占50%。公司的总股本设置将在1.5亿元以上，其中一半为现金。

第三步，向社会公开发行股票。预计在2000年后，公司将成为拥有4亿元总资产、2亿元净资产、年获利近亿元的具有相当规模的企业。届时，以紫金山下部铜矿开发为方向，以拓展高新技术产业和第三产业为目标，向社会公开发行股票，把公司建成跨行业的大公司。

面对外资公司的竞争，上杭县领导开始认同陈景河的观点：企业进行股份制改造、适时上市筹措资金、做大做强迫在眉睫。即使不得已要吸纳外资，作为对外合资的中方主要业主，也想在合资谈判中处于比较主动的地位，紫金矿业面临着"迅速将蛋糕做大"、确定合资筹码多寡的压力。

而从企业内部运行机制上来看，国有企业存在长期"吃大锅饭"的弊端，随着市场竞争的日益加剧，公司高负债经营及国有企业产权不清引起的政企不分、缺乏科学监督机制等问题逐步暴露，严重制约企业的发展，公司改制亟待提上日程。

由于长时间为采矿权所累，紫金矿业的内部管理一度滞后。当时紫金山还没有实行封闭式管理，矿区治安形势严峻，盗窃分子日夜盯着紫金山，每年因盗窃造成的损失近百万元；酒业公司，由于实行粗放式管理，责任缺失，大批萝卜干变质、被倒掉。陈景河还不无悲哀地看到，一个新车间的建立，竟然没有一个文字规范和制度，车间主任基本上使用农村生产队长式的管理办法，口头传达任务，口头指挥生产，口头处理事情，有些车间甚至没有开过会。

陈景河感到，要解决这些问题，仅仅通过内部深化改革、不从企业组织形式和体制上进行深层次的改革，是无法实现的。从全国国有企业改革的经验来看，国企改革最有效的途径就是进行股份制改革，建立现代企业制度，完善企业法人治理结构，使企业成为"产权清晰、权责明确、政企分开、管理科学"的独立法人。

从政商关系来看，作为企业上级主管部门的上杭县政府领导一直非常开明，多年来让政府与企业实行"等距离关系"：政府办政府的事，企业干企业的事，政府要为企业的发展创造宽松的环境，积极提供服务，而不插手企业内部事务。这样，紫金矿业有很大的自主权，可以放开手脚干大事。

但仅仅这样是不够的，还要从体制上彻底解决政企不分的情况。如果不从机制上解决问题，只靠干部对个人的信任、成为政府的附庸的话，那这家企业是没有空间的。

完成有限公司改造

应该说，紫金矿业一路走来非常幸运，一路都遇上了开明的县领导。从引进领头羊陈景河，到支持企业与外资公司争夺紫金山矿权，再到进行"国退民进"的企业改制，没有地方政府在背后的强力支持是不可想象的。

1998年春，上杭县委书记郑如占，在县干部大会上大声疾呼：上杭的希望在紫金矿业，紫金矿业的出路在股份制。地方政府认识到，国家没有投入，信贷资金不足，为了做强做大，只能走股份制之路，向社会和资本市场融资。为此，县里派出工作组到企业驻点进行体制改造。

县主要领导思想开明，但并不代表县里的干部，尤其是老干部有同样的思想观念。把紫金矿业的一部分股份出让、进行产权制度改革的方案还未开始执行，就招来了不少非议。

一天早上，县政府门口人头攒动。原来是通知布告栏被贴上了一幅巨大的漫画，引来不少人围观议论。

漫画的内容，是陈景河拉着一辆装满金子的板车，而推车者是上杭县委书记郑如占。画面上，满头大汗的陈景河问："往哪儿走？"后面吃力推车的郑如占大手一指："往永定县！"

漫画右边是文字"金矿银矿陈景河的矿"，左边是"金山银山郑如占的山"。

对于紫金矿业的流言蜚语，在小县城已经不是第一次了。一些老干部想不通：凭什么上杭县政府的金山要卖给职工，让社会入股，分给别人？

陈景河、郑如占都是永定县人，一些人担心股份制改革将让公司利益落入永定人之手。

谣言的破坏力是不可低估的。县里反对紫金股改的浪潮更汹涌了。

当时到紫金矿业帮助体制改革的上杭县体改委主任黄连池，经过一段时间的了解，已深深地被陈景河的人格魅力、工作能力和组织魄力所折服。他觉得，在这种情况下，作为县派人员，他有责任也有必要站出来帮公司做一些思想工作。

黄连池带着公司发展状况的材料，分别找到十几个较有影响力的副县级以上老领导，一家家拜访，把公司的情况、组建有限公司的必要性、陈景河的为人以及他本人的看法一一向这些老前辈详述。经过耐心的解释和说明，老同志的思想渐渐转弯了。

此后，陈景河请了 16 位老干部召开座谈会。在座谈会之前，公司用专车请这些老同志上金矿参观，向他们介绍了矿山的前景及安全状况。在座谈会上，陈景河向各位老领导介绍了公司情况，畅谈了内心想法。经过参观、座谈、交心，老同志亲眼看见了一座阔步前进、朝气蓬勃的金矿正在崛起，亲耳聆听了一位富有理想、胸怀宏图大志的企业领导人畅谈改变上杭经济、提高财税收入的思路。实地考察，眼见为实，老同志的观念转变了。

此时，中国国企改制的浪潮，也冲击着上杭县这个小县城。十五大掀开了国企大规模改制的序幕。建立现代企业制度的改革浪潮在中国大地上奔涌。到 1998 年，不少企业完成了产权改造。

上杭县老干部的思想通了。县委县政府举行了一次五套班子和科局长参加的紫金矿业改制汇报会，最终确定了企业 1997 年提出来的"有限公司——股份有限公司——上市公司"的三步企业发展战略。

1998 年 12 月 18 日，上杭县政府对紫金矿业的改制报告作了批复，同意闽西紫金矿业集团改制成有限公司，拿出 14% 的国有股由紫金矿业职工和紫金山矿区周边乡村认购参股，企业改制由此启动。

进行第一步的改革，主要是要摸索此后进一步改革的路子，同时在确保国有资产不流失的同时，适当照顾职工的利益和矿山周边乡村的利益，以激发职工的工作热情，调动积极性，减少周边乡村与矿山之间不必要的纠纷。

经过评估，公司股本共拥有国有净资产 6657.05 万元。按照国有股占 86%、内部职工股占 10%、紫金山周边乡村股占 4% 的框架进行设置，总股本为 7740.76 万元，由上杭县国有资产管理局、紫金矿业职工合股基金、旧县乡政府、才溪镇政府、旧县乡迳美村、才溪镇同康村六方持股。

职工股尽管只有 10%，但是能够争取来在当时已经属于难能可贵了。对于陈景河等企业经营管理层来说，这些企业家产权意识已经觉醒，他们不再是领国家固定工资、拿"铁饭碗"的事业单位干部，他们希望在惊涛骇浪的市场经营中，以自己的管理经营学识作为企业的经营要素之一，让自己的能力变现。

最终，近 780 万元的职工股，由公司 600 余名职工买下。在公司内部进行职工股募股时，公司确定了职工参股根据不同用工形式、不同工资级别、不同职务测定不同职工认股的最高限额，经营者的认股限额不超过职工平均认股限额的八倍等原则。

公司工会就认股数额问题征求职工意见，最多的意见是："公司领导要带头多买！"不少职工代表提出来，认为参股是有风险的事情，职工认购公司股份主要是支持企业发展，领导应该带头多买一点。

终于，到 1998 年年底，紫金矿业的第一步改制顺利完成，原来的国有独资企业改制成职工持股的有限责任公司。

职工占的股份虽小，但却有举足轻重的意义。陈景河认为，从此把职工的命运与企业的命运紧紧联系在一起，职工持股，将很好地监督领导班子的一言一行。不仅管理层、中层干部，而且普通职工都能参与企业管理、享受企业成长的好处，真正做到职工是企业的主人，把企业当作自己的来办。

至于 4% 的周边乡村股份，是紫金矿业"和谐创造财富"理念的实践。多年来，周边乡村既支持了紫金矿业的发展，又给企业带来了无穷尽的麻烦。紫金矿业想通过让它们拥有企业股份的方式，让周边乡村分享紫金矿业发展的收益，一劳永逸地取得周边社区的支持。

引进战略投资者

1999年，是紫金矿业逆势走红、双喜临门的一年。

一方面，多年悬而未决的紫金山铜金矿产权尘埃落定。另一方面，1999年，公司在国际金价20年来最为低迷的年份，竟然生产黄金3.01吨，成为全国最大的黄金矿山，利润突破5000万元，名列全行业第四。随着当年的大丰收，紫金矿业又增添了数千万元的资本金，企业改制第二步——设立股份公司的时机也到了。

1999年年底，经过几个月的酝酿，上杭县最终确定了企业改制第二步——紫金矿业股份公司组建思路与股权设置原则。

这个原则是：以闽西紫金矿业集团有限公司为基础，经整体改组，由现有股东对资产评估后以各自在公司中所拥有的权益出资，并吸收其他若干家发起人以现金出资，共同发起设立"福建紫金矿业股份有限公司"（以下简称"紫金矿业"）。在股权设置上，将减少国有股（上杭县政府）的比例，即国有股占相对控股的地位，初步意见是将国有股比例从原来的86%减少到45%左右，同时增加职工股的比例。

关于增加职工股比例的问题，当时的上杭县委书记陈建寿提出，上杭县实施"矿业兴县"战略，要让全县干部、职工都来参与紫金矿业投资、分享紫金矿业发展成果，因此，福建紫金矿业股份有限公司的职工股，将在闽西紫金矿业集团有限公司10%的基础上，再增加10%，这个1000万股的份额分配给上杭县机关事业单位的干部、职工。

福建紫金矿业股份有限公司总股本按1亿元进行设置，净资产1.5亿元左右。到1999年年底，公司拥有净资产10728万元，这些资产按70%的比例作为现有股东权益折价入股，其中上杭县政府9205万元，全部折成6443.5万股，为了满足国有股权相对控股的原则，将上杭县财政局部分权益进行转让。

地处山区的矿业企业，此时要引进战略投资者是一个难题。此前，紫金矿业一直希望参与加盟发起的央企、省地矿部门等单位，由于种种原因，放弃了参股紫金矿业的想法。

为了凑足发起人，紫金矿业只好把希望寄托于上杭人在广东创办的企业。2000年1月，陈景河前往广东深圳市，召开珠三角上杭籍企业家座谈会，在会上推介紫金山铜金矿，准备拿出3000万元的指标额度，邀请他们入股，共同发起设立福建紫金矿业股份有限公司。

早在改革开放之初，紫金山下的上杭县才溪镇的大批农民就洗脚上田，到深圳打井，承包土建、市政工程，号称"三千榔头八百斧"，到20世纪90年代末期，已有一大批实力强劲的福建上杭籍企业家，活跃在广东的建筑、市政等行业。世纪之交，国际金价依然在低谷中挣扎，隔行如隔山，才溪老板虽多，但很少有人相信在家门口的紫金山上开采金矿会有远大前景。招商队费了九牛二虎之力，但与会者对入股紫金矿业毫无兴趣，陈景河一行扫兴而归。

后来代表新华都实业集团有限公司进驻紫金矿业的副董事长刘晓初说，他曾经做过调查，之所以本地企业家和上杭籍广东富商们不愿意入股，是因为当时大家对某些国有企业大手大脚、坐吃山空的作风有点害怕。刘晓初说，估计当时只要有一两家本土企业带头入股，紫金矿业的股权格局就会不一样。

就这样，机会留给了安溪企业家。当紫金矿业股改门庭冷落的时候，在紫金山金矿承包露采工程的华都公司的母公司——新华都实业集团股份有限公司，明确表示了参股紫金矿业的意向，并要做二股东，陈发树和柯希平两位老板要求投资股份大约在 25%。

安溪商人陈发树、柯希平敢于"人弃我取",与紫金矿业战略合作,关键在于近水楼台先得月,华都公司介入紫金山采掘,给他们提供了一个研究黄金采掘行业的绝好平台。

隔行如隔山,矿业行业尤其难以看清"庐山真面目"。当年全国黄金行业都处于亏损的时候,入选品位低得多的紫金山金矿依然利润丰厚,采选规模越来越大,在商场摸爬滚打多年的陈发树、柯希平,绝不会对这个奇迹熟视无睹。

起初,陈发树向上杭县提出:将华都公司所有采掘工程设备评估折价入股。不过,经过县领导研究,这个提议遭到了否决。此时紫金矿业急需的是现金流,要求陈发树用真金白银入股,只同意华都公司将未结算工程款入股。陈发树、柯希平只好将采掘设备抵押给银行,贷款了 3000 多万元入股。

就这样,到 2000 年春节前,紫金矿业股份制改造发起人及其股本股权设置的初步方案出炉。初步股权设置为上杭县政府 45%,新华都实业集团股份有限公司 26.47%,公司职工股(含机关干部)共 20%,其余乡村股东、省黄金集团共 8.53%。

此时,紫金矿业还一再向外界声明,如果还有其他法人有意向参股,可以扩股的方式加入,同时也特别欢迎上杭籍的私营企业家以法人名义参股,但要求新加盟的每个股东的参股资金在 1000 万元以上。

发动职工股认购

当年,上杭县政府的初衷,是让全县广大企业和干部群众共同参与紫金矿业股份制改造,共同享受企业发展的红利。因此,县政府和紫金矿业不仅四处动员上杭籍企业家参股，还根据股份公司股权设计的初步方案，拿出总股本的10%，即1000万股，号召全县干部职工认购。上杭县委县政府本着公开、公平、广泛发动的原则，非常重视干部职工参加紫金矿业改制工作，1999年年底专门在县大礼堂召开干部动员大会。

各机关、企事业、乡镇负责人共200多人参加会议。会上进行了参股紫金动员。分管工业的副县长介绍了上杭县国企改制的情况和"国退民进"的必要性、重要性，县体改办主任黄连池作为工作组组长作了紫金矿业三步走改制情况汇报。

紫金矿业副总经理蓝福生介绍了公司股权设置的初步方案、公司改制最终目标、职工股价格、1999年的财务指标、内部转让办法等具体内容，号召党员干部带头，强调认购金额不限，号召大家踊跃认购紫金原始股。会后还安排了各单位、各部门、各乡镇的职工股股份指标，让各单位负责同志进行动员。

干部动员大会后，全县25个乡镇、几十个机关单位部门根据单位大小、经济实力强弱，确定了紫金职工股认购份额。一般乡镇单位的额度在一二十万股。一些经济条件好、企业家多的乡镇指标额度较多，如才溪镇，除了本镇和镇上的同康村是小股东之外，还分到了100万职工股的指标。县里最大的部门教育部门则分到了150万股的指标。

各部门单位负责人，将会议精神和职工股指标在各自单位进行传达和动员。意想不到的是，紫金矿业的职工股受到冷落。购买的人远没有原先设想的踊跃，不少乡镇将指标原封不动地退回，城里机关单位认购也冷冷清清。

最主要的原因，是几年前水泥集资失败事件造成的恶劣影响。邓小平南方谈话后，基础设施建设刺激了水泥需求大涨，龙岩市的水泥供不应求，售价一度高达500元/吨，在暴利的驱使下，小水泥厂遍地开花，上杭县几乎每个单位都集资办水泥厂，技术含量低的水泥很快产能过剩，结果不到几年工夫，水泥价格暴跌到200元/吨，大部分水泥厂产品积压，停产倒闭，一些老板撂下债务失踪，大量集资款无法收回。

当初水泥集资潮几乎涉及每个单位，而上杭县教育部门是水泥集资失败的重灾区。当时，一位停薪留职的中学教师跳出来办水泥厂，由县教育局发文要求全县教师参与投资、办水泥厂，主观意图是将教师的闲散资金集中使用、发挥效用，在全县教师中集资了上千万元。第一年利息准时发放，第二年水泥价格大跌，就开始出问题了。许多教师后来连本钱都没有收回。水泥集资的后遗症让上杭人心有余悸，对紫金矿业招股影响很大。

同时，紫金矿业股改动员会提出副处级以上干部本人不能参与购买紫金矿业职工股。1993年10月，中共中央、国务院作出党政机关县（处）级以上领导干部不准买卖股票的规定。上杭县委出于对党纪的重视，专门请示龙岩市委，市委指示处级领导干部本人不能参与购买股票。这个规定无形中也影响了上杭县普通干部认购紫金矿业职工股的积极性。

在世纪交替时节，矿业被社会上普遍认为是又脏又累又危险的夕阳工业。社会上普遍传闻紫金矿业高负债运转，尽管暂时盈利不错，但是前途未卜。其中还不乏谣言，说紫金矿业已经资不抵债、金矿很快就要挖完、濒临破产等。

因此，分配到一些乡镇的指标被全数退回，各个机关单位的指标的认购也不如预料中的踊跃。紫金矿业职工股在龙岩市、福建省的相关部门的销售情况也不容乐观。

福建省冶金系统以省黄金集团工会的名义，号召全系统干部职工认购紫金矿业股份，支持福建最大的黄金企业发展。最终由柯德育等领导反复做工作，费了九牛二虎之力，才有163名职工出资245.63万元入股。

省冶金公司下属的潘洛铁矿，是位于漳平市偏僻深山里的一座国有矿山,当时分到了50万元的紫金矿业原始股认购任务。经过党委动员,参与投资的职工有30余人,基本上是一万元、五千元的小额出资。此时,金属矿业行业形势未有起色,潘洛铁矿还没有摆脱萧条的局面,大部分职工不看好紫金矿业,也拿不出什么钱。到最后,潘洛铁矿的任务还有十多万元未完成。这时,潘洛铁矿党委书记谢晶潮站了出来。谢晶潮于20世纪60年代末从清华大学热能工程系锅炉专业毕业后,就一直在潘洛铁矿工作。谢晶潮和大多数搞矿山的知识分子一样,大半生行事谨慎低调,从没听说过、也绝不会去搞什么股权投资。平时上级交给党委的任务都完成得很好,这一回,作为党委负责人的谢晶潮压力很大,碍于面子不好将指标退回去,无奈之下,谢晶潮拿出平生积蓄137017元,将剩余的9万余股指标全部吃下。

最后,据不完全统计,1000万职工股指标,在全县干部职工中卖出去不到200万股。

对于职工股的遭遇,陈景河非常无奈地摇头苦笑,但也不好勉强。曾庆祥与陈景河商量,一方面,要发的工资、年终奖一律不发,让职工将原有的股份折成股资补足;另一方面,加大力度,将退回的部分股票自行消化。按照级别将任务硬压下去,同时动员企业干部带头多买。

紫金矿业只好做职工的思想工作,同时动员中层以上干部多买一些,公司领导只好自己带头。公司当时大约700人,每个人按照级别进行购买,年终的时候将工资、年终奖、过节费全部折算成股份,从金矿到总部,开动员大会,公司高管亲自动员,鼓励大家尽量多买,内部消化。公司还制定了一个无奈的政策,2000年、2001年调进紫金矿业的职工,必须认购一定数量的股份。

经过宣传动员,加上上年各股东已经获得非常满意的回报,紫金矿业内部新股认购效果比社会上好,仅金矿职工新增认购金额就在160万元以上。最后,还剩下二三十万的原始股,工会干脆用工会费全部吃下来。

安溪商人加仓紫金矿业

经过半年多的筹备,股权认购尘埃落定,"福建紫金矿业股份有限公司"的各项准备工作终于就绪。

2000年8月2日,代表上杭县财政局的闽西兴杭实业有限公司、代表闽西紫金矿业集团有限公司工会委员会和四家周边乡村股东的上杭县金山贸易有限公司、新华都实业集团股份有限公司、福建省新华都工程有限责任公司、厦门恒兴实业有限公司、福建新华都百货有限责任公司、福建省黄金集团有限公司和福建省闽西地质大队八家法人单位,就改制设立福建紫金矿业股份有限公司签订发起人协议书。

根据厦门联盟资产评估事务所对闽西紫金矿业集团有限公司资产评估的结果,公司1999年年末的股东权益为10283.39万元。根据发起人协议,闽西兴杭实业有限公司将其拥有的闽西紫金矿业集团有限公司股东权益中的6862.8万元,按1.505∶1的比例折成4560万股,占发起设立的福建紫金矿业股份有限公司总股本的48%;上杭县金山贸易公司将其拥有的闽西紫金矿业集团有限公司股东权益1357.2万元和现金1217.7798万元,共计2574.9798万元,按1.505∶1的比例折成1710.95万股,占福建紫金矿业股份有限公司总股本的18.01%;其他发起人均以现金出资,按1.505∶1的比例折成股本。

2000年8月17日,福建省人民政府闽政体股〔2000〕22号《关于同意设立福建紫金矿业股份有限公司的批复》,批准了设立股份制企业的改制方案。同年8月26日,福建紫金矿业股份有限公司召开创立大会。

从当年资本结构表(见表4-1)上可以看到,代表职工股的上杭县金山贸易有限公司持股1710.950万股,持股数量占总股本的18.010%,原先计划的20%即2000万职工股,扣除4%的乡村股,实际上认购份额不到

14%。缺口的 6% 份额，最终大多被安溪企业家陈发树、柯希平的新华都系加仓，收入囊中。

表 4-1　福建紫金矿业股份有限公司（H 股上市前）资本结构表

股东名称	出资额（万元）	持股数（万股）	所占比例（%）
闽西兴杭实业有限公司	6862.8000	4560.000	48.000
上杭县金山贸易有限公司	2574.9798	1710.950	18.010
新华都实业集团股份有限公司	2602.1450	1729.000	18.200
福建省新华都工程有限责任公司	1000.8250	665.000	7.000
厦门恒兴实业有限公司	714.8750	475.000	5.000
福建新华都百货有限责任公司	246.3459	163.685	1.723
福建黄金集团有限公司	245.6311	163.210	1.718
福建省闽西地质大队	49.8983	33.155	0.349
总股本	14297.5001	9500.000	100.000

由陈发树、柯希平合股的福建省新华都工程有限责任公司所占的 7% 股份、也即 1000.8250 万元的出资，其实是以承包紫金矿业采掘工程遗留的工程款折成股份。柯希平以厦门恒兴实业有限公司的名义投入现金 714.8750 万元，占股份 5%，而陈发树的新华都实业集团股份有限公司利用紫金山上的采掘设备作为抵押，从银行贷款 2500 万元，凑足 2602.1450 万元，持股比例达 18.200%。加上福建新华都百货有限责任公司 246.3459 万元的出资，陈发树、柯希平的新华都系所持有的紫金矿业股份占总股本的 31.923%。

紫金山给陈发树、柯希平得以洞悉黄金行业的机会。陈发树、柯希平从 1998 年春天水口电站采掘设备生意结识陈景河，进入紫金山从事土石方工程，到 2000 年 8 月成为紫金矿业的大股东，只有两年多的时间。

闽南安溪商人，历来爱拼敢闯，嗅觉敏锐，眼光独特。在承担紫金矿业的土石方工程时，陈发树就敏锐意识到，金矿也许是前景最广阔的生意。陈发树 20 世纪 90 年代初就开始炒股，可以说是中国第一代股民。见多识广的生意人陈发树，此时已经看到了一座资本市场上潜在的金山。

4564万元的总投资，对于当时的陈发树、柯希平而言，并不是个小数目。2000年，作为贫困县的福建上杭县全县财政收入才1.3亿元。当年7月，伦敦黄金交易价格还在280美元/盎司上下挣扎，不难理解，当时投资矿产资源似乎难以看到希望。

其实，从1999年的财务报表上看，紫金矿业就是一家地地道道的绩优公司。当年不少慧眼识珠、逆势认购职工股的人士，凭着简单的财务分析，就可以得出紫金矿业是一家好公司的结论。

紫金矿业1999年的利润有5000多万元，这样优秀的企业，不仅上杭县只有一家，连龙岩市都少有。根据紫金矿业的报表，1999年原有股东回报率达到惊人的43.54%，公司已向老股东分配了10%的利润，还有33.54%在改制中直接转增为股本，不再分配现金。

也就是说，原有股东1998年投入的1元钱，到1999年年末产生了0.435元的利润，而公司1999年对职工股老股东的分红，则为每股0.1元，还有0.335元留在公司直接转增为股本。那几年的一年期银行存款利率为2.25%，扣除20%的利息税，实际存款利率仅为1.80%，而1999年紫金矿业股东的分红就达到了10%的利率，几乎是当时银行存款利率的5倍之多，何况分配的红利仅是当年收益的一部分。

一年投资回报率达到43.5%，无论是过去还是现在，这样的公司哪里去找？这样的企业的股票收益可以说是惊人的，完全可以买入持有！

陈发树和柯希平加仓紫金矿业，就是基于简单的财务分析，基于长期投资、享受分红、获得回报的平常心。柯希平后来说：其实资本投资最需要这种平常心。我们在投资一家企业之前，先考虑的就是这家企业万一不能上市，还值不值得投资。现在很多公司都说几年之后要上市，但是全国几万家企业都在排队等上市，最终上市的也就那么几家。因此，我们的考虑就是万一投资的企业不上市，也可以作为长期投资，更透彻一点就是实业投资。如果投资的企业上市了，就是一种额外增加的浮盈。

本章思考

紫金矿业的股份制改造，缘于体制突围、加快企业发展的需要。1998年到2000年，在上杭县委县政府的支持下，紫金矿业分两步走，完成了体制转型，第一步从闽西紫金矿业集团改制成有限公司，实现了职工持股，国有股降到86%；第二步从有限公司改制成股份公司，引入战略投资者，建立起混合所有制现代企业治理机制，实现了企业所有权和经营权的分离，国有股降到48%。

股份制改造奠定了混合所有制的变革，最终形成现代企业的法人治理结构。紫金矿业华丽转身，一个有效制衡、权责明确、规范和高效率的决策体系，崛起于中国矿业界，使企业在市场竞争中抢得先机，为未来走向全国、走向世界奠定了体制基础。

第 5 章

走向全国：利用技术优势，开创跨越式发展新局面

古之立大事者，不惟有超世之才，亦必有坚忍不拔之志。

——苏 轼

抢抓机遇，赢得先机

紫金矿业完成股份制改造，再次面临命运选择，固守上杭还是全国扩张？

矿业与制造业等其他行业截然不同之处在于，矿业资源具有稀缺性和不可再生性以及赋存的地理特征性，这决定了矿业企业不占有矿产地，就不能从事矿业的开发，其掌握的资源量是决定企业未来发展潜力的关键。因此，对于矿业公司而言，矿产资源是矿业公司赖以生存和发展的基础，拥有资源就拥有未来。

从20世纪90年代末期到新世纪之初，全球的资源勘查业逐渐萎缩，矿产品一度大量积压，矿产品价格跌入20年来的最低点，矿产开发被认为是"夕阳产业"。

但是，陈景河认为，矿物原料是工业的基础，中国完成工业化过程中，必将消耗大量的矿产资源，而国内外已查明的矿产资源储量有限，新矿山投资建设不多，矿产品供不应求的局面很快会出现，矿业投资绝不会是"夕阳产业"。紫金山金矿的成功开发，紫金矿业的迅速发展，表明应用新的体制、新的技术进行矿山开发大有可为，矿业仍然是可能获得高额利润的行业。

2000年9月，公司完成了股份制改造，国有股退到了相对控股的地位。

股份制改造完成后，紫金矿业步入了按现代企业制度和市场经济规律运作的发展快车道，得以舒展手脚，迎来了全面的发展。正是这种体制的变化，使紫金矿业对外投资和对外扩张成为可能。

公司提出走向全国，通过参与西部大开发，把资源控制作为第一步，用十年时间努力，把紫金矿业建设成为国内著名的以矿业为主的效益型特大企业集团。

此时，尽管矿产资源市场低迷，但有一个前所未有的重大机遇降临到了紫金矿业的头上。

1999 年，党中央、国务院提出实施西部大开发战略。我国中西部地区地广人稀，矿产资源丰富，开发利用程度低，找矿潜力巨大。西部丰富的资源，给拥有较强技术实力的紫金矿业提供了广阔的天地。

与此同时，国家在 2001 年启动矿权管理改革，金矿采矿权、探矿权被允许在市场上转让，这给了改制后的紫金矿业扩张的机会。长期以来，黄金由国家专营，中国的金矿由中央和省属企业开采，优质黄金资源基本都掌握在国有黄金矿山企业手中，伴生金由有色总公司专营，矿产金由黄金总公司专营。

2002 年 8 月 18 日，江西省上饶县应家磁坞金矿采矿权由国土资源部门主持拍卖，这是我国首次金矿采矿权拍卖。矿权可以进行公开招标，自由流通，为地方控股国有企业、民营企业进入市场创造了机遇。

福建紫金矿业股份有限公司成立后，大股东上杭县召开了一次特殊的党委扩大会议，研究紫金矿业向国内其他地区投资的问题。

当时，在依然偏僻闭塞的上杭县，不少干部群众思想保守，认为陈景河是"吹牛大王"、紫金矿业的"走出去"是天方夜谭，针对陈景河把资金投入贵州、新疆等地区的新情况，县里的一些干部和老同志想不通：紫金矿业是上杭县的企业，你把钱拿出去投资，万一没有回报怎么办？这不是拿自己的钱帮别人发展、把庄稼种在别人地里吗？一些人疑虑重重，质疑"陈景河出去到底想干什么"，甚至建议县委县政府"要把陈景河看住"。

确实，陈景河完完全全可以过舒服日子，事实上许多员工都有这样的想法。2000年，紫金矿业的利润是7700万元，可以很快做到1个亿的利润。紫金矿业成功了，苦日子熬出头了，产权也有了，股份也落实了，紫金山挖上几十年没有什么问题，躺在金山上过舒服日子没什么不对。反正矿挖完了，这家企业结束时，陈景河他们也功成名就退休了。许多企业经营者、领导者，大概会选择这种非常舒适、安逸的道路。

陈景河在会上问：把紫金矿业核心资产转让给社会是为了什么？改制减持的目的，就是要走出上杭，走向全国，利用资本杠杆的作用，进行资本运作，做大做强。企业不发展就是最大的风险，紫金矿业不能把自己局限在小富即安的圈子里，我们所在的是资源型的矿业，做稀缺型矿业更不能作茧自缚，外国人能进来，我们为什么就不能出去？

陈景河现身说法，来做一些县领导和老干部的思想工作："我这种身体，比较胖、血压比较高，到西藏都上到了海拔4700米的地区，要讲舒服的话，那雪域高原是好玩的？如果我要过好日子，根本不需要离开紫金山，紫金山效益很好，一年有上亿利润。走出去确实风险很大，但要把企业做大做强，紫金矿业必须走这条充满风险和挑战的道路！"他在会上据理力争，认为紫金矿业完成股份制改造后，具备了向全国扩张的条件。在矿业萧条时期进行矿业投资成本最低，竞争不激烈，回报率最高，正是一个千载难逢的机遇。

公司决策层和上杭县的主要领导经过认真商议，最后统一认识：不走出去，企业就做不大，对上杭县的拉动和贡献也有限。紫金矿业已经具备了走出去的条件，所以要坚定不移地走出去。紫金矿业选择的是一条非常艰苦的路，但也是一条有前途的路。最重要的在于紫金矿业的经营者、领导班子都有一个明确的志向、远大的目标、崇高的境界，而不是小富即安！

第 5 章　走向全国：利用技术优势，开创跨越式发展新局面

2000年年底，紫金矿业提出"十年再造十个紫金"、建设高技术特大型企业的目标。陈景河雄心勃勃地对《中国黄金报》记者说：紫金矿业要成为世界级的矿业公司，十年里再造十个紫金，资产总额和销售收入分别达30亿元，其中15个亿要靠西部开发获得。

当中国主流社会对矿产资源的认识还处于朦胧状态的时候，紫金矿业就开始了悄无声息的出击。2000年年初，紫金矿业乘势先动，积极推行对外投资战略，赢得了先机。

这年陈景河身先士卒，组织带领人员利用近一年的时间，先后走遍了中国西部的大部分地区，考察了数十个矿山、矿床或矿点。紫金人在崇山峻岭的川西高原上跋涉，在温差三四十度的天山南北翻越，在几百里渺无人烟的戈壁滩上穿行……

七月流火，陈景河一行从乌鲁木齐到兰州，经过吐鲁番盆地，在火炉似的戈壁滩上艰难地穿行了1500千米。途中他们经过著名的新疆吐鲁番火焰山、甘肃敦煌石窟等风景名胜，大家建议停车下去参观、休息一下，陈景河说："以后有的是机会看，找到了新矿点再说！"那一次，他们足足奔波了半个月。

8月，陈景河一行，到川西进行项目前期调研，路过九寨沟和黄龙风景名胜区，紫金矿业四川地质部人员已经安排好了参观的行程，陈景河就是不去，他说："我也很想去领略一下美景，但现在还不是时候，目前在我眼中，矿山最好看。"

陈景河后来坦承："我两次经过九寨沟，都没多大兴趣去游览，但一看矿山，我就来劲了，企业越做越大，我就越有乐趣。"陈景河是一个工作狂，尤其是公司完成改制后，作为一个舵手，必须争分夺秒，抢抓公司快速发展和走向全国的机遇，时不我待。

他曾说："我很赞成国外一名优秀企业家说的，围绕企业，企业高层要

干 24 小时，做梦都要做企业的梦，管理中层要干 16 小时，一般员工要认认真真干 8 小时。"

2001 年，陈景河的儿子陈磊考上了中国科技大学。国庆期间，妻子赖金莲好不容易拉着丈夫去安徽探望儿子。到了合肥市，一家三口定好第二天去参观佛教名山九华山。可是，临出发前，陈景河又对妻子讲："你们母子去看九华山吧！我要跟公司的同志一起去看一个新矿点！"妻子被气得说不出话来。对一个工作狂来说，事业才是终极乐趣。

陈景河预感到百年一遇的机会就在眼前，必须以只争朝夕的精神抢抓机遇。紫金矿业团队正全面出击，在西部亮剑出手。公司完善了项目投资相关机构，组建了兵强马壮的投资部，作为紫金矿业寻找投资项目的先头部队，频频出发的投资部成员如灵活的"触角"，一次次探向资源丰富的国内省份，广撒网，慎决策。

在重要省份，紫金矿业还陆续设立了公司的派出机构——办事处。蓝福生作为主管投资的副总经理，常年奔波在中西部地区，在茫茫的荒野上寻找宝藏。2000 年主攻四川和贵州，2001 年则兵分两路挺进安徽和新疆，而后进军东北，探寻金、铜、有色金属和稀有金属等，点多面广。从 2000 年至 2003 年，他们几乎跑遍了中西部及东北的主要矿山营地。

紫金矿业选取了三个矿点作为公司西部开发的启动项目。尝到甜头后，大胆出手，实施面向全国的资源控制发展战略，先后在新疆、贵州、吉林、四川、安徽等地控制和开发了 20 多个矿业项目。

这是在一个资源战略窗口期非常关键的一步，非目光远大者不足以为之。世纪之交，矿业还处于低潮期，当时包括黄金在内的矿业国企还没有改制，也缺乏资金和灵活及时的决策机制，而当时完成了原始积累的民企还没有觉醒，对矿山生疏，还没有看明白。紫金矿业利用这个百年一遇的时机，抢先走了一步。

陈景河在公司大小会议上为资源战略鼓劲：开发西部当然有风险，但前途光明。一座矿山可以灭亡，但一家企业可以永葆青春。紫金矿业可以继一座金山后再做一座座"新金山"。紫金矿业走向中西部的优势，在于"新技术、新设备、新体制"，一则紫金矿业已经放开手脚；二则众多国有矿山体制改革大多数困难重重，一时走不出来；三则一些民营矿山名声不好，规模也太小，紫金矿业正好"一枝独秀"；四则虽然中国加入WTO了，但国外人力资源成本高，只要我们技术起点高、体制好，就可以战胜外国人。目前，紫金矿业的发展机遇千载难逢，如果五年之后传统的企业上来了，公司的机会就小了。

紫金矿业顺大势而为，踩准了节奏。在紫金矿业扩张初期，黄金价格走低，市场上矿权的价格也比较低，而紫金矿业敢于冒险，实施低价收购策略，以小博大，先在国内市场上大展拳脚，收购包括其他有色金属在内的矿产资源，并一举成为全国最重要的金矿生产企业之一。

安徽抛刀岭金矿、铜陵焦冲金矿，贵州水银洞金矿，吉林珲春金铜矿，新疆阿舍勒铜矿、富蕴铁矿，青海德尔尼铜矿，四川九寨沟金矿……一座座优质低价的矿山被紫金矿业收入囊中。

2003年12月，紫金矿业在香港联合交易所上市后，公司充分利用金价大幅上涨的有利时机和发行H股募集的资金优势，在国内中西部及东北地区大规模收购兼并黄金矿产资源，通过并购、合作开发、新设等方式控股、参股了数十家公司，规模迅速扩张。

2004年，投资部重点洽谈的项目超过100个，新获得探矿权29个，在青海、河南、内蒙古、广东插上了自己的旗帜。

2006年，紫金矿业在国内考察论证了78个项目，成功签约16个平均不到一周洽谈一个项目！正是这种高效率，使得紫金矿业在新世纪之初的五六年间实现了超常规发展，从一家偏安一隅的金矿公司成长为涉猎多个金属品种的全国性金属矿业公司。

当时拿到的项目都是成本最低、后来效益最好的。后来紫金矿业的"五朵金花"，都是 2005 年之前投资的。这些项目，大部分增值 5~10 倍，投资获得了巨大的成功。

2001 年至 2006 年，紫金矿业在全国进行了一系列几乎是悄无声息的并购。不久，矿业界人士突然发现，紫金矿业的黄金储备量及生产量已经超过了中金黄金及山东黄金，还成为国内第三大矿产铜储备和生产企业。

贵州水银洞"点石成金"

2000 年，中国开始实施西部大开发战略。紫金矿业抓住了这一历史性的发展机遇，选定了位于贵州省境内的、加拿大丹斯通公司遗弃的贞丰水银洞金矿，作为其走向全国的第一步。

1981 年，贵州省地矿局 105 地质队在贞丰县灰家堡发现了金矿，直到 1995 年，最终探明金资源储量 55.6 吨，并将此地命名为水银洞金矿。此后又引进加拿大丹斯通公司共同对水银洞金矿进行风险勘查。从 1996 年到 1998 年进行了三期勘查，预测远景储量 50 吨。

然而，后续勘察表明，这是块难啃的"硬骨头"。原来水银洞金矿属于卡林型金矿。卡林型金矿，亦称微细浸染型金矿，用通俗的话来说，就是微细的金粒星星点点分布在矿石里面，如果以传统的常规焙烧冶炼技术处理难选冶金矿，不仅回收率低，而且会破坏生态环境。水银洞矿石里的黄金被硫、砷等杂质包裹，犹如鸡蛋的蛋壳一般，通过传统工艺基本不能开发利用，必须打破包裹黄金的硫化物"外壳"，才能提取出黄金。而"破壳"，当时在国际上还属于技术难题。

在三年时间投入了 2000 多万元以后，加拿大丹斯通公司受制于自己的技术瓶颈无法选冶而不得不放弃水银洞金矿，以1元人民币的价格将其交还给了贵州省地勘部门。

外方撤资了，这烂摊子该怎么办呢？2001年，一个偶然的机会，紫金矿业了解到水银洞的现状。陈景河带领团队，立刻赶到了贵州，只用半小时就结束了收购对方51%股权的谈判，紫金矿业一分钱没还价，以600万元拿下了这个项目。

陈景河后来说："这个西方人都没办法弄的项目，为什么我当时敢大胆接手？当时我看到水银洞金矿的几个钻孔，其中有两个每吨20克的品位样品！我想，紫金人再笨再傻，把这每吨20克高品位的矿挖出来，肯定不会亏本！"

更重要的是，紫金人明白，在中国目前还没有被开发的矿，大多是技术方面有困难，包括卡林型金矿，而紫金矿业自行研发的加温常压预氧化工艺，已日益成熟，这种提金工艺恰好是攻克一个微细浸染型难选冶金矿床的"金刚钻"。

2001年5月，贵州紫金矿业股份有限公司（以下简称"贵州紫金"）成立后，开始对微细浸染型水银洞金矿的选冶工艺进行攻关。紫金人不畏难，不信邪，发挥当年紫金山创业时的拼劲，仅用两年就攻克了技术难关，同时用18个月完成了原计划四年半的基建任务。

2003年6月，贵州紫金研发了具有国内先进水平的加温常压化学预氧化处理湿法提金工艺，成功解决了卡林型金矿这一国际难题，为水银洞金矿的开发利用提供了强大的技术支持。当年7月25日，贵州紫金成功生产出我国第一块难选冶黄金，纯度99.99%，达到国标一号金标准。

贵州紫金在当时创造了中国矿业界"投资最少、建设时间最短、见效最快的紫金奇迹"。2003年当年产金562.26千克，结束了贵州省"无金"的历史。

在当时的贵州紫金总经理助理兼选冶厂厂长卢松看来，贵州紫金之所以能够顺利攻关，是因为紫金矿业创造性地提出并实施的科技免责制。公司任何一个科研人员都可以提出项目和研究方案，经专家评议认可后即可立项研究。即使研究失败，提出项目的人员和研究人员也不需要承担任何责任。这对于风险大、前期投入大的科研工作来说，无疑是春风雨露。在这样的理念和制度下，贵州紫金才得以迅速攻克水银洞金矿处理工艺难关。

2014年，紫金矿业又陆续投入4.2亿元，启动了水银洞金矿加压预氧化技改项目，历经两年试验、建设、试车、试产，于2017年1月11日正式投产。

与原有的常压化学催化预氧化工艺对比，该技术至少可提高水银洞金矿金属综合回收率30%，同时可开发利用水银洞金矿中原来不能利用的约50吨金资源，新增经济价值约100亿元，开辟了难处理金矿提取的新途径。

紫金矿业自行设计、研发、建设的加压预氧化技术的工业化应用，填补了我国热压预氧化工业技术和装备的空白，为解决长期困扰黄金工业的难选冶资源问题找到了金钥匙，迈入了世界加压湿法冶金技术的先进行列。

贵州紫金凭着先进的选冶技术，从不起眼的泥土中，把肉眼几乎看不见的细微金沙，经过加工，一点点凝聚在一起，做成一块块黄灿灿的金块。水银洞金矿一期工程投产后，一年实现利润近亿元，成为紫金矿业对外投资中回报率最高的项目。此后，贵州紫金仅税收就占了贞丰县税收的"半壁江山"。20年来，最初600万元的投入，总共创造利润50亿元以上。与此同时，通过不断的就矿找矿，水银洞金矿及附近的簸箕田金矿越挖越多，金储量从最初的50吨增长到259吨，成为一个超大型金矿。

西北边陲开发"新金山"

尚在东南鏖战,今传西北开疆。马嘶旗艳战缨扬,戈壁荒原俊朗。
舍身忘家一别,金铜广取荒蛮,苦寒相侵更英昂,捷报频传豪壮。

2002年3月14日,紫金山金矿矿长陈家洪率领四名紫金将士奔赴新疆阿舍勒铜矿,开发"新金山"。临别之际,公司党委副书记黄连池挥毫写下这首《西江月·送西征将士》,赠给出征员工。

出发的这天,上杭县紫金矿业新大楼前,锣鼓喧天,鞭炮阵阵,五名远征新疆的紫金人披红带彩,接受全体员工的隆重欢送,引来全城注目。

这是当年公司向全国出征的最纯朴最热烈的欢送礼仪,至今在老同志心中留下温馨的回忆。

紫金矿业成功开发贵州水银洞金矿后,开始了走向西部的第一个大手笔:对新疆阿舍勒铜矿的收购。

新疆地处亚欧大陆腹地,地域辽阔,资源丰富,是我国重要的资源区,矿产资源在全国占有重要地位。截至2007年,新疆已发现矿产138种,占全国已发现171种矿产的80.7%;已探明储量的矿产有117种,占新疆已发现矿产的84.78%,其潜在经济价值达8.5万亿元。

走向西部,紫金矿业一开始就将目光投向了新疆,2001年3月6日,新疆维吾尔自治区政府和国土资源部共同举办新疆天山铜矿勘查招商招标活动,紫金矿业就以较高的价格中标了两块区域的探矿权。

阿尔泰在维吾尔语和蒙古语里都是"金子"的意思。阿尔泰山位于准噶尔盆地的东北侧,是天山北出支脉,山势自西北走向东南,山体平缓,蜿蜒2000千米,最高峰海拔4374米。

紫金矿业的大型铜矿采选梦想，没有在上杭县的紫金山率先实现，却是十年之后，在万里之遥的中国西北的阿舍勒铜矿成功实现。

阿舍勒铜矿是由新疆地矿局于1986年发现、1992年详细探明的一座大型铜、锌多金属矿床。已探明铜储量91.9万吨，居全国第五，平均品位高达2.43%，居全国第一，是一个富铜矿床。

与紫金山铜金矿同期发现的阿舍勒铜矿，从1994年第一拨开发阿舍勒铜矿的人进场算起，前后三拨企业进入铜矿想做项目，但是都没有实际动作。当时，有色金属低迷，铜价位于历史底部，阿舍勒铜矿聘请了国内著名的矿山设计公司设计，国际矿山评估公司参与评估，预计项目投资超过8亿元，年产能力3000吨。由于当时铜价低迷，投资又过大，银行难以贷款，项目业主因此将阿舍勒出让。

2002年，紫金矿业和中国地质矿产总公司、戴梦得公司经过数轮谈判，最终投入1.3亿元，获得了51%的股权。

收购全国品位最高的新疆阿舍勒铜矿，是陈景河团队的得意之作。在董事会上，对这个项目的并购还是有不同的声音。陈景河一锤定音："阿舍勒铜矿的价值其实明摆在那里，这样的价码任何识货的人都会心动。紫金山铜矿的品位才0.4%，而阿舍勒铜矿的品位在2.4%，品位非常高，如果阿舍勒没有开采价值，那么全中国就没有可以开采的铜矿了！"

新的阿舍勒铜业股份有限公司的注册资金是2.5亿元，紫金矿业占了51%的股份。2001年紫金矿业的利润总额才2亿元出头，一下子投入1.3亿元的巨资，是需要巨大的决心和勇气的！

曾经首批参与阿舍勒项目建设的公司老员工刘永全回忆，当年面对这个所有工艺都与紫金山完全不同的新项目，公司一开始心里没底，但极其重视，陆续把公司的主力精英都派到了阿舍勒。紫金山金矿矿长陈家洪、金矿四期技改指挥部副总指挥胡月生被调到阿舍勒项目，分别担任总经理、副总经理；集团办公室常务副主任邱建锋负责办公室；选矿专家安士杰负责采矿；陈兴章负责机电；郭永良负责土建；王辉担任财务总监；刘永全负责人力资源。他们都是紫金山上的资深老将，公司倾其所有，决心将阿舍勒项目建成紫金矿业在西北边陲的"新金山"。

2002年3月14日，陈家洪一行前往北京，和中国有色冶金工程设计研究总院交换了开发建设思路，并和相关专业人员进行了广泛的交流。阿舍勒铜矿原来定的投资规模是8亿元，中国地质矿产总公司、戴梦得公司介入后，组建了阿舍勒铜业股份有限公司，投资规模调整为6.61亿元。

紫金矿业接手项目后，根据调查了解提出了改进方案，按照新方案，规模可以做到每天4000吨，但投资只要5亿元。陈景河提议按照市场规律来运作，和专家讨论把生产规模扩大到4000吨，他以一个个真知灼见说服了专家和院士们。面对这个新的方案，设计单位很不情愿改，但紫金矿业咬定不放：你们不改，紫金矿业200万元的设计费宁愿不要了！最后，设计单位还是按照控股股东的新方案做了更改。新方案采用了机械化作业，打了一个下井的斜坡道，让工程机械下到井底，因而得以大幅提升效率，也提高了安全系数。

当紫金矿业控股阿舍勒铜矿后，矿山开发建设的面貌彻底变了样。用地质工程师侯新建的话说，紫金矿业这班人是干事业、而且是干大事业的人。在紫金山上锻造出的一支特别能吃苦受累、敢打硬仗的坚强队伍，在进入阿舍勒铜矿后，把紫金精神贯穿到了阿舍勒铜矿建设的始终。项目投资规模从原来的6.61亿元降到5.48亿元，建设周期从最初的3.5年缩减到2.5年，以艰苦创业、开拓创新为核心的"瘦身理念"是紫金矿业创业的一大特色。

紫金文化的理念是艰苦创业，多快好省，少花钱也办事。投资4个多亿的矿山企业只有五辆车：一辆丰田、一辆庆铃、一辆战旗、一辆2020S，外加一辆五十铃客货两用车，这就是公司的全部交通工具。"穷人的孩子早当家"，从紫金矿业的高层到阿舍勒铜矿的经营班子，总是把"省下的就是赚到的"作为核心经营理念，贯彻到建设的各个方面。矿山建设有许多电缆要架设，每次矿山的员工都一起出动去干，五次干下来，节省费用20万元。

对矿山企业来说，仅有矿山建设期的投资节省是远远不够的，还需要生产期间的低成本运营。按照最初的设计，阿舍勒铜矿的用水是从哈巴河中提取的，基建总投资在1000万元左右，但每年的运行费高达300万元。陈家洪经过仔细勘查，发现8000米外的加曼哈巴河（哈巴河的一条支流）比厂区高出50米，如果能够将那里的水通过自流引到矿山，应该能节约不少成本。不过，对于这种大胆的想法，当初的合作方存在不少疑虑。除了建设施工难度，支流的水量、冬季是否结冰等也是他们担心的问题。为了论证可行性，陈家洪骑上马，带着几个人，在零下30多度的寒冷时节深入现场考察，确认了流水的可靠性。为彻底打消合作方的顾虑，紫金矿业甚至承诺，若因此影响选矿生产，将赔偿全部损失。

凭着敢想敢干的激情和顽强拼搏的精神，紫金人在加曼哈巴河的深山峡谷里建起了水坝，又在旁边凿出6000米长的隧洞和2000米长的管道。当清澈甘甜的泉水哗哗涌入矿区，整个阿舍勒铜矿沸腾了。引水渠道，包括隧道的投资，也只有1100万元左右，运行费每年只有几万元的人工成本。这一创举大大降低了管道磨损程度，节省了电力和后期维护费用，每年可节约运营成本600多万元。

2002年4月14日，随着一声炮响，阿舍勒铜矿正式动工建设。同年8月，阿舍勒铜矿采选项目被列入"自治区重点建设项目"。

2004年9月，经过短短的两年半的紧张建设，矿山选矿设备进入了试车阶段，一座现代化的工业园区在丝绸之路经济带北通道上拔地而起。

2005年，阿舍勒铜矿产值超过3亿元，利润1.5亿元，基建工期由三年缩减到两年，生产能力提高到4000吨。阿舍勒投产后，铜价开始上涨，后来一年赚的钱比当初投资的钱还多。

据统计，从 2002 年到 2021 年，20 年来阿舍勒铜矿总共实现利润 214 亿元，资源储量增加 53%。阿舍勒铜矿至今仍然是紫金矿业的主力项目，在投资回报、技术创新、文化传承、干部培养等方面都是一个样板工程。

"嫁接"东北国有老矿企

吉林省延边朝鲜族自治州珲春市的小西南岔，是中国每天第一缕曙光照耀的黄金宝地。这里有一个老国有矿山珲春金铜矿，到新世纪之初已开采了 30 多年。

从 20 世纪末开始，由于多年开采，这座矿山只剩下低品位的矿石，每吨矿石含金量 0.7 克左右，铜品位也仅有 0.2%。由于技术力量有限，吉林珲春金铜矿连续五年亏损，2000 年年初被迫停产，职工将近一年没有拿到工资。

2000 年 10 月，吉林延边州政府对濒临倒闭的珲春金铜矿进行调整，希望通过招商引资，突破重围，千方百计救活曾经辉煌的金铜矿。矿山组织了三个"招商纵队"，在全国范围内寻找愿意和金铜矿合作联营的大公司。

在紫金矿业进入之前，曾有两家国家级大型矿业公司和一家港资黄金公司与珲春金铜矿接触过，其中，北京一家黄金公司派了七个专家在珲春金铜矿考察了 46 天，迟迟不敢拍板，最后这几家公司均由于担心资源状况不佳和人员包袱太重而放弃。

2002 年，紫金矿业分管投资的副总经理蓝福生偶然得到珲春金铜矿招商的消息，当年 9 月，蓝福生一行来到珲春金铜矿实地考察，带走了一大捆地质资料。蓝福生看到了这座矿山巨大的潜在价值：大量被废弃的低品位金铜矿石、30 多吨不易选冶而通过紫金矿业的技术可以变废为宝的黄金、矿山附近未经勘探但极可能有巨大潜在价值的矿化带、一支800多人的熟练矿山技工队伍。

在进行了大量翔实的准备工作之后，蓝福生确信凭借紫金矿业的技术和资金力量，在给出比竞争对手更高收购价的基础上，珲春金铜矿仍有不错的盈利空间。不到一个星期，紫金矿业与珲春金铜矿形成了合作联营的框架协议。

就在签约的前几天，蓝福生接到陈景河来电说，一位原珲春金铜矿的地质工程师爆料称，紫金矿业所获得的关于珲春金铜矿的资料有假，珲春金铜矿根本不具有开采价值。蓝福生马上派蓝选庆等地质干部再次前往珲春金铜矿，经过更深入的核实，认为矿山品位低属实，但地质资料真实性没有问题。蓝福生因此果断做出了继续签约的决定，他更愿意信赖自己亲手得出的翔实的样品化验数据，后来的事实果然如此。

2002年12月16日，紫金矿业以3700万元占股75.37%，与珲春金铜矿业有限责任公司签约实行联营。

2003年1月11日，珲春紫金矿业有限公司（以下简称"珲春紫金"）注册的第二天，珲春金铜矿采矿厂传出隆隆的机器声。沉寂萧条了九个月的矿山，在满天飞舞的雪花中复苏。

2月，选矿厂进入紧张有序的检修，"叮叮当当"的敲击声此起彼伏，小西南岔开始热闹起来了。

最初，由于思想观点的差异和对紫金矿业不了解，有些矿工和家属以围攻、殴打管理团队，写大字报，拉电闸等极端行为来抵制所谓"南方资本家的掠夺"。报名参加工作的老职工只有两个人，送去的50万元下岗职工生活费多数被退了回来，珲春紫金总经理林钦权刚刚从南方入驻珲春，就遭遇办公设备被砸，甚至让人揪衣领。

面对这种情况，紫金人用"以人为本"的企业文化理念、透明有效的管理方法和矿山开发的高新技术，走家串户地做职工思想工作，晓之以理，动之以情。

为节约成本，紫金人组织技术工人自己进行设备制作、设备安装；他们宣讲紫金矿业的精神、文化和理念，描绘新公司的发展规划，鼓励员工共同去创造新的辉煌；他们前所未有地在北方冬季施工，一遍又一遍地给沙子、石头加热，把它们从坚冰中一块块、一粒粒地溶解、剥离出来，加快与水泥搅拌……他们创造了一个又一个施工奇迹。

就是这一群紫金人，让矿山恢复生机，让员工们看到希望、放弃原有的隔阂，原矿山职工们逐渐接受了新事物、新观念，更从心里接受了紫金矿业，融入了紫金矿业。原有矿山职工全部加入珲春紫金，连外出职工也都回来了，而且迸发出了空前的工作热情，他们破天荒地冒着零下20度的严寒开工，对着两米厚的冻土层开钻……闲置已久的850吨/日选矿工艺线重新启动，很快扭亏为盈。当职工们领到了比原来高一倍多的工资时，异常感动，他们载歌载舞，举杯共庆。

紫金人用新的观念、新的机制重新整合老企业，让珲春金铜矿恢复了生机。老国企员工们放弃原有的隔阂，接受新事物、新观念，融入了紫金矿业带来的全新文化。

紧接着，珲春紫金把原日处理矿量850吨的选矿厂扩建成4000吨的规模。2004年，4000吨选矿厂投产，珲春紫金创下国内黄金行业原生矿采选规模最大、入选品位最低、单位综合成本最低、建设周期最短、建设投资最省的记录。

2005年，珲春紫金新建了一座日处理100吨金铜精矿的湿法冶炼厂，把原被废弃的1.8克/吨以下的金矿和0.2%以下的铜矿统统利用起来了，这使珲春金铜矿可利用储量增加了好几倍。

短短两年内，珲春紫金安置的职工人数不断攀升，由最初的200人上升到 700 人，老国企在册员工全部就业，还招录了一批新员工。

自 2003 年成立以来，珲春紫金累计投入资金 5 亿多元进行了四次技术改造，使公司生产规模由原本的 850 吨/日迅速提高到 15000 吨/日，利润总额从 2003 年的 304 万元增长到 2009 年的 33161 万元，2003—2009 年公司累计生产黄金 8075 千克、铜 27995 吨，上缴税费近 3 亿元。珲春金铜矿成为改造东北老工业基地的典范，这是紫金文化激活老国有矿山"休克鱼"的成功案例。

2006 年 2 月，正是农历正月，珲春紫金总经理林钦权奉命调离珲春。他离开矿山的时候，矿山职工和家属近百人，自发聚集到厂部前，敲锣打鼓，扭秧歌，欢送这位来自南方的总经理。

首战青藏高原

2006 年 10 月 18 日，位于青海省果洛藏族自治州的德尔尼铜矿的钢结构厂房内，人头攒动、机器轰鸣，全国最大的球磨机空车试车获得成功！一时间，掌声、欢呼声伴随着机器的轰鸣声，久久回荡在 1 万平方米的主厂房内。

德尔尼铜矿是紫金矿业在青藏高原开发的首个项目，建设者们克服高原缺氧、高寒等问题，在配套设施不足、管理和专业技术人员及技术工人缺乏、交通极为不便等困难情况下，将公司"艰苦创业，开拓创新"的精神首次播撒到青藏高原，仅 19 个月就出色完成了从破土动工到建设、安装、调试和试产的任务，在雪域高原谱写了一首壮丽的创业诗篇。

德尔尼铜矿是青海省地勘部门在 20 世纪 60 年代末发现的大型铜钴矿床，有铜金属 54 万吨，品位 1.4%，钴金属 2.9 万吨。由于多种原因，一直未能开发。德尔尼铜矿花落紫金矿业，背后还有一段传奇故事。

2002年年底，青海省决定开发德尔尼铜矿，准备将采矿权交付给本省的一家大型国有矿业企业，但是按照国家规定，不能直接划拨，必须走公开的竞卖流程。采矿权公开竞卖在2003年1月举行。

没想到，在这天的竞卖会上，冒出了一匹黑马——陕西润龙矿业有限公司。该公司老板薛德文胆大包天和当地国企老大竞价。不巧的是，这段时间当地国企总经理毛小兵正好到欧洲出差，出发前给参加现场竞卖会的副总2000万元的标的授权。参加竞卖的副总经理，面对来势汹汹的薛德文不知所措，他在现场给身在海外的毛小兵打电话也没有得到及时回复。最后，采矿权被陕西润龙矿业有限公司以2200万元获得。

陕西润龙矿业有限公司老板薛德文凭着胆子大，拿到了德尔尼铜矿的采矿权，却发现自身技术、资金实力都不足以开发高原矿山。薛德文心急火燎，找了几家大型国有矿业企业表达合作意向，却迟迟没有得到回复。

通过一个在西部找矿的上杭籍企业家的牵线，薛德文联系上了紫金矿业。分管投资的副董事长蓝福生马上奉命前去考察，在德尔尼矿山现场，蓝福生仅用了半个小时就谈定了由紫金矿业持有控股权和经营权的合作方案，充分展现了紫金矿业灵活高效的决策机制。紫金矿业在参与西部大开发中再下一城。

2004年1月17日，紫金矿业出资7980万元，占有德尔尼铜矿66.5%的股份。此后，2008年5月20日，紫金矿业出资7.236亿元（含权价款）收购原股东陕西润龙矿业有限公司持有的33.5%的股权，青海威斯特铜业有限责任公司成为紫金矿业的全资子公司。

德尔尼铜矿坐落在海拔4200米以上的一个山沟里，2005年5月12日，紫金矿业组建青海威斯特铜业有限责任公司（以下简称"威斯特铜业"），德尔尼铜矿全体员工进场，挤进矿山仅有的一栋临时砖坯房里办公，参与厂房建设的施工队伍也同期开始上场。

公司 50 多个员工，边做选矿试验、边设计、边施工、边优化、边申报手续，就这样，在没有任何高原办矿经验可以参考的情况下，摸索着干。高原设备选型、高原电力架设、冻土施工……基建工程在一步步推进。

退休员工刘树森记得，当时员工住在海拔 4100 米的临时住房里，总经理黄孝隆和所有员工一样，都是睡八个人一间的架子床。山上缺氧，六七月份都下雪，气候变幻无常，上午天晴，下午刮风、下冰雹，一下暴雨，矿区的小河涨水极快，非常可怕。

多数技术人员，吃住在安装调试现场，每天休息四五个小时，以惊人的毅力和顽强的意志拉开了矿山基建的序幕，在雪域高原创造了奇迹。

工期问题是一个困扰德尔尼建设者们的大问题。高原上"六月雪，七月冰，一年四季分不清"，常常是早上雨雪纷纷，中午烈日炎炎，下午冰雹大作。进入冬季，高原地区基建一般的做法就是停止施工。但背负着每天 7 万元的贷款利息，威斯特铜业拖延不起工期，赶工期的唯一办法就是冬季强行施工。

球磨车间钢结构厂房主体完成后，工期最长的球磨机基础安装常规要等到温度在零上 4 度时才能开工。德尔尼铜矿的建设者们最后提出"融冻挖基、保温搅拌浇注、热水保暖养护"的施工方案。2006 年春节前，主体厂房交付，在矿山值班的刘守华副总经理利用春节时间提前开挖，从锅炉房引来热水，把冻土融化，搭上棚子把砂土料保温、加热水延长搅拌时间，用温度计测量混凝土出机温度，确保其为 25 度，并立即给浇灌好的基础穿上"保暖衣"。硬是凭着这种"有条件要上，没有条件创造条件也要上"的铁人精神，紫金人争取了三四个月的工期，为后来的设备安装赢得了宝贵的时间。

碎矿系统、磨浮系统负荷试车成功后，为了实现青海省环保部门对全流程投产提出的更高的环保要求，项目进行尾矿坝防渗工程建设。安环科科长张进军担任总指挥、基建处处长林皓担任副总指挥，带领 100 多人，面对冰雪、暴雨、狂风、黄沙和强紫外线，在近一个月时间里，在尾矿坝底部铺设了 4 万平方米防渗膜，确保 2006 年年底尾矿坝防渗工程顺利通过青海省环保局的验收。

威斯特铜业的总经理黄孝隆，是当年紫金山上的拼命三郎，把紫金矿业"艰苦创业、开拓创新"的企业精神，带到雪域高原并加以发扬光大。他以身作则，培育了一支擅长打硬仗、敢打苦仗、能打胜仗的坚强团队。

为了节约成本，在招投标中，黄孝隆想了个"大包干"清单计价的点子，列出所有的项目，由投标单位报来单价，然后再举行招标，有效地降低了工程造价，避免了以往定额结算可能出现的模棱两可、推诿扯皮现象的发生。

为了少走弯路，黄孝隆非常重视兄弟单位新疆阿舍勒铜矿提供的经验，又向吉林珲春金铜矿寻求解决工艺路线问题的帮助。自己也经常与专业人员反复探讨，完成了厂房基柱、选矿厂选址、选矿厂的高位水池和浓密池的布置、电力负荷等多项设计的优化，加快了工程进度，并节省了投资。

黄孝隆经常往工地上跑，脚底磨起了一个个血泡。矿区通往果洛州的山路又窄又弯，颠簸不平，给物资运输带来很大不便。扩整路面少不了架桥设洞，黄孝隆带头扛沙袋、搬石头，什么都干在前面。艰苦的工作使黄孝隆时刻处于高度紧张的状态，最艰苦的时候他一天只能休息三个小时。和黄孝隆同宿舍住的其他同事，经常在深更半夜醒来时发现黄孝隆伴着床头微弱的灯光在"刷刷刷"地记录着什么。黄孝隆说："高原缺氧使人的记忆力衰退，晚上想到的工作思路如果不马上记下来，靠第二天回忆再记下来是不可能的。"

威斯特铜业的中高层人员在调试、试产期间全部放弃休假，没有上班、下班之分，没有分内、分外之别，心往一处想，劲往一处使，把公司的事当作自己的事。为赶进度，他们一个劲地干，经常忘记吃午饭，到了晚上，泡两碗泡面，算是午饭晚饭一起吃。选矿厂厂长龙振宇，副厂长郑利沛、杨进选等人，每天熬得双眼通红，几个月没有回过家，须发散乱，活像野人。

在德尔尼铜矿，车间副主任以上的干部和技术骨干都随时待命，为了解决生产线上的问题，不管零下十几度天寒地冻，一声令下，他们就会带着团队，像草原上的狼群一样聚集，出现在车间、出现在水源地、出现在被冰冻住的输送管道旁。有300多名员工的威斯特铜业，汇集了国内6个民族、14个省的兄弟姐妹，在紫金文化的激励下，在短短的19个月时间内，在4100米的雪域高原，建成了万吨级的采选一体化联合矿山，德尔尼铜矿成为第一座在海拔4000米以上建设的大型矿山，第一座采用国内制造的特大型球磨机并成功在高原使用的矿山。

德尔尼铜矿项目于2004年8月开工建设，2006年11月投入生产试运行，2008年年底实现达产达标。2008年5月，项目二期工程竣工并顺利通过环保竣工验收，最终建成了日处理矿量8000吨的现代化矿山，开创了中国高海拔地区矿产资源综合利用的先河，威斯特铜业是目前青藏高原海拔最高、日处理矿量最大的现代化矿山企业，也是青海省大型矿业企业之一，其生产规模及技术在青海省同领域内处于领先地位。

威斯特铜业自建矿投产以来，到2021年年底累计生产铜金属24.72万吨，实现工业总产值110亿元，占果洛州工业总产值的86%以上，上缴税费近32亿元，解决当地就业3500余人，大大推动了当地经济和社会和谐发展。

戈壁滩上的"大金宝"

在新疆维吾尔自治区东北部的茫茫戈壁滩，隐藏着一个宝藏——蒙库铁矿。

蒙库铁矿位于富蕴县城西北 88 千米处，是 20 世纪 50 年代新疆维吾尔自治区有色地质勘查局发现的大型铁矿，当时探明的资源量为 3450 万吨，平均品位 34.51%。

21 世纪初，新疆富蕴铁源矿业有限公司开始投资蒙库铁矿，但是由于股东之间矛盾重重、资金技术缺乏等原因，项目开发始终无法取得进展。

2004 年 4 月，在阿勒泰地委、阿勒泰地区行署和富蕴县委县政府的关心和支持下，紫金矿业顺利介入蒙库铁矿，成立新疆金宝矿业有限责任公司（以下简称"金宝矿业"），并进行了增资扩股，将注册资本金增加至 5000 万元，新疆紫金矿业有限责任公司注资 3000 万元，占股份总额的 60%，成为控股公司。

2004 年 5 月，赖富光、黄孝隆、王培武、陈江虎、龙翼、简贺源团队经过 11 个小时的跋涉，来到金宝矿业。

从紫金山调到金宝矿业担任测量技术人员的简贺源回忆，迎接紫金矿业管理团队的是一个像"被狗啃过"一样的矿区，露天矿区开挖混乱，毫无技术章法，就连最基本的排水问题都没有解决。

同时，矿区的生活条件之差超出了紫金人的想象，矿山居然只能用柴油发电机发电；而且还缺水，此前矿区的生活用水，全部是用带后斗的北京吉普车从远处拉来的。

时任总经理助理兼采矿厂厂长龙翼带着大家，利用晚饭后的时间到周边山谷踏勘，终于在后山山谷中发现一眼泉水。采矿厂的七八名员工马上动手，筑小坝、挖小坑、接水管、引山泉，终于，戈壁滩上的清泉流入食堂的水池。

大家住的是平房，烧的是柴火和煤（做菜用柴火，取暖用煤炉），生活工作环境很艰苦，但没有一个人叫苦叫累，个个都铆足了劲，投入到热火朝天的工作中。大家利用自行发电的"黄金时间"，用采矿厂仅有的两台

"大屁股"电脑赶工,一台做采矿设计,一台做测量数据处理及地质勘探图件。

10月,南方是秋高气爽的丰收季节,而北疆却下起了雨夹雪。在经历了断断续续的几场小雪后,雪越下越大。后来,工业用水、生活用水管道全部被冻裂,车辆打滑,无法把炸药、柴油等生产物资从县城送到工地……生产几乎停摆。由于交通堵塞,矿区到县城的道路已多日未能通行车辆,矿山的粮食最多还能撑两三天!大家联系炸药库仓管员宋强,得知在距离采矿厂厂部五六千米外的炸药库尚有米面,但面对半米多厚的积雪,车辆根本无法通行。大家自告奋勇组成运粮小分队,前往几千米外的炸药库去提米提菜。半米多厚的白雪,一脚踩下去,直接没至大腿根处,发出"咯吱咯吱"的响声。几个员工拄着拐杖,走个十米八米就得轮换蹚雪的"开路人",呵气成冰、举步维艰,单程行走就要近两小时。

就在这样的艰苦条件下,紫金团队开始了在金宝矿业的创业。冬季生活不易,生产更是难上加难。在零下30多摄氏度的天气下,挖掘机铲斗脆性增大,刚铲装不久便开裂,现场维修、焊接更是考验工人们的毅力。矿车在铺了炉渣的路面上小心翼翼地行驶,可被车轮碾压一段时间后路面又恢复成"冰面",车轮开始打滑。

然而众志成城,无坚不摧。2004年9月,选矿厂第一系列设备安装完毕,当年年底公司全面完成建设任务并顺利投产,当年原矿矿石出产量4.5万吨,年产铁精粉2万吨,实现销售收入843.3万元,取得当年介入、当年建设、当年投产、当年见效的可喜成绩。

2005年元旦,金宝矿业举办简单的庆祝酒宴。那一夜,员工们欢欣鼓舞,无比激动,沉浸在幸福和欢乐声中,大家眼里闪着激动的泪水。

此后,金宝矿业不断技改,提高矿石处理量。金宝矿业从2005年开始正式投产后,一边生产,一边技改,累计投资达1.5亿元,已建成一个处理矿石从原设计4000吨/天增加到8000吨/天、年生产铁精粉以原设计40

万吨增加到 70 万吨的采矿及选矿系统。2009 年，选矿一厂的投产，提高了公司矿产资源利用率和产能，公司矿石处理能力提高到 20000 吨 / 天、铁精粉产量提高到 200 万吨 / 年。

截至 2022 年 2 月，金宝矿业累计生产铁精粉 3041.27 万吨，销售铁精粉 3027.88 万吨，实现营收 184.05 亿元，实现利润 87.34 亿元；上缴税费 59.46 亿元，已完成分红 57.5 亿元，其中已向母公司支付分红款 32.2 亿元。

经过一批又一批紫金人的不懈努力，金宝矿业发生了翻天覆地的变化。如今，员工住进了宽敞的楼房，每个房间都安上了电话、电视、宽带，极大地丰富了员工的业余文化生活。矿山到县城 88 千米的公路，早已从土路变成水泥大路，通行时间也由原来的五小时缩短到现在的两小时。

如今的富蕴县，早已摆脱了"全国贫困县"的帽子。金宝矿业也获得"全国绿色矿山"称号，成为一家规模效益型企业，2019 年利润在紫金矿业集团内部位列国内矿山板块第一。同时，金宝矿业建矿以来，共投入近 2.92 亿元用于当地新农村建设、脱贫攻坚等各项社会公益事业捐助。

曾经参与金宝矿业创业的集团常务副总工程师赖富光后来评价说：金宝矿业是紫金矿业走向全国最成功、性价比最高的项目之一，2004 年仅注资 3000 万元就占股 60%，当年建设团队从银行贷款了 8000 万元就建起来了，后来一年盈利最高的时候达到 10 亿元。

锌板块在草原上崛起

2004 年年初，一次偶然的机会，当时的龙岩市副市长饶作勋得到了内蒙古巴彦淖尔市乌拉特后旗宝贵的矿产资源"待字闺中无人识"的信息。于是饶作勋主动牵线搭桥，让紫金矿业管理层和巴彦淖尔市、乌拉特后旗方面进行全方位的沟通。

紫金矿业从中嗅到了商机：乌拉特后旗矿产资源得天独厚，其中市场紧俏的锌金属储量达到706万吨，当地投资环境友好，原料来源有保障，电力成本相对较低，大型的锌冶炼项目前景不错。紫金矿业与乌拉特后旗一拍即合：依托乌拉特后旗及周边地区富集的矿产资源，分两期规划建设年产20万吨的锌冶炼项目；首期项目投资7.5亿元，建立年产10万吨的电解锌厂。

当年11月13日，由紫金矿业派出的六人团队来到了内蒙古巴彦淖尔市乌拉特后旗政府所在地巴音宝力格镇，开始筹建巴彦淖尔紫金有色金属有限公司（以下简称"巴彦淖尔紫金"），正式吹响了电解锌厂的建设号角。

这支建设团队包括时任紫金矿业黄金冶炼厂厂长的林泓富、市场部郑志明、紫金山铜矿建设指挥部总指挥助理吴健辉、干部简锡明、监察审计人员曹三星和刚加盟紫金矿业的郑友诚等六个年轻人，其时，他们的平均年龄还不到33岁。时任乌拉特后旗旗长的苏和巴图，不久被巴彦淖尔紫金聘为总经理。苏和巴图第一次看到林泓富他们，心中就纳闷："怎么来的都是一帮小孩子啊？他们到底能不能胜任做这么一个大项目？"

这帮"小孩"真的不是闹着玩的。

2005年4月12日，内蒙古自治区、巴彦淖尔市领导为年产10万吨锌冶炼项目开工剪彩，电锌厂破土兴建。项目伊始，林泓富就咬定试投产的日期不放松，提出"用国有企业1/3的时间干与他们同等规模的事"的响亮口号。大规模的施工对现场管理、施工进度控制、施工质量及安全保障都提出了全新的要求。

基建部由现场综合部、湿法系统指挥部、火法系统指挥部组成，巴彦淖尔紫金的现场管理就以这些分部负责制为基本单元。各分部根据职能需要下设小组，将任务和责任一层层分解和落实下去。针对北方地区气候条件恶劣、冬季时间长、有效施工期短等困难，巴彦淖尔紫金进行科学的安排和布置，工期按照2006年7月试投产的总目标进行倒计时安排，将计划分成设计到图、融资、土建、设备采购及设备到货、设备安装、工程防腐、管网安装、人力资源、"项目三同时"等各项子计划。在施工过程中将总体计划分解成月、周、日计划，对关键的控制性工程实行按天考核，及时兑现奖惩，进行深度控制，从而确保了工程的建设速度。

中国第八冶金建筑公司是巴彦淖尔紫金建设的主力军，在参加建设之前，他们才刚刚建成另一个10万吨的锌冶炼厂。他们走南闯北，就是没有见过像紫金团队这样玩命干的。为了确保主体工程在入冬前实现封闭，安排工人三班倒、24小时轮流施工，白天施工人数最多的时候达到4000多人。

刘德祥，我国著名有色冶金专家，一加盟巴彦淖尔紫金就担任锌冶炼工程总指挥，当年已经64岁的他，同工人们整天泡在一起，没有休息日，一天工作十几个小时，经常凌晨去查岗，检查施工队伍有没有到位、到的人齐不齐。

赵富城，正在为焙烧系统试车忙得不可开交时，家里来了电话，老婆就要生小宝宝了，家里只有一个60岁的老母亲，让他快点回去。公司领导知道后，也叫他先回家照顾妻子。妻子生孩子是家庭的大事，公司项目投产是企业的大事，哪一个重要？作为焙烧车间焙烧工段段长，赵富城心里非常清楚：工段岗位工人对焙烧系统的操作还不十分熟练，一旦自己离开，那就意味着他所负责的整个工作无人顶替，将直接影响系统试车的顺利进行。他打电话对妻子说："焙烧系统试车是大事，我不能不在岗。家里有人照顾你，我很放心。"

后来，焙烧炉点火试车一次成功，赵富城流着激动的泪水，大声对顺利生产的妻子说："告诉你和小家伙：我们成功了！一次性就成功了！试车成功有你的功劳！"

时间就是效益。10万吨锌冶炼厂投产后，每天的直接效益在30万元以上。焙烧炉的砌筑是一项大工程，如果在 2006 年开春解冻后再砌，整个项目的进度至少要延误两个月，这就意味着给企业造成的损失至少 1800 万元。为了保证试投产的既定目标雷打不动，林泓富开动脑筋，大胆提出给焙烧炉穿"防护服"的设想：在焙烧炉外筑起一个巨大的保护防冻罩，里面采取升温取暖措施，这样，墙体的砌筑质量在温暖的"防护服"内得到了保证，终于使焙烧炉如期实现了点火投产。

从 2005 年 4 月在乌拉特后旗工业园打下第一根桩，到 2006 年 5 月 29 日投料生产，巴彦淖尔紫金仅仅用 13 个月就完成了国内一般要三年才能完成的 10 万吨锌冶炼项目。

苏和巴图说："紫金矿业的速度，是飞一般的速度。这帮年轻人不但有大干劲，而且有大智慧，体现了紫金人的力量、知识和创新精神。他们的行动和表现，证明我们以前的担心是多余的。"

时任项目副总经理的郑友诚说："我们是把提高执行力放在关系企业发展的战略高度进行考虑的。如果没有执行力，很多问题就会浮在水面上，很多项目、计划就不能如期完成，很多决策决议、股东会意图就得不到落实。"

从 2004 年 11 月 13 日紫金人第一次踏入乌拉特后旗，到 2006 年 7 月 12 日产出首批电解锌，从 2005 年 4 月在乌拉特后旗工业园打下第一根桩，到 2006 年 5 月 29 日投料生产，巴彦淖尔紫金走过的是一条求实、奋进和拼搏之路。

铜冶炼项目闽西开局

紫金矿业回归 A 股后，在迈向国际特大矿业集团的道路上，越来越感觉到单一地开采矿山已经不能满足企业的快速发展要求，进军下游冶炼板块、打造新的利润增长点、完善产业链，成为紫金矿业发展的当务之急。

2009年秋天，首个20万吨铜冶炼项目落子福建，成为紫金矿业在铜冶炼板块的开局之作。

达则兼济天下，不忘回馈家乡。铜冶炼项目最终落户龙岩，饱含作为项目业主的紫金矿业决策层的深厚情谊。紫金矿业顺应时代需求，响应龙岩市地方政府的号召，以感恩上杭、回报闽西的社会责任感，放弃沿海交通区位、生活条件更优越的选址方案，毅然决定依托紫金山铜矿的资源优势，将20万吨铜冶炼项目落户在上杭县蛟洋工业区。

当时，紫金矿业的铜冶炼项目是龙岩市自新中国成立以来最大的工业投资项目，也是福建省重点建设工程。该项目占地面积67万平方米，总投资约65亿元，吸收了世界铜工业近60年的技术文明成果和中国铜工业近30年的技术文明成果，采用先进的工艺技术及装备，装备水平高于国内同类工厂的先进水平，关键设备均为国外进口。建成后可年产阴极铜20万~28万吨、黄金5吨、白银125吨，附产品硫酸约85万吨，销售收入预计达200亿元以上，年实现利税6亿元左右，新增直接就业1500余人。

由林泓富担任董事长的巴彦淖尔紫金建设团队，又加入紫金铜业有限公司（以下简称"紫金铜业"），扛下了紫金铜冶炼项目建设和生产的重担，黄孝隆、吴健辉、陈汉春、简锡明、曾繁瑞、郑志明等久战沙场的紫金老将，亲手在紫金山下不远处建设一座现代化的冶炼工厂。

2009年9月，该项目开始全面基建，但是2010年3月到7月，由于长达5个月的强降雨，现场一片泥泞，"三通一平"还未完善，从山丘中削开的千亩地基，有的本身高差达到50米。数千名施工人员在泥水中填土、打桩、施工，工程浩大，交叉作业多，施工队只能精确计划、科学调度，这是一场攻坚战，考验着年轻的紫金铜业团队和地方政府。

地方政府专门成立了由开发区、乡政府、发改、国土、建设、水利等

17个职能部门组成的项目工作组,解决征地拆迁、移民安置、水库配套设施建设、铁路货场规划、环保安全保障等问题,确保项目如期推进。

但雨季超长导致土建施工滞后,严重影响安装工期,2011年5月才开始全部设备安装,上万台大大小小的设备需要对位。面对越来越近的点火试产,环保压力、安全压力,如泰山压顶。

紫金铜业严格制订施工计划,以半天为一个节点,科学安排土建和设备安装进度,进行倒计时作业。安装队伍日夜加班加点,所有管理人员分工跟踪督促各系统安装作业进度。关键设备安装进行24小时作业,环保系统也日夜两班连续作业,直到2011年11月环保系统与主系统同时投入使用。虽然精矿仓受移民拆迁影响,2011年9月才开始施工,但短短三个月就建成;熔炼系统2010年开始安装,2011年10月就计划试生产。

点火试产的高潮冲刺终于到来了!紫金铜业董事长林泓富在动员大会上毅然决然地定下投产时间目标:2011年11月15日点火,30天后抛料试投产,年内拿出阳极板!不讲条件、不找理由,只想办法。

当时的林泓富董事长、吴健辉总经理宵衣旰食、身先士卒,主动放弃休假值守在现场。2011年11月起,管理干部没有周末,没有白天黑夜,数十天没有休息好,蹲在现场,随时拍板处理突发的故障;分工明确、责任到人,加大现场巡查督促力度,关注现场,关注一线,问题在现场、决策在现场、解决也在现场。

"当时工期紧,公司领导天天都跟我们在现场,大家的压力都很大!"参与设备调试的陈延进说道。"现场员工吃睡都在一线,身边除了劳保就是牙刷牙杯!十几天没有换的鞋袜硬是结出了一双黑色的泥制鞋垫!"参与项目建设的朱明辉回忆。

敢于挑战困难是优秀管理者必须具备的品质。当年,该项目在集团内无可借鉴经验、行业内无可复制技术、周边无优秀产业技术工人，一系列的难题摆在了紫金铜业面前。

紫金铜业团队经过几晚思考，确定了"带着问题走出去，把专家经验请进来"的基本方案。

不久，他们就组织了一批理论基础好的年轻人奔赴江西铜业、铜陵有色等公司虚心求教现场经验；设备调试之初又三顾茅庐，前往金川、铜陵等铜冶炼企业，将可休假的老专家、岗位技术人员一个一个请进紫金铜业进行现场指导。与此同时，集团公司利用业界的关系，从全国临时聘用200多名专家进行项目建设技术保障；人力资源部门想方设法从天南海北网罗各方面人才，为企业输送管理技术力量和大量的劳动力。

功夫不负有心人，终于迎来了闪速炉、转炉、阳极炉"三大炉"调试。

但困难又接踵而至，有中控操作经验的、学过理论知识的、有系统炉管理经验的一共就七人，还有一个只有筑炉技能的老师傅算是"半个"炉工。

"项目必须按期上。"公司一声令下，大伙又紧锣密鼓地忙开了。经营班子科学部署，各方通力协作，一次性顺利开启了三大炉。"7.5个人"一次性顺利开启"冶金三大炉"，再创行业奇迹，为2012年新年前夕生产工艺全线贯通、成功出铜奠定了基础。

在20万吨铜冶炼项目的建设过程中，无论是一线骨干、工段操作工，还是专门从全国各地请来"保驾护航"的专家，都成了"拼命三郎"，年轻的紫金铜业团队有一个梦，那就是早日出铜，一炮打响。这个1200人的年轻团队日事日清、日事日毕，迸发出超乎寻常的战斗力！

2011年11月15日，闪速炉火种传递仪式顺利举行，火炬手从陈景河董事长手中接过象征着希望与未来的火炬，以接力的方式传递到了这块67万平方米土地的每个工序，并在集团各层级领导的共同见证下，完成了充满无限期望的点火仪式，至此项目全线贯通。

2011年12月31日，第一块印着"紫金铜业"字样的阳极板，承载着革命老区人民"打造上杭千亿金铜产业"的企盼，缓缓走下流水线。至此，紫金铜业年产20万吨铜冶炼项目正式投入全线生产。

该项目从规划设计到一座座厂房拔地而起，再到一套套先进装备入驻、调试、投产，仅用了26个月，再次创下了国内同等规模项目提前完成建设、提前竣工验收、提前投产的"三提前"纪录。

2014年，投产两年后，在吴健辉等经营班子的努力下，紫金铜业克服了国内外铜、白银价格倒挂的不利因素影响，攻坚克难，出色地完成了各项任务，实现全年生产阴极铜22.72万吨，扭亏为盈。

此后，紫金铜业经过技改，形成年产40万吨阴极铜冶炼产能，年产值达300亿元。依托紫金铜业，蛟洋工业区打造出铜及贵金属加工产业链、锂电新材料和半导体新材料产业链以及新型建筑材料和有价物质回收产业链，形成了紧密相连、环环相扣的循环经济产业，资源利用上实现了"吃干榨尽"、变废为宝，成为福建省循环经济园区发展的标杆。

黄金时代的来临

2001年，美国"9·11"恐怖袭击事件成为全球经济的一个转折点。它标志着廉价资源时代的结束。从此，石油、有色金属等战略资源开始稳步上涨。

伴随着新世纪以来世界多极化的发展、以美国为主体的工业化国家新经济泡沫破裂和"9·11"事件引发的美国全球战略反恐行动，以及为了救助新经济泡沫危机实行的扩大货币供应量、降息和欧元诞生的联动效应，美元大幅贬值，全球通货膨胀开始蔓延。

"9·11"事件后，国际金价开始发力上攻，金价从2002年开始上涨，2003年初突破400美元/盎司，2005年11月突破500美元/盎司，到2008年3月，上涨到最高点1032美元/盎司，涨幅为300%，形成了布雷顿森林体系解体以来持续时间最长、最为炫目的黄金牛市。

"9·11"事件是世界历史的一个分水岭。经历了长达20年的繁荣之后，西方经济找不到新的增长点，美国股市进入了表现最差的十年。与此同时，古老的中国龙在经历了100多年的衰弱之后，从20世纪末开始了新一轮的盛世。在沉睡了近200年之后，东方雄狮又回到了世界舞台的中心。

中国经过20多年改革开放的蓄势，于2001年11月10日加入WTO，赶上了经济全球化的浪潮，像列车迎着春风高速前行。无数价廉物美的中国产品漂洋过海，走向世界各地。中国崛起带动了全球物流的巨大需求，从2003年开始，世界范围内，有色金属、钢铁、原油、农产品无不加速流动，中国因素成为这轮有色金属甚至整个商品牛市的强有力的推动者。

紫金矿业于2000年完成股份制改造，及时出手在全国进行资源并购，及时搭上了世界黄金大牛市和中国经济发展的高速巨舰。

紫金山金矿的露采，使中国最大的金矿横空出世，一个规模最宏大的黄金露天采矿场呈现在世人眼前。经过连续四期的技术改造，紫金山金矿滚雪球般地壮大。"全断面陡帮开采技术"和联合黄金采选冶工艺的成功运用，加上大规模堆浸，使紫金山金矿采选规模及成本都发生了质的变化，以往中国最大的黄金矿山日采选矿石量在2000吨左右，紫金山金矿的日采选规模2004年超过5万吨，2008年更超过了10万吨，矿石品位低因此不再成为缺点，规模优势摊薄了成本。

当年，中国黄金开采的平均入选品位是 3 克/吨，紫金山金矿露天开采，大大降低了成本，使金矿的入选品位降低到了 1.3 克/吨，2000 年开始，随着更大规模的露采作业，金矿入选品位降到 1 克/吨以下，到 2004 年降到 0.6 克/吨，这已经是中国最低的黄金入选品位了。大规模的露采和联合提金工艺，进一步提高了矿石的利用率，并极大地提高了紫金山金矿的可利用储量。

但是，紫金山还有很多 0.2~0.3 克/吨的黄金矿石，如果得不到利用也是可惜的。紫金矿业决心向 0.2~0.3 克/吨的世界极限品位进军。

紫金山北口 150 米厚的拦碴坝，承受着金矿最大的泥石流压力，紫金矿业想出了一个"绝招"——把 0.3 克/吨以下的"废矿"拉到大坝的后侧进行堆浸，堆浸完后不再搬移，就作为加厚的坝身。这样日积月累，大坝就变得无比坚固，同时又可以获得一定量的黄金，每年可新增黄金产量 2.537 吨，新增可利用黄金资源近 30 吨、相当于在废石堆里建设了一座中型黄金矿山！

紫金山金铜矿对低品位资源的充分利用和综合利用工程，已列入国家"火炬计划"。由于这项工程的成功实施，原来算是石头、每吨含金量 0.2 克甚至 0.1 克的矿石，都被列入矿石范围，因此紫金山的资源量迅速扩大，可供开采的黄金储量从 150 吨提高到了 254 吨。

2000 年，紫金山金矿黄金产量突破 4 吨大关，跃居全国单一黄金矿山之首，圆了紫金山金矿成为全国最大黄金矿山之梦。到 2003 年，紫金矿业黄金产量突破 10 吨，实现利润总额 4.2 亿元。

1995 年元月，在紫金矿业利润仅 247 万元的时候，陈景河与创业者们在紫金山上放眼世界，展望"待来日，金山光芒，夺目耀眼"。

十年之后，紫金山果真放出了夺目耀眼的光芒。紫金矿业从一座差点落入外商之手的金山，变成了全国 20 多座"金山"，发出闪闪金光：

海拔 4000 多米的青海德尔尼铜矿上，亚洲最大的球磨机在日夜有序地运转；

在西北，阿尔泰山这座金山深处，有中国最高品位的阿舍勒铜矿，在戈壁滩上采矿炼铜；

在北边，内蒙古草原上有 20 万吨锌冶炼项目，熊熊炉火照亮着乌拉特后旗；

在东北，珲春金铜矿几年之间就从濒临倒闭变成了延边州最大的企业集团；

在西南，从加拿大公司手上接盘的贵州水银洞金矿，经过不断的风险勘查投入，金矿规模在一天天膨胀；

在中部，在河南洛阳市，当年上杭县矿产公司炼金术的发源地，紫金矿业控股成立了洛阳紫金银辉黄金冶炼有限公司，和当年的祖师爷强强联手，2006 年投产后实现精炼黄金 20 吨，2007 年生产标准金锭 30 余吨；

在西南边陲云南省麻栗坡县，紫金矿业获得该县钨矿资源整合开采权，创造了"矿产资源整合的麻栗坡模式"，该县原先"小、散、乱"的无序钨矿开发在紫金矿业的统一开发下获得重生。

紫金矿业发展速度之快，黄金界为之震动。陈景河作为企业的创始人和领路人，其"中国金王"的美誉，不胫而走。

2002 年 10 月 30 日，上海黄金交易所开业，中国黄金市场走向全面开放，"黄金热"开始席卷古老的中华大地。在 2004 年 2 月 25 日于深圳召开的中国黄金峰会上，紫金矿业董事长陈景河被推荐为"2004 中国黄金宣言"的宣读人，代表中国黄金行业和宣言发起人向全世界宣告——中国黄金行业进入了黄金时代！

中国矿业的黄金时代，黄金行业的黄金时代，紫金矿业的黄金时代，在中国经济高速发展的拉动下，已经拉开了恢宏大幕。

A+H 股上市重塑增长动能

完成股份制改造后，紫金矿业已开始锁定一批西部项目，项目资本开支急需大批资金，对于上市非常急迫。

2003 年 11 月 18 日，中国证监会通过了《关于同意福建紫金矿业股份有限公司发行境外上市外资股的批复》，同意紫金矿业发行不超过 400582950 股的境外上市外资股（含超额配售 52249950 股），每股面值人民币 0.1 元。本次发行的股份全部为普通股，其中公司发行不超过 364166214 股新股，国有股股东出售不超过 36416736 股存量股份。

11 月 27 日，紫金矿业在香港联交所主板上市的申请终于聆讯通过。12 月 11 日，紫金矿业在香港公开招股。紫金矿业凭着极其优良的业绩，在公开招股时就受到香港股民的热烈追捧，公开发售部分获超额认购 743.3 倍，冻结资金达 855.5 亿元，中签率仅为 0.67%，是香港股市有史以来第三次中签率最低的股票。

12 月 23 日，作为中国黄金第一 H 股，紫金矿业的 3.483 亿股 H 股股票，开始在香港联交所挂牌上市。上午 10 时，紫金矿业 H 股股票正式开盘交易。股票以 4.7 元/股开盘，较招股价 3.3 元/股显著上涨 42%，不久即突破 5 元/股大关，一路高开高走，当天升幅为 73%，作为香港联交所 2003 年最后一只上市的股票，也是当年表现最好的股票。

紫金矿业在香港 H 股配售和公开发售的股票总数为 400544000 股（含国有股减持数），发行股票面值 0.1 元人民币，募集资金总额超过 13 亿港元，扣除上市费用后，实际募集资金折合人民币 12.05 亿元，远超出紫金矿业上市的最初期望。紫金矿业最大股东上杭县政府减持 3641.3 万国有股份，上缴全国社保基金会，其股份从 2000 年股份制改造完成后的 48% 稀释到 H 股上市后的 32.04%（见表 5-1）。

表 5-1　2003 年 12 月 23 日紫金矿业（H 股上市后）股权结构表

股东名称	持股数（股）	所占比例（%）
闽西兴杭国有资产经营有限公司	421090212	32.04
新华都实业集团股份有限公司	172900000	13.16
上杭县金山贸易有限公司	171095000	13.02
福建省新华都工程有限责任公司	66500000	5.06
厦门恒兴实业有限公司	47500000	3.61
福建新华都百货有限责任公司	16368500	1.25
福建黄金集团有限公司	15071521	1.15
福建省闽西地质大队	3061677	0.23
公众股	400544000（含减持）	30.48
总数	1314130910	100.00

紫金矿业通过与国际资本市场的成功对接，一夜之间就募集资金 13 亿元，远远超过前 10 年的积累，这使企业有了质的变化，实力大增，从根本上解决了十多年来像噩梦一般如影随形制约企业发展的资金瓶颈问题。同时，上市成功架设了通向资本市场的桥梁，紫金矿业在国际上的知名度大大提高，让紫金矿业实施对外投资战略如虎添翼。

2003 年年底在香港上市后，紫金矿业在国内外通过收购、兼并、投标、参股、控股等多种方式，不断加大对黄金和其他金属、非金属资源的占有，实现飞速发展。

2000 年，紫金矿业提出"十年再造十个紫金"。乘着中国经济飞速发展的世纪雄风，紫金矿业飞速发展，2005 年度到 2007 年度，紫金矿业主营业务收入年复合增长率达 121.43%，利润总额年复合增长率达 98.13%。到 2007 年，公司的资产超过 160 亿元，营业收入达到 150.47 亿元，利润总额达到 44 亿元。七年之间已经再造了 50 个紫金。

2007 年，中国黄金产量 270.491 吨，其中矿产金产量 236.518 吨，紫金矿业生产黄金 52.294 吨，其中矿产金 24.827 吨，占全国产金量的 19.33%、矿产金产量的 10.5%。

2008 年 1 月 18 日，英国《金融时报》刊登了一则消息称："中国已经成为世界头号黄金生产国，结束了南非在该行业一个多世纪的统治地位。"在世界黄金王座易位的背后，紫金矿业功不可没。

2007 年年初，紫金矿业董事会做出了回归 A 股的决策，申请发行 1.5 亿股 A 股，计划筹资 75 亿元人民币。

2007 年的 A 股，与世纪之初紫金矿业望眼欲穿盼望上市时候相比，已经发生了天翻地覆的变化。2005 年开始的上市公司股权分置改革，一扫几年来熊市的连绵阴霾，让投资者信心大涨，也让市场在 2006 年、2007 年迎来了大牛市。新股持续发行，股指大幅上扬，屡创历史新高，市场容量急剧扩张，A 股已经与当年不可同日而语。A 股的不断壮大，也在呼唤中国更多优质的企业入市。

2007 年 12 月 26 日，紫金矿业回归 A 股上市的申请，顺利通过了中国证监会发审委的审核，紫金矿业 A 股每股面值设计为 0.1 元，其新股发行方案获得通过，意味着 A 股首只 0.1 元面值的股票即将上市，开创了 A 股的先例。

证券专家认为，低面值发行至少有三大好处，即方便投资者参与分享蓝筹企业高速增长的收益、为红筹回归 A 股扫清障碍、有利于中国证券市场与国际接轨。如果股价面值由 1 元拆细为 0.1 元，股价 100 元的股票也会调整为 10 元，那么更多的投资者就会更容易地参与投资，相当于降低了投资这一股票的门槛。同时，紫金矿业 A 股面值 0.1 元的设计也符合与港股"同股同权"的考虑。

2008 年 4 月 25 日，紫金矿业在上海证券交易所 A 股挂牌上市，共发行 14 亿面值 0.1 元的股票，当天紫金矿业以 9.98 元开盘，最终以 13.92 元收盘。回归 A 股，紫金矿业共募集资金 99.82 亿元，开中国 A 股低面值发行先河。

搭上资本市场东风的紫金矿业，在香港上市后，如乘奔御风，蛋糕越做越大，上演了中国当代资本市场上罕见的"财富核裂变"。

2003 年以前，紫金矿业的本部累计净资产不足 5 亿元，2003 年 12 月紫金矿业 H 股在香港成功上市后，成功募集资金 13.2 亿港元，当年年底公司净资产是 2000 年股份制改造时的 13.7 倍，公司市值在当年年末为 84 亿港元，是 2000 年公司股份制改造时股本金的 58 倍；2004、2005、2006 年连续三年 10 送 10 股，2007 年又 10 送 2.5 股，转增股达 10 倍，年平均派息率均在 58.6% 左右，四年累计分红 18 亿多元。到 2007 年年底紫金矿业总市值接近 1590 亿港元，是 2000 年公司股份制改造时股本金的 1111 倍。

紫金矿业的职工股，也随着公司市值的增长，飞速飙升，2007 年年末一度增长到千倍，创造了当代资本市场的财富神话。

用通俗一点的话说，2000 年紫金矿业最初的 9500 万股（每股初始价值 1.505 元），2003 年香港上市，拆细为 0.1 元面值，原始股 1 股变为 10 股。2004 年、2005 年、2006 年连续三年 10 送 10 股，2007 年又 10 送 2.5 股，原始股东持有股份每股裂变为 100 股。扣除香港上市时的国有股减持，到 2007 年公司股份增至每股面值港币 1 角的 13141309100 股。

假设李先生 2000 年持有紫金矿业原始股 1 万股，当时价格是 15050 元。到紫金矿业在香港上市时，李先生的股份已经被拆分为 10 万股面值 0.1 元的港股，按照 12 月 24 日开盘价 4.7 元，此时他持有股票的价值已经上升为 47 万元。而经过此后连续三年 10 送 10 股和 2007 年 10 送 2.5 股，李先生手上的股票已经变成 100 万股。2007 年年底紫金矿业港股股价一度达到 11.25 元，此时李先生手中股票的市值已经达到 1125 万元（见图 5-1）。

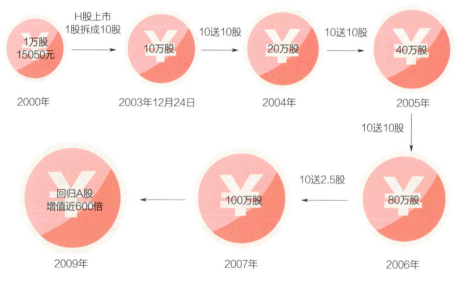

图 5-1　2000—2009 年紫金矿业职工股的裂变

回归 A 股造就了紫金矿业财富神话。当年那些无意中购买了紫金矿业股份的人，最终得到了惊人的回报。回归 A 股一年后，2009 年 4 月 26 日，紫金矿业 49.25 亿股限售股解禁，按照当天 9.43 元的收盘价，原始股东的账面收益达到了惊人的 464 亿元。A 股出现史上批量最大的造富神话，造就亿元级以上的富豪 30 个左右，而千万元级以上的新富达 500 个左右。

最为高光的，是"福建首富"陈发树和"厦门首富"柯希平的诞生。

据统计，陈发树个人及其通过新华都集团持有的紫金矿业股权合计约为 21.78 亿股（福建省新华都工程有限责任公司和福建新华都百货有限责任公司在回归前进行了股权转让）。这部分股权若按 2009 年 4 月 27 日紫金矿业 A 股解禁首日收盘价 9.52 元计算，市值达 207.3456 亿元。陈发树最初在紫金矿业股份制改造时投入了 3359 万元，此后一直以不同价格追高吃进散户股份，这些股权投资九年时间增长高达约 500 倍。2010 年，陈发树以 274 亿元身价跻身 2010 年福布斯中国富豪榜第 12 名。

而柯希平当年投资 1000 万元入股紫金矿业，与他的公司恒兴实业分别成为紫金矿业的第二大自然人股东和第四大股东。到 2009 年，这一数字摇身变为了近 70 亿元的市值，柯希平成为当年的"厦门首富"。柯希平以 68.5 亿元的身价，跻身 2010 年福布斯中国富豪榜第 120 名。

除了陈发树、柯希平，解禁股东还包括吴文秀、胡月生、谢福文等 2000 多名自然人，他们持有首发限售股合计 4.36 亿股，按照市价计算，他们平均账面收入 900 万元，持股地域分布在福建省龙岩市新罗区、上杭县、永定县，三明市，厦门市，福州市以及浙江省温州市等地。

这其中值得一提的是，当年发现紫金山金铜矿的闽西地质大队第八分队，1991 年出资 10 万元与上杭县矿产公司合股建立黄金中试站，占 1/3 的股份。到 2000 年，这些股份扩展为 49.8983 万元的股资，闽西地质大队作为股份公司八大发起人之一，持股 331550 股，比例达 0.349%。经过香港上市减持，到 2009 年小非解禁时，闽西地质大队当年初始的 10 万元出资，已经变成 3061677 股，持股比例 0.23%，市值约 3 亿元，后来经陆续减持变现，这笔资金成为闽西地质大队的发展基金。

本章思考

只有深刻洞察趋势、敢于把握机遇，才能获得自己的发展优势。紫金矿业从紫金山一隅走向全国，主动参与西部大开发、振兴东北老工业基地建设，与国家战略同频共振，实现了跨越发展。

矿业是艰苦行业，而中国人的吃苦耐劳精神是无与伦比的。紫金矿业面向全国发展的过程中，将"艰苦奋斗、开拓创新"的紫金文化在各地的项目点燃，体现出了令人尊敬的奋斗者姿态和敬业精神。

依托在紫金山开发中积累的低品位矿开发的领先技术和经验，一批低品位、难选冶、别人不想做或是做不成的"病矿山"在紫金矿业手中实现矿山价值的颠覆性提升。以少投入、低成本、高效益为目标，创新成为紫金矿业的核心竞争力。

第 6 章

面朝大海：创建国际一流矿业企业新目标

矿业具有天然的国际化属性，外国人能进来，中国人为什么不能走出去！

——陈景河

从山到海的转型

从明天起，做一个幸福的人
喂马，劈柴，周游世界
从明天起，关心粮食和蔬菜
我有一所房子，面朝大海，春暖花开

——著名诗人海子于 1989 年写作的抒情诗《面朝大海，春暖花开》

21 世纪之初，在闽西大山里坚守了 10 年的紫金人，终于在厦门岛蔚蓝的大海旁有了"一所房子"。不过，他们并不是来大海旁漫步体验幸福和周游世界的，而是将面朝大海、走向世界、追梦全球。

2003 年 9 月 8 日，在第七届中国国际投资贸易洽谈会召开的首日，厦门紫金科技大楼落成剪彩仪式隆重举行。

早在 2001 年 3 月，紫金矿业成立厦门紫金科技股份有限公司，就在厦门航空港国际机场广场右侧置地 6868 平方米，修建建筑面积 10670 平方米的八层大楼，大楼于两年后建成投用，集"办公、生产、科研"为一体，同时作为集团国际部的办公场地，成为紫金矿业走向世界的桥头堡和"第一窗口"。

陈景河在接受记者采访时指出：紫金矿业把科研基地放在厦门，就要使这个基地成为辐射全国的最具竞争力的基地。要发挥厦门的区位优势、交通优势、信息优势、人才优势，依靠这个平台吸引全国高、精、尖的人才加盟，为紫金矿业的发展作好人才准备。

从此，大批从山里走出来的紫金人从与紫金科技大厦一步之遥的厦门国际机场出发，飞向全国，走向世界，营造紫金矿业的全球梦想。

布局厦门，面朝大海，是紫金矿业国际化的一着先手棋。从山到海，也是紫金矿业面向全球化的一次管理重心迁移。

早在1998年9月，陈景河就指出：当企业发展到一定规模时，如果仅仅局限于上杭，企业的发展将受到人才、资金、信息资源等方面的严重制约，立足上杭，走出上杭，是企业发展的要求。厦门应成为企业今后发展的首选目标，作为经济特区，厦门有许多得天独厚的条件，与上杭又有地理上相近之便利。在那里，建立企业的信息、项目研究和人才开发聚集中心及投资中心是非常有利的。这些中心的建立，将有力支持企业的进一步发展，对促进企业积极参与市场竞争起重要作用，将为企业进入国内其他地区乃至国外提供条件。

鹭岛确实是紫金矿业走出去的最佳桥头堡。在唐宋时期，厦门岛不远处的泉州港，就是海上丝绸之路的三个主港之一，数百年间，奇异的香料、象牙等产品从印度洋沿岸乘舟舶来，海量的丝绸、茶叶、陶瓷、书籍等中国物品从福建海港运往印度、阿拉伯半岛、北非和地中海沿岸国家。

1843年，厦门开埠。随着时间的推移，厦门的对外贸易逐渐发展壮大，成为中国对外贸易的主要通道之一。

改革开放后，国务院批准设立厦门经济特区，1984年邓小平视察厦门后，厦门特区范围扩大到全岛，面积131平方千米。随后，中央又相继批准厦门设立海沧、杏林、集美三个台商投资区以及火炬高新技术产业开发区、象屿保税区、厦门出口加工区，批准厦门实行计划单列，形成了全方位、多层次的对外开放格局。

21世纪之初，厦门市全面实施"提升本岛、跨岛发展"战略，一座现代化国际化城市呼之欲出。尤其是厦门市的超级品牌——一年一度的中国国际投资贸易洽谈会海内外万商云集，每届都吸引数十个国家和地区的政府机构参展，投资说明会、推介会应接不暇，内容丰富的各国各地区"馆日"精彩纷呈，为中国企业走向世界，寻求境外合作伙伴架设金桥。

厦门海量的人流、物流、信息流，为紫金矿业打开了一扇全新的窗口。从山到海，有利于布局产业，吸引国际化人才，是公司实施国际化的坚实平台和绝佳窗口。

不久，紫金矿业又在厦门市火炬（翔安）产业区，购置地块9290.767平方米，建成19235.3平方米的研发大楼，2007年大楼落成后开始招兵买马，招收200名专业技术及管理人才，组建厦门紫金矿冶技术有限公司、紫金（厦门）工程设计有限公司。此后，紫金矿业在五缘湾再添置写字楼，作为厦门分部和部分企业办公场所。

厦门紫金矿冶技术有限公司与位于上杭县总部的紫金矿冶设计研究院（以下简称"矿冶院"），研究方向各有侧重，前者主要偏重于上杭和福建本土项目的研发，以及为支撑集团战略目标的重大科技项目的扩大试验提供技术支持；后者侧重原创性、前沿性、综合性的项目研究。两单位互动互补，人员可互动交流。一个面向全球、吸引高层次人才的研发平台，终于从大山走向大海，为紫金矿业国际化提供了强大的技术支持。

紫金矿业落子厦门，布局国际化棋局，更大的手笔是2012年2月16日，公司与央企中航国际强强联手，设立厦门紫金中航置业有限公司，联袂开发建设厦门中航紫金广场，建设集高端商业、现代办公、国际品牌五星酒店于一体的多功能复合型的城市综合体。

中航紫金广场是"十二五"福建省及厦门市重点工程,海峡两岸金融中心中规模最大的高端城市综合体。项目由福建紫金房地产开发有限公司、中航地产股份有限公司和中国航空技术厦门有限公司合作开发建设,三方占股比分别为50%、35%和15%。项目总投资30亿元,总用地面积4万多平方米,建筑面积21万平方米,集商业、办公、酒店于一体。

2016年年初,这座海峡西岸首席商务综合体落成,中航紫金广场雄踞环岛路会展CBD,为厦门现代金融、商务中心增添一道新风景,成为海峡两岸金融中心的标志性建筑。

从2001年开始,紫金矿业以自己的体制优势、技术优势和管理优势,在中西部和东北,复制紫金山模式,一座座新的"金山"被收入囊中、成功开发。与此同时,紫金矿业不失时机地迈出了国际化的步履,选择了一条充满未知的道路,负重前行。

其时,在外人看来,紫金矿业已经功成名就,即便守着国内业务,每年都有巨额利润,完全可以做一个舒服的"土财主"。但紫金矿业为什么还要承担巨大的国际化风险,滚石上山,走向不确定的海外市场?

"依靠紫金山铜金矿的收益,过过小日子也许很舒服。但是,作为有志成为全球一流矿业公司的紫金矿业,走向全国、走向世界是必然的选择。"当年,陈景河多次信誓旦旦地表态。

陈景河深知,矿业具有天然的国际化属性,不同国家和地区在矿产资源的分布和禀赋上是有差异的。如澳大利亚、巴西和几内亚的铁矿资源具有优势;非洲的赞比亚、刚果(金),南美的智利、秘鲁等地,在铜矿资源上有着巨大的优势。而矿业本身是一个资源消耗型的行业,会在生产过程中不断消耗资源。因此,矿业企业要做大做强,在全球资源富集的地区并购,开发新增长点,国际化是其发展最基本的内驱力。

所以,紫金矿业必须面朝大海,问鼎全球。是以有非常之人,然后有非常之事，有非常之事，然后立非常之功。应该说，紫金矿业走出去的宏愿，首先是源于陈景河青年时代树立起来的报效国家的雄心壮志，和土楼客家人走向世界的内在基因。

陈景河曾说：读书时代，我立下宏愿，立志要为中国矿业屹立于世界之林而奋斗。30余年过去，无论是清贫还是富有，我始终坚守着最初的"矿业报国"梦想，未曾偏废，也许，这也是时代留在我身上磨灭不去的印记。

陈景河壮志在胸，眼光绝不局限于闽西的大山里。一旦时机成熟，毫无疑问他将带领紫金矿业逐梦寰球。

因此，早在2000年，在股份制改造后召开的第一次股东大会上，陈景河就已经明确了把紫金矿业建设成为以矿业开发为主的高科技效益型特大企业集团的目标。

关于特大企业集团，陈景河在讲话中这样解释：要把企业发展成为以矿业为主的特大企业集团，单靠紫金山铜金矿是远远不够的，而且紫金山铜金矿也有资源枯竭的一天。向外发展，寻找和控制新的矿产资源非常重要。我国的矿业企业规模普遍较小，我们要首先成为国内矿业界的特大型企业，之后努力向全球发展，成为国际化的大型矿业公司。

陈景河说："借助改革开放中国经济崛起的东风，一批中国企业随风起舞，实现了迅速的崛起，但这算不上是真正意义上的本事，有志于融入中华民族伟大复兴梦的中国企业，都应该勇敢地参与全球竞争，只有走出去、在全球配置资源，才能解决中国战略性矿产资源瓶颈，中国矿业的出路在于国际化。"

2003年12月23日，紫金矿业在香港成功上市，不仅募集到10多亿港币，为企业进一步大发展提供了雄厚的资本金实力，而且为紫金矿业走上国际资本市场和世界矿业市场作了极好的铺垫，紫金矿业走向世界的宏伟目标也提上了日程。

彼时，经公司董事会审议通过的紫金矿业到2020年发展规划，明确提出了实现公司在国内黄金行业领先——在国内矿业界领先——进入世界矿业先进行列的三步走发展目标。

紫金矿业要跻身国际先进行列，做强做大，参与国际化并购是不二之途。

1979年，国务院提出"出国办企业"，中国企业国际化经营由此兴起。2000年，中国政府正式提出"走出去"战略。中国企业开始开拓国际市场，发展外向型经济，扩大企业的对外投资和跨国经营，更好地参与经济全球化的竞争。

1998年，中国有色集团通过竞标取得了关闭11年的赞比亚谦比希铜矿经营权，之后，该集团陆续完成了主矿体恢复生产，投入资金近15亿美元，2003年谦比希铜矿正式投产，不久就实现了盈利，成为我国在海外投资的第一座有色金属矿山，开中国有色企业"走出去"之先河。

诺贝尔经济学奖得主乔治·斯蒂格勒（George Stigler，1911—1991，美国经济学家、经济史学家）曾指出：没有一家美国大公司不是通过某种程度、某种方式的兼并而成长起来的，几乎没有一家大公司主要是靠内部扩张成长起来的。兼并与收购是企业谋求自身发展和行业领导力的重要策略。

从2002年开始，中国就超过美国，成为世界有色金属第一生产大国、消费大国，行业地位明显上升。2007年，我国10种有色金属总产量达2360.52万吨，比2006年增长23.4%，连续六年稳居世界第一。中国经济体系进入金属产品鼎盛时期，总体来看，在六大金属（铜、铝、镍、铅、锌、铁）中，中国占据全球超过1/3的消费量和产量。但中国资源保障现状却令人极为担忧，基本金属基础储量仅为全球基础储量的5%~11%，对外依存度达30%~70%，并且有不断增加之势，尤其是石油、铁、铜、铝、镍等大宗矿物原料对海外的依赖性越来越强。

经济的全球化，意味着全球资源通过市场调节面实现资源共享，矿产资源也不例外。从全球来看，海外的大型矿业公司几乎都是跨国公司。对于资源开发企业来说，国界已经变得越来越不重要。中国对矿物原料需求的高速增长，吸引许多海外矿业公司进入中国。中国矿业市场的竞争将日趋激烈；与此同时，中国部分大型企业为了解决矿物原料的不足，也走出国门，进行地质勘查、收购及开发海外的矿产资源。可以预见，中国矿业将与全球矿业逐渐融合，中国矿业企业也必将走出国门，走向世界。

时势造英雄，英雄也造时势。陈景河在中国国际矿业大会上大声疾呼："在目前国际国内非常有利的条件下，我们若不能在十到二十年内，培育和创造出一批具有国际竞争力的全球性矿业公司，并控制与中国经济地位相应的矿产资源储备，我们将失去重大战略机遇期，对为中国矿业人将是非常遗憾之事！"

新世纪之初，随着古老中国在全球的崛起，中国制造开始走向全球，一场波澜壮阔的矿业新征程，从千年古城上杭、从美丽温馨的鹭岛出发，开始一步步惊艳全球矿业。

艰难的开局

2005年是紫金矿业"走出去"的破题之年。

当年3月22日，在"2004福建经济年度人物"颁奖典礼上，陈景河豪迈宣称：现在国家鼓励企业"走出去"，紫金矿业有一批海外项目正在洽谈中，要通过一定时期的努力，把紫金矿业建设成为全球一个很重要的矿物原料供应商。

2005年8月17日，紫金矿业与加拿大顶峰矿业公司（Pinnacle Mines

Ltd.）正式签约，以 195 万加元（约 1000 万元人民币）购买顶峰矿业公司 21% 股份，成为第一大股东，并参与顶峰矿业公司在不列颠哥伦比亚省北部的勘探。

虽然标的不大，但这是紫金矿业国际化的第一枪，意义重大。加拿大外交部部长皮埃尔·佩蒂格鲁（Pierre Pettigrew）先生亲自出席新闻发布会表示祝贺，并称"这是一个历史性事件"。紫金矿业成为中国第一家成功进入加拿大矿业的企业，这在加拿大矿业界、中国矿业界，尤其是黄金业界引起了很大反响。这是紫金矿业酝酿多年后，谨慎而稳健地踏出国门的实质性的一步，走出国门小试牛刀，初战告捷。

陈景河在内部讲话时称，紫金矿业"走海外发展的道路"有两个方向：一是直接做项目，也就是说收购矿山或勘查矿山，进行自主开发；二是通过资本市场，以并购手段实现发展。

2006 年 10 月，紫金矿业斥资 820 万英镑收购英国上市公司山脊矿业（Ridge Mining plc）20% 的股份，成为第一大股东，后者在南非拥有白金项目。

2007 年 1 月，紫金矿业经过数年、耗资数百万元的努力，在缅甸找到储量约百万吨的大型镍矿。

2007 年 4 月，紫金矿业出手收购伦敦创业板上市公司蒙特瑞科（Monterrico Metals Ltd.），这是紫金矿业在国际资本市场上进行股权并购的首个大手笔。

说起收购蒙特瑞科，还有一段故事。2006 年，一个偶然的机会，一家国际投资银行向紫金矿业介绍了秘鲁白河铜钼矿床。该矿为蒙特瑞科所拥有，地处秘鲁北部边境，属于国际级超大型的矿业项目，整个矿区矿权面积达 11000 公顷，其中 1000 公顷主要矿藏地区当时已探明的矿石资源量为 12.93 亿吨，探明的铜金属量为 742 万吨、伴生钼金属量为 28 万吨，加上远景储量，整个矿床的铜金属有望超过1000万吨，差不多是当年中国铜保有储量的1/3，是紫金山铜矿储量的三倍。投产后，预期年产25万吨当量铜，开采期可达30年。

蒙特瑞科是一家总部在英国伦敦的初级勘探公司，公司在伦敦股票交易所备选投资市场（AIM，俗称"创业板"）上市。2006年2月，紫金矿业常务副总裁蓝福生首次与蒙特瑞科接触。当时，该公司股价为3.9英镑／股，对方报价为5.4英镑／股，而紫金矿业则开价4英镑／股。因价格谈不拢，首次谈判无果而终。

2006年8月，为应对此次收购，紫金矿业与厦门建发、铜陵有色合资成立厦门紫金铜冠投资发展有限公司（以下简称"紫金铜冠"），蓝福生出任董事长。虽然首轮谈判失败，但蓝福生并没有灰心。作为初级勘探公司的蒙特瑞科，并没有实力开发秘鲁的大型铜矿，紫金铜冠断定他们一定要出手。

没过多久，机遇又一次眷顾了蓝福生——蒙特瑞科股价跌了下来。

2006年10月底，蒙特瑞科在股价最低迷的时候更换了董事长。紫金铜冠抓住时机，以每股3.35英镑的价格向蒙特瑞科发出了指示性收购文件。但由于部分股东坚决反对，收购进程再次受阻。2007年1月，蓝福生再次来到伦敦，经多轮谈判，蒙特瑞科董事会最终有条件接受紫金铜冠每股3.5英镑的出价。

按照英国法律规定，要约文件发出后60天内若不能收购50%以上的股票，收购将宣告失败，计划就会泡汤。蓝福生当时心里很着急，不愿眼睁睁地看着快到手的"肥肉"飞走。

在一周之内，蓝福生带着厦门建发和铜陵有色的代表到伦敦，拜访了十几个大股东，挨个地游说。多番努力后，伦敦时间2007年4月11日，紫金铜冠已收到有效要约接受书合计13460815股，占蒙特瑞科股份的51.17%，收购宣告成功。而到 4 月 27 日，紫金铜冠宣布收购截止，以 1.6 亿美元的高溢价，正式收购了这家"世界级特大铜矿"89.9% 的股份。

此次成功收购，是中国内地公司以全面要约方式收购海外上市公司的第一例，也是中国内地公司收购英国上市公司的第一例。

但是，没有人会料到白河铜矿命运多舛。紫金矿业项目组人员进入后，决然没有想到秘鲁中央政府力举的项目，居然会被基层政府公然抵制，项目迟迟无法推进。当地反矿活动较为活跃，白河铜钼矿因当地社区关系、环境等问题一直冲突不断。2009 年 11 月，一伙持枪武装分子预谋袭击了白河铜业公司在秘鲁西北部皮乌拉省境内的勘探营地，导致两名警卫和营地主管死亡，营地设备被烧毁。其后的十几年里，尽管中、秘双方政府不时站出来加油打气，项目进展仍然非常缓慢。2020 年 5 月，在新冠疫情肆虐秘鲁北部时，秘鲁白河铜业以德报怨，主动承担社会责任，积极与社区对话沟通，协商防疫物资捐赠事项，在一定程度上缓解了企业和社区的紧张关系。

白河铜钼矿，对于紫金矿业来讲，只能用欲哭无泪来形容：守着个金灿灿的母鸡，却生不出金蛋蛋来。15 年过去了，铜矿依然在晒太阳，无法转变成效益，公司每年还付出不菲的财务成本。虽然这是当年公司在国际矿业市场上，用低成本占有重大资源项目的杰作，但并不能说项目开发已经成功。

白河铜矿项目之后，紫金矿业还遭遇了挫折。2009 年 11 月 29 日，紫金矿业计划斥资 33.68 亿元要约收购澳大利亚因多菲公司（Indophil Industries Ltd.）100% 股权，并与因多菲公司签署了《收购履行协议》。

因多菲公司持有菲律宾坦帕坎（Tampakan）特大型铜金矿 37.5% 的股份，该铜金矿被认为是东南亚地区最大的铜金矿。令人意外的是，对因多菲公司的要约收购有效期从 2010 年 3 月 19 日至 4 月 16 日，延长至 5 月 14 日，后来在 7 月 9 日无疾而终。

除了这次赴澳收购之外，紫金矿业还在 2010 年 5 月 7 日宣布，与中非基金共同出资 2.84 亿美元（其中紫金矿业按 60% 股权比例出资 1.7 亿美元）收购刚果（金）两个铜钴矿项目，两矿位于世界级的铜矿成矿带区域。但没过几天，5 月 10 日，刚果（金）矿业部长的幕僚长称，该收购协议"违反有关规定，在刚果（金）没有效力"。

国际化开局是艰难的，紫金矿业为此交了不少学费。首个海外投资项目顶峰矿业公司，后来没找到多少资源，亏本转让。在俄罗斯投资的库顿金矿，被当地的股东硬生生地吃掉。在蒙古，紫金矿业也买了一个小金矿，后来在经营过程中发生了环保事故，总经理还因此坐牢。

国际化尽管前路艰险，却是通向国际矿业巨头的必由之路。从 2005 年开始，紫金矿业以很低的并购成本获得宝贵的海外资源，开阔了眼界，认识了西方矿业资本市场，海外并购团队和运营团队在成长，海外项目运营经验与日俱增。总之，紫金矿业已经成功地迈出了关键的第一步。

林海雪原探路

紫金矿业在古丝绸之路上的第一个突破，是俄罗斯西伯利亚的图瓦锌多金属矿项目。紫金矿业首个国际化大型项目就碰上了一个硬骨头，项目建设的艰辛程度，远超过了当年的风雪紫金山。

俄罗斯西伯利亚，地域广袤，资源丰富。龙兴有限责任公司（以下简称"龙兴公司"）注册地址位于俄罗斯图瓦共和国克兹尔市，持有俄罗斯图瓦共和国锌多金属矿（探）采矿权。

2006 年，紫金矿业通过下属子公司从黑龙江龙兴国际资源开发集团有限公司收购了龙兴公司 70% 的权益，其余 30% 仍为后者所有，二者成立黑龙江紫金龙兴矿业有限公司，100%持有龙兴公司股份，由紫金矿业主导矿山开发和运营。

图瓦共和国位于西伯利亚最南端与蒙古国西北部的交界地带，是俄罗斯联邦最落后的联邦主体之一，迄今未通铁路，80%的经济来源依靠联邦财政补贴。龙兴公司是当地唯一也是在俄最偏远的中资企业。这个项目也是2007年俄罗斯"中国年"期间，两国国家元首签署的20个合作项目之一。

矿区隐藏在高山和原始森林中，最近的村庄也有70千米之遥。项目属地高寒、没电、没路，建设困难重重。该矿已探明储量为160万吨，其中包括铅、锌、铜等多种矿物原料，是高品位铅锌多金属矿。但是环境恶劣、开发困难。这里冬季最冷时达零下57度，年平均气温是零下5度，气温最高的七八月份都有可能下雪。适合作业的春夏季不仅时间短，而且伴有长时间降雨。

图瓦除了工业基础极差外，矿山技术和管理人员奇缺，关键生产设备都要从中国进口，建筑材料需从俄罗斯其他地区采购，运输距离基本在1000千米以上，费用奇高。起初，唯一的通道"冬季公路"实际是一条汽车可在冰上"行走"的冻河，而当气温回暖时，就只能改用船舶运送物资，或采用成本较高的直升机运送。

龙兴公司首任董事长林瑞腾回忆，他们首次实地考察该矿时，竟难以找到适合直升机降落的地方，而金属矿位于森林深处，住宿也是难题。最初大伙住在临时板房里，四个人一个房间，非常艰苦。

现任紫金矿业工程技术公司总经理林晧，也是当年最早一批进入图瓦项目的干部，他回忆说，矿区最初是一片深山老林，什么都没有，一开始住在20世纪60年代地质队留下的毛毡房里，房间四面漏风，员工睡在睡袋里，第二天早上起来，睡袋口上面全是冰碴子。图瓦的深山老林里还有熊，大家晚上出来上厕所都要先用手电到处照一照，看到没有什么动物才敢行动。

林晧回忆，当地人给中方员工这样传授经验：晚上在野外撒尿的时候，如果后面有人拍你肩膀，千万不能回头，很可能是碰到了"熊大"，这时裤子都不要提，赶快向前奔跑逃脱。

2009年年初，龙兴公司第二任董事长谢雄辉首次前往图瓦矿区，班机飞到俄罗斯克拉斯诺亚尔斯克市后，开车前往矿区，春天路面到处都是冰，危险重重，进入矿区的200公里道路开了10多个小时。

由于中俄两国的文化差异非常大，法律形态和建筑规范不一样，在俄罗斯搞矿山建设工作，面临着很多国内预想不到的困难。龙兴公司费尽九牛二虎之力，派专门人员和俄方设计院沟通交流，邀请俄方设计团队到紫金山矿区参观交流，最终对矿区设计优化达成共识并付诸实施：在原矿区规划设计基础上重新优化，调整采矿运输道路、选矿工艺布置和炸药库位置，增设选矿厂浓密机设施，为降低项目运营成本奠定了坚实的基础。

在图瓦，想要找到一家合适的有实力承接矿山项目建设的施工单位是几乎不可能的事，龙兴公司曾试图让适应性更高的当地施工队伍来承接，但经了解，当地队伍的技术水平、管理能力和施工效率都远远达不到项目建设的要求，于是他们只能将目光转向了国内。招募之初也曾有很多施工单位来咨询，但往往了解了项目地点和施工环境后，便打了退堂鼓，再无音讯。最终定下的中国八冶建设公司，还是基于长期合作的"面子"，才勉强签下了施工合同。这支施工队伍的进场来之不易，龙兴公司反复安抚，把条件好一点的宿舍优先给他们住，采购回来的物资优先给他们送，能提供的条件尽量满足，方才把施工队伍稳住。

俄罗斯环保法规极其严格，图瓦紫金矿山建设需要的砖块，要在900千米外才买得到，砖块自身价格高昂不说，光是运费，就是砖块本身的十倍。图瓦建厂要砍伐一片森林，电锯施工需要20个油桶装油料作为保障，在国内一个县城就可以采购到的物资，但是在图瓦首府仅仅买到了8个，不得已在900千米外的另一个共和国首府才凑足另外12个。稀缺的建设物资、恶劣的施工环境让刚启动的项目建设举步维艰，水泥要提前两个月从 2000 千米外的水泥厂预定；买不到混凝土用的石子就只能自建破碎站生产；模板和木枋不足就利用伐下的松木自行制作；水源不足就自行打井；没有电源就自行发电；万年冻土让挖机斗抓上去都冒青烟，两天就磨坏一副新斗齿；为了保障建设物资的供应，龙兴公司组建了一支 30 多人的"飞虎队"，开着新购买的挖机、铲车、压路机，逢山开路、遇水搭桥，利用 40 多天的时间硬是趟出了一条稍微像样的进矿道路……

经过艰苦奋斗，后来矿区不仅有完备的采矿、选矿设备，还建设了巨大的矿物废料循环利用系统。当地电网架不起来，就自己建发电厂，甚至还有加油站和锅炉房。员工宿舍即便是临时的简易房，也配有独立卫生间和浴室，而屋内的供暖条件也足以抵挡严寒的侵袭。

由于在原始森林中进行开发作业难免会破坏植被，龙兴公司因此请到了当地施工监理单位常驻矿场监督施工，确保开发过程严格按照俄罗斯联邦安全环保法律法规执行，得到了当地政府和友好人士的大力支持。同时，龙兴公司与当地海关、铁路部门、移民局建立了良好的业务关系，打通了国际物流通道，申请了移民劳务指标。

之后，在紫金人的不懈努力下，图瓦锌多金属矿采用"先露天、后地下"的开采方式，建设规模为年采选 100 万吨矿石，达产后每年产锌 8 万吨、铜 1 万吨、铅 1 万吨。图瓦项目从无到有花费了近七年的时间，在这片林海雪原深处，基础设施不断完善，一座现代化的矿山在林海雪原中崛起。

项目第一期工程投资额为 36 亿元人民币，已于 2015 年建成投产，是中资企业在俄除油气之外最大的投资项目，解决了当地 1000 多人的就业。龙兴公司和图瓦项目分别荣获"俄联邦最佳投资企业奖"和"图瓦经济社会贡献奖"，被《人民日报》誉为"林海雪原深处的中国奇迹"。

龙兴公司还积极参与当地公共事业，如资助建设绕城公路、资助养鹿基金会、资助社区儿童教育等。截至 2017 年，龙兴公司的社会义务捐赠和赞助累计约 4000 万卢布（约合 484 万元人民币）。紫金人的努力树立了中国企业的良好形象，得到了当地政府和民众的认可。

图瓦锌多金属矿所在的行政区区长娜塔莉亚·格列克在接受新华社记者采访时说："龙兴公司为当地经济发展做出了巨大贡献，为当地居民提供了不少就业岗位，没有他们的帮助，我们会非常困难。中国采矿人干得很棒，他们已经是我们的亲人了！"

图瓦共和国领导人绍尔班·卡拉-奥尔说："我们从与中方的合作中获益。这是一群真正的勇士，他们在图瓦的土地上创造着奇迹！"

到 2021 年年底，龙兴公司累计建设投资 6.21 亿美元。其中一期露采项目总投资 5.43 亿美元，2019 年 12 月底露天开采全部结束。二期地采项目投资 5.59 亿元人民币，2020 年 3 月投产。

图瓦项目投资巨大，回报却差强人意。紫金人在西伯利亚林海雪原闯出一条路，极具"艰苦创业、开拓创新"的紫金文化在国际化之初的探路意义。

紫金矿业副总裁谢雄辉说，俄罗斯图瓦项目是公司国际化的"火力侦察"。这么艰难的项目公司能啃下来，说明紫金团队的战斗力是极强的。这个项目带来的最大的好处就是练兵，公司一大批骨干在这里轮岗锻炼，赵晓松、林晧、赖新辉、王国标、刘向友、李维强、江城、邱林、丘国柱、欧阳伦敖、傅龙贞等人，在林海雪原历练后，成了其他国际化项目的顶梁柱。

在中亚探索国际化

痛失巨爱转瞬间，寻儿紫金半边天。陌路相逢如知己，素不相识亲人般。肝肠寸断泪如雨，关心备至语似绵。最憾永咸不复至，遍谢同事天地间。

紫金人在西伯利亚的林海雪原中披荆斩棘,在雪原荒野建起一座现代化矿山的同时,也在塔吉克斯坦、吉尔吉斯斯坦开疆拓土,这里的开拓同样充满艰难困苦,紫金人甚至还付出了血的代价。

位于中亚的塔吉克斯坦、吉尔吉斯斯坦,正是千年前丝绸之路的必经之路。苏联解体后,这两个新独立的小国百废待兴,期待正崛起的东方新兴大国,像历史上输入丝绸、瓷器、茶叶一样,为这片贫瘠的土地输入宝贵的资本和技术。

2007年年末,在塔吉克斯坦一处废旧的金冶炼基地,高炉旁是一副转型时期苏联的旧工厂景象。矿区随处可见被遗弃的轨道车厢,锈迹斑斑的轮子一半被埋没在灰尘之中,洞口的通风设备已经损坏。这就是塔吉克斯坦最大的黄金生产企业——泽拉夫尚黄金公司(Zeravshan Gold Company)的金矿核心生产区域的破败景象。泽拉夫尚公司原来由一家英国公司经营,虽然开采的是富矿,但还是陷入亏损局面。由于迎来了一帮中国采矿人,这座废弃的矿山迎来了转机。

此前一家北京的能源公司,派了七个专家在泽拉夫尚金矿考察了三个月,迟迟不敢拍板。紫金矿业循迹而来后,很快就与塔吉克斯坦签订了合同。2008年1月,紫金矿业以支付8000万美元并承担债务为代价,成功收购英国上市公司阿瓦塞特(Avocet)矿业公司在塔吉克斯坦的全资子公司CBML公司100%股权,从而间接控制塔吉克斯坦泽拉夫尚公司75%的权益。

塔吉克斯坦拥有丰富的矿产资源,政府已经将矿山开采业确定为国家主导产业之一。泽拉夫尚公司是塔吉克斯坦最大的黄金生产商,拥有大约3000平方千米的矿权面积,其中最重要的是吉劳矿(Jilau)、塔罗矿(Taror)和考利矿(Chore),三矿总计黄金资源量为172.28吨。此外,泽拉夫尚在上述矿点的周边地区拥有多个重点勘探靶区,找矿前景良好,且所有矿体的深部和沿着矿体走向都有巨大的资源潜力。

泽拉夫尚公司的金矿项目是紫金矿业在海外的第一个生产项目。紫金矿业接手后，通过技术改造和创新、加强管理，使矿山生产经营逐步转入正轨。自 2009 年 10 月起，泽拉夫尚公司实现扭亏为盈。2010 年，公司生产黄金 1214 千克，占当年塔吉克斯坦黄金总产量的 59.25%，实现净利润 1 亿元人民币，成为紫金矿业在海外的新增长点。

但是，2008 年一场意外的交通事故，却让紫金矿业牺牲了 4 名采矿专家，付出了巨大的损失。

当年 8 月，紫金矿业从国内调集了四名人员前往塔吉克斯坦进行技术支援。他们是矿冶院的专家丁长云、张建峰、罗吉束和一名几个月前才加盟龙兴紫金的翻译彭永威。四名专家到新疆乌鲁木齐后，一同乘飞机前往塔吉克斯坦首都杜尚别。8 月 10 日晚，他们下飞机后乘坐公司派来的吉普车当夜赶往距杜尚别 200 千米的泽拉夫尚营地。沿途山势险恶，悬崖陡峭，山路崎岖，路况恶劣，8 月 11 日凌晨 1 时许，在塔吉克斯坦西北部彭吉肯特市维西斯特镇，这部吉普车不幸坠下山崖，掉进泽拉夫尚河中。车上包括一名当地驾驶员在内的五人全部遇难。数天后，三名专家的尸体才在事发地下游 100 千米处打捞成功，而紫金矿业矿冶研究院的选冶专家罗吉束和 23 岁的塔吉克斯坦司机别赫索特永远失踪。

四名专家牺牲，是紫金矿业有史以来最为惨重的人员损失之一。罗吉束、张建峰都是从中国地质大学毕业后加盟紫金矿业的，当时不到 30 岁，年轻有为，承担"金矿常压化学预处理""金矿高压浸出预处理"科研项目的重任，前程远大。罗吉束的孩子才两岁，而张建峰妻子正身怀六甲。丁长云，也才 43 岁，正是大好年华，他从甘肃一家矿业公司投奔紫金矿业，正找到了发挥他才干的平台。而最年轻的俄语翻译彭永威，出生于 1981 年，2007 年毕业于莫斯科大学地质专业，当年年仅 27 岁。

事故发生后，紫金矿业紧急成立了事故善后处理工作小组与安抚小组，启动保险理赔工作，提出了公司内部补充保险方案，并在乌鲁木齐为遇难员工举行悼念和遗体告别仪式。工会主席曾庆祥从总部来到乌鲁木齐，协助紫金矿业西北公司总经理刘献华进行家属接待，尽量抚慰逝者家属。

开头这首诗是当年 8 月 25 日，27 岁的遇难者、泽拉夫尚项目翻译彭永威的父亲彭明写的一首《忆我儿永威》，表达对独子的思念和对紫金矿业的感激之情。在善后处理完成后，深明大义、宽厚仁慈的彭明先生没有怪罪紫金矿业，却对紫金人无微不至的关心和抚慰感激有加。彭明先生系河南省开封市一家电镀化工企业老板，不久后也因悲伤过度去世。

塔吉克斯坦泽拉夫尚项目的开发成功，凝聚着紫金矿业科技人员艰辛的汗水和珍贵的血泪。自从 2007 年进入泽拉夫尚公司以来，在中塔两国政府的高度重视和大力推进下，紫金矿业累计投入 4 亿多美元完成了泽拉夫尚公司矿山重建和技改，扭转了该公司过去长期亏损的状态，使泽拉夫尚公司成为塔吉克斯坦最大的黄金生产企业。截至 2015 年 9 月，公司已累计生产黄金 12.7 吨，实现营业收入 5.2 亿美元，缴纳各类税费约 1.57 亿美元。

2012 年 6 月 3 日，塔吉克斯坦总统拉赫蒙访问紫金矿业上杭县总部，在为紫金矿业的题词中，他称紫金矿业是一座连接塔吉克斯坦和中国的真正"金桥"。2015 年 10 月 18 日，泽拉夫尚公司吉劳万吨选厂项目正式投产，拉赫蒙出席投产仪式，亲自为选厂启动生产按钮。此前，拉赫蒙总统多次前往泽拉夫尚视察，公开表示："中国是塔吉克斯坦可靠的盟国、好朋友与好邻居，中塔泽拉夫尚合资企业是中华人民共和国与塔吉克斯坦共和国良好合作的结晶。"

在吉尔吉斯斯坦，紫金矿业 2011 年收购了奥同克公司左岸金矿，目前已是公司核心在产黄金项目。作为吉尔吉斯斯坦第三大金矿，左岸金矿是中国企业在吉最大的投资项目之一。按照规划，项目建成达产后，可年产黄金 3.7 吨，创造产值 1.5 亿美元，可解决当地 1000 人就业，每年贡献税收 2400 万美元，将大大促进两国人民友好往来和经济文化交流。吉尔吉斯斯坦前总理萨利耶夫对此称，紫金矿业改变了左岸金矿 20 年无作为的局面。

从 2005 年以来，紫金矿业通过设立公司、股权投资、项目并购等方式，先后在加拿大、塔吉克斯坦、俄罗斯、缅甸、南非、越南、秘鲁等国家，投资了4亿多美元，参与了八个海外项目。

本章思考

作为一家理想远大的公司，心有多大，舞台就有多宽。一把手的思路，决定着企业的出路和高度。

矿业具有半垄断性。矿业的基础是矿产资源，矿产资源具有稀缺性和不可再生性，这个特征决定了矿业企业如果不占有矿产资源，就不能从事矿业的开发。矿业虽然也存在激烈的竞争，但这种竞争是有限的，矿业产品的竞争主要是资源条件的竞争，归根结底是产品成本、技术和人才的竞争。

紫金矿业国际化之路充满艰辛，项目核准、外汇管制、安全环保，以及项目所在国的政治体制、文化差异、社会环境等，对紫金矿业都是严峻的考验。紫金矿业国际化的前十年，是艰辛的探索阶段，积累经验、培养人才、熟悉海外规则，是走向全球化必不可少的铺垫和历练。

第 7 章

走向全球：抓管理、控成本、创绿色矿山

在世界变得更平坦的未来三十年之内，世界将从"卖给中国"
变成"中国制造"，再到"中国设计"甚至"中国所梦想出来"。

——《世界是平的》作者　托马斯·弗里德曼

穿越"至暗时刻"

2010年,紫金矿业迎来股份公司成立十周年,正高歌猛进,勇往直前,洋溢在一片乐观狂喜的氛围中。

这年2月24日召开的紫金矿业2010年工作会议上,陈景河董事长做了题为《把握机遇全面推进紫金矿业新一轮创业》的讲话,明确提出了从2010年开始,公司的任务是集中精力进行新一轮创业,缔造高技术、效益型国际一流跨国矿业集团。这个讲话成为集团公司新一轮创业的"宣言书"。

然而,祸兮福之所倚,福兮祸之所伏。新一轮创业刚刚揭开序幕,紫金矿业面对的却是一个猝不及防的"至暗时刻"。

紫金矿业在高速发展中积累的一些隐患,终于在天灾中爆发。在多年不遇的暴雨和台风侵袭下,紫金矿业先后发生"7·3"汀江污水外泄事故和信宜紫金"9·21"溃坝事故,几乎酿成公司品牌和社会形象的"灭顶之灾"。

2010年7月3日下午3时50分,受福建境内持续强降雨影响,紫金矿业下属紫金山铜矿湿法厂污水池水位异常下降,约9100立方米的含铜酸水从排洪涵洞直接流入汀江干流,导致汀江河水酸碱度超标四天,泄漏点下游的汀江上杭段部分河段酸碱度偏酸性、铜浓度升高,下游60千米处的部分网箱养殖鱼死亡。

汀江死鱼的图片在第一时间被门户网站曝光，引来汹涌舆情。7月12日，紫金矿业紧急停牌，政府部门紧急介入，国家环保部会同福建省环保厅、龙岩市政府组成的联合调查组最后认定，此次事件是重大突发环境事件，事因在于"企业污水池防渗膜破裂，导致污水大量渗漏后通过人为设置的非法通道溢流至汀江"。

出事后，大批媒体记者涌到上杭县，对紫金矿业进行疾风暴雨式的报道。各大门户网站首页黄金位置挂出汀江死鱼的照片，非常醒目而震撼。一时间，停牌、信息违规披露、逆市涨停等消息充斥电视、报刊和各大门户网站，将紫金矿业推上了"环保门"的风口浪尖。

国家证监会、福建省监管局对紫金矿业的污水渗漏环保事故迅速展开专项核查，对造成污染的铜矿湿法厂要求无限期停产，全面开展整改。

事发后，紫金矿业立即砌筑三道围堰围堵渗漏废水，并安装抽水泵回抽渗水，7月4日14时30分，渗漏废水已得到控制不再外流入汀江。到7月8日，汀江各取水点水样酸碱度大部分已回升到6~7.22，铜离子含量全部符合国家Ⅲ类地表水环境质量标准。根据监测，7月11日起，受到污染的汀江流域水质已恢复达标。

但祸不单行。2010年9月21日，受台风"凡亚比"影响，广东信宜市暴雨如注，猛烈程度200年一遇。上午10时许，坐落在信宜市钱排镇达垌村800米外山坳中的信宜紫金银岩锡矿尾库水量暴涨，高旗岭尾库大坝被洪水冲垮，位于大坝下方的达垌村瞬间被吞噬，五名村民遇难。

更为严重的是，洪水沿着钱排河飞泻而下，冲到下游5千米处的病险水库石花地水电站。根据事后调查，石花地水电站擅自加高了坝体，导致其拦河坝再次溃坝，洪水裹挟着泥石直冲向双合村，致使双合村17名村民死亡。事后统计，在事故中一共有22名村民死亡，房屋全倒户532户、受损户815户，涉及灾民2万多人、企业30多家。

两起事故叠加在一起，让紫金矿业受到空前的责难、非议和羞辱。公司遭到有史以来最为凶猛的舆论围殴，欲辩不能，毫无还手之力。

紫金矿业十多年来苦心经营打造出来的一个中国矿业环保品牌，一夜之间轰然坍塌。

这是紫金矿业的"至暗时刻"。那一段时间，是紫金人自从1993年公司创建以来最难熬的日子，面对着事故调查组的结论，和舆论铺天盖地的声讨，紫金人伤口在流血，心里极为憋屈。清末名臣曾国藩说过这样一句名言："好汉打落牙齿和血吞，真处逆境者之良法也。"即使天塌下来，紫金矿业都认了，真正勇敢的人，不是不流眼泪，而是含着泪水奔跑。

事故发生后，安全处置近百万立方米的含铜酸水成为应急处置的首要任务，更是死命令。在这个内外交困的危难时刻，紫金人空前地团结起来，陈景河董事长等集团公司领导驻守紫金山，靠前指挥，打响紧急应急处置战役。全集团上下齐心，总部员工、本土企业兄弟单位员工成建制地驰援紫金山，共克时艰，共渡难关。

处置酸性溶液必须加入片碱（即氢氧化钠，具有强碱性、强腐蚀性）进行中和作业。七八月份，正是南方酷暑夏日，暴雨冲刷后的紫金山天空没有半点云彩，片碱遇到酸水剧烈反应，产生大量热气。烈日炎炎，抢险现场涌动着灼人的热浪，为了防止片碱灼伤皮肤，大家穿上厚厚的塑胶防护服，戴上防护手套和护目镜，全身密不透风，汗水很快从头到脚流了个透，十几分钟一班轮换下来，每个人的胶鞋都能倒出满满的一碗汗水。喝起矿泉水来，那是成瓶成瓶地往肚子里倒。

事故发生后，陈景河在余田坑抢险点，与其他高管和普通员工一样，在台风暴雨中扛片碱，处置残留酸性废水。此时，陈景河已经快一个月没睡好觉了，精神和身体上都经受了非同寻常的考验，备受煎熬，仍然以坚强的毅力与大家战斗在一起。这位30多年前的公社社员，扛运材料时依然健步如飞，但是心灵的创伤却久久难以平复。在烈日的暴晒下，他的胳膊上留下了数处晒伤痕迹。

当时，抢险是公司压倒一切的任务。时任铜矿湿法厂堆浸车间主任的陈家祥，在检查 3 号子坝排洪硐渗漏情况时，因不知雨鞋破损，导致腐蚀性液体渗入雨鞋内灼烧肌肤，但他强忍着疼痛，确认排洪硐封堵体正常后，才去医务室。由于长时间的腐蚀，工作服和肌肤粘在一起，医护人员只能用剪刀一点点把工作服剪开。

当时在现场装沙袋堵防洪堤的铜金矿职工简贺源说，由于没日没夜地干活，累得不行，有人都快掉到沟里去了。简贺源和另一位职工李长亮一起装沙袋，配合程度最好，效率也最高，最后两个人的四只手都布满了大血泡。

简贺源回忆，大家以矿为家，几个月坚守在山上。现场要焊 PE 管，焊接工人不够，大家就经过简单培训，自己来焊。他拍摄并珍藏了一张照片：画面上，一大片的抢险职工在中午吃完盒饭后，全部躺在田埂上，睡得很香。

时任紫金山铜金矿联合露采指挥部机电工程处项目负责人的姜雍，当时承担着把南边的酸性废水输送到北口的抢险任务。其时姜雍年仅 27 岁，和职工们在现场没日没夜地加班，最长的一次 54 个小时没睡觉。一起参加抢险的指挥部处长梁锦如，看到姜雍长时间缺乏睡眠，就对他说："你这样不行啊，你马上回去睡觉，我帮你看好现场工程！"

姜雍回到宿舍睡了四五个小时后，突然被一个电话吵醒，电话告诉他一个噩耗：出事了，替他值班看现场的梁处长被雷击中了！

姜雍急忙到达工地，梁锦如已经停止了呼吸。姜雍在现场大哭：是梁锦如帮他看现场，替他捡了一条命啊！姜雍当时非常震惊、悲痛和愧疚！但是抢险任务还是很重，容不得他有更多的悲伤，他只能继续投入"南水北调"。姜雍白天坚持在工地上抢险，晚上到城里梁锦如家守夜护灵，整整一个星期，表达对梁锦如牺牲的哀思。

经过公司上下的日夜奋战，污水池中强碱性的片碱快速中和了酸性的废水，最终将废水变成了废渣，废水处理量也从一天 5000 方提升到 30000、50000 方。两个多月后，当年 9 月 23 日，全部废水处理完毕，废水泄露隐患全部消除。

2010年9月6日，股份公司成立十周年的庆祝大会改为反思大会，与会人员闭门思过，洗心革面，重新做人。公司高管们痛定思痛，从人才管理、项目投资、工程建设与管理等方面反思"7·3"事故所暴露出来的不足。

反思研讨会形成共识："7·3"事故全面暴露公司基础管理严重不足的问题，优异的经营业绩掩盖了管理的重要缺陷，事故发生在总部所在地，诸多管理制度形同虚设，这是一个完全可以避免的事故。公司没有把"安全第一、环保优先"的管理思想落到实处，导致环保安全设施和技术水平明显落后于生产系统。两大环境事故反映了企业发展的一系列问题，比如重生产，忽视环境安全；重增长，忽视基础管理；重速度，忽视工程质量；重投资和成本控制，忽视企业长远和综合利益。

事故发生后，上杭县迅速加快了在距目前紫金山铜金矿约10千米的汀江上游建设新水厂的进度，紫金矿业斥资1.14亿元参与、总投资2.5亿元的新水厂，在2011年春节前投入使用，正式向城区民众供水，彻底解决县城居民饮水的担忧。

"7·3"事故应急处理完成后，紫金矿业面对沉痛的教训，把金矿、铜矿的环保一起纳入整体整改范畴，按照"7·3"事故后续应急处置指挥部下达的61项整改要求进行整改，开展环境影响、水文地质、矿山安全评估工作；重新规划建设铜矿湿法厂，新建处理规模达每日6.5万吨的废水处理系统及库容为153万立方米的调节库。

此外，紫金山铜金矿建立起五道防线，提升环保水平，完善在线监测设施，新增八个监测点，各在线监测点均已配备应急电源、防雷接地装置，完善防洪、水污染应急预案、环保运行管理制度等。紫金矿业为了保证整改工程质量，将紫金山铜金矿整改工程方案委托给矿业工程设计领域的顶级企业之一中国瑞林工程技术有限公司进行设计，并聘请国际知名环保评估公司伊尔姆（REM）环境资源管理咨询（上海）有限公司进行评估。

经过两年的努力，紫金山矿区按要求完成了61项整改内容，对安环基础设施和湿法工艺进行了重组优化，整改总投资8.3亿元，建成了日处理矿量4.5万吨、阴极铜产能达2万~3万吨的国内最大的铜矿湿法厂。

其中，在离汀江200多米处，紫金矿业花费6250万元建造了一座7万立方米混凝土浇筑的、被整改验收专家认为全国矿区绝无仅有的垂直截渗重力坝；在"7·3"事故中废液溢出的北边沟出口，设置了自动取样24小时全程环境在线监测站，监控数据和图像实时上传省环保厅和县环保局；同时在排沟出口外的江面上设置了生物监测点，监测网箱养殖的鲤鱼和下游放养的鸭子。整个厂区地表水直接流入汀江的只有北边沟和南边沟两个出口，通过三个在线监测点和五个生物监测点，实现全程监控。而整个厂区工业用水则与山地自然水系完全隔离，工业用水通过废液池的收集全部实现循环利用。与此同时，在紫金山铜矿湿法厂110个工作岗位中，设置了30个环保岗位，严防死守，确保万无一失。

2013年1月25日，经过中国有色工业协会专家组两轮整改评审验收合格，上杭县政府批复同意因污染事故而关停两年多的紫金山铜矿湿法厂恢复生产。

而对于信宜紫金"9·21"事故，历经两年的诉讼与调解，2012年9月12日，在信宜市人民法院的主持下，信宜紫金与代表受灾村民的信宜市政府、钱排镇政府和有关单位，就一揽子解决"9·21"事故的灾损索赔达成协议。紫金矿业没有逃避责任，出于道义和社会责任感，最终拿出2.45亿元为溃坝事件兜底。

尘埃终于落定。紫金矿业在新一轮创业的开局之年，遭受了一场意想不到的重大挫折，从2010年7月到2013年1月的近三年里，因两次事故处置和企业整改付出了超过10亿元的巨大投入，缴纳了一次昂贵的学费。

不过对于立志全球化、造福社会的矿业公司而言，这也不全是坏事。管理层和全体员工，无怨无悔，经历了磨难，也接受了一堂关于安全、环境和生态乃至社区关系、社会责任的无价的课。在关键的时间节点上，2010年的两起事故成为公司脱胎换骨和自我革命的磨刀石。紫金矿业在走向国际化的新一轮创业起点上开始了一场管理革命,最终实现了凤凰涅槃和浴火重生。

"一家未经市场风雨考验的企业,算不得真正意义上的成功企业,只有经过风雨之后依旧保持不败的企业,才算得上真正成功的企业。"美国著名管理学家、《基业长青》作者吉姆·柯林斯曾如此判断。

笑傲全球"矿业寒冬"

新一轮创业,出师不利,命运多舛。

从2013年开始,全球矿业的冬天就呼啸而来。

全球矿业低迷,如何在矿业的冬天添棉衣御寒、保暖、生存,对紫金矿业来说是一张新的考卷。

矿业是一个周期性的行业,金、铜等大宗金属产品没有永远的牛市。矿业从2003年到2012年经历了一次十年的繁荣后,从2013年开始进入一个冬天。2013年第二季度以来,黄金价格高台跳水,一直在1200美元附近徘徊,最低跌到1100美元。而铜价也从2011年第一季度末最高点的76000元/吨,一路跌到2015年底的34000元/吨(见图7-1)。

图7-1 国际金铜价格走势图

有专家指出，矿业的周期性是源于资本逐利的本性和经济发展导致的矿产品需求上升这两大根本因素，矿业行业在可以预见的未来逃不出周期性这一魔咒。这是因为经济发展的速度与矿产品供给的增长速度二者之间存在着脱节。在经济发展导致矿产品需求上升的时候，矿产品供给的增长往往滞后。而在经济发展减速、经济停滞乃至经济萎缩之时，矿产品供应的递减也往往滞后。经济规模的长期趋势无疑是增长的，进而导致"价格上升→资金涌入→矿产品供给增加、价格下降、资金流出→供给增长停滞或供给下降→价格上升"，如此周而复始。

从 2013 年到 2016 年，包括黄金企业在内的全球矿业企业连续四年普遍出现亏损甚至巨额亏损，矿业形势持续恶化，亏损、裁员、减产、变卖、破产，成为全球矿业挥之不去的"重霾"。

大幅萎缩的现金流已不能支撑高筑的债台，大中型矿业公司纷纷出售资产，以偿还债务，改善资产负债表。在加拿大，适逢政府开放药用大麻种植市场，从 2014 年年初开始，陆续有十几家支撑不下去的初级矿业公司宣布，改种大麻。当时的加拿大世纪铁矿有限公司（Century Iron Mines Corporation）则利用其与中国大型矿业公司合作的优势成为一家澳大利亚食品公司的独家代理，在中国卖鸡蛋！

到 2015 年下半年，大型黄金公司的股价跌到了 14 年前的水平。2015 年 10 月，全球矿业公司的总市值首次跌破 1 万亿美元。2015 年 11 月，英国巴克莱银行（Barclays）的分析说，过去五年矿业公司的市场表现是自 1966 以来的 50 年间最差的。

全球最大的矿产品贸易商、大型矿业公司瑞士嘉能可（Glencore plc），2015 年 9 月 28 日下跌了 31%，创下了盘中 0.67 英镑的上市后的最低价，被称为矿业界的"雷曼时刻"。当时的嘉能可净债务达 296 亿美元，在股东的压力下，正在通过发行新股、暂停分红、出售资产等各种手段力求偿还 102 亿美元的债务，以降低杠杆水平。

中国矿业也难以置身事外。2011年是中国矿业史上收获最好的一年，这一年中国矿业利润总额超过1.1万亿元人民币。之后，矿业跌入万丈深渊，利润一路跌至2016年的1825亿元人民币，仅为2011年的16.59%。矿业行业的利润率从2006年的25.6%下降至2016年的3.7%，已经远远跌破了银行利息，这个利润率恐怕是中国矿业史乃至世界矿业史上没有过的。

紫金矿业和国内各大黄金企业一样，利润也都大幅减少，承受了巨大的生产经营和发展压力。

紫金矿业如何应对这种新常态？当时，陈景河认为，随着矿产品国际价格暴跌，矿业公司出现大面积亏损，当前人们期待矿产品价格能够像2009年那样，实现V型反转，是不切实际的想法。中国经济的增长速度明显在减缓，而且增长方式和经济结构也在发生重要变化，中国大宗商品生产和消费量占全球的40%~50%，如此之高的比例，要继续拉动全球需求增长几乎是不可能的。矿业市场目前正处于消化和调整期，待本轮调整过后，随着高成本产能消失，部分重大矿山资源枯竭，低收益行业投资大幅度减少，矿产品价格适度回调是完全有可能的。但这个过程可能需要3~5年的时间，所以矿业行业必须做好持久战的艰苦准备。

实际上，新一轮的矿业调整期，从2013年全面开始到2017年反弹企稳，只用了4年多的时间。

令人刮目相看的是，从2013年到2016年，矿产品价格大幅波动，但紫金矿业却仍然保持良好的盈利水平，表现出了出色的抗压能力。数据显示，2013年、2014年和2015年，紫金矿业归母净利润分别为21.25亿元、23.45亿元、16.56亿元，连续三年居全球上市黄金公司前三位，在福布斯全球2000强企业排行榜中，综合指标进入全球金属矿业企业前十强。

尤其是2015年年初，紫金矿业发布2014年业绩公告后，引起了媒体的关注。这是一个有趣的现象：2014年，矿业的严峻形势更甚往年，矿产品价格持续大幅下跌，黄金、铜均价分别同比下降10.4%、7.9%，矿业企业再次承压。而紫金矿业却逆势实现增长，实现营业收入587.61亿元、同比增长18.6%，实现归母净利润23.45亿元、同比增长10.36%。反观国际上黄金巨头鲜有捷报，亚马纳黄金（Yamana Gold）、金罗斯黄金（Kinross Gold Corporation）、加拿大黄金（Goldcorp Inc.）、巴里克黄金（Barrick Gold Corporation）等知名企业尽管情况较2013年有所改善，但依旧出现了85亿元以上的亏损，其中黄金巨头巴里克黄金亏损额更是高达179.07亿元。紫金矿业的净利润毫无悬念地保持在了全球黄金企业的前列，位列全球第二位，仅次于纽蒙特公司（Newmont Corporation）的31.29亿元。

市场压力下，紫金矿业的效益如何以连续正增长的态势屹立于业界？毋庸置疑，成本控制仍然是紫金矿业的核心竞争力。

2014年11月，陈景河接受《中国矿业报》记者采访时，揭开紫金矿业"笑傲矿业寒冬"的面纱：成本是最核心的问题。成本处于低成本区间，市场怎么变化都没有危机，企业只是少赚而已。

陈景河对此谈道：一家企业的逆市盈利能力，不是看你在市场红火时赚多少钱，关键看你在市场萧条时能不能赚到钱。当前一些企业发展非常困难，以前赚100多亿元，如今可以亏100多亿元。紫金矿业2014年前三季度在逆势中实现利润增长，这个钱与过去相比，虽然少赚很多，但是非常宝贵。不管市场如何变化，紫金矿业的成本控制是很好的。

陈景河回顾从2005年以来近十年矿产品价格走势，详细分析紫金矿业的盈利空间。他认为：目前产品价位不算低位，还属于中上水平，不要看原来铜8万元1吨，现在变成4万多元1吨，确实跌了很多，可是在2010年每吨铜才两三万元甚至一两万元。黄金十年前每克100多元，2014年第四季度200多元，还不算很低。这些数据总被忘却。他强调，要用历史的观点思考矿业市场，目前，矿业企业还远未到"走刀尖"的境地，还有很多潜力可挖。

紫金矿业的重点矿山大多在矿业低潮时期购入，代价低，风险小，正是逆周期的投资成就了紫金矿业，并使得公司在矿业严冬下具备了相当的竞争优势。如公司的矿产金，2015 年销售成本是 135.62 元 / 克，比 2014 年减少 5.79%，毛利率依然达到 36.91%；公司的矿产铜，2015 年销售成本 17504 元 / 吨，比 2014 年同比减少 5.21%，毛利率还达到 39.75%。

狠抓管理，自我改革

当然，紫金矿业能够"笑傲寒冬"的秘密，除了低成本并购、运营的矿山质地好，还在于公司通过管理创新和技术创新，使产销量提高、冶炼企业大幅减亏、成本得到有效控制。在矿业低迷的那几年里，公司持续开展"抓改革、保增长、促发展"的工作，成效显著。单单在 2014 年，在价格因素对公司利润产生约 14 亿元影响的情况下，仍然实现了逆势增长。

股份公司成立十多年来，紫金矿业走出去，创办了一大批矿山和冶炼等企业，家大业大了，人丁兴旺了，一些权属公司难以避免地滋生了官僚主义、"大锅饭"和运营内卷。

抓改革，要动真格，首先是要解决"人"的问题，把价值创造和市场准则作为改革的衡量标准，迅速改变企业行政化、"大锅饭"现象，通过序列人事制度的改革，让能够为企业创造价值的人员进得来，损害企业价值的人员出得去，建立良好的市场用人和市场竞争机制。

贵州水银洞金矿曾是紫金矿业旗下的明星矿山，前几年经济形势好，"人才"没有大量进入，"人口"则增加不少，机构不够精简，员工价值创造的主动性不高，在矿产品价格大幅下跌的形势下，这座矿山一度陷入困境。

破局从打破"大锅饭"开始。2014 年，贵州紫金从解决"人"的问题着手改革，通过推行岗位竞聘和对部门机构进行重组、分立、撤销等结构性调整，让一批能为企业创造价值的人员上来、损害企业价值的人员出去，劳动生产率提高41%。与此同时，矿山还通过"内部市场承包运作"管理模式，实现了成本的大幅下降。通过改革求变，贵州紫金2014年全年矿山净利润6600多万元，吨矿采矿成本下降26.33%、选矿现金成本下降14.52%，濒临亏损的矿山重新焕发了生机。

降本方面，2013年，紫金矿业确定25家重点监管企业，由集团总部和区域公司实施双重监督管理，全面推行精细化管理，实施一企一策，加强以产量、成本、安全环保和生产技术经济指标为重点的经济责任制考核。通过开展生产定额管理，公司先后对重点矿山的采掘（剥）工程作业单价进行测算和复核，按2012年工程量计算，工程总金额下降近1亿元。通过确定重点冶炼加工企业经济库存量和库存消化达标时间，每月跟踪消化进度，使冶炼企业存货周转率明显提高，库存大幅下降。

同时，2014年，紫金矿业成功注册中期票据100亿元，首期发行25亿元，节约融资成本约6500万元；获批6亿美元境外放款额度，有效满足境外项目开发建设和并购资金需求；继续开展黄金租赁业务，融资总额63亿元，节约融资成本1.77亿元。此外，企业的销售费用、财务费用均实现8%以上的下降，而招待费更是比上年度下降45%以上。

此外，紫金矿业还加大对供应商和工程队的管理。2014年，紫金矿业通过开展地采和部分露采矿山的采矿单价测算，组织矿山企业和工程队谈判相应下调工程单价，加强对项目工程造价审查、巡查优化，严把工程结算关，使工程方与集团抱团取暖，共同应对矿业寒冬，全年优化节约及核减项目投资约5.4亿元。其中，紫金锌业2013年矿石露采量达3000多万方，集团西北公司派人花了几个月时间在采矿场监测施工单位成本，对人员、设备、爆破费用、油料、轮胎损耗以及管理费用进行精准计算，最后，重新核定的单价为紫金锌业节省了每年上亿元的成本费用。

与此同时，在物资采购领域，紫金矿业推行集团化管理理念，确定与国内外知名企业等"国家队"合作的理念，关注设备、物资全"生命周期"的战略总成本。通过集团化的集中采购，对本土区域的运输进行了整合，实现了成本的大幅下降，仅紫金山铜金矿 2014 年各类大宗物资采购成本就节省了 1.05 亿元。

对此，陈景河总结说，搞管理的一个重要内容就是成本控制，而成本控制的核心是对供应商和工程队的管理，其中：对工程队的管理要从研究其成本构成及核算方式开始，了解他们能赚多少，降价的空间有多大；对供应商的管理，则要侧重议价能力，不怕不识货就怕货比货。只要管好了供应商和工程队，就能轻轻松松地降低成本。

搬掉"铁板凳"，以价值创造为准绳，是紫金矿业市场化改革的又一举措。

过去，无价值或无法通过有效工作提升价值资产的存在，占用、消耗着公司的资源。紫金矿业按照"轻重缓急、关停并转"原则，使创造价值的资产得以"肉贴肉"抱成一团、取暖过冬。2014 年，集团公司共注销或转让 24 家企业，注销了 5 家无找矿前景的勘探公司，实施了 10 家单位的管理、业务合并。

集团公司规定：所有亏损企业必须制定严格的扭亏增盈和减亏指标，对负现金流大于员工薪酬总额 60% 的企业，原则上应予关闭或出售；对负现金流企业，三年扭亏无望的，也应考虑关闭或出售。

2014 年以来，集团公司推行亏损企业技改挖潜和领导岗位竞聘，严格控制亏损企业用工人数、工资总额及各项费用开支，奖励通过变革实现扭亏的企业。压力面前，困难企业积极寻策谋进，历时一年，集团公司旗下 10 家冶炼企业减亏约 5.7 亿元。其中龙头冶炼企业紫金铜业狠抓内部加工和管理，完善成本核算体系，实现利润 6689 万元。冶炼企业的大幅减亏，成为集团公司"两位数增长"的一份重要力量。

保增长，是实现企业持续发展和价值实现的重要保证。效益、成本、企业的可持续发展是公司管理永恒的主题，保增长，最核心最重要的指标就是净利润指标。增加产量是降低成本的最有效方法，技术进步和管理创新是实现良好效益的重要途径。

2014年，紫金矿业旗下内蒙古三贵口、新疆乌拉根铅锌矿、俄罗斯图瓦锌多金属矿、吉尔吉斯斯坦左岸金矿和塔吉克斯坦克吉劳金矿等一批国内外重点建设项目，克服多重困难，基本建成投产。尽管2014年矿业形势持续恶化，但紫金矿业加大了对外投资的力度，介入刚果（金）科卢韦齐铜矿、加拿大Pretium、澳大利亚上市公司NKWE铂业公司、河南省洛阳坤宇矿业、马坑铁矿等的相关业务，这些后来都成为紫金矿业新的产能和增长极。

促发展，是努力构建可持续快速发展的基础和条件。紫金矿业首先通过出售一些小型矿山，减少企业管理幅度和风险，并通过并购获得一些大型矿山和矿产地，这是实现持续增长的重要保证。高品质资源，是企业抵御市场风险最好的方式。同时紫金矿业高度重视发展的可持续性，避免短期行为，培育"创新"这个核心竞争力。

福建紫金矿冶测试技术有限公司（以下简称"紫金测试公司"）是紫金矿业全资子公司，具备1100多项检测能力，涵盖矿石、环保、水质、土壤、气体、噪声、贵金属等领域，具备实验室认可、计量认证、地质实验测试/岩矿测试甲级资质以及伦敦金银市场协会（简称"LBMA"）认可注册资质，并主导、参与100多项国际、国家、行业标准起草，是国内一流的测试公司。

虽然具备这么强的测试能力，但该企业在相当长一段时间里只给集团内部企业提供测试服务，且基本上免费，造成严重的资源浪费。2014年，为应对金属价格持续下跌的压力，紫金矿业对集团内非矿山、非冶炼企业实行"断奶"，使其成为完全意义上的独立法人。

"这样一来，100多个员工的工资都要靠自己，压力可想而知。"紫金测试公司总经理夏珍珠说，为了生存和发展，公司不仅对原来免费的集团内部测试服务收费，同时还向外界提供矿冶检测技术测试服务，成了地道的服务提供商。2014年，该公司实现收入3700多万元，此后在厦门设点，并新增宝石、玉石等检测服务，加大对外开展业务的力度，把服务作为公司发展新的增长点。

陇南紫金依托设备大型化、控制信息化、操作自动化等高新技术，不但大大缩减了人员，还提高了劳动效率。2014年，陇南紫金员工人均劳动生产率达到年处理1.2万吨矿石，产金2532千克，完成年度计划的118%；实现利润16111万元，完成年度计划的236%，尽可能少的人员产生了尽可能大的经济效益。

在紫金山铜金矿，2014年加强科技创新工作，创造经济价值超千万元。针对金矿石中铜品位逐渐升高等生产实际问题，紫金山技术部门有效开展科技创新研究项目20余项，其中结题16项，4项科研成果实现了工业化，取得了良好的经济效益，为全矿降本增效目标的实现提供了有力支撑。

这些工业化的创新项目及带来的效益是：金矿重选溜槽淘洗尾砂直接外售，降低了金矿尾碴品位，与传统回收方式对比，新增金属量32.5千克，多创造利润600余万元；实施酸化—硫化工艺，实现了堆浸中铜的高效去除和氰化物的有效回收，解决了含铜低品位金矿生产中遇到的技术难题，创造经济效益约200万元；优化下田寮环保系统工艺，减少漂白粉用量、吨水药剂费用，降低药剂处理费用120万元；优化哑坑环保系统工艺，节省成本约75万元；实施铜矿浮选尾矿浓缩试验与浓密机改造项目，增强了浓密沉降效果，降低了药剂使用量，节省成本约70万元。

在内蒙古的巴彦淖尔紫金，利用技术创新，成功研发出工艺，将2万余吨含铜锌精矿实现铜锌分离，建成一条浮选生产线，成功盘活积压资金1.4亿多元，每月减少利息支出近70万元，而且实现加工费效益同比上涨

800 元/吨，这批积压的矿直接增效 3000 多万元，成功让巴彦淖尔紫金解套减亏。

里程碑意义的海外并购

从公司的发展历史来看，危机是上天赐给紫金矿业最好的礼物。

危机危机，危中有机。在矿业"严冬"里，紫金人虎视眈眈，随时准备。

2013 年 12 月初，《中国矿业报》记者李平在安徽合肥执行采访任务时，"巧遇"了一位外籍人士——澳大利亚人诺埃尔·怀特（Noel White）。

年逾八旬的诺埃尔是国际著名的矿床学家和矿床勘探学家，是浅成低温热液型贵金属矿床成矿理论和成矿模式的主要奠基人。他曾在世界上最大的矿业公司必和必拓工作 35 年，担任过该公司的总工程师。2013 年 9 月，他还被国务院批准授予 2013 年度中国政府"友谊奖"。

得知李平第二天要去紫金矿业采访，诺埃尔特意亮明了他的另外一个身份——紫金矿业绝对控股的澳大利亚诺顿金田的独立股东。"这是一例非常成功的投资，显示了紫金矿业在企业管理、资本运营和对外扩张方面非常强大的能力。"诺埃尔高度评价紫金矿业在诺顿的投资。他告诉李平，他曾经参与了紫金矿业收购诺顿金田的一些具体工作，在短短一年多的时间里，惊喜地看到这家公司在紫金矿业的带领下一步步走出"泥潭"，步入良性发展的轨道。

2010 年，紫金矿业实施以国际化、项目大型化、资产证券化为特征的新一轮创业。在澳大利亚并购诺顿金田并成功运营，是紫金矿业新一轮创业首个阶段性胜利的标志。

澳大利亚位于南半球的大洋洲，面积为 769 万平方千米，得天独厚，地质结构长期稳定，地层古老，数亿年来没有强烈的地质运动，利于矿物的长期积聚、富集。澳大利亚是世界上最大的铝土、氧化铝、钻石、铅、钽生产国，黄金、铁矿石、煤、锂、锰矿石、镍、银、铀、锌等的产量也居世界前列，被称为"坐在矿车上的国家"。

2012 年 8 月 5 日，紫金矿业宣布，公司对澳大利亚诺顿金田的全面收购已取得成功，这是中国企业在澳大利亚实现的第一起金矿收购。

诺顿金田位于西澳著名的黄金矿区卡尔古利（Kalgoorlie），年产黄金约 4.67 吨，并拥有 185 吨的黄金资源量。紫金矿业从 2011 年 9 月开始认购诺顿金田的普通股，并在 2012 年 5 月底与诺顿公司签署收购执行协议，以出资 2.09 亿澳元（约合 14.1 亿元人民币）对诺顿金矿实行 100% 全面收购，紫金矿业的收购要约得到诺顿董事会和员工的全力支持，并顺利得到两国政府主管部门的批准。

通过此次收购和之前的二级市场收购及增发认购，紫金矿业以约 1.88 亿澳元的代价，获得了澳大利亚上市公司诺顿金田 89.15% 的权益，成为中国为数不多在海外拥有规模运营资产和上市平台的企业之一。

诺顿金田成立于 2004 年 12 月，并于 2005 年 9 月 16 日在澳大利亚证交所上市，是一家中型、非对冲的黄金生产和勘探公司。诺顿金田 2012 年产黄金约 4.7 吨，拥有黄金资源量约 185.4 吨，其中探明和控制的资源量合计约 101.6 吨，拥有黄金储量约 31.2 吨。

对诺顿金田的收购，是紫金矿业一场"蓄谋已久"、长达四年才最终完成的并购。早在 2009 年 12 月，紫金矿业即开始与诺顿金田主要股东接触。较早前的接触显示，诺顿金田是一家资质不错的黄金矿业企业，规模较大，管理规范，主要问题是财务压力大、运营成本较高，但总体上值得投资。

对诺顿金田的收购大体上分为"三部曲"：二级市场购买，增发和全面要约收购。更令人欣慰的是，要约收购结束后，诺顿金田继续保留了上市公司地位。如果紫金矿业获得的股权超过90%，诺顿金田极有可能要退市，并且还得缴纳500万~1000万澳元的印花税。澳大利亚相关法规要求上市公司的股份必须有一定程度的分散性，否则将予以强制退市。

当时的副董事长蓝福生认为，诺顿拥有超过10%权益的股东之所以留下，与紫金矿业强大的综合实力是分不开的，正是因为紫金矿业优秀的营运业绩，才使其他股东深信诺顿金田在紫金矿业控股后会有更好的发展，从而保留了其股权。

除了低价获得大量资源，诺顿金田还是紫金矿业第一次控制一家已经在全面运营的国外企业，这在中国出海的企业中不多见，在矿业领域更是凤毛麟角。通过此次收购，紫金矿业将获得宝贵的发达矿业市场的经验，并可通过资产注入推进正在建设中的海外项目发展，为紫金矿业打造新的融资平台。

收购诺顿金田的成功还将为紫金矿业打造海外收购"绿色通道"。此后假如诺顿金田继续在澳大利亚投资收购矿业项目，就是澳大利亚的"国内收购"了。由于诺顿金田是澳大利亚独立上市公司，以后通过它进行澳大利亚项目收购将免去诸多审批环节，并且将为海外其他地区的并购提供便利。

但刚刚接手时诺顿金田资产负债率高，生产成本高，资金运营困难，特别是文化背景不同，如何使企业尽快走出困境，成为紫金矿业在海外的"紫金山"？

诺顿金田收购全部完成后，陈景河亲自兼任并购后的诺顿金田的董事长，并聘请了既有中国背景又熟悉西方文化、在中国工作多年并在澳大利亚有18年丰富经历的陈奠民担任公司的首席执行官。诺顿金田继续聘任海外专业人士进行管理和运营，只是核心管理层中有了解中国和当地文化的海外华人。

面对 1300 美元/盎司的黄金成本，紫金矿业接管后的诺顿金田对矿山生产运营策略进行重大调整：

推行帕丁顿矿矿山大型设备自主化，通过公司出资购买大型挖掘机、铲运机、装载机、卡车等新设备，增加固定资产，替换原有承包商，不仅节约大量的承包与租赁费用，而且通过加强内部管理，提高设备运行效率，提高了生产力。

面对债务多、融资难的问题，通过紫金矿业担保，诺顿金田获得低息贷款 1.05 亿美元，作为其偿还历史遗留的高息贷款及新设备采购、新矿开发所需资金，降低了公司的融资成本。

在技术方面，紫金矿业组织安排地、采、选专业人员赴诺顿金田矿区工作，同时让他们作为集团公司与诺顿金田的技术交流协作联络人，以增强诺顿金田的综合技术实力。另外，紫金矿业从集团公司有关部门遴选专家，组成国内技术支持小组，作为诺顿金田的技术咨询机构，加强其与总部在技术方面的合作，降低技术咨询成本。

通过这些措施，诺顿金田在较短时间内完成了管理团队的平稳过渡，逐步增加了黄金产量，半年多后，诺顿金田的生产成本也从原来的接近 1300 美元/盎司降到 900 多美元/盎司，生产运营与效益收入也有大幅改观，并获得了 2180 万澳元环境恢复治理保证金的返还。诺顿金田项目为紫金矿业国际化实现了新的突破。

2014 年 2 月 8 日，初春的上杭县春寒料峭。紫金矿业在总部举办集团公司发展战略研讨会，确定公司新一轮发展规划，明确今后发展方向与工作重点。这是 2010 年年初提出新一轮创业后，时隔四年、历经环保事件波折和矿业冬天冲击之后的"重启"。

陈景河以《紫金矿业的现状与未来发展之路》为题作高管总结发言，就公司现状、历史回顾和最主要问题进行分析，并回顾了公司发展战略与新一轮创业，认为在新一轮创业发展的战略选择上应：坚持以金属矿业为主，金、铜优先；提高矿产资源基础性和先行性地位；大力推进公司国际化进程；项目大型化、资本证券化；加大并购力度，争取重大项目并购成功。

陈景河说："当前阶段，金属价格开始下跌，这是'7·3'事故后，我们面临的一个较好的发展机遇期，会出现较多的并购机会。紫金矿业发展到现阶段，开展国外投资必须进行充分的风险和承受能力评估。紫金矿业的国际化战略是坚定不移的，不走这一步，公司没有发展，会慢慢萎缩，公司高管人员下一步的主要精力要专注于国际化的事情。"

国际矿业市场从2012年起开始回落，矿业公司股价一路下跌。由于市场信心不足，矿业公司融资困难，导致许多初级勘探公司股价跌至不足高位时的10%。大型矿业公司股价也很惨，部分公司股价已跌回2008年金融危机时的水平。全球黄金及基本金属价格断崖式下跌与金融市场的震荡同步，使矿业形势持续恶化。在此背景下，紫金矿业积极推进实施国际化战略，寻找并购机遇。

2014年，公司建立高达13亿美元的储备资金用于收购交易，特别着眼于非洲地区，积极寻找拥有100吨以上储量的黄金项目和储量超过100万吨的铜项目。

"只要走好国际化、坚持项目大型化和资本证券化，紫金巨轮就一定能冲出困境、冲向高技术效益型特大国际集团的未来！"陈景河为管理层打气。

此时，公司塔吉克斯坦泽拉夫尚金矿、澳大利亚诺顿金田运营良好，俄罗斯图瓦锌多金属矿、吉尔吉斯斯坦左岸金矿已进入试生产期，为紫金矿业的国际化积累了经验，锻炼了队伍，增强了信心。

发展战略研讨会后，紫金矿业并购动作频频。先是出资7亿元接手洛阳钼业旗下金矿，又在 2014 年 4 月，通过澳交所上市的控股子公司诺顿金田，以 2520 万澳元（约合人民币 1.46 亿元）全面要约收购布拉布林黄金公司（Bullabulling Gold Ltd.）全部已发行股份，要约价格相比澳交所 4 月 17 日布拉布林普通股收市价溢价 30%，亦比同日澳交所布拉布林普通股三个月成交量加权平均价溢价 32%。当年 11 月，紫金矿业首次立足非洲，投资 7702 万美元从浙江华友钴业手中收购刚果（金）穆诺索伊矿业 51% 股权及部分股东贷款等，从而获得了科卢韦齐铜矿。

矿业寒冬，紫金矿业连连出手，国际化并购硕果累累。到 2015 年，全球矿业持续趋冷，矿业经济下行压力不断加大，矿产品价格大幅下降，大多矿产品价格已降至历史最低点，几乎无利润可言。国际矿业上市公司的市值缩水严重，许多初级勘探公司或倒闭或在生死边缘徘徊，至于这些矿业公司的股票更因无人问津而成了"僵尸股"。矿业公司处境十分艰难，在生死边缘苦苦支撑。不少国际矿业公司市值锐减，资金链条断裂，急需海外投资，这为中国企业在海外抄底提供了难得的机会。

从 2005 年试水海外，十年磨一剑，紫金矿业临门一脚，踢进一个好球，迎来了 2015 年具有里程碑意义的成功！

2015 年 5 月 26 日，紫金矿业与艾芬豪矿业（Ivanhoe Mines Ltd.）和巴里克黄金两大国际矿业巨头结成战略合作关系，在厦门签署合作协议，共同开发世界级超大铜矿、金矿。

双方签订的协议约定，紫金矿业分别以 25.2 亿元和 18.2 亿元的对价，取得艾芬豪矿业旗下的世界级超大未开发铜矿刚果（金）卡莫阿铜矿的 49.5% 股权和巴里克黄金旗下的大型在产金矿巴布亚新几内亚波格拉金矿 50% 的权益，两个矿山的铜、金资源储量分别为 2416 万吨、285 吨。

卡莫阿铜矿原由加拿大上市公司艾芬豪矿业持有 95% 的股份，是该公司的三个核心矿业资产之一。该铜矿位于中非成矿带内，是目前全球尚未开发的铜矿中资源储量最大、品位最高的一个项目，也是迄今为止中国企业在海外收购的最大铜矿。该铜矿平均品位2.67%，资源储量有望突破3000万吨，且该铜矿距紫金矿业当时正在建设的刚果（金）科卢韦齐铜矿仅60千米，具有较大集群、协同效应的前景。

位于巴布亚新几内亚的波格拉金矿，由在多伦多和纽约两地上市的全球最大的黄金生产商巴里克黄金持有95%股份。巴里克黄金出于战略调整需要，重点保留美洲核心资产，希望通过出售大洋洲、非洲等地的矿山资产，改善资产负债状况。该矿是在产矿山，生产设施齐全，技术成熟，年产黄金15~16吨，按当时的金价计算，该矿五年的预计年销售收入为7亿美元，盈利状况良好，位列全球在产金矿第36位，将为紫金矿业增加约10%黄金资源储备，并可部分消除公司主力矿山紫金山铜金矿矿产金产量下降的影响。

紫金矿业凭借在投资并购领域的成功运作和在亚洲矿业界的优秀表现，在2016年4月香港举办的"2016亚洲矿业与财富高峰论坛暨展览会"上被评为"亚洲最佳矿业公司"，是亚洲的唯一上榜企业，该奖项被认为是亚洲最负盛名的矿业投资奖项。

2015年，是紫金矿业国际化实现大飞跃的年头。收购刚果（金）卡莫阿铜矿和巴布亚新几内亚波格拉金矿权益，是"走出去"十年来最大的两笔投资，公司因此新增的黄金和铜金属储量，等于半个紫金山金矿、四个紫金山铜矿！

紫金矿业卧薪尝胆后，在国际矿业市场成功重拳出击，此时国内外一大批专业、理性的媒体，如《中国矿业报》《21世纪经济报道》《中国产经新闻》，英国《金融时报》、路透社，美国《市场连线》、美通社等，纷纷赞誉紫金矿业在国际矿业并购市场上的突破，肯定公司的实力与远见。

荣辱天上云，沧海一声笑。陈景河对媒体记者说：紫金矿业20年来最大的成就，不是每年占黄金行业近1/3的利润，不是所控制的1.2万亿元资源储备，甚至不是一家县级企业迅猛崛起为中国黄金企业龙头的神话，而是历经"7·3"事故等磨难和洗礼，重整旗鼓，成功登顶国际舞台所具有的"强者精神"！

经过 2015 年两起里程碑式的国际并购，紫金矿业不仅在资源储备上实现跨越式发展，而且一雪 2010 年污染事件的耻辱，从此轻装上阵，高歌猛进，加快新一轮创业进程。

在非洲创造"紫金速度"

广袤的非洲，面积 3020 万平方公里，相当于三个中国，矿产资源极为富饶，矿产储备占到全球的 2/3，拥有超过全球储备半数以上的黄金、铂、钯、钴、钻石，以及大量的铀、锰和铬、石油，是全球资源最后一块处女地。目前各大国都在加紧布局非洲，非洲也是中国矿业的投资热点。

紫金矿业问鼎非洲的首个国家是刚果（金）。2014 年 11 月，从浙江华友钴业手中收购非洲刚果（金）穆索诺伊矿业简易股份有限公司（以下简称"穆索诺伊"）51% 股权，2016 年 8 月，紫金矿业又收购穆索诺伊 21% 股份，成为该公司最大股东，从而获得了刚果（金）卢阿拉巴省的科卢韦齐铜矿。

2014 年年底，紫金矿业派出的管理团队进驻刚果（金）并正式接管科卢韦齐铜矿项目。穆索诺伊总经理龙翼、总工程师张卿是第一批进入非洲的紫金人。他回忆说：刚来时他们居住的位于科卢韦齐市的平房经常一周没有水、一天要停电七八次，还要面临当地移民局的不断调查。进入矿区只有一条狭窄的小路。矿区杂草丛生，荒草可以长到 2.5 米高。在矿区，人们相隔 5 米便谁也看不到谁，交流只能靠喊，草丛里有剧毒的黑曼巴蛇，让当地人都闻之色变。当地人靠捡矿为生，形成了"手抓矿"行业，但大多数人生活无以为继。

接管初期，一切百废待兴，废弃矿坑抽水是他们首要解决的问题。不少专家认为，矿坑水有可能与周边的两个水库连通。那么，怎么把这"半个西湖的水"抽干呢？起初他们心里也没底。龙翼带队查阅地质资料、实地考察，通过案例对比、打施工水文地质孔等进行验证和核实，最终，原本预计半年抽完的这些"抽不完的水"，他们只花了三个多月就抽干了。

水抽完了，问题也随之而来。当地的群众看到矿坑边坡有露出的高品位的铜矿石，一拥而上，现场最多时有1000多人，有的架起了帐篷，就地挖矿，有的甚至全家老少一起上。公司安保力量已无法维持，局面也几度失控，发生多起冲突，后经过政府支持，抢矿事件才得以平息。

一波未平，一波又起。在征地拆迁和临时电路设施施工阶段，紫金建设者受到当地居民强烈抵抗，被当地村民扔石子，甚至时有发生政府派出的协调工作人员被打的事件。

为尽快使这座百年矿山恢复生机和活力，适应当地的社会环境，紫金矿业管理团队提出了"文化融合"的思路，穆索诺伊总经理龙翼与当地大酋长齐桑达见面，表达了中方对当地传统文化的尊重，以及发展当地经济、造福社会的心愿。通过向当地学校捐赠课桌椅、教学设施，修建公益大桥，打井送水等，紫金矿业管理团队慢慢受到齐桑达的认可和当地居民的认同。

同时，紫金矿业管理团队马不停蹄地走访了当地的中资企业华刚、中铁九局等，引进优质的施工队伍，了解当地的政策、法律法规等。由于各方面工作处理得当，科卢韦齐铜矿前期移民拆迁、临时用电投入、物流采购、基建剥离等筹建工作也得以顺利开展。

2015年5月5日，科卢韦齐铜矿正式开始现场建设。

让紫金建设者没有想到的是，这一天，齐桑达带领矿区周边的数百位民众，按照当地部落特有的传统习俗和仪式，为公司项目建设进行祈福。得到大酋长的支持，紫金人在非洲更有了底气，但摆在他们面前的问题和挑战依然严峻。

刚果（金）虽然矿产资源丰富，但物资极度匮乏，当地没有加工业，物流运输也是该地区的一个短板。外资企业及当地政府的基础设施建设等相关工程所需的机械、五金建材、建筑用品，甚至连最基本的生活用品都要依靠进口。

面对先天不足的环境，紫金矿业管理团队自我施压，倒排工期，立下军令状，誓要"将建成时间争取提前半年到一年"，誓要"争取节约投资20%"。

2017年6月13日，穆索诺伊异常热闹，周边围满了当地的群众，他们以载歌载舞的形式表达庆祝和喜悦之情。随着滚烫的铜水缓缓流出熔炉，穆索诺伊产出首批粗铜，标志着科卢韦齐铜矿全面建成投产。一期设计建设期2.5年，实际建设期仅2年。一期项目设计总投资6.39亿美元，通过优化工艺和设备选型、科学合理组织施工、发挥采购成本优势等措施，项目建设实际投资约2.5亿美元，节省比例达60.88%。

2018年3月23日，紫金矿业董事会基于对国内外市场机遇变化的重大判断，在反复论证的基础上，提出加快穆索诺伊二期铜钴资源综合回收利用项目，建设周期12个月，建成后年产铜金属5万吨、钴金属3000吨。

穆索诺伊二期项目建设所需80%以上的物资都需要从南非德班港进口，但南非政局不稳，罢工、拖延是家常便饭，而从德班港到项目工地还需要穿越3000多千米、六个国家，通关和放行都需要时间。一开始，把一扇门窗从国内运到建设工地就需要八个月，这大大影响了项目进度。

时间就是项目最大的成本。2018年5月，接管二期建设重担的时任穆索诺伊总经理阙朝阳决定倒排工期，提出要比集团公司给出的计划提前三个月建成投产的目标。

"足足缩短三个月，怎么可能！"在场的设计院、供应商、物流商、协作商一时惊呼。不少人觉得这是"天方夜谭"，是不可思议的事，是"拍脑袋"的决策。

而此时，项目仅仅完成平基工程和大型主体设备招投标等前期工作。

最困难的是物流。376 项设备，1616 项材料，1630 车、5 万多吨货物……望着这串材料清单，物流部副经理郑凯头皮发麻。

要在 12 月底投料试产，这意味着所有物资要在 10 月前到位，而物资基本从中国采购，面对非洲地区陆运能力不足、台风季、途经部分国家局势不稳定、刚果（金）大选封关等诸多不确定因素，每个人都深感压力。

2018 年 5 月，项目由平基转入建设，物流滞后的问题逐步暴露：按惯例，公司在中国采购物资后一般要海运两个月至南非，再陆运一个月至刚果（金），如遇台风等影响，耗时将更长。当地中资企业及西方企业对此习以为常，却无能为力。

"物流速度决定项目成败！"阙朝阳和经营班子意识到这是问题的关键，提出了"安全—质量—速度—成本"的优先级控制思路。

阙朝阳带队前往南非德班港、位于刚果（金）和赞比亚边境的卡松口岸等地现场调研国际物流运输问题，对于物资怎么集港、怎么装船、怎么卸、怎么装车，怎么跟踪车辆，怎么办理文件等各环节细节，阙朝阳一遍又一遍地梳理。

阙朝阳统筹、张卿分管、张兴勋协助，紧盯设备选型、材料审核、招投标、集港装船、清关办理、货到验收等各个环节，专人逐一跟踪和落实，甚至将物资跟踪具体到船、到舱位、到每辆运输车，做到每日更新汇总，务求精准把控。

紫金建设者以钉钉子精神，对每件物资都要提前谋划做出预案，在物资运到南非后，无论公司总经理，还是部门负责人，都深度参与与清关公司的沟通，确定每件物资的代理公司、运输公司、运输车队，将公司的管控和影响力深入到车队。

曙光在一连串的"破纪录"中亮起：

15 天集港，3 天装船，一次包船发运 3 万吨物资，创造最快集港、最优发运纪录！

凤凰松号货轮在五天内完成装货发运，创造非洲海运码头最快转港装货的纪录！

从在赞比亚——刚果（金）边境排队到项目现场 34 个小时，创造最快清关入境纪录！

由南非购买的树脂，在 8 天内穿越 3000 千米，抵达项目现场，创造最快到场纪录！

……

物流通了，"粮草"足了，但这只是万里长征的第一步，建设进度的推进才是关键所在。

在建设期间，阙朝阳每周主持召开湿法项目筹建指挥部会议，协调各方、统筹推进；公司层面每天召开湿法指挥部会议；建设部门每天早晚各开一个会，及时答复施工队伍提出的问题，确保问题不过夜。

通过科学组织和精心调度，参建人员与投入设备密度达到当地同类建设项目的 2.5 倍，连续创造出月浇筑混凝土最多 8300 立方米、月土建产值最高 500 万美元等刚果（金）矿山项目建设新纪录。

2018 年年底，刚果（金）在总统大选期间出现社会动荡，项目建设困难叠加至一个新高度，考验着公司管理层与时局博弈的智慧。

"当时，矿业巨头嘉能可撤离了，旗下 KCC 公司共 1500 多个外籍人士，留守的不到 700 人。"阙朝阳回忆说，"一旦下达撤离指令，公司极有可能被洗劫一空，紫金人苦心经营多年的非洲发展成果极有可能化为泡影。"

紫金人选择坚守。一个喧嚣的夜晚，科卢韦齐市突然停电，上万当地人聚集在矿坑边上，还时不时地发出枪声。根据应急预案，阙朝阳迅速提升了预警等级，所有安保人员全副武装，中方人员随时待命，放出无人机至人员聚集区域观察人群去向……

动荡的政局没有影响紫金人埋头苦干。2018年12月26日，穆索诺伊二期铜钴资源综合回收利用项目投料试产，创中资企业在刚果（金）矿山建设的纪录！二期项目仅用九个月完成建设，创造非洲矿山建设的"紫金速度"。项目整体具备年产10万吨金属铜、3000吨钴的生产能力。

项目投产后，阚朝阳将项目建设情况告诉了矿业巨头自由港-麦克莫兰公司（Freeport-McMoRan Inc.，以下简称"自由港公司"）下属最大企业TFM的CEO，这位在矿业行业浸淫多年的老矿业人听闻无比震惊，认为这是不可能的事！

2019年9月25日，穆索诺伊二期铜钴资源综合回收利用项目全面达产达标，穆索诺伊成为紫金矿业旗下单项金属产能最大的企业之一，跻身刚果（金）超大型现代化矿山企业。

在非洲，除了穆索诺伊，紫金矿业在卡莫阿铜矿也表现不凡。

紫金矿业并购刚果（金）卡莫阿铜矿后，又收获了出人意料的好运。此后真正让卡莫阿铜矿获得全球瞩目的，是位于其南部且原本不被看好的卡库拉矿段。

在并购之前，紫金矿业的兴趣其实并不仅仅在卡莫阿铜矿本身。在入股艾芬豪矿业前，紫金矿业已经派出地质专业人员对卡莫阿铜矿进行了深入研究。地质专家出身的陈景河早在项目并购之前到现场考察时，就认为南部矿段矿化条件好，有找大矿的可能，所以在介入卡莫阿项目后，陈景河力主在卡库拉段开展就矿找矿工作。

紫金矿业投资卡莫阿铜矿后，迅速开展了南部的地质勘查，只用了不到两年的时间，就新发现了1800多万吨的铜，其中有700万吨的铜平均品位达到6%，是一个超高品位的大铜矿。通过持续勘查，卡莫阿-卡库拉铜资源量从2400万吨增长到4369万吨，增长近一倍。2017年5月，该铜矿又有重大发现，钻探显示铜矿化沿走向至少延伸350米，宽度至少60米，即矿产范围还将大幅增加。

卡库拉矿段的发现，将整个项目真正提升为世界级矿床，卡莫阿-卡库拉铜矿由此超过印度尼西亚的格拉斯贝（Grasberg），成功跻身世界第四大铜矿，且是世界上最大的高品位、未开发铜矿。

当时，世界前三大的铜矿是：智利埃斯康迪达（Escondida）、澳大利亚奥林匹克坝（Olympia Dam）和智利科亚瓦西（Collahuasi）。但上述三座铜矿的平均品位，都远远低于卡库拉的2.56%。而且卡莫阿-卡库拉以3%的边界品位圈定的矿体平均品位已超过6%。若以600万吨/年的铜矿石开发规模计算，现有的边界品位3%以上的资源中，平均品位在5.5%~6%的铜矿石足够开发30年之久。若降低边界品位至1%——这仍然比世界上大部分铜矿床的开采品位高，可以开采品位在3%左右的铜矿石长达100年。

艾芬豪矿业CEO罗伯特·弗里德兰也忍不住赞叹说："卡库拉是我从事勘探行业35年来发现的最棒的矿床！"

卡库拉的此次发现"再一次刷新纪录"。卡莫阿-卡库拉的铜资源量整体从收购时的2400万吨增加到4369万吨，增长了近一倍。其平均品位为2.56%，是紫金山铜矿的十倍，而矿产铜产量也将从原先的年产15万吨增加到年产50万吨以上。

紫金矿业是卡莫阿-卡库拉铜矿的最大权益持有者，合计权益约45%，按权益享有卡莫阿-卡库拉项目铜资源量约1900万吨，为该矿最大的持有人，公司铜金属资源储量增加68.5%。该项目也成为迄今为止，中国企业在海外收购的最大铜矿。

在紫金矿业并购该项目后，短短数年该项目的账面价值增长了八倍以上。当时有媒体在报道中预测：如果按照5万元/吨的铜价计，紫金矿业所持有的卡莫阿-卡库拉铜矿潜在资源价值近万亿元。紫金矿业前后只投了不到 32 亿元，最终抱得价值万亿的"铜博士"而归，又创造了一个海外的"紫金神话"！

2021 年 5 月 26 日，经过来自十多个国家的 7000 多名各个领域的专业人才四年多的奋战，紫金矿业刚果（金）卡莫阿 - 卡库拉铜矿，产出了首批铜精矿，这是该项目一期第一系列年处理 380 万吨选矿系统正在投料试生产，"沉睡"了千万年的世界级超大型铜矿在全世界关注的目光中舒展开它的雄姿。

刚果（金）总统齐塞克迪表示，卡莫阿 - 卡库拉铜矿开始生产铜精矿，表明了刚果（金）对商业和投资是开放的，我们祝贺这一世界级矿产迎来重要里程碑。

卡莫阿 - 卡库拉铜矿一期设计产能为处理矿石量 760 万吨 / 年，按两系列各 380 万吨 / 年分期建设，第一系列达产后预计年产铜金属约 20 万吨，第二系列于 2022 年 3 月建成投产。两个系列达产后铜矿石平均入选品位 5.2%，年产铜金属约 40 万吨。

与此同时，紫金矿业正与合作方研究进一步扩产计划，通过二期工程将整体处理能力从 760 万吨 / 年提升至 1140 万吨 / 年；后期再通过分期扩产，最终使处理矿石量达到 1900 万吨 / 年，高峰期年产铜金属量达 80 万吨。

根据独立研究机构公开信息，一旦项目扩大产能至 1900 万吨 / 年，卡莫阿 - 卡库拉将成为全球第二大铜矿山。

再创塞尔维亚矿业辉煌

2018 年 9 月 5 日到 7 日，紫金矿业在三天时间内发布两个巨额并购公告，涉及金额 26.5 亿美元（约合人民币 182.22 亿元），并购主体在塞尔维亚的两个项目。

9月5日，紫金矿业公告，以18.39亿加元（约合人民币95.30亿元）要约收购加拿大内维森资源公司（Nevsun Resources Ltd.，以下简称"内维森公司"）全部股份。内维森公司在加拿大多伦多证券交易所和美国纽约证券交易所两地上市，主要从事铜、锌、金等矿产资源勘查、开发，核心资产是塞尔维亚提莫克（Timok）铜金矿项目，同时拥有非洲厄立特里亚在产矿山碧沙（Bisha）铜锌矿项目60%权益，以及在塞尔维亚、厄立特里亚、马其顿的27个探矿权。

两天后的9月7日，紫金矿业又宣布以12.6亿美元（约合人民币86.1亿元）成功竞得塞尔维亚最大的铜矿开采及冶炼企业波尔铜业（RTB Bor）63%的股份。当年12月18日，塞尔维亚波尔铜矿项目交割仪式在贝尔格莱德举行，这是迄今为止中国在塞尔维亚投资的最大项目。

当时，国际铜价回升，风能发电、电动汽车等新能源行业对铜的需求激增，全球最大的矿企纷纷力争加大铜项目。在铜将面临供应短缺的预期之下，矿业企业热衷于锁定铜供应。紫金矿业从非洲转战欧洲，在塞尔维亚以空前大手笔投资铜矿项目，连下两城，再次震动了国际矿业界。

波尔铜矿曾是塞尔维亚的核心工业项目，控制了四座矿山和一座冶炼厂，是该国唯一的铜矿在产项目。截至2017年年底，波尔铜矿在塞尔维亚资源储量委员会备案的矿石总资源储量为25.56亿吨，其中，铜金属量1029万吨，平均品位0.403%。

在20世纪90年代初，波尔铜矿是塞尔维亚工业支柱，曾经辉煌多年。然而，由于经营不善以及前总统米洛舍维奇执政期间塞尔维亚受到西方国家制裁，该公司开始走下坡路。近年来，波尔铜矿经营每况愈下，2015年净亏损约1.1亿欧元，2016年净亏损4200万欧元，累计债务超过10亿欧元。自2007年以来，塞尔维亚曾三次尝试出售该公司，前两次均以失败告终。

第 7 章 走向全球：抓管理、控成本、创绿色矿山

2018年年初，紫金矿业正式参与波尔铜矿的国际招标项目。当时，据塞尔维亚经济部透露，波尔铜矿已经接到来自中国、加拿大和俄罗斯三国企业的战略合作要约，约11家企业表达了收购兴趣。经过第一轮筛选，最后剩下紫金矿业和俄罗斯的一家矿企竞争。

此时，紫金矿业并不敢说志在必得。塞尔维亚和俄罗斯同属东正教国家，同样说斯拉夫语系，从国家和种族亲缘关系来说，中国公司并不比俄罗斯公司有优势。但最终，紫金矿业靠技术和商务两个标的优势拿下了该项目。

首先，是技术标优于对手。紫金矿业承诺六年的时间总共投资12.6亿美元，把波尔铜矿的年产量从6万吨提高到15万吨。增资部分的3.5亿美元，包括生态环保费用，紫金矿业承诺采用标准较高的欧盟环保标准，对四座矿山的技改扩建和冶炼厂的提升都形成了一整套的规划，技术方案总体是优于对方的。

其次是商务标。这是一个在谈判过程中技巧性和策略性很强的问题。在竞标的过程中，紫金矿业在公开场合一直声称要75%的股份，在拜会塞尔维亚总统武契奇的时候，紫金矿业高管表达了要争取更高股份的诉求。这种避实击虚的策略，让竞争方产生错觉，认为65%的股份诉求在竞标中是很稳的。

但实际上，在进行内部谈判决策的时候，公司高层普遍认为占股60%就行了，在形成竞标报告时一致达成65%的股份诉求意见。最后，陈景河董事长一锤定音，在招标书面文件上砍掉了两个点，最终要求63%的股份。

据后来了解，竞争方俄罗斯公司3.5亿美元增资要求65%的股份，而紫金矿业3.5亿美元增资要求63%的股份。

参与全程谈判的国际部总经理张顺金后来说：还好董事长和管理团队专

业。就这两个点的差距，让波尔铜矿一举定乾坤。紫金矿业首次在欧洲开局，拿下了相当于四座紫金山铜矿的大型铜矿项目！

好事成双。紫金团队 2018 年上半年在波尔铜矿竞标的时候，就听说波尔铜矿不远处有个提莫克大型铜金矿，有出让的意向。因此紫金矿业向塞尔维亚能源部表达了接触提莫克铜金矿的愿望。

这个时候，正好加拿大的国际矿业公司伦丁公司欲敌意收购提莫克。提莫克铜金矿上部带矿属于内维森公司所有。紫金矿业的意向此时也传到了内维森公司 CEO 耳中。内维森公司 CEO 亲自到厦门来，本来是谈别的事情，在会见陈景河董事长的时候，有意无意地说：有人正准备收购内维森公司，你们紫金矿业是否感兴趣？

2018 年 7 月，紫金矿业开始启动收购内维森公司，马上组织两个团队，一支队伍到加拿大内维森公司的总部了解情况，另外一支队伍到塞尔维亚现场察看提莫克项目。紫金矿业的投资团队在不到一个月的时间里，就完成了现场尽职调查。

提莫克铜金矿分为上部带矿和下部带矿，上部带矿相当于一个胆，下部带矿相当于一个胃，比上部带矿大得多。同时，提莫克铜金矿股权结构比较复杂。上部带矿属于内维森公司所有，下部带矿则由自由港公司占大部分股份。

紫金矿业分两期收购提莫克。第一期收购了内维森公司，于 2019 年 3 月 12 日完成内维森公司 100% 股权收购。

第二期收购自由港公司。对于下部带矿的大股东自由港公司来说，按照原有设计，上部带矿 2025 年投产，要开发十五六年后才能轮到下部带矿开采，实现效益转化遥遥无期，同时当时铜价较低，不如在有溢价的情况下一卖了之。因此，当紫金矿业伸出橄榄枝的时候，自由港公司一拍即合。

2019 年 11 月 3 日，紫金矿业下属全资子公司紫金（欧洲）国际矿业有限公司（以下简称"紫金欧洲"）与自由港公司、自由港勘探公司等签署《股份购买协议》；同日，紫金欧洲与自由港勘探公司签署《延期付款协议》。根据上述协议，紫金欧洲以初始购买价格 2.4 亿美元收购自由港勘探公司持有的自由港国际控股（BVI）公司［CuAu International Holdings (BVI) Ltd.］72% 的 B 类股份，由此获得自由港勘探公司持有的提莫克铜金矿下部带矿权益和瑞基塔（Rakita）持有的探矿权权益；提莫克铜金矿下部带矿投产后，紫金欧洲每年按 0.4% 的净冶炼所得向自由港勘探公司支付款项，付款累计总额不超过 1.5 亿美元。

这当中还有一个插曲。提莫克铜金矿在被出让之前，矿山的所有者自由港公司、内维森公司等股东曾有一个协议，规定谁要是受让提莫克的话，这家公司就不能再收购塞尔维亚国内周边的矿山。因此，紫金矿业要先完成收购波尔铜矿，后收购提莫克铜金矿，才不会有法律违约问题，因此抢先完成波尔铜矿的收购显得非常重要。

波尔铜矿项目虽然在 2018 年上半年就启动了，但是还有一系列程序未完成。首先波尔铜矿遗留了 10 亿多美元的债务，塞尔维亚政府原本规定在国际招标完成、新公司进入后对其进行剥离，剥离会产生所得税，需要国家议会召开专门会议修改税法。塞尔维亚政府急紫金矿业之所急，高效率支持紫金矿业，快速召开专门会议，特事特办，剥离历史债务，修改税法，实现减免税收的承诺。同时，由于波尔铜矿项目还在邻国马其顿有探矿权，紫金团队在所涉及的塞尔维亚、马其顿、加拿大等国家快速办理了反垄断审批和投资审查，这些申请材料都一一过关。2018 年 12 月初，波尔铜矿签约，12 月底，内维森公司收购项目签约。

随着次年完成提莫克下部带矿的并购，紫金矿业在塞尔维亚一口气拿下两大铜矿山。

提莫克铜金矿下部带矿为巨大的斑岩铜矿，拥有铜金属量 1430 万吨，平均品位 0.86%，金属量 960 万盎司（约合 299 吨），平均品位 0.18 克 /

吨，矿体边部和深部均未封闭，具有良好的增储潜力。该次收购一并纳入的还有其外围五宗探矿权，有较好的找矿潜力。

内维森公司并购项目，让西方矿业界对紫金矿业刮目相看，纷纷认为紫金矿业是一个真正实干、负责任的国际投资者，这个并购项目奠定了紫金矿业在国际并购市场上的新地位，提高了企业的国际形象。

2019年1月1日，紫金矿业正式接管波尔铜业。接手矿山后，紫金团队大力推行技术创新，加强各生产环节管理，同时采购先进的技术装备，向信息化、自动化、智能化转型，大幅提高生产效率，降低生产运营成本。

项目各项生产经营指标在紫金矿业接手三个月内逐步好转，半年实现扭亏为盈。2019年，塞尔维亚紫金铜业有限公司（以下简称"塞紫铜"）的铜、金、银等主要产品产量大幅增长，净利润增长317%。2020年，塞紫铜矿产铜5.2万吨，实现营业收入48亿元、利润6亿元。

紫金矿业接手波尔铜矿三个月后，塞尔维亚总统武契奇到项目现场调研，被如此短时间内的巨大改变所震惊："中国企业带来令人尊敬的专业团队，挽救了这家濒临破产的国有企业，让波尔铜矿生产经营快速向好，成为塞尔维亚东部经济发展的驱动力。"

紫金矿业接手项目前，裸露的山体、漫天的灰尘、灰色的厂区、四溢的泥水、满面灰黑的工人，曾是矿山给周围居民留下的最常见的印象。面对严重的生态环境欠账，紫金矿业下大力气进行治理。

紫金矿业带来先进的环保理念，实施了一系列生态绿化和环境综合治理项目，相继完成所有尾矿库、露采边坡以及部分废弃排土场边坡的绿化，种植6.13万株苗木，新增绿化面积34.9万平方米，各矿厂区域的面貌焕然一新。公司还在治理粉尘、固体废弃物、废水、废气等方面多措并举，成效显著，截至2020年12月底，环保投入达到7658万美元。

塞尔维亚国际政治经济研究所"一带一路"地区研究中心主任伊沃

娜·拉杰瓦茨在接受《人民日报》记者采访时表示："中国企业将绿色发展理念贯穿于矿产资源开发利用全过程，不仅实现了波尔铜矿资源开发的经济效益、生态效益和社会效益协调统一，还对当地矿业城市发展和企业绿色生产起到示范作用。中国企业为波尔振兴了'金山银山'，也还给市民一片绿水青山。"

波尔铜矿是当地经济支柱，之前的连年亏损导致城市经济活力不足，许多年轻人找不到工作。随着紫金矿业接手波尔铜矿、投资丘卡卢·佩吉铜金矿，当地就业有了保障。截至2020年12月底，两个项目的塞籍员工达5451人。丘卡卢·佩吉铜金矿项目2021年建成投产后，又创造了约1200个新就业岗位。随着波尔铜矿的重生和丘卡卢·佩吉铜金矿的开发，波尔城市和乡村都恢复了生机，越来越多年轻人返回家乡工作。

员工伊格尔·米舍洛维奇说："两年前，员工的月平均净收入只有68160第纳尔（约合4610元人民币），现在普遍增加了1/3还多，远高于全国平均工资水平。"

紫金矿业还积极主动履行社会责任，大力支持当地医疗卫生、教育、文化、体育事业发展和基础设施建设，并向塞尔维亚第二座"火眼"新冠病毒检测实验室捐赠了全套设备。紫金矿业还带动30多家与矿业相关的中国企业赴塞投资发展，为塞近百家企业提供商业合作机会，进一步促进塞经济发展和民众就业。

波尔铜矿的巨变，让塞尔维亚总统武契奇喜出望外，他说，紫金矿业让塞尔维亚百年老矿"重生"，"这是中国企业投资塞尔维亚的典范，我要用最美的语言表达敬意和感谢！"

在距离波尔铜矿项目五千米处，紫金矿业于2018年、2019年分别收购提莫克铜金矿上部和下部矿带，持有该项目100%权益。2019年年初紫金团队进驻后，将其改名为丘卡卢·佩吉铜金矿，2020年6月8日获得上部矿带设施建设和采矿工程第一阶段许可，全面吹响项目建设的号角。历经两年半左右完成了上部矿带采选工程建设任务，于 2021 年 6 月进入试生产阶段，在短时间内达到验收条件，实现了项目建设向生产运营的顺利过渡。

2021 年 10 月 23 日，塞尔维亚丘卡卢·佩吉铜金矿正式投产仪式在项目所在地波尔隆重举行。塞尔维亚总统武契奇、中国驻塞大使陈波、紫金矿业董事长陈景河特别代表丘国柱共同触摸启动开关，象征着中塞"一带一路"重要合作项目、紫金矿业又一世界级矿山正式启航，也意味着紫金矿业向成为全球超一流矿业公司的目标迈进了一大步。

丘卡卢·佩吉铜金矿是紫金矿业 2021 年建成投产的第二座世界级矿山，是公司全资持有的全球十大高品位超大型铜金矿之一。

该矿山上部矿带拥有的资源储量为铜 128 万吨、平均品位 3%，金 81 吨、平均品位 1.91 克/吨，首采矿段为超高品位矿体，投产后预计年均产铜 9.14 万吨、产金 2.5 吨，其中年产量峰值预计产铜 13.5 万吨、产金 6.1 吨；下部矿带拥有资源量为铜 1430 万吨、平均品位 0.86%，金 299 吨、平均品位 0.18 克/吨。

参加投产仪式的武契奇总统热情直率奔放，热心中塞友谊，参观完丘卡卢·佩吉铜金矿后，对新建成的项目不吝赞美之辞："这座矿山看起来真壮观，我做梦都没想到它长这样！"

武契奇指出，紫金矿业投资 4.74 亿美元新建的丘卡卢·佩吉铜金矿将成为塞尔维亚第一座绿色矿山，这意味着在矿石开采过程中采用现代技术，达到环保领域的最高标准。紫金矿业的"高水平""现代化"全新矿山值得塞尔维亚学习，新矿山不仅给企业创造利润，更会为塞尔维亚整个东部创造利润。

丘卡卢·佩吉铜金矿与波尔铜矿合计铜资源量超过 2500 万吨、金资源量超过 740 吨。两个项目的大规模协同开发，让紫金矿业跃居塞尔维亚最大出口商之一。2021 年，波尔铜矿和丘卡卢·佩吉铜金矿合计铜产量 12.7 万吨，实现营业收入 111.39 亿元、净利润 42.4 亿元，产值占塞尔维亚 GDP 的 3%，增量部分占 30%，塞尔维亚也因此跃居欧洲第二大铜生产国，重现矿业辉煌。

书写新一轮找矿奇迹

2021 年 2 月底，国家自然资源部通报 2011—2020 年中国实施找矿突破战略行动取得的 284 项优秀找矿成果，紫金矿业以 5 项成果位列金属矿业企业首位；在 21 个入选的黄金找矿项目中，紫金矿业斩获 3 项，占比 14%，这是新一轮创业以来紫金矿业找矿奇迹的一次大展示。

早在 2011 年 10 月，国务院第 176 次常务会议审议通过《找矿突破战略行动纲要（2011—2020 年）》，提出了"用 3 年时间，实现地质找矿重大进展；用 5 年时间，实现地质找矿重大突破；用 8~10 年时间，重塑矿产勘查开发格局"的"358"战略目标。

此次入选的 5 项找矿成果，都是紫金矿业运用成矿新理论、新模式和勘查新技术、新方法，在矿山边深部及外围通过综合找矿取得的，新增资源大大延长了矿山服务年限，为山西紫金（新增黄金 57 吨）、福建紫金山（新增铜 105 万吨、钼 8 万吨）、贵州紫金（新增黄金 157 吨）、陇南紫金（新增黄金 101 吨）、紫金锌业（新增锌 463 万吨、铅 80 万吨）等五家矿山生产企业提供了重要的资源保障。

矿业公司最重要、最核心的资产，就是矿产资源。矿产资源的获得，一靠并购，二靠地质勘查。若选择并购，必然要付出高代价，尤其是高品质资源。而有效的自主勘查，是低成本增加资源储量的主要方式。

自主勘查找矿是紫金矿业成长壮大的核心优势之一，得益于地质专家陈景河带领团队持续不断的努力。从勘探紫金山时期起，以陈景河为首的找矿团队就强化科学研究，多次打破传统的成矿理论认识，用地质研究成果建立起新的成矿模式，实现了找矿的持续突破。

以紫金山勘查为例，20世纪60年代起，多个地勘队伍在紫金山地区开展多轮找矿，但始终未获突破。1982年起，历经十年艰苦的普查、详查，陈景河率先提出"上金下铜"成矿预测模型，探明了我国东南沿海陆相火山岩地区首例大型铜（金）矿床，由此助推我国在次火山—斑岩型铜金矿找矿方面的重要突破。该成果荣获国家科技进步一等奖。

此后，陈景河应用这一成矿模式，在紫金山外围新发现和探明了悦洋大型金银矿和罗卜岭大型斑岩铜钼矿，并厘定了三类大型矿床之间的联系，探获金银铜资源达超大型规模。这一成果获省部级科技进步特等奖两项。

紫金矿业敏锐地意识到，从市场的角度来看，勘查必须与开发紧密结合，勘查支撑开发，开发反哺勘查，勘查才有强大的生命力。集团公司总部下设的厦门地质勘查总院（以下简称"地勘总院"），总揽全公司地质勘查业务技术指导，同时承担集团公司总部勘查部的职能，服务于集团公司发展战略的总体部署。在管理上，地勘总院与各地地勘院运用经济手段管理，大力推行经济责任制。模拟市场化运营，充分激发了勘查队伍的积极性。

紫金矿业建立了一套独特的良性循环机制，并以此来给地质找矿提供资金保障。地质勘查费用均来源于集团公司总部，只要项目经过批准，资金立即到位。在整个地勘运行过程中，资金处于"在建项目"，即相当于工业企业的"存货"状态；当地质报告完成并经批准提交之后，项目耗用的全部费用转为成果使用单位的无形资产；矿山企业在耗用这些成果时，按实际耗费量提取折耗。与此同时，这些折耗又为新的地勘投资提供了取之不尽的来源，这就是所谓的"采矿反哺勘查"。

"找矿增储在经济责任制上的逐步落实，是调动业主、勘查单位找矿积极性的重要保障。凡是找矿增储与经济责任制挂钩密切的区域，其增储效果就特别明显。"紫金矿业地勘总院前院长张锦章介绍。

集团公司西北地勘院就是通过落实经济责任制找矿增储的一个典范。2011年，从武警黄金支队转业的杨泽军担任集团公司西北地勘院院长后，狠抓改革，实行新的经济责任制，打破原有的"铁饭碗"，实行市场化运作，严格进行绩效考核，将工作量、业绩与薪酬挂钩，多劳多得；在每年不断增加新员工的同时，实行末位淘汰制，每年进行全员绩效打分，对绩效排名的最后三位进行劝退，保持人才活力和流动性。在新的制度下，全院精神面貌焕然一新，业务素质、工作作风大大提升，打造出了一支强有力的地勘队伍。

从2011年到2015年，西北地勘院提交了七份详查勘探报告，分别通过了新疆维吾尔自治区和青海省的评审备案，打出了品牌。据了解，当时业界这种报告通过率一般只有50%，而且往往要两次才能通过，西北地勘院的报告全部一次性通过。一份地勘报告，业界平均要用一年时间完成，西北地勘院加班加点，一个月就完成了。在勘查成果上，新疆乌拉根铅锌矿增储300多万吨，新疆阿舍勒铜矿增加高品位铜矿30万吨，大红山铜矿增加铜金属50万吨，新疆蒙库铁矿、金山铁矿增加铁矿5000万吨。

自2011年以来，重视已有矿山的就矿找矿、探边摸底，重视矿山深部及外围找矿，成为紫金矿业最经济、最有效的增储途径，获得了巨大的找矿成果。紫金矿业在国内60%以上的资源都是在开发阶段通过补充勘查获得的。多年以来，紫金矿业自主勘查成果显著，自主探获铜2788万吨、金1207吨，锌（铅）828万吨、钴10万吨，成为自主勘查找矿成果最多、获得资源成本最低的企业，奠定了紫金矿业金、铜、锌资源储量和产品产量全国领先的地位，成为紫金矿业大规模跨越式发展的基础。

与此同时，紫金矿业大胆创新经济地质理论的应用，实现市场引路、勘探开发无缝对接。山西紫金，面临矿产资源日益枯竭的困境。紫金矿业核心团队通过实地考察，运用专业知识，通过对于地质情况的详细掌握，认真研究该矿成矿条件，突破了该地区属于单一石英脉型金矿成矿的认识，开拓了找矿思路和方向。考察后，紫金矿业果断决策，投入5000余万元，成立地质勘查会战项目部，大力进行地质勘探工作。凭借着地质科研人员的细心和敏锐，以及紫金矿业强大的基础研究能力，首次在山西省发现了斑岩型金矿，对我国矿产勘查有重大意义，获得了2020年度中国地质学会十大找矿成果奖。山西紫金新增约55吨黄金，为企业的进一步发展打下了坚实的基础。

在贵州水银洞金矿，通过攻克卡林型金矿的选冶技术难关，把一个"呆矿"变成了可供全面开采的金矿，资源储量由原来的54.7吨增加到107.3吨。

通过对新疆阿舍勒铜矿外围和深部的找矿，新增铜35万吨、伴生金6吨、银272吨、铅锌5.4万吨。

在内蒙古乌拉特后旗，通过对东升庙矿区外围和深部找矿，紫金矿业在三贵口探明和控制铅锌金属量超过300万吨，年产300万吨的采选项目建成投产，将为少数民族地区经济发展带来新的活力。

同时，紫金矿业自主勘查实力也不断在海外崭露头角。非洲刚果（金）科卢韦齐铜钴矿通过补充勘查，新增铜资源131万吨、钴资源9万吨。刚果（金）卡莫阿-卡库拉铜矿探明总储量增至4200万吨，增长近一倍。澳大利亚诺顿金田以"精准勘探"为导向，新探获29吨黄金，扭转矿山不利局面，延长了矿山服务年限，让诺顿金田重振风帆再起航。

紫金矿业还加强对成矿规律、控矿因素和找矿预测等基础理论的研究，运用最新的成矿理论、成矿模式、找矿模型指导找矿，重视地质、物探、化探、遥感与探矿工程深度结合的综合方法，使紫金矿业的地质找矿如虎添翼。紫金矿业与北京大学、福州大学、福建省地质科学研究所联合开展的"紫金山矿田成矿模式与勘查技术研究及深部找矿运用",发现并探明紫金山矿田东北矿段大型斑岩型铜(钼)矿床,新增资源储量铜201万吨、钼13.3万吨、金25吨,被翟裕生院士等评委誉为"达到国际领先水平""对国内外同类型矿田找矿具有重要的示范意义"。

本章思考

由于矿产资源分布极不均衡,全球最好的矿产资源基本被西方公司控制。中国矿业企业作为全球矿业市场的后来者,必须有独门功夫才可能赶超。

矿业是一个周期性的行业,紫金矿业善于逆周期并购,重点矿山大多在矿业低潮时期进入,代价低、风险小。正是逆周期的投资成就了紫金矿业并使得紫金矿业在矿业严冬下具备了相当的竞争优势。

随着紫金矿业国际化战略的深入实施,一批世界级矿山在极端艰难复杂的外部环境下,顺利实现并购和超预期建设投产,从2017年开始走出矿业冬天的低迷,开始"第二曲线"的爬坡期,尤其是铜板块项目发力,势不可挡,从当年单一的"金王",转型为铜、金、锌并举的"有色航母",已成为中国在海外拥有有色金属矿产资源储量和产量最多的跨国企业,开始向全球金属矿业企业第一梯队发起追赶。

第 8 章

逆势跨越：特立独行的发展之路

敢走前人未走路，勇攀世界最高峰。

——《紫金矿业之歌》

逆境攻坚不畏难

2020年是紫金矿业的"项目建设年"。这一年，新冠疫情在全球暴发。

紫金矿业只能逆行而上，与新冠病毒赛跑。时间就是金钱、效率就是生命，紫金矿业调动一切积极因素，以最快速度使矿产资源优势转化为产品和效益优势。

然而，新冠疫情让世界按下暂停键，全球经济几乎停摆，每周都有数以千计的国际航班延误或被取消。为解决项目生产、建设人手短缺的燃眉之急，特别是保障海外重点项目的建设进度，紫金矿业千方百计组织国际客运包机。

2020年6月30日深夜，紫金矿业刚果（金）项目和外协单位的232名人员乘坐埃塞俄比亚航空承运的刚果（金）包机，从上海机场起飞，奔赴刚果（金）三个项目现场。据了解，这是福建省首班企业复产复工国际客运包机，充分展现了紫金矿业作为国际化大企业的形象。

紫金矿业在刚果（金）有三家企业，即穆索诺伊矿业简易股份有限公司、卡莫阿铜业有限公司（以下简称"卡莫阿铜业"）和卢阿拉巴矿业简易股份有限公司。2020年年初，在新冠疫情大范围蔓延的情况下，中国民航总局于3月29日出台了"五个一"政策，主要是指一家航空公司在一个国家只能通航一个航点，一周只能飞一班。这大大限制了紫金矿业人员输出的能力，紫金矿业在刚果（金）的三家企业共有超过 300 名管理和技术人员滞留国内，刚果（金）项目的生产运营和建设受到影响。卡莫阿 - 卡库拉项目、卢阿拉巴水泥厂项目均为集团的重点建设项目，人员能否到位，是项目能否按期投产、产生现金流的关键因素。

为解决项目上人员欠缺的当务之急，国际事业部按照集团公司安排，自当年 4 月开始着手包机事宜。此次刚果（金）包机人员众多，飞机飞行和降落许可以及人员签证办理时间紧、难度大，乘机人员涉及三家企业及其六家协作单位，总计超过 200 人，人员统一管理难度大，加之刚果（金）疫情呈上升态势，防疫防控压力较大。经过前期内外协调，集团公司各部门、各单位通力合作。经过行前一个月紧锣密鼓的充分准备，包括办理签证、组织核酸检测、配备健康包等，232 名人员终于在 6 月 30 日于上海机场顺利登上了前往刚果（金）的包机。

从 2020 年到 2021 年，紫金矿业一共组织了六架包机、拼机，运送大批员工到海外，为复产复工打下基础。2021 年，针对大批员工滞留海外的情况，紫金矿业请民航部门派出五架飞机接回部分中资企业员工，其中包括紫金矿业员工和协作单位员工 311 名。紫金矿业付出巨大努力和代价，让员工感受企业的力量和人文关怀，展现了紫金矿业的担当精神。

包机成功飞行，为项目输送了生产和建设的有生力量，为海外项目发展提供了最实在、最有力的支持，为完成集团公司下达的生产建设任务指标提供了强有力的保障。

长期以来，由于刚果（金）地质特点原因，生产水泥和石灰所需要的石灰石资源相对缺乏。在疫情肆虐的情况下，卡瑞鲁项目总经理高建能带领团队仅用九个月时间，在刚果（金）卢阿拉巴省荒芜的平地上建成百米厂区，实现水泥和石灰线提前点火并顺利转入生产，再次跑出"紫金速度"，创下了集团"项目建设年"的第一个重大成果和光荣业绩。穆索诺伊总经理张兴勋,带领团队以"首战必胜"为信念,不断自我加压、攻坚克难,使项目年产铜量从 9.3 万吨大幅升至 11.42 万吨,刷新了集团单体矿山产铜纪录,该项目产量及利润综合排名位列海外板块第一位。

在南美洲,紫金矿业的项目也在逆势而上。2019 年 12 月,紫金矿业收购哥伦比亚武里蒂卡金矿时,该矿选矿厂建设已完成 88%。随后,紫金矿业以项目观察员团队的名义,派出了武里蒂卡金矿的管理和技术骨干团队,提前参与交割及项目过渡筹备,本次收购从宣布到完成交割仅用时三个月。而项目团队进驻后,遭遇了"交割整合期、试车投产期、疫情封国期"三期叠加的空前压力,克服生产人员不足 40% 和物资配件进场受阻、原工艺设计缺陷等困难,仅用三个月时间就打通了生产全流程。

在厂家无法抵达现场调试的情况下,公司哥伦比亚的本地员工费利佩扛起选矿厂试机重任,白天带领团队盯现场,晚上与厂家论方案。经过数十次开停机试验、攻克上百个难题,用时三个月,打通生产全流程。在边抗疫边组织生产的情况下,又用时三个月,使选矿厂达产达标。武里蒂卡金矿于 2020 年 10 月 23 日竣工投产,2021 年便达到年产 9 吨黄金的生产能力,成为拉美地区现代化的黄金生产项目。到目前,该项目已直接创造超过 2300 个就业机会,95% 的员工是哥伦比亚人。

2020 年 6 月,紫金矿业以 16.99 亿元收购南美洲圭亚那金田公司 100% 股权。圭亚那金田资源储量大,总量约 178 吨,平均品位 2.7 克 / 吨,2016 年开始生产,但受疫情和资金短缺影响,收购时项目已经停产。在海外疫情肆虐、人员无法到现场的情况下,紫金矿业创造了尽职调查的新模式,采用远程视频调查,由对方拿着摄像机,按照紫金矿业的要求实时拍摄矿区、矿井、地质等情况,弥补了公司投资部人员无法到现场尽调的缺陷。

项目重启后,项目负责人吴冠斌带着一群"80 后""90 后"员工,直面圭亚那疫情严重、政局不稳、亚马孙丛林环境险恶等困难,迅速突破了文化、语言、设备、技术等方面的困境,仅用 9 天恢复采剥作业,90 天全面复工复产，108 天完成首批合质金产销，实现"当年交割，当年复产，当年实现正现金流和盈利"的佳绩，创造紫金矿业又一海外重点黄金增长项目和利润贡献点。

在塞尔维亚，当"项目建设年"叠加疫情暴发，紫金（厦门）工程设计有限公司担负起了矿山设计任务，面临的挑战是任务重大、工期紧迫、人员短缺等。公司总经理杨松果断抢抓窗口期，派遣 16 名设计人员前往塞尔维亚和国内重点项目建设现场，确保塞尔维亚项目如期开工建设。当时，丘卡卢·佩吉铜金矿人流、物流全面受阻，紫金矿业建设公司副总经理郭玉政勇挑重担，调遣 2800 多名建设者赶赴塞尔维亚，日夜鏖战，指挥几十个工种穿插作业，坚守生产建设一线长达 23 个月之久，挑战生理和心理极限，换来了一批批项目的提前投产。

在澳大利亚，从 2020 年开始，诺顿金田总经理刘招平坚守岗位 585 天。面对矿山入选品位下降、选厂设备老化、主力矿坑闭坑等诸多困难，刘招平带领团队快速推进"低品位""难选冶"项目建设，卓有成效。2020 年，诺顿金田年产黄金 5772 千克，实现利润总额 1.23 亿美元，达到历史最高值。

在非洲，紫金人和时间赛跑。2021 年 5 月 26 日，紫金矿业旗下位于刚果（金）的卡莫阿 - 卡库拉铜矿一期第一序列 380 万吨选矿系统开始投料试车，正式启动铜精矿生产，提前实现了项目建成投产的目标。刚果（金）总统齐塞克迪表示，卡莫阿 - 卡库拉铜矿开始生产铜精矿，表明了刚果（金）对商业和投资是开放的，祝贺这一世界级矿产迎来重要里程碑。

卡莫阿 - 卡库拉铜矿一期设计产能为处理矿石量 760 万吨 / 年，按两系列各 380 万吨 / 年分期建设，第一系列达产后预计年产铜金属约 20 万吨。第二系列此后也于 2022 年第一季度建成投产。两个系列达产后，铜矿石平均入选品位 5.2%，项目年产铜金属约 40 万吨。

卡莫阿 - 卡库拉铜矿一期建设的顺利投产，有紫金矿业建设公司（以下简称"建设公司"）的一份功劳。建设公司不仅快速完成了一期选厂 SMPP

项目，而且在此后的第二序列的选厂建设中，更是以迅雷不及掩耳之势，用不到六个月时间锁定胜局，跑出了项目建设"加速度"，在刚果（金）展示了紫金矿业的建设实力。

2016年，建设公司首次走出海外，竞得了非洲刚果（金）穆索诺伊5000吨/天的采、选、冶项目全部两个标段的安装工程合同。最终，安装项目部出色地完成了任务，项目用时11个月，完成产值1900万美元，人均月度产值远超刚果（金）最有实力的安装单位。穆索诺伊项目，让建设公司在刚果（金）迅速扬名，而安装项目部，也借此一战成名。

此后，建设公司在刚果（金）成立卡莫阿-卡库拉建设简易股份有限公司（简称"KKCC"），经过市场化竞标，承接了第一个国际化项目卡莫阿SMPP安装工程。

但KKCC仍然面临着非常现实的困难：资金不足。马上就要开始的施工营地建设，合同专款只有200万美元，400万美元的资金缺口，必须由KKCC自己解决。

项目团队在建设经费捉襟见肘的情况下，把艰苦创业、开拓创新的紫金精神发挥得淋漓尽致：砼路面市场价320美元/立方，由于无法压价，于是KKCC自购260美元/立方的商品砼，自制模板工具，由8名员工浇筑，节约成本8万美元；路沿石市场价6.5美元/块，KKCC用废钢板做模具，自己加工，每块成本只有3美元，共节约成本1万美元；花格砖市场价3.2美元/块，KKCC从国内空运塑料模具，自己加工，成本1.3美元/块，节约资金超过1万美元……就这样积少成多，一个项目下来，竟然比估算节省了25%的成本。

经过一年的奋斗，一个60000平方米的施工营地终于落成。营地南北方向长300米，南高北低，落差达16米。为了节省土方费用，营地依地形而建，将淤泥集中，旱季晒干后堆成假山。为了室内的取土回填，又挖了一个大池塘。这样，有山有水，既节省了资金，又增加了高度，也有了灵性。

除了资金不足，KKCC 还面临诸多困难：没有欧标管理施工经验，缺乏国际化工程管理人才，与业主之间存在地域文化差异、沟通异常困难，项目团队经常感受到来自外方管理团队的轻慢和不信任。面对如此严峻的挑战，KKCC 项目组深知，想要掌握更多的话语权，就需要一场决定性的胜利来证明自身的实力。

为了打赢这场战斗，KKCC 项目团队结合刚果（金）当地的实际情况，进行了一系列组织和管理方式的创新。

最初，语言的隔阂为项目施工带来诸多不便。为解决语言问题，KKCC 外聘当地老师，为项目组定期开展外语培训，鼓励项目成员利用海外社交平台的翻译功能与当地员工多沟通交流。经过两年多的培养，项目管理团队 112 个管理人员中，有 30 人可将英语或法语作为工作语言，20 人可以用英语进行基本交流，为项目顺利推进提供了基础的保障。

项目第一序列选厂的厂房材料设备众多，安装工作量非常大，KKCC 没有自乱阵脚，而是理性分析，分辨出施工时间最长、到货时间较晚、工序交接最多和对后续影响最大的施工关键点，合理安排施工路线，制定保障措施；由于安装时间紧迫，KKCC 优化流程，要求相关的工段科室当晚完成第二天的作业指导书、进度统计文件和质量报验文件，做好人员、工具与施工机械的调度与调配，并在晚上 10 点钟前通知到每一个生产班组，以便于第二天早会时进行工作部署，最大限度地缩短工作等待时间。

项目选厂工地有 50 多个安装班组，管理难度非常大。了解到国外员工对于规则和制度的尊重，KKCC 团队实施每周对施工进度进行考核的制度，同时允许施工班组根据下雨的时间规律、构件到货情况和作业面特点，机动灵活地安排工作，这种考核制和放手式并行的管理，大大提高了施工班组人员的效率。在创新管理制度的同时，KKCC 团队充分尊重一线工人，不断改善员工的生活待遇，提高了员工的忠诚度和责任感。

2020 年，面对疫情导致现场人员进场困难、物料供应滞后，中西方施工规范和质量验收标准存在差异，旱季沙尘暴、雨季冰雹恶劣天气影响工程施工等挑战，KKCC 保质保量、安全顺利地提前完成卡莫阿·卡库拉铜矿一系列选厂和前端地表矿石运输系统的设备、钢构、钣金和管道的安装。经过四个月的赶工，终于以一场神奇的胜利，实现了重大突破。KKCC 也因此重拾信心，在 2021 年下半年第二序列的选厂施工中，以摧枯拉朽之势，仅用了不到六个月时间，就在 2021 年 12 月 25 日锁定胜局。由于 KKCC 塑造的良好信誉及形象，卡莫阿铜业将二期 SMPP 工程再次授标给 KKCC。

"贵公司团队迎难而上、发挥攻坚不畏难的精神，最终使得项目安全、高质地提前数个月投产，助力我们共同到达了这个重大的里程碑。"项目主导方艾芬豪矿业向紫金矿业建设者们发来感谢信。卡莫阿项目工程启动以来，KKCC 团队从被对方歧视、蔑视、不满意到受到对方高度认可和赞赏，最终甚至得到 300 万美元奖励，用责任、担当、实干展现出了紫金矿业在建设上的最高水平。

雪域高原"巨龙"腾飞

2021 年 12 月 27 日，紫金矿业旗下西藏巨龙铜业有限公司（以下简称"巨龙铜业"）举行投产仪式。历经一年多的建设，我国最大的世界级铜矿项目在西藏建成投产，"巨龙"终于腾飞在雪域高原！

项目一期达产后年产铜约 16 万吨，二期新增工程建成后，将实现年产值 200 亿元，约占西藏 GDP 的 2%，同时还将规划建设三期新增工程。在全球新能源革命浪潮对铜的需求进一步增长的背景下，该项目将对保障我国铜资源自给能力产生积极作用。

巨龙铜业拥有驱龙铜多金属矿、荣木错拉铜矿和知不拉铜多金属矿三个矿权，这些矿山分布在海拔 4000~5400 米的雪域高原，有着储量大、品位低、海拔高三大特点，备案的铜金属量合计 1072 万吨，伴生钼金属量 57 万吨。

作为目前国内高海拔地区在建的最大铜矿山项目，巨龙铜业的股权归属近年经历数度波折。2020 年 6 月，紫金矿业出资 38.83 亿元，收购藏格集团、藏格控股股份有限公司、西藏中胜矿业有限公司、深圳臣方资产管理有限公司、西藏汇百弘实业有限公司等持有的巨龙铜业合计 50.1% 股权，实现对巨龙铜业的控股。依托紫金矿业低品位资源的勘探和开发优势，开发巨龙铜业持有铜矿中大量品位在 0.2% 左右的低品位铜矿资源，巨龙铜业资源总量将超过 2000 万吨。

紫金矿业投资部总经理张顺金介绍，2020 年五一假期期间，集团公司主要领导和投资部门人员就到高原进行现场尽调。谈判是极其艰辛的，主要是因为项目停产多年，欠债太多，许多资产被抵押，项目被冻结，大量证照不全。为了处理项目的复杂关系，集团公司动用了三支法律队伍：集团公司法务部、集团公司的常年法律顾问北京雨仁律师事务所，和项目聘请的北京金诚同达律师事务所。经过投资部门和法律团队一个月的抽丝剥茧、斗智斗勇，解决了诸多的法律问题、多重质押和多重冻结等问题，最终让集团公司在一个月之内顺利完成了对巨龙铜业的股份收购。

在紫金矿业入驻前，矿山建设已经停工一年多。面对长期停工、历史遗留问题繁杂，以及冰天雪地、高寒低压低氧的恶劣环境对人的意志和管理能力的考验，为了建设这座全球海拔最高的超大型矿山，实现低品位铜资源的大规模开发，紫金矿业及其合作伙伴面临着巨大挑战。

对于总投资超过 150 亿元的大型高原建设项目来说，时间是最大的成本和最大的效益。巨龙铜业团队发扬"老西藏精神"和紫金精神，把巨龙铜业总部从条件相对舒适的拉萨巨龙大厦迁出，设在海拔更高、条件更艰苦的墨竹工卡县，把现场指挥部设在海拔最高的驱龙矿区选矿厂。

紫金项目团队对照 2021 年建成投产的总目标，一个月内实现驱龙项目全面复工、三个月内实现知不拉项目复产、四个月完成驱龙露天采矿场开机工作。项目团队和50多家项目协作方掀起了一场紧锣密鼓的建设热潮，围绕全面提升矿区信息化、智能化、自动化水平，通过优化工程方案，科学安排施工计划，突破工程瓶颈，攻克了上百项安全、设计、建设、安装、调试等方面的难题，高峰期参建人员达7000余人。

巨龙铜业总经理吴健辉带领巨龙铜业团队克服高原缺氧、高寒、低压的极限挑战，面对堆积如山的历史遗留问题，他以铁一般的意志，在平均海拔4000多米的项目现场，创新性地提出了项目建设、安全环保、权证办理等方面的管理措施。他说："要把优化贯穿到项目建设的全过程中，哪怕是一颗螺丝钉、一个阀门的安装方向、一条管道的走向……"他摸家底、建体系、理思路、编计划，全力修复政企、村企关系和依法合规手续办理，在工作中注重细节、质量和效率。吴健辉总能以师长、兄弟或朋友的身份，给出管理建议，帮助班子成员提高。他善于抓住关键、找准重点、洞察发展规律，在他的组织推动下，驱龙项目尾矿库设计优化、采剥工程重新招标、采场设备优化配置等为公司节省近20亿元。

同时，在地方党委政府的支持下，巨龙铜业团队快速解决了历史遗留问题，加强规范运作，用一年多实现一期10万吨/日采选工程建设进入投料生产阶段。

作为西藏重点招商项目和福建省援藏重点项目，巨龙铜业为当地经济社会、民生就业带来了积极的变化。2021年，巨龙铜业在对墨竹工卡县甲玛乡的社会捐赠、产业扶持、搬迁补偿等方面累计支出约1.2亿元，招聘当地藏族员工约780人，为西藏籍员工创收约2450万元。巨龙铜业2022年首次招聘86名墨竹工卡籍委培生，让他们在福州大学紫金地质与矿业学院参加为期一年的培训学习，培养有素质的管理和技术人才。巨龙铜业目前员工总数1360人，其中藏族员工占比61%，三期项目全面建成后，总就业人数预计5000余人。

冰天雪地是金山银山。项目建设期间，巨龙铜业投入 1.16 亿元完成 172 万平方米的生态修复，种植乔木、灌木 17 万株，开展矿区生物多样性摸底调查，不断优化项目设计，尽量减少对野生动植物及其栖息地的扰动。

今天的巨龙铜业，高山绿草、高原柳、藏青杨、沙棘、格桑花、油菜花交替入镜，绿色画卷渐次舒展。未来，巨龙铜业将全力推进绿色矿山、花园式矿山建设，打造高原矿山生态修复典范，探索矿山生产建设与生态环保相容兼顾、有机融合的绿色矿业发展之路。

巨龙铜业项目复工仅一年多时间就建成投产，创造了高原矿山新的标杆和丰碑。巨龙铜业资源储量预计将达到 2000 万吨铜当量，并且未来资源增储潜力巨大，即使按照二期扩产后 28 万吨/年的开采量计算，可开采年限接近 100 年。巨龙铜业项目是紫金矿业的"百年"工程，项目将取代紫金山铜金矿成为紫金矿业未来最重要的"旗舰"，也是紫金矿业开启未来 10 年成长的基础。

陈景河极其欣赏巨龙铜业项目的成功，认为这是紫金矿业近几年最漂亮的大手笔。"巨龙铜业的投资和建设团队面对这个充满无数纠纷的烂尾项目，克服了重重困难，靠着超强的工作艺术，打动了各级领导，最终完满完成艰难的项目并购和快速建成，是一件具有划时代意义的事件，得到了整个矿业行业的尊重，让紫金矿业进一步被认为是一支特别能战斗的团队。"

主力矿山再创辉煌

2020 年，中国铜业版图发生了两件大事，都与紫金矿业有关。除了紫金矿业控股西藏巨龙铜业、开发中国最大的世界级斑岩型铜矿，还有一件是，紫金矿业全资子公司黑龙江多宝山铜业股份有限公司（以下简称"多宝山铜业")实现了日处理矿量从 2.5 万吨到超 9 万吨的跨越增长，并于当年一跃成为中国仅次于德兴铜矿的第二大在产铜矿，全年产铜 10 万吨。

多宝山铜矿位于黑龙江省嫩江县北部，是 20 世纪 50 年代探明的大型低品位斑岩型铜矿。2006 年 1 月，紫金矿业参与多宝山铜矿开发，一期项目于 2012 年投产，但由于各股东发展理念和管理模式不同，多宝山铜矿在 2016 年上半年陷入了停产的窘境。

2016 年 6 月 3 日，紫金矿业实施多宝山铜业并购与资源整合，以 15.61 亿元向黑龙矿业收购黑龙矿业总部资产、多宝山铜业 49% 股权和黑龙江铜山矿业有限公司 100% 股权，从而获得多宝山铜业 100% 的股权。

2019 年 6 月 27 日，多宝山铜业获国家林业和草原局使用国有林地 962.1314 公顷、完成二期项目的所有手续报批，解决了一直制约多宝山铜业生产与发展的关键问题。以此为契机，多宝山铜业全面贯彻落实"矿石流五环归一"矿业工程管理模式，迎来了企业的大步跨越发展，短短几年之间，就从亏损企业变身为 2020 年中国第二大在产铜矿。

多宝山铜业以铜矿的矿石流为走向，根据地、采、选、冶、环五个环节，以勘定采、保障资源，以采保选、提高产能，以选代冶、降低成本，以冶保环、降耗减排，以环提效、循环利用，实现了各环节互联互通、互保互促。

在地质上，大胆推断隐伏矿体，自 2020 年三季度开始集中力量开展探矿增储工作，2021 年实现了铜山找矿重大突破，预计可新增铜金属资源储量 100 万吨以上；

在采矿上，优化采矿场边坡，优化后减少废石剥离量约 2 亿吨，节约剥离成本 46 亿元。对未来深部矿石的开采，采用了"溜井＋井下颚式破碎机＋胶带斜井运输"方案，建成投用后每年可节省运输费用约 7000 万元，在露采生命周期内可节省约 10 亿元；

在选矿上，通过科技攻关提高选矿工艺技术指标，筛选了高效的铜钼混合浮选捕收剂，充分发挥两种药剂的协同作用，改善了有用矿物的泡沫富集效果，提高了铜及伴生金银的选矿回收率，选铜实际回收率由 2015 年的 84.79% 提升至 88.17%，同时使用浮选机和浮选柱联合精选，研发新型捕收剂，将金的回收率由最低 62.96% 提升至 72.46%，增加了 9.5 个百分点；通过矿石互通互调突破产能瓶颈，进行组合型碎磨流程技术改造，建立了相互联通的矿石流皮带输送网络，实现了两种碎磨流程下矿料的互通互调互补，实现了半自磨检修时球磨机不停机，由此减少了系统停机时间，进一步提高设备运转率，每年增加处理矿量 50 多万吨；

在环保上，把露采场、排土场与尾矿库规划成连体共建，以排土场作为尾矿库上游拦挡，这是国内首创的用废石围堰筑坝的举措，在节省总用地 500 多万平方米的情况下，还增加了排土场库容；既将尾矿输送与回水回收的距离缩短了 7000 米，又增强了尾矿坝体的安全稳定性，尾矿库最大库容可达 4.9 亿立方米，一次性解决了矿山生命周期内所有尾矿的库容，是在东北高寒平原地区实现最低成本建设尾矿库的一个创举。

多宝山铜矿于 2019 年 8 月实现二期技改项目（新增 25000 吨 / 年）全线投产，2021 年 1 月顽石独立破碎技改项目（新增 5000 吨 / 日）投料试机成功，目前处理能力达 9 万吨 / 日以上。多宝山铜矿在短短数年内从停产矿山变成紫金矿业的产铜大户和利润大户，且二期技改建设的 28 亿元资金，全部来源于矿山自行生产实现的现金流，企业盈利能力和造血功能十分显著，实现了巨大的经济效益和社会效益。

多宝山铜矿开发特别是二期技改建设，是紫金矿业应用"矿石流五环归一"矿业工程管理模式的典范项目。陈景河董事长赞誉多宝山铜业，是边生产边技改、新老系统衔接组合"具有非常多的创造性与创新性"的代表，"小设备完成大采剥量"的典范，"指标和成本控制最优"的榜样，"尾矿库建设、安全管理措施卓有成效"的先进，"高效证照办理"的标兵，"高素质技术型、管理型、复合型人才孵化"的摇篮，在实现产量逐年攀升、效益连续翻番的同时，展现了安全和谐美丽的现代矿山形象。

自 2016 年紫金矿业全资控股以来，到 2022 年年底，多宝山铜业累计实现产铜 37.88 万吨、营业收入 181.26 亿元、利润 68.96 亿元、纳税 33.64 亿元，成为经济效益、生态效益和社会效益俱佳的绿色矿山，集团公司主要利润增长点和新的标杆企业。

除了多宝山铜业，近年来，在集团公司跨越增长阶段，一批老权属矿山企业贯彻"创新就是普遍的科学原理与客观实际良好结合""最适合的就是最好的创新"的创新理念，全面落实"矿石流五环归一"工程管理模式，在地、采、选、冶、环各方面发力，实现浴火重生。

2004 年建成投产的新疆阿舍勒铜业，近年来生产规模由 4000 吨 / 天提升至 6000 吨 / 天，正式步入"跨越增长"快车道。阿舍勒铜业开展深边部找矿项目，到 2021 年年底，新增铜金属量 21.23 万吨，新增锌金属量 7.05 万吨，为矿山的可持续发展提供了资源保障。2021 年，阿舍勒铜业产铜 4.51 万吨，铜金属产量、经营指标均创历史新高。

从 2021 年 11 月开始，阿舍勒铜业实施采区遗留矿柱的"桃型矿柱复采"项目，像"翻花生"一样回采残矿，将现有资源"吃光榨尽"。自项目开展以来，截至 2022 年上半年，累计采矿 72632 吨，实现回收 1661 吨铜、182 吨锌，为阿舍勒铜业创造效益 6212 万元。

在山西紫金，一座资源量接近枯竭、濒临闭坑的矿山，因为百吨级金矿的发现，实现"返老还童"。

2019 年 8 月，总投资近 20 亿元的山西紫金智能化采选改扩建项目开始建设。项目原定三年半建成投产，建设者们只争朝夕，克服疫情肆虐、证照办理难度大、安全环保高压不减等重重困难，想方设法全力保障项目进度。2022 年 8 月 18 日，项目 6000 吨 / 天选矿厂试车成功，以不到两年的有效建设时间实现了建成试车目标，达产后预计年产黄金 6~7 吨，有望跻身国内前三大金矿,标志着山西紫金摘掉了危机矿山的帽子,在新一轮发展中华丽转身。

山西紫金在项目建设过程中,按照经济社会效益最大化、成本最低化原则,对多项重要工程进行了设计优化,大幅降低了建设成本。在柳泉沟尾矿库,库内绝大部分区域采用天然地层防渗,在西侧黄土山体处铺设土工膜防渗,在东侧山体采用"旋喷桩+灌浆"的垂直防渗形式进行防渗。经此优化设计,节约投资超 2 亿元。同时,充分利用集团公司在国内多座即将闭坑矿山的老旧厂房设备也是山西紫金降本增效的一大亮点。山西紫金在新选厂建设中,在集团公司内第一个吃螃蟹,尝试盘活集团资产,利用旧紫金山铜金矿和德尔尼铜矿设备 68 台(套),利用旧厂房钢柱钢梁约 400 吨,累计节省投资 8000 余万元。

陇南紫金经过历年增储,到 2019 年年底,保有黄金资源储量 172 吨,平均品位 1.99 克/吨。2020 年 6 月,陇南紫金 6000 吨/天采选系统恢复生产的同时,李坝金矿 10000 吨/天采选项目立项,项目坚持把成本管控贯穿建设全过程,总投资由 1.5 亿元降至 1.21 亿元,实际节省投资 2800 余万元。2020 年 12 月 1 日,项目实现带料联动试车,达产后年产黄金 4~5 吨。

2022 年 6 月,陇南紫金还获得了礼县洮坪乡金山金矿采矿权,采矿权面积 2.185 平方千米,创造了甘肃省近年来矿业项目环评和采矿证办理速度最快的纪录,目前金山金矿 2000 吨/天的采选工程项目正在建设中。

新能源赛道一飞冲天

2022 年 6 月 29 日,紫金矿业在新能源矿种锂矿并购方面"再下一城",出资约 18 亿元收购湖南厚道矿业 71.1391% 股权。后者 100% 持有湖南道县湘源锂多金属矿,该矿拥有氧化锂资源 87 万吨,折合碳酸锂当量资源

216万吨。

据了解，从第三方中介推荐项目，到完成现场尽调和谈判，再到实现签约，一共只用了20天，其中现场尽调仅花了一个星期，再创并购史上的"紫金速度"。这是紫金矿业首次实现在国内硬岩锂资源布局上的突破。

2021年10月以来，紫金矿业先后收购了阿根廷3Q锂盐湖项目、西藏拉果错盐湖项目和上述湖南省道县湘源锂多金属矿，"两湖一矿"累计耗资约158亿元，控制的碳酸锂当量资源超1000万吨，远景规划产能超15万吨碳酸锂当量。有国内媒体评论说：紫金矿业切入新能源赛道，不鸣则已，一飞冲天。

近半个世纪以来，传统的化石能源使用导致了以碳为主的温室气体排放，导致全球气候变暖，严重影响人类的安全，碳减排和碳中和已经成为全球共识。

中国政府积极响应全球减碳共识。国家"双碳"战略各项措施出台和落地，带动新能源和新材料的发展。新能源金属被誉为"未来的石油"，新能源产业快速崛起，正形成一个巨大的蓝海市场。未来，新能源和新材料产业将成为持续的"风口"，迎来超出预期的爆发性增长。

风口来了，猪都会飞。2021年以来，新能源汽车销量剧增，以碳酸锂为代表的锂电池原材料供不应求、价格飙涨，2021年就以年初的不足5万元/吨暴涨至年底的50万元/吨以上，巨大的成本压力顺势传导至锂电池全产业链。

有"锂"走遍天下，上游企业加速"抢矿"，锂资源争夺白热化。宁德时代收购千禧锂业（Millennial Lithium Corp.），其核心资产PastosGrandes盐湖总碳酸锂资源量达492万吨；比亚迪斥资近4亿元获得智利8万吨锂产量配额；亿纬锂能以2亿元拿下兴华锂盐49%股权；金圆股份在跨界布局万吨级锂盐项目后，宣布将加快海外锂资源产业链开发。赣锋锂业、华友钴业等企业也都已经在海外重金下注锂矿资源。

紫金矿业审时度势，捕捉到全球产业的变局，决定不甘人后，明确将依托矿业龙头优势向新能源新材料领域全面进军。紫金矿业承认在全面介入新能源矿产上慢了半步，为此陈景河董事长坚持自我批判，主动向董事会检讨，快速调整决策，果断重金布局盐湖提锂、硬岩锂及磷酸铁锂、氢能源等新材料领域。

2021年7月，紫金矿业设立新能源新材料研究院，重点以锂、钴、镍等金属矿产为突破口，推进重大转型，向新能源新材料产业延伸，构建全新增量领域。

2021年10月10日，紫金矿业以49.4亿元巨资，收购加拿大新锂公司。新锂公司注册地在加拿大，旗下核心资产为位于著名的南美"锂三角"、阿根廷西北部卡塔马卡省的Tres Quebradas Salar（以下简称"3Q"）锂盐湖项目。该盐湖项目是世界上同类项目中规模最大、品位最高的项目之一，体量在全球主要盐湖中排名前五，品位在全球主要盐湖中排名前三。

3Q项目资源量大、品位高、杂质低、开发条件好，矿权面积总计353平方千米，覆盖整个盐湖表面和卤水湖，项目总碳酸锂资源量约756.5万吨，平均锂浓度621毫克/升，高于全球盐湖平均水平，其中高品位资源168万吨，高品位资源平均锂浓度高达926毫克/升。

2022年4月29日，紫金矿业以76.82亿元收购盾安集团旗下四项资产包，其中核心资产为西藏拉果错锂盐湖70%股权，作价48.97亿元。这是紫金矿业继完成阿根廷3Q锂盐湖收购后，首次在国内收购锂盐湖资源，该盐湖碳酸锂备案资源量约214万吨。

紫金矿业谋定而后动，后发而先至，在不到一年的时间里，强势介入新能源赛道，连续出手三记重拳，凭借"两湖一矿"合计碳酸锂当量资源量跃居全球第九和国内第三，要在锂行业演绎新的紫金奇迹。

紫金矿业以紫金精神、紫金效率推进新能源产业，加快项目建设速度。2022年2月1日，正值中国传统春节大年初一，一群年轻人，从五洲四海齐聚海拔4100米的阿根廷3Q盐湖现场，项目建设就此拉开序幕。3Q项目一期设计年产2万吨电池级碳酸锂，计划2023年年底建成投产，矿山寿命35年。同时，项目具备扩产条件，年生产碳酸锂可达4万~6万吨，具备建成世界级大型盐湖基地的条件，将有较强的盈利能力。仅用了半年多时间，当年10月，负责阿根廷3Q盐湖的锂业科思公司就成功打通碳酸锂优化工艺流程，产出首批碳酸锂中试产品。负责西藏拉果错盐湖的阿里拉果资源公司，收购后即马上启动项目建设，于2022年10月25日启动盐湖提锂半工业化试验，10月29日就产出首批工业级单水氢氧化锂中试产品。

在加速锂矿的开发开采的同时，紫金矿业在新能源新材料领域也动作频仍。2021年，福建紫金铜箔科技有限公司、福建紫金锂元材料科技有限公司相继成立并组建团队，在电解铜箔、磷酸铁锂等领域实现布局。新能源与新材料研究院也快速招兵买马，初具规模。

氢能源号称终极能源。2021年12月，集团公司与福州大学等签署协议，合力打造一支国家级"氨—氢"能源产业创新团队，合资成立高新企业，发展集绿氨产业、氢能产业及可再生能源产业于一体的万亿级产业链。此次合作的技术攻关主要依托福州大学化肥催化剂国家工程研究中心，团队坚持从事氨的高效合成及高值化利用研究，开发出世界首套安全、高效、低能耗的合成氨成套技术，实现年产20万吨合成氨装置的工业应用，打破了国外近30年的技术垄断，创制出新型低温催化剂，突破了"氨—氢"能源循环的关键技术瓶颈，并建成中国首辆氨氢燃料电池客车，实现低成本"燃料电池级"氢能的现产现用，加速"零碳"产业发展。

与此同时，为响应国家"双碳"战略，紫金矿业成立了新能源公司，通过开展光伏、风电等项目，推进清洁能源高效利用，降低碳排放，发行了全国贵金属行业首单、福建省地方国企首单"碳中和"债券，募集资金全部用于光伏发电项目建设。

陈景河在股东大会上表态:"面对能源革命,如果还是无动于衷的话,我们会犯很大的错误,公司慢了半拍,但现在进入还不算太晚,公司能力还是比较强的,我们相信三年、五年以后再来看,公司在新能源方面的发展也会有很大的增量。此产业的成功,对于重塑矿业公司新形象具有重大意义,也将对推动集团产业的低耗低碳绿色发展起到重要作用。"

金融板块扬帆启程

马克思曾说过:"金银天然不是货币,但货币天然是金银。"矿业是一个金融属性很强的行业,它生产的金银铜锌等大宗商品普遍具有商品属性与金融属性双重特性。同时,矿业又是资本密集型行业,投资大,开采周期长,风险高,尤其是其中的冶炼板块,有"冶炼的一半是金融"的说法,矿产品收益容易受货币汇率、产品价格波动的影响。

为应对市场风险,集团公司从2005年开始进行期货交易,对黄金、阴极铜、锌、外汇等产品进行套期保值,平抑风险。2015年,紫金矿业集团资本投资有限公司(以下简称"资本公司")设立,负责统一整合和管理集团公司的金融资产,探索金融与产业的密切结合。资本公司融合资金筹集、运营、利率、汇率风险控制、期货、证券、大宗商品套保等金融类综合业务,开展套期保值等金融业务,对公司的金、铜、锌、白银、铁矿石和外汇进行套期保值业务,为抵御市场风险做贡献。

在走向国际化过程中,紫金矿业不断加深产融贸结合,逐渐形成一条资本与产业、贸易有效互动、互为协同的产融贸生态链。

产融贸结合,是现代大型企业集团实现产业、贸易、金融三大支柱的相互补充和协同发展，完善产业布局，扩大市场占有率，提升竞争实力的必经之路。具体来说，就是企业集团以产业为基础、以贸易为链条、以金融为纽带，借助主业竞争实力形成的高等级信用和对上下游（外部）企业的风险控制能力，利用金融工具或金融机构，为企业自身和利益相关者提供金融服务，实现多方协同效应与共赢效应，进而达到产业资本和金融资本的内在联动和有机结合。

紫金矿业首先启动了"供应链金融服务平台"项目，由紫金智信（厦门）科技有限公司和紫金矿业集团财务有限公司（以下简称"财务公司"）共同开发供应链金融服务平台，结合产业互联网和金融科技，将紫金矿业的商业价值传递给供应链上下游企业，帮助供应商用应收账款开展融资。

紫森（厦门）供应链管理有限公司（以下简称"紫森"），通过国内原料采购贸易，利用集团公司的品牌和银行授信资源，和地处经济特区的信息、区位等优势，协助国内冶炼企业通过贸易融资获得较低成本的融资，把握市场短暂的低利率机会，为融资成本的降低做出了贡献。截至2022年年底，紫森已累计代理进口开证超过7亿美元，在解决授信额度的同时，降低了财务成本，并加强了汇率管理工作。七年来，紫森为集团公司降低财务费用或汇兑收益7200万元。紫森目前仅有10名职工，实现人均年净利润约110万元。

紫金矿业集团黄金冶炼有限公司（以下简称"黄金冶炼公司"）是近年来集团公司产融贸结合的一个亮点。2021年，黄金冶炼公司合质金购销135吨（其中黄金加工贸易16.32吨），交易体量增大和多元化的业务模式为产融结合创新带来更多的机会。黄金冶炼公司开展产融结合创新业务，重点围绕"物＋票据＋资金＋金融＋交易"做足文章，加快资金周转、提高资金使用效率，进一步降低融资成本、提升业务综合收益。

黄金冶炼公司以前只有境内业务，2019年，利用集团公司上海黄金交易所和伦敦交易所的黄金交易牌照，从海关总署办理了黄金进出口牌照，打通了黄金进出口加工贸易渠道，从此不仅可以进口精金矿和包含伴生黄金的铜精矿，而且可以利用境内境外金价价差赚取利润。2020年春天，全球疫情肆虐的时候，境外金价每克比境内高出10多元人民币，黄金冶炼公司就将紫金铜业铜精矿贸易项下的黄金向境外销售。2020年，黄金冶炼公司单利用境内境外的价差进行黄金贸易，就赚了4000余万元。

黄金冶炼公司开展进出口加工贸易后，又利用境外融资，开展票据收付业务，用银行票据盘活冗余，利用境外业务美元融资比境内融资成本更低、境内境外存在一个汇率差的机遇，利用境内外汇率差及价格差在两边市场套利。

20年来，从在H股和A股上市、在一级市场进行再融资等资本运作，到将金融手段嵌入产业链、不断提升产融贸协同，再到全球视野下的全面金融布局，紫金矿业金融板块已经进入了一个独立内生发展的新阶段。

2021年12月7日，紫金矿业投资（上海）有限公司（以下简称"上海投资公司"）投入试运营。

站在位于上海黄浦江边的白玉兰广场47楼的投资公司办公室，落地窗外繁华的外滩尽收眼底，陆家嘴金融中心隔江相望，东方明珠和上海金融中心大楼雄踞其间，仿佛能听到中国经济、金融心脏的脉动。

上海是传统金融强市，20世纪30年代曾是远东金融中心。改革开放40年，上海成为全国金融中心，已经形成了包括股票、证券、货币、外汇、票据、期货、黄金、保险等全国性金融要素的市场，正打造国际金融中心。紫金矿业将投资公司总部放在中国的金融中心，有利于吸引全国一流的金融人才，彰显出了做大做强金融板块的雄韬伟略。

这是紫金矿业做大做强金融贸易板块一个标志性的开端。上海投资公司将围绕矿业主业，强化"矿业+金融贸易"高效融合，打造上海资本公司、海南国际运营中心、新加坡国际资本公司等境内外平台，构建高水平矿业资本金融贸易体系。

上海投资公司副总经理赵举刚认为，金融板块的新战略是适应全球化重要发展时期的举措，金融行业资本回报率明显高于实业企业的平均水平，集团公司超前布局金融板块，利用新的金融平台在全球参与金融资产配置，实现保值增值，有助于企业追求利润最大化。

截至2022年1月15日，紫金矿业的合计授权总额度为44亿元人民币和1亿美元或等值外币，用于金融板块的下属企业开展金融业务，约占公司最近一期经审计总资产2.76%、归母净资产8.91%。

上海投资公司总经理高文龙表示：作为集团公司的泛金融平台，上海投资公司将带领上海、厦门两地的四家公司，重点抓好投研、风控，打造精品产品线和运营队伍建设，承担起为集团做好金融风险管理、创收增利的重要责任，在经济增长中枢下移的"新常态"下积极寻找结构性亮点，努力达成40亿元管理规模，跑赢市场平均收益（超12%），实现利润贡献超8100万元的目标。

上海投资公司制定了"一体两翼"的发展战略。"一体"，就是坚定服务于集团，助力集团穿越大宗产品的周期性，提高集团的市场估值，巩固盈利的稳定性，树立集团在资本市场中的新形象。

"两翼"，就是要形成自我造血的两翼，即证券投资业务和股权投资业务。关于证券投资，利用国家产业升级和居民银行理财净值化转型的历史机遇，在新能源、新材料的产业链进行深度布局，分享财富创造的巨大蓝海。

在股权投资方面，资本公司对标集团超一流国际矿业集团的目标，设立矿业并购基金、新能源新材料的股权基金，市场化基金初具雏形，先集团公司一步发现优质标的，通过基金的形式进入，争做集团在新兴领域里面的排头兵、探照灯，寻找未来的资本市场上的"新紫金"。资本公司于 2020 年完成组建龙岩信景基金，跟投大陆黄金项目，规模 1.2 亿元，其中对外募资 7040 万元，开创了基金境外投资的先河。

到 2022 年年底，上海投资公司已经建立了五只专项基金、五只组合型基金，用于矿业并购、定增和未上市公司股权投资，其中，基本落地两个市场化新能源产业基金，扩大紫金矿业投资品牌影响力；还将落地全球矿业产业并购基金，打破海外资金募集屏障。上海投资公司聚焦与集团核心主业相契合、符合国家和产业发展方向的核心领域，已形成特色鲜明、策略多元化的"星、坤、云、九"系列主题基金，新设全天候 FOF、紫金资产星泰基金产品，满足投资者差异性需求。

自 2020 年以来，资本公司成功介入京东数科项目、北矿科技定增、赛恩斯 IPO 项目、中企云链项目；协助集团完成多项重要投资活动，如配合集团完成嘉友国际 21.23% 股权、天风期货 46.15% 股权的并购，受托管理 ABN 项目，完成海安橡胶、易控智驾、兑泰科技、华电福新等泛集团产业链相关的战略投资。其中集团公司持股的赛恩斯环保，发行后持股比例为 21.22%，2022 年 11 月 25 日正式登陆科创板，获得了好回报。

2022 年，上海投资公司在服务集团工作方面有所突破，先后参与并完成了嘉友国际（并购及退出）、江南化工股份、盾安环境股份、如山系其他资产包、招金矿业股份、中创新航港股 IPO 锚定投资等重大战略投资项目的收购过程，突破了复杂度高、难度高、多方利益共赢等诸多难题。通过创新交割方案，彰显了团队在股权运作方面的专业性，不仅完成了集团交办的任务，还实现了超预期收益。团队也在历练中得到成长，实现从简单承做到独立运作项目的转变。

在证券投资方面，资本公司对标市场头部机构，布局全球化投资版图，坚持投研驱动，形成了具有发展潜力和竞争力的、匹配集团百亿管理规模要求的业务条线。积极推进一、二级私募基金阳光化转型，通过与市场专业机构合作，优势互补，提升内部团队管理水平。投资风格日渐清晰：投资于符合能源安全、供应链安全的核心领域，与集团核心主业契合；投资于国家和产业发展方向的技术创新和产业革命的核心领域。战略投资业务稳步推进，开展全球宏观对冲基金孵化，建立紫金—CPE全球矿业并购基金、紫金—上汽产业基金。

上海投资公司自成立以来，坚持以"风控优先、投研驱动、服务集团、价值创造"为经营理念，履行紫金矿业金融业务拓展管理职责，借助上海金融、人才资源高地优势，着力打造中国大型产业集团下的金融业务管理平台和资产管理平台标杆，并逐步布局全球金融市场，稳健扎实地扩大资金管理规模。上海投资公司2022年管理资金规模突破50亿元；2023年管理资金规模计划100亿元，净利润计划超过5亿元。

智慧矿业在崛起

2022年12月，总投资3000万元的紫金山业财一体化项目完成验收、全面投入使用。

在紫金山铜金矿矿部大厅里的紫金山业财一体智能动态管控平台上，通过矿区三维可视化展示大屏，可以看到每个厂区的生产实况。矿长赖桂华向前来参观考察的专家、来宾进行演示。

赖桂华点击露采系统，整个露采场的三维虚拟场景立刻展现，场内300多台设备的位置、驾驶员、生产情况一清二楚；点击地采系统，展现出来的是地下矿井的巷道三维模型，将鼠标放在任何一个中段，大屏上马上展示出对应中段当班人数、姓名、位置。

赖桂华介绍说，除了这个指挥大屏，矿领导、集团领导可以从PC端、手机端随时调看，整个紫金山铜金矿实现了矿区设施模型化、安全监控实时化、设备监测动态化、生产数据透明化。

在信息化时代，传统矿山生产运营管理依托于线下，业务流程长、作业面点多面广，信息获取、传递依靠人工统计和传递方式，信息孤岛问题严重，业务、财务体系相互独立，无法做到业、财"数出一源"，管理难度大。

针对这些痛点，紫金山铜金矿和紫金智信（厦门）科技有限公司合作，用近两年的时间，完成业财一体化项目，将紫金山30年优秀矿山生产运营管理理念吸收、转化、固化和具象，打造出符合紫金矿业标准的矿山生产运营管控平台。该平台实现全业务覆盖，集矿山地、测、采、选、冶、财务等生产主线全流程业务于一体，集成检测检验、物资、能源、设备、安全管理业务一体化。

赖桂华介绍，紫金山业财一体化最终实现了流程标准化：以矿房（或爆堆）为基本生产单元进行全生命周期管理，实现"决策→标准化设计→计划→日生产任务下发→施工过程管理→工程验收管理→财务结算"全流程的标准化、信息化管控。平台便捷自动，Web（网页）端和App（手机软件）端具备便捷的填报、审批功能，根据用户实际使用场景定制化开发，自动推送各类审批、确认、消息通知，自动汇总各层级报表，实现一个应用支撑矿山生产。

紫金山铜金矿财务总监陈忠棠说，这个项目通过大量矿山的场景应用，解决了很多痛点。以往线下统计滞后、有偏差。现在各单位每个班完工后班长同步实现数据上传，每天每个班组、厂乃至全矿山的产量、成本、销售、利润平台都能实时自动统计显现。陈忠棠介绍，除了有些班组必须填报的项目，很多成本统计已经实现了自动化。如所有的仓储物料都有条形码，只要用户刷条形码就自动上传、统计；再如用电，矿山一年用电成本3亿多元，以前400多个电表，每个月要抄表和复核，要耗费大量人工，现在换成了398个与系统连接的智能电表，每天的用电量实时传送，非常准确。

从此矿山每日、每月的数据一目了然。更重要的是做到了一套数据,"数出一源"。业务产生的信息,直接正向推动财务成本暂估和费用结算,业务、财务"数出一源",打破业财壁垒。

该项目基于生产层面建设了业财一体化的智能动态管控平台,将生产各环节、全流程打通,使数据能够自动流转,支撑整个矿山的生产运营管理决策。紫金山铜金矿业财一体化项目,是近年来紫金矿业智慧矿山建设的一个里程碑式的成果。

近年来,紫金矿业运用5G、物联网、人工智能、云计算、大数据、数字孪生等新一代信息技术,积极探索数字化转型的实践路径,并成立紫金智信和紫金智控两家科技公司,为集团的数字化转型提供自主服务能力,同时期望通过一系列优秀实践案例,突破技术壁垒,运用数字化转型核心技术,打造"智慧矿山""智能工厂",为行业赋能,成为有色矿业数字化转型的引领者。

2021年,紫金矿业在《关于五年(2+3)规划和2030年发展目标纲要》中提出:全面推广应用"矿石流五环归一"矿业工程管理模式,构建全球化信息系统,实现所有生产经营与管理活动数字化和平台化。

紫金矿业的数字化转型明确为"三步走"的目标战略。第一步:数据化,实现核心业务的全面线上运转,全面建立数据采集通道;建立适应国际化运营的数据平台,确保不同业务系统之间及境内外数据互联互通;信息化系统开始支持国际化,支撑管理变革。

第二步:数字化,数据全面汇聚,实现业财一体,支持全面预算;信息系统全面建成并持续优化,基本建成数据治理和运营体系;对数据开始智能化应用,信息化系统全面实现国际化;以业务创新为引领,带动管理变革。

第三步:数智化,通过数据积累,运用人工智能、大数据等技术进行智能分析，实现集团运营的风险预测，支撑集团的全面预算等战略目标，达到智慧决策水平；实现高效先进的数据治理和运营体系并持续优化；业务系统具备高度智能化能力；信息产品及公共服务平台可为行业提供优质领先服务和解决方案。

数字化为有色矿产资源从勘探、开发到利用的各环节赋能。经过多年建设，如今紫金矿业已将数字化技术应用于地勘、测量、采矿、选矿、冶炼等五大环节，在整个过程中涉及各种技术，包括基于移动互联网的生产任务下发和生产实绩收集，通过远程遥控和无人驾驶为采矿运输环节赋能，通过在线品位分析仪提升品位检测效率，通过图像识别提高选矿控制效果，通过磨、浮专家系统提升选矿整体智能控制能力，通过数字化赋能实现冶炼环节的自动化等，全面提升生产效率。

智慧矿山是矿业未来的发展方向，紫金矿业充分运用5G、视觉识别、物联网、无人驾驶、智能装备、数字孪生等技术在智慧矿山领域进行了一系列探索，积极推进"机械化换人、自动化减人"工程，逐步打造一批数字化、智能化矿山。

集团公司各权属子公司陆续购入凿岩台车、撬毛台车、锚杆台车、湿喷台车、天井钻机、布鲁克机器人、遥控铲运机等现代化采掘设备；组织研究未知空区探测、超深矿井热害控制与地压监控技术；推动矿山实施井下排水系统、变电所等机电设备的智能监控，实现无人值守；并利用信息化手段优化和固化安全生产管理流程和标准，实现主要安全风险的动态监控与预警。通过有目标、有计划地推动矿山机械化、自动化、信息化、智能化、无人化建设，在提高生产效率、降低经营成本、强化管控力度的同时，有效提升了本质安全和安全生产能力。

例如在矿山现场，在采矿环节通过卡车调度系统以及一系列智能装备，实现现场运输的自动化、智能化；在井下，通过无人电机车替代人工作业；在露天，通过无人驾驶或远程遥控，实现智能生产，提升安全生产水平。在选矿环节,通过智能选矿专家控制系统,加强现场选矿的自动化控制能力。紫金山铜金矿湿法厂、青海威斯特铜业、西藏巨龙铜业、新疆阿舍勒铜业、贵州紫金水银洞金矿、山西紫金等企业,近年来在矿山自动化、信息化、智能化方面都迈出了一步,取得了成果。

紫金矿业信息总监董文生在接受企业网 D1Net 采访时说:"紫金矿业正在探讨把鸿蒙操作系统应用到采矿装备上去,使其变成智能装备,在采矿过程中,通过智能装备实现数据的实时回传,然后利用这些数据分析现场的运行情况。此外,使用移动机器人替代人工进行井下巡检,查看井下的危险源,能够进一步提升现场的安全管控。"

邹来昌总裁认为,近年来,华为组建煤矿军团,构建以矿鸿、工业承载网、云基础设施、数字平台和智能应用为核心的工业互联网架构智能矿山,取得了良好的效果。但是金属矿山实际上比煤矿更复杂,煤矿主要是要解决瓦斯问题和突水等问题,而非煤矿山的中断、层次非常多,矿体远比煤矿小,走向不规则,因此金属矿山的智能化建设挑战性更大,有更多问题值得去创新和探索。紫金矿业的智慧矿山工作,将提高矿业的专业性、管理的精确性,通过业财一体化,计算每个人的行为习惯,从而加强约束和管理,把矿山管理做到位。

本章思考

一场百年不遇的疫情改变了整个人类社会。正如《世界是平的》一书作者托马斯·弗里德曼所说:"这将会是两个世界——新冠之前(Before Corona)的世界与新冠之后(After Corona)的世界。"紫金矿业化危为机,逆势而上。经过十多年的厚积薄发,国际化经营已日臻成熟。紫金矿业并购的三座世界级铜矿山——刚果(金)卡莫阿铜矿、塞尔维亚丘卡卢·佩吉铜金矿、西藏巨龙铜矿在三年疫情期间相继投产，紫金矿业逆势走强，实现井喷式增长。

矿业是技术活。每座矿山都不一样，艰难的地质找矿以后，后续开发需要独立的研究和设计。紫金矿业形成了自己的技术链、产业生态链，有自身的核心竞争力，做项目特别快，而且投资和成本都比别人低，原来亏损的项目很快扭亏为盈，新建的项目快速达产达效。

紫金矿业的海外项目成功证明，中国企业只要有实力、有作为、有创新，完全能够管好海外项目。

第 9 章

社会责任：让尽可能多的人受益

> 股东利益不再是一家公司最重要的目标，公司的首要任务是创造一个更美好的社会。
>
> ——2019 年 8 月 19 日，181 家美国公司首席执行官在美国商业组织"商业圆桌会议"（Business Roundtable）上签署的《公司宗旨宣言书》重新定义的公司运营宗旨

紫金矿业"股份村"的嬗变

长期以来,紫金矿业将共同发展作为公司价值观,践行和谐创造财富,企业、员工、社会协调发展的理念。早在1998年,闽西紫金矿业集团改制成有限公司时,紫金矿业就探索、实践与社区协调发展、共同富裕的课题。

当年迈出的共富第一步,就是在企业改制中吸收矿山周边社区入股。1998年年底完成的有限公司改制中,矿山脚下的上杭县才溪镇政府、旧县镇政府和才溪镇同康村分别投入77.40万元,均持有1.009%的股份。此后在2000年的股份制改造中,旧县镇迳美村将征地款68万元折算成股份参股。紫金矿业让社区更多相关成员一同享受发展成果,这在中国矿业史上是一大创新。

2009年原始股的解禁,让参股的上杭县才溪镇、旧县镇,以及才溪镇同康村、旧县镇迳美村获得了巨额收益,为小康建设提供了大量资金,成为企业与社区共同富裕的佳话和典范之一。

上杭县才溪镇同康村是一个以游姓家族为主的村落,南宋后期游氏先祖来到紫金山下开基。也许游氏先祖就是宋代在紫金山上从事铜矿坑冶的矿工,后来选择就地定居,因此村落的地名称作"铜坑",20世纪改成更为高雅的名字——同康,如今游氏家族后人已繁衍到第32代。

旧同康村在紫金山北麓，距离才溪集镇 12.5 千米，过去仅有一条机耕路与集镇连接，交通极为不便，生活、上学、看病很不容易。由于人多地少，村民长期以来主要靠出外做建筑工、泥水工谋生。旧同康村是才溪镇最偏远、最穷的村庄。

1998 年年底，才溪镇同康村委会以全村山林补偿款及少部分资金共 77.40 万元入股紫金矿业，占公司股份 1.009%。2000 年紫金矿业改制成股份有限公司时，同康村将这批 77.40 万股金加上股息分红和部分村资产继续投入，扩股至 142 万元，股份增至 95.01 万股。

2001 年，由于紫金山金矿露采全面开始，同康村实施整体搬迁，移民到上杭县县城，共搬迁 262 户、1182 人，统一规划建设了整齐划一的新同康村。到 2003 年，同康村搬迁基本完成，在新建成的宽敞笔直的北二环路旁边，262 幢新房依山坡拔地而起，新村规划整齐，紫金矿业投入 80 万元在新村后面建了一个小公园，供村民休闲健身，还为全村老人发养老金。同康村人从紫金山上的农民变成了"城里人"，享受着交通、教育、医疗的种种便利，而且拥有紫金矿业的股份。

参股紫金矿业后，同康村将股权按照人头划到各家各户，由村委会盖章制成每家的持股证明分发下去，每个家庭成员各拥有 889.6 股、股金 1320 元。为了更好地管理原始股，村民将全村的股权证交由村委会统一保管。

紫金矿业破天荒地让周边乡村入股，最终带给村民真金白银。2009 年紫金矿业原始股解禁后，同康村获得了人均 80 万元的收益。

如今的同康村社区，一排排新房已经和县城融为一体。当年实施整村搬迁的时候，村里利用紫金矿业山林征迁款 200 多万元在县城买了一栋商品楼，十年后这栋大楼又被政府征用建设大道，村里用征房款 2000 万元重新建设了一栋 11 层大楼同康大厦，2015 年竣工后有每年出租收益 60 多万元，成为村民固定收益。

村民们大部分从事和矿业有关的工程、运输、第三产业服务，另有小部分到全国各地从事矿业开采，千万富翁、亿万富翁不在少数，同康村成为福建省远近闻名的富裕村。

另一个位于紫金山下的紫金矿业的"股份村"——旧县镇迳美村，2000年村里将征地款68万元折算成46.8万股股份入股紫金矿业，解禁后村民获得了人均24万余元的收益。

近年来，随着矿山开采的推进，村里所有的林地、耕地都征迁给紫金矿业用于紫金山铜金矿的开发。在紫金矿业的资助下，2018年开始，上杭县开始实施迳美村整村搬迁工程，全村644户大部分完成房屋征迁协议签订，上杭县在县城规划了地块建设新村，由政府统一完成"三通一平"，建好基础，以每平方米2000元的成本价提供给住户，地块分为80平方米、100平方米、120平方米三种户型，根据家庭人口和征用地块面积分配给住户。目前，一个统一规格、立面、高度的造福新村在崛起。

迳美村村委会将2006年紫金矿业一次性补助给村里的1000万元，加上2009年股份解禁提留的1000万元，作为村里公益基金，共2000万元，投入紫金矿业，这些收益按照年底人口进行分配。从2018年开始，村里将耕地征地款8000万元、林地征地款5000万元、包括集体资产征收补偿款2900万元在内的村里积蓄4000万元，总共1.7亿元再投入到紫金矿业，其中耕地征地款相当于每年土地流转的收入，按照当时土地面积进行每家每户分配，林地相当于集体林权收入，红利按照每年年底人口分红。

迳美村总计投入集体收入1.9亿元给紫金矿业，后者每年以10%的红利给迳美村分红，迳美村集体资金收益稳定安全，为新农村建设提供了源源不断的资金，村"两委"和群众非常满意。

20多年来，紫金山铜金矿每年都帮迳美村解决一批劳动力就业，安排村民到矿山工作，最高峰达到两三百人。如今迳美村民在县城办起了十多家公司，从事建筑、市政、矿山、电商等行业，村民变成了市民，过上了过去做梦都想不到的好日子。

如今,才溪镇和旧县镇每年都享受巨额的现金分红,仅 2021 年旧县镇就收到紫金矿业派发的分红款 2800 万元,才溪镇收到 2100 万元。源源不断的上市公司红利,为旧县、才溪两镇的经济社会发展、民生建设注入了充足的资金,极大地助力当地的乡村振兴事业。

普惠公益的领先创新

如何让更多人因为紫金矿业的存在受益,这是紫金矿业多年来一直思考的问题。除了作为龙头企业带动全县经济共同发展,紫金矿业还将普惠的理念贯彻到社会责任事业中,实施关爱老人、孤儿的普惠公益。

2010 年 8 月,紫金矿业开始实施"上杭县高龄老人及孤儿救济项目",由企业出资向上杭县境内年满 80 周岁的 9700 多位老人捐赠每人每月 100 元的高龄津贴;向 300 多名失去双亲的在校孤儿发放每人每月 200 元的生活补助。2010 年上杭全县 80 周岁以上老年人共 9738 人,月发放额约 97.38 万元,年发放额约 1168.56 万元。

作为上杭人民的"儿子",紫金矿业饮水思源,回报百姓,着力民生,着力民心,每年给 80 岁以上高龄的老人和孤儿的定期的"红包",充满了真挚情意和感恩之心。同时,该项目以 50 年计,紫金矿业将通过公共财政社保体系向上杭县民众转移支付 6 亿元,从而切实让当地的老年人和孤儿共享经济社会发展的成果,感受社会大家庭的温暖。这也是中国首例由地方企业独立向地方公共财政(社会保障体系)进行长期转移支付、完成一项整体性的社会民生工程的成功案例。这个项目受惠面广,时间长,见效快,是企业开展普惠公益事业的一大创新。这一项目于 2011 年 7 月获得国家民政部颁发的第六届中华慈善奖,这个奖项是全国慈善公益事业最高奖,也是紫金矿业和福建省企业首次获得中华慈善奖。

十几年来，这两个项目帮助了上杭县的大批民众，尤其是给孤儿的生活补助，已经润泽万家、开花结果。

1999年出生在上杭县泮境乡的农村姑娘李菁，父亲早年去世，母亲改嫁，她只好投靠叔叔家，靠奶奶种花生和叔叔打零工维持生活，日子艰辛。2010年，李菁12岁，还在乡下读小学，却意外收到了一笔生活费用，那就是紫金矿业的生活补助，每月200元的数额不多，却让她倍感惊喜。在紫金矿业等社会各界的帮扶下，李菁读完中学，考上福建农林大学。大学期间，她学习刻苦努力，成绩优秀，担任了校学生会主席团成员，每学年都荣获多项个人荣誉称号。2021年，她以福建农林大学金山学院优秀毕业生的身份毕业，目前就职于福州某集团，担任新媒体运营编导，锦绣人生的大门正向她打开。

李菁说，她非常感恩紫金矿业和社会各界的关爱，让她这个孤儿能上大学，为她插上了一双翅膀，让她可以翱翔在大学的广阔天地，接触更多的文化知识，为走向工作岗位打下基础。

同样出生于1999年的上杭县官庄乡青年林德才，幼年时父母双亡，家里剩下两个姐姐和一个小他两岁的弟弟，全家靠奶奶捡垃圾和姐姐打工的微薄收入为生。2010年，紫金矿业孤儿生活补助政策出台后，这个家庭一下子增加了林德才两兄弟每月共400元的生活补助，如同天降甘露。在社会各界的热心帮助下，两个姐姐成家立业，林德才读完职高后，在广西桂林当了两年武警，拿到了大专文凭，退伍后到宁德一家大企业上班，而他的弟弟林德书也考上了大学。

林德才深有感触地说：紫金矿业多年来对他们兄弟俩的生活补助，是一生中的宝贵财富，两兄弟今后要多为社会做贡献，滴水之恩，涌泉相报。

2021年12月，本节前文所说的孤儿李菁的奶奶——上杭县泮境乡泮境村的何卷妹刚达到 80 周岁，第一次拿到了紫金矿业每个月 100 元的高龄补贴。何老太太含着热泪对乡民政局干部说：紫金矿业真是把我家当作亲人，给我孙女发了十多年工资，现在又给我发工资哩！

在上杭县，当年的孤儿领取紫金矿业发放的生活补助，过几年家中的爷爷奶奶领取高龄补贴的例子并不少。近年来，上杭县全面实现小康，欣逢盛世，岁月静好，高龄老人越来越多。2022 年 8 月，该县被中国老年学和老年医学学会授予"长寿之乡"称号。2021 年，全县总人口约 51.5 万人，其中 80 岁以上老人 17152 人，占总人口的 3.33%，百岁以上老人 60 人，占比为 11.65/10 万，已超过"中国长寿之乡"7.5/10 万的标准，更多达到 80 周岁的老人，享受到了紫金矿业充满深情的高龄补贴。

南阳镇是上杭县人口最多的乡镇，2022 年年底人口达 52500 人，其中 80 周岁以上老人有 1259 人。不少高龄夫妻、高龄兄弟晚年过上了幸福生活，其中南阳村有 13 对夫妻、两对兄弟领取紫金矿业的高龄补贴。联山村阙斯钦、阙斯铭、阙斯祥，是全县唯一同时领取紫金矿业高龄补贴的三兄弟，老大阙斯钦 87 岁，儿子在家务农，孙子在外打工；老二阙斯铭 83 岁，儿子在家务农和打杂工，孙子在外打工；老三阙斯祥 2022 年刚好 80 岁，儿子在外打工，孙女就读小学。

2022 年重阳节，笔者特意前往联山村走访看望阙斯钦兄弟三人，他们一生都在山里务农、种植茶叶，生活简单，身体健朗。阙斯钦咧着没有牙齿的嘴，笑呵呵地说：活了一辈子还是当今社会好，紫金矿业这么有心；做梦都没有想到到老了不愁吃不愁穿，还有零花钱花！

春风化雨，恩泽人间。截至 2022 年，"上杭县高龄老人及孤儿救济项目"已持续支付了 12 年，累计帮扶 80 周岁以上老人约 12 万人、孤儿约 3000 人，项目整体支出超 2 亿元。

为了更好地回馈社会、惠泽学子、培育人才，2018 年 5 月，紫金矿业投入近 10 亿元，全资建设了一所高起点、高定位、高品质的民办紫金中学。

该学校设立初中部、高中部，一期办学规模为六个年级72个教学班，3600个学位。到2022年秋季，学校共有教学班29个，学生1118人。其中初中有22个班、899人，高中有7个班、219人。

紫金中学校园占地面积15.6万平方米，建筑面积约14.6万平方米，校园功能齐全，设施先进，环境优美，堪称现代化、园林式校园。目前，学校有专任教师158人，涵盖初高中课程计划开设的所有学科。其中，正高级教师2人，清华大学、北京大学、复旦大学、中国科学院大学、北京师范大学等名校毕业生27人，硕士研究生39人，市级及以上名师、学科带头人、骨干教师38人。

一流的硬件和师资，为学校高质量办学打下了坚实的基础。学校坚持以人为本，科学管理，狠抓教学质量，实现了办学的"开门红"。学生学业考试成绩在全县名列前茅，特长发展硕果累累，综合素养全面提升，紫金中学成为群众一致称赞的"学霸学校"。2021年，学校初中首届毕业班"五率"综合得分90.24分，学科总平均分为934.14分，以遥遥领先的优势位居龙岩市第一名。

紫金中学极大地缓解了公司总部所在社区上杭县教育资源紧张问题，通过在总部办教育的方式，落实"开发矿业，造福社会"的理念，培养更多未来人才。

脱贫攻坚的生力军

2021年2月25日，在全国脱贫攻坚总结表彰大会上，紫金矿业旗下的新疆紫金锌业有限公司获评"全国脱贫攻坚先进集体"荣誉称号。这是紫金矿业践行"开发矿业、造福社会"的初心与使命，在大西部结出的硕果之一。

乌恰县地处新疆克孜勒苏柯尔克孜自治州，地广人稀，素有"西极"之称，是国家划定的深度贫困地区。这里年均降水量172毫米，蒸发量2500毫米，是全国脱贫攻坚的主战场之一。

在乌恰县的紫金锌业，积极响应中国政府精准扶贫的号召，投身当地社区脱贫攻坚战役，通过"就业帮扶＋教育帮扶＋定点帮扶"精准措施，以及持续实施优先招聘本地生源的高校毕业生、优先支持贫困家庭就业、优先招收本地少数民族职工、优先培养和提拔少数民族管理干部等"四个优先"政策，努力增加社区居民收入，为所在地直接间接解决就业3000余人；同时投入一批资金设立紫金奖学金，签订资助协议，定向资助克州籍应届贫困大学生，储备一批企业需要的人才，并捐资支持建设贫困乡村双语幼儿园，着力"教育扶贫"。

多年来，紫金锌业累计上缴税费超17亿元，税收贡献占当地乌恰县总税收收入70%以上，挂钩帮扶矿山所在的贫困村——库勒阿日克村率先脱贫，助力乌恰县如期完成全面脱贫的任务，被评为"全国脱贫攻坚先进集体"。

紫金锌业勇于担当、主动作为，在乌恰县脱贫攻坚历史上留下了浓墨重彩的一笔。而紫金锌业此举只是紫金矿业扶贫路上的一个缩影。

新疆阿舍勒铜矿所在地哈巴河县库拜勒镇喀拉库里克村，是一个汉族和哈萨克族共居的民族村，全村共158户、452人。阿舍勒铜矿被开发前，村民以种植、养殖为业。阿舍勒铜矿被开发后，阿舍勒铜业让村民到矿山上班，最高峰的时候当地员工达到100多人，平均每户近一个人，村民生活大为改善。阿舍勒铜业总共投入1600万元，统一规划建设了喀拉库里克新村，铺设道路，安装路灯，一座房舍统一、整齐靓丽的新村在北疆荒野上崛起。

年过花甲的村支书郝大杰说，以前种地养殖，能解决温饱问题，但生活并不是很宽裕，阿舍勒铜业进驻后，村民收入翻了一番以上，如今家家实现小康，每户都添置了小车，很多村民在县城买上了新房。在整个阿勒泰地区，紫金矿业带来了近2000个就业岗位，驻地平均每户就有1~2人是矿上员工。

在甘肃省陇南市礼县，陇南紫金履行社会责任，参与礼县新农村建设。陇南紫金最大的手笔是主导实施礼县罗坝镇徐李村、巩河村易地扶贫搬迁项目。

近年来，陇南紫金露采场设计主排土场境界内涉及徐李村、巩河村共152户村民，存在较大环境安全隐患，严重制约公司生产和发展规划。陇南紫金积极与当地政府协商，并结合政府扶贫政策，规划在礼县罗坝镇娄底村实施易地扶贫搬迁项目安置房工程，对徐李村、巩河村进行整体搬迁，并按照易地扶贫搬迁项目立项。项目总投资1亿元，其中陇南紫金捐资8500万元，2020年全部建成并完成整体搬迁。新村总用地面积86412平方米，其中新建安置房152户，新房全部为风格统一的砖混结构，每户建筑面积为146.5平方米，总建筑面积22268平方米，还建设了三层的村民服务中心，并配套建设新村绿化、道路、广场等项目。与此同时，陇南紫金还捐赠300万元，为罗坝镇孙王村建设了一个富有新时代气息的紫金广场。

在山西省繁峙县砂河镇，2022年8月8日，由山西紫金捐资的兴义里小区正式启动交房，义兴寨村民即将乔迁新居，村民个个笑逐颜开。小区总建筑面积5.3万平方米，包括10栋住宅楼、3栋商业楼、1栋社区活动和医疗服务中心楼，地处矿区的义兴寨全村1500人将从原来山上破烂的土坯房搬迁到小区。即将入住的村民刘芝兰激动地说：小区绿化、房屋质量、户型都非常好，是砂河镇当之无愧的"第一小区"。

义兴寨村常年饱受土地贫瘠的困扰，农业种植产量低，青壮年劳动力大量外流。山西紫金自入驻开始，就始终践行"开发矿业、造福社会"的宗旨，解决了许多周边劳动力就业问题。2021年以来，山西紫金优先从繁峙县本土招聘员工，目前山西本土员工比例已超过90%，繁峙县员工比例超过 80%，智能化采选改扩建项目的建设更吸引了大批年轻人回乡工作。

除了解决当地人员就业，山西紫金还和当地政府签订了扶贫和产业扶持相关协议，分十年提供 3000 万元产业扶持基金，帮助当地发展产业，同时每年提供 300 万元扶贫基金（直到闭矿为止），用以解决当地居民基本的温饱问题。此外，山西紫金正积极配合繁峙县整体规划打造以义兴寨为中心的"黄金小镇"，开发当地旅游资源，带动旅游产业发展，为当地居民提供创收机会，把"企地和谐，共赢发展"作为项目建设的终极目标。

贵州水银洞金矿，是一个"没有围墙的矿区"，有 1025 户、4189 人的赵家坪村包围着矿区，社区和厂区犬牙交错。近年来，周边村民和贵州紫金关系越来越和谐。前些年，贵州紫金将 107 户涉及矿区用地和安全隐患的群众统一征迁，就在矿区旁统一规划建设水银洞新村。一批祖祖辈辈在山头住土坯房的农户住上了别墅式的新房。

贵州紫金吸纳水银洞村民进矿务工，以前村里群众不远千里到沿海省份务工，如今纷纷返回村里，全村在水银洞金矿上班的员工就达 200 多人。贵州紫金还将部分矿石和设备运输分包给水银洞村，村里成立了车队，拥有 18 辆大货车。水银洞村民还办起了 20 多家餐馆、商店，为矿山服务。据村里不完全统计，贵州紫金直接间接创造的全村劳动力就业人数在 500 人以上。

水银洞村民布依族和苗族较多，贵州紫金充分尊重当地的文化习俗，经常参与"三月三"苗族走亲节、"六月六"布依风情节。2019 年，贵州紫金在水银洞村街道上举行了一场特殊的"连心饭"，在大街上摆了 100 多桌酒席，村民和公司领导共同吃饭、看演出，共庆水银洞村脱贫。由公司领导挂钩扶贫的 46 户贫困户全部甩掉了贫困户的帽子，水银洞村成为全县脱贫攻坚的先进。

同时，利用扶贫攻坚的契机，近年来，贵州紫金不断加强帮扶水银洞村的力度，相继开展春节老年慰问、大学生升学资助、村幼儿园小学赞助、老年活动中心建设、村民广场建设等公益活动。2022年春节前夕，贵州紫金向村民发放慰问物资，领到物资的布依族老人泪流满面：我家孩子都没有这份心，每年矿里都会想到我们老人！

村里的老支书饶光明感慨地说：贵州紫金对水银洞村的发展推动作用非常巨大。历年来，贵州紫金提供的捐赠帮扶款超2亿元，水银洞村建成了贵州全省具有典范意义的小康新村，成为县、州脱贫攻坚示范村，走上了可持续发展之路。

紫金矿业充分发挥集团权属矿山企业地处偏远山区、熟悉社区情况的优势，调配人力、物力和资金，深入福建、新疆、吉林、河南、内蒙古等10余个省（自治区）的贫困农村，通过改善基础设施、就业帮扶、产业带动、捐资助学、文化帮扶与灾害救助等精准扶贫活动，积极回馈社会，取得了明显成效。

截至目前，紫金矿业累计投入精准扶贫专项资金逾5亿元，受益人口超过500万人。紫金矿业三次获得中国民政部颁发的最高公益奖项"中华慈善奖"、两次获得中国慈善榜"中国十大慈善企业"称号，以实际行动为脱贫攻坚、全面建成小康社会做出贡献。

紫金矿业还在海外项目所在国开展扶贫工作。在塞尔维亚，自2019年入驻以来，紫金矿业高度重视矿区周边三个村庄的扶贫和社区发展工作，实施了社区援助计划（CAP），开展"访民生、听民情"活动，摸情况、送温暖。截至目前，社区发展项目累计总额达294万美元，涵盖基础设施建设完善、环境保护、医疗教育、社会保障、就业培训帮扶等公益事业和社区发展项目。

塞尔维亚紫金矿业有限公司（以下简称"塞紫金"）周边的Metovonica村不通自来水，长期无干净饮用水，冬天无水喂养牲畜，灌溉农田基本靠降水。波尔市政府也曾推进该村自来水水管的铺设和配套工程，但因资金紧张，工程陷入停滞。了解情况后，塞紫金于2021年7月投入100万欧元，帮助波尔市政府完成剩余建设，并在 2022 年签署协议，承诺后续五年内每月给已接通供水管道的村民支付固定水费，解决了安全饮水和引水灌溉问题，实现了家家户户都能喝上放心水。

ESG：走向国际的通行证

2022 年 11 月 28 日，香港权威财经杂志《经济一周》公布了 2022 年"香港杰出上市企业"获奖名单。紫金矿业凭借在 ESG 方面的优异表现，于 2021、2022 年连续两年被评为"杰出 ESG 企业"。这是紫金矿业继 2017、2018 年连续两年入选中国 ESG 美好 50 指数成分股以来，又一次连续两年获得的社会责任佳绩。

ESG 是英文 Environmental（环境）、Social（社会）和 Governance（管治）的缩写，是一种关注企业环境、社会、公司治理绩效而非财务绩效的投资理念和企业评价标准。ESG 概念自提出以来，便受到世界各国政府的高度重视，众多国家的企业机构纷纷加入联合国责任投资原则组织（UNPRI）。根据联合国发布的《2020 年第三季度责任投资报告》，截至 2020 年 3 月 31 日，全球共有 3038 家机构加入 UNPRI，成员机构管理的资产总规模超过 103.4 万亿美元。近年来，紫金矿业凭借对绿色发展、社会责任、公司治理方面的高度重视和长期实践，获得境内外资本市场的高度认可。

随着紫金矿业国际化进程的加速，环境、社会、管治问题日益受到投资者的关注。作为中国首批入选 MSCI 的 A 股上市公司，如何在全球项目属地实施环境生态保护、职业健康安全、人权保护、反腐败反贿赂、负责任供应链、社区投资等成为紫金矿业国际化发展中的新课题。

早在 2009 年，紫金矿业就成立了社会责任部，开始加大对社会责任的投入力度，将安全环保提到了企业生存和发展的关键环节，并开始每年发布《社会责任报告》。除了环境保护与慈善捐助外，紫金矿业把资源利用到极致，让有限的资源永续利用、循环，注重社会责任。2012年，紫金矿业出资2亿元发起设立紫金矿业慈善基金会。

2018年起，由于ESG理念在中国市场的发展与完善，紫金矿业将《社会责任报告》改名为《环境、社会及管治报告》。为应对全球气候变化挑战，积极响应"双碳"目标的要求，紫金矿业高度重视自身的ESG管理建设，持续提升环境、社会与管治（ESG）体系建设水平。2020年，董事会全面加强ESG管理，成立"战略与可持续发展（ESG）委员会"，将ESG竞争力提升到整个集团战略层面，作为紫金矿业与国际价值体系接轨、构建全球竞争力的重大举措。ESG发展评价已列入公司管理层的考核内容，并与高管年度绩效和薪酬挂钩。

2020年9月以来，紫金矿业公布了包括《公司生态环境保护政策声明》《公司安全与人权保护政策声明》等在内的八项声明，表明了紫金矿业对可持续发展过程的态度，对近年来全球特别关注的气候变化、水资源保护、生物多样性、社区和人权保护、员工健康与安全、反贪污、供应链管理等进行了全面的布置，是紫金矿业可持续发展的宣言书。

紫金矿业认为，ESG建设核心在于执行。为此，还结合紫金矿业正在开展的深化改革，把ESG相关要求纳入到公司制度的完善和提升中，通过目标管理，确保ESG的全方位管理落实到公司各项业务的转化。

紫金矿业保持在安全环保、职业健康管理方面的高压态势，安全形势总体平稳，职业健康安全管理和环境体系通过国际ISO认证；加快投资清洁和绿色能源，积极布局新能源产业。一批重大项目相继建成投产并产生良好的社会经济效益，获得了属地人民和社会各界的广泛关注和高度评价，进一步在全球弘扬"共同发展"理念和绿色开发举措。

紫金矿业尊重跨文化和不同种族、民族、性别群体及残疾人等少数群体平等就业与发展的权利，为矿山所在地培养多样化的人才队伍。目前，紫金矿业本地化用工率达96.04%，人员结构国际化程度显著提升。紫金矿业还实施全员薪酬提升、年度特别奖励，提供海外专项补贴，员工普遍享受企业发展成果，归属感和幸福感不断增强。在紫金矿业5万多名员工中，就有6000多名女性员工，闪耀着属于"她"的独特光芒。

娜塔莉娅·莫雷诺·瓜尔迪亚来自哥伦比亚安蒂奥基亚省武里蒂卡市的莫戈特斯村，她的家乡曾经饱受地方武装犯罪组织的摧残，她的三名兄弟遇害，她逃离家乡过了十年颠沛流离的生活。直到2019年，娜塔莉娅的人生轨迹发生了翻天覆地的变化。大陆黄金公司在这一年开展了一项"矿工选拔"计划，旨在让女性参与选矿活动，娜塔莉娅和其他21名女工有幸成为首批选矿工人，经过培训，成为合格的女矿工。2021年11月19日，哥伦比亚安蒂奥基亚省政府为娜塔莉娅颁发了2021年度"矿业女性奖"。

紫金矿业坚持高质量绿色发展，将生态文明建设纳入绿色矿山建设全过程。因为曾发生过重大环保事件的切肤之痛，所以在发展道路上，紫金矿业对山水林田湖草生命共同体有着更深的敬畏，贯彻"绿水青山就是金山银山"的理念。紫金矿业高标准打造海内外生态矿业，实现矿业与生态文明的高度和谐统一，环保和绿色发展逐渐成为公司一张靓丽的名片。紫金矿业现已拥有15座国家级绿色矿山、10座国家级绿色工厂、1座国家矿山公园。从2020年到2022年，紫金矿业投入的环保资金高达39.79亿元，其中2022年投入环保生态工程资金14.67亿元，相比2021年增加0.47亿元。

此外，紫金矿业积极履行上市公司的社会责任，曾三次荣获"中华慈善奖"。自成立以来，紫金矿业累计向社区捐赠超28亿元，帮助社区就业超10万人，帮扶人数超过500万人，累计向股东分红336亿元。

2021年以来，紫金矿业全面接轨国际标准，结合公司实际初步建立了以绿色可持续为重要特征的ESG体系，并融入日常经营管理，紫金矿业上下ESG责任意识全面提升，ESG信息披露质量明显改善。2021年度ESG

报告显示,紫金矿业2021年单位碳排放量为每万元销售收入0.32吨二氧化碳,同比下降了9.5%;在推进国际绿色矿山建设的同时,紫金矿业利用矿山周边的资源,积极推进光伏、风电、水电等清洁能源项目开发,2021年清洁电力发电量换算为二氧化碳减排达到11.63万吨,相当于种植树木63442棵。除了矿山业务外,紫金矿业还布局了磷酸铁锂、电解铜箔、高性能合金等新材料项目,并启动了与福州大学合作的氨-氢能源产业项目,助力氢能产业化。

到2022年年末,随着国内外主流ESG评级陆续更新,紫金矿业在国内外各权威评级中保持良好的进步势头,在国内维持高评级水准,在国际主流ESG评级中有所突破,ESG评级多点开花初见成效,ESG信息披露水平已迈入国际一流矿企行列,紫金矿业ESG实践获得国内外评级机构普遍认可。

根据CDP全球环境信息研究中心公布的2022年度企业环境信息披露得分,紫金矿业气候变化评级由D级升至B级,水安全评级由C级升至B级,实现大幅提升,与必和必拓、英美资源、巴里克黄金、艾芬豪矿业等头部矿企位于同一评级水平,全球仅11%的矿企评级高于紫金矿业。根据标普全球公布的2022年企业可持续发展评估(Corporate Sustainability Assessment,简称CSA)数据,紫金矿业2022年CSA评分从2021年的37分跃升至56分,远超金属与采矿行业的平均分33分,连续三年实现大幅提升。目前,紫金矿业CSA评分处于全球矿业前11%,位列全球矿业前25名。

在香港恒生可持续发展企业指数2022年企业ESG评级中,紫金矿业保持A-评级,位列所有1396家发行人样本的前10%,并连续四年被纳入恒生A股可持续发展企业指数。在全球最具影响力的ESG研究、评级和数据供应的机构之一Sustainalytics的评级中,紫金矿业的风险评分由2021年的56分降至2022年的44.5分,紫金矿业ESG风险管理能力的评价得到大幅提升,整体评级排名由行业底部跃升至行业中游水平。

除上述评级以外，紫金矿业 2022 年在国内外多个有影响力的 ESG 评级中均有不错的表现。在国际 ESG 评级方面，紫金矿业在路孚特（Refinitiv）ESG 评级中获得 B+，居全球前 18%；在富时罗素（FTSE Russell）ESG 评级中获得 2.7 分，位于全球中上水平；在国内 ESG 评级方面，紫金矿业获得万德 ESGA 评级（前 7%）、商道融绿 A- 评级（前 6%）、中诚信 AA- 评级（前 1%）以及秩鼎 AAA 评级（前 1%），均位于国内前列。

2022 年，紫金矿业还获得多家海内外权威媒体评选的 ESG 类奖项，包括彭博商业周刊"ESG 领先企业""领先社区项目奖"、新浪财经 2022"金责奖"年度可持续发展奖及最佳社会责任奖、香港品质保证局"ESG 披露优化先锋机构"、"2022 福布斯中国可持续发展工业企业 50 强"、"中国红十字奉献奖章"、中国社科院"社会责任报告五星评级（卓越评级）"等奖项，充分体现出紫金矿业在国内外的 ESG 影响力不断提升。

共同发展是企业社会责任

紫金矿业认为，企业是经济活动的主体，发展是最大的社会责任。如何履行一家矿业企业的发展责任，紫金矿业有过教训，经过风雨的企业，更加理解"责任"二字承载的厚重使命与担当。紫金矿业致力于"以优质矿物材料为中国经济腾飞和世界经济增长助力"，这是造福社会的"紫金方案"。

围绕"开发矿业，造福社会"的初心和使命，紫金矿业每投资一地，就造福一方，拉动当地经济社会发展。紫金矿业总部所在的上杭县，从国家级贫困县成长为"福建省县域经济实力十强县""2022 年全国综合竞争力百强县（市）"，就是紫金矿业聚力共同发展的典范。

上杭县因矿而立，北宋初年因"金山坑冶"而建县；一千年后再一次因矿而兴。因为紫金山铜金矿的成功开发，紫金矿业走向世界，发展结果如当年县领导所愿，获得了超乎想象的财富裂变，成为县财政的"现金奶牛"和产业支柱。

上杭县政府在 1986 年仅投入 1 万元的国有资本金给上杭县矿产公司，到紫金矿业股份制改造时，国有资本金达 6657 万元，此后地方国有股份一路减持，从最初的 100% 到 86%，到股份制改造后的 48%，再到香港上市后的 32%，最后到回归 A 股后的 28.96%。

国有股份不断减少的历程，却是国有资产迅速增值的过程。在 H 股上市后，上杭县拥有的国有股市值飙升到 27.5 亿元，紫金矿业回归 A 股后上杭县国有股市值一度达到 400 亿元之巨。

紫金矿业激活了一个县，带动了一个产业。公司在总部所在地上杭县投资累计超过 200 亿元，到 2022 年年底累计为财政缴纳税费和分红 290.46 亿元，成为上杭县千亿金铜和新材料产业链的龙头。

从 2009 年紫金铜业落地上杭县开始，紫金矿业不局限于矿山开发，而是把产业链延伸作为回报上杭县的重大举措，将在省外、海外开发的资源源源不断地运回上杭，在上杭县建成了全国重要的黄金、铜矿冶炼和深加工产业链。

近年来，上杭县通过创新驱动，从金铜采掘发展到金铜冶炼，再发展到金铜精深加工，迭代、衍生出了新材料产业。借助紫金矿业资源、工业基础等优势，上杭县引进了吉利集团、宁德时代、传化集团、杉杉集团、巴斯夫等企业，布局行业创新链的前沿项目。上杭县从当年的矿业，发展起了金铜产业、锂电新能源产业、半导体新材料产业等三个百亿级工业产业链。

得益于产业迭代升级，上杭县已经摆脱了资源依赖的"魔咒"。上杭县目前仅剩紫金山铜金矿等四处矿产项目，其中最大的紫金山铜金矿上缴税收数虽稳步增长，但在全县财政收入中的占比逐年下降，2022 年已下降到 6.5%。同时，从上杭县财政收入结构来看，紫金矿业所属企业在全县财政收入中的占比已从 2012 年的 78.4% 下降到 2022 年的 40% 左右。

金铜产业实现了"富县"，还实现了"富民"。从 21 世纪初开始，上杭县在紫金矿业的龙头拉动下，成为名副其实的矿业大县。总共 50 余万人口的上杭县，有 5 万余人从事与矿业相关的产业，更有大批上杭籍企业家，从紫金山出发，走向全国，从矿业延伸到其他领域，解决了大批就业，为社会做贡献。

紫金山下同康村的游开炳、游开松兄弟，于 20 世纪 90 年代参与紫金山金矿采矿破碎等工作，后来逐步介入土石方工程，越做越大，如今在全国拥有一批建筑、市政、矿山、房地产乃至金融项目，成为上杭县著名的企业家。

紫金山下碧田村的企业家钟福金，也是从紫金山铜金矿起步，走向全国，目前在全国拥有一批矿山、电站、影视城项目，资产达到 50 亿元。

紫金山下迳美村的村民林灿盛，初中毕业，后来函授了大专文凭，在学习中不断进步，目前有福建灿兴矿建有限公司，从事采矿工程、运输业务，还有一家小房地产公司，解决了上百人的就业问题，其中一大部分是迳美村村民。

龙岩市企业家陈作祥，从部队转业后先后担任村、镇干部，90 年代开始从事土石方工程，在紫金矿业发展初期，参与紫金山公路改造、堆场建设等工程承包，后来在上杭县注册成立了福建兴万祥建设集团有限公司（以下简称"兴万祥公司"），作为紫金矿业的协作配套企业，一同走出去。当年，吉林珲春紫金项目、新疆金宝矿业项目建设时，由于矿山所在地冰天雪地，气候恶劣，一些南方企业中途放弃，但兴万祥公司员工住帐篷、饮雪水，在单价很低的情况下不离不弃，和紫金矿业一同艰苦奋斗，坚持了下来。如今，兴万祥公司不仅参与紫金矿业在东北、西部以及在海外吉尔吉斯斯坦、塞尔维亚的采矿工程，而且承包四川、甘肃等地矿业企业的大型采矿工程。兴万祥公司越做越大，在全国布局了矿山、房建、公路、市政、汽车配件等项目，员工达到 3000 人，2021 年产值达到 20 多亿元。

因为紫金矿业的产业带动作用，上杭县从过去的国家级贫困县，蜕变为"福建省县域经济实力十强县"。2022 年 11 月，上杭县又跻身中国社会科学院财经战略研究院发布的"2022 年全国综合竞争力百强县（市）"榜单，位列第 96 位，成为全国 97 个原中央苏区县中唯一入选县，实现华丽蜕变。

30 年来，紫金矿业秉持"开发矿业、造福社会"的初心和共同发展的理念，着力构建良好的共依共存共发展生态。紫金矿业对项目所在地经济社会发展做出了重要贡献，众多关联方及人员因紫金矿业的存在而获益。

紫金矿业在新疆阿勒泰地区、新疆克孜勒苏柯尔·克孜州地区、吉林珲春市、内蒙古乌拉特后旗、黑龙江嫩江县、贵州贞丰县、河南洛宁县等地投资的企业已经成为当地重要的经济支柱，为项目所在地经济社会发展做出了重大贡献。

黑龙江嫩江县因为多宝山铜业的崛起而成为黑龙江省十强县。吉林珲春市也因为珲春紫金的存在成为吉林省十强县。嫩江县当地官员如此评价紫金矿业：紫金矿业不仅带来了投资，更带来了先进的技术、规范的制度、先进的文化和优良的作风。紫金矿业在新疆阿勒泰的矿山项目，创造了全地区近 30% 的 GDP 贡献，是拉动当地经济增长的重要抓手。在塞尔维亚波尔，紫金矿业成功使有着百年开采历史、超过 5000 员工的铜业企业扭亏为盈，未来更有望成为塞尔维亚骨干支柱型企业。

紫金矿业积极促进与公司运营相关的社区社会经济发展，充分尊重当地文化风俗，实施全球化本土用工政策，直接或间接创造就业机会超过 10 万人，同时持续实施涵盖医疗、卫生、教育、农业、基础设施和居民安置的多样化援助政策，截至 2022 年，紫金矿业累计纳税总额 821.54 亿元、社会贡献总额已达 2644.50 亿元。同时，紫金矿业对项目所在地的社会事业和慈善事业的捐赠约 26 亿元，促进当地社会事业发展，先后三次荣获"中华慈善奖"，被授予"全国文明单位"称号。

让尽可能多的人受益

2022年8月，笔者在紫金矿业权属公司新疆阿舍勒铜业调研时看到，矿区建起了几排新的宿舍楼，作为协作单位员工宿舍，里面设施齐全，每间有独立卫生间，有电视，四人一间房，其中管理人员一人一间或两人一间，还配有一批夫妻房供员工使用。

浙江鑫旺矿业集团有限公司是阿舍勒铜业合作了20年的协作单位，负责阿舍勒铜矿地下采矿业务，目前在当地有400多名员工，年采矿量120万吨。该公司项目部总经理助理孙宁远说，阿舍勒铜业把协作方当作自己人来看待，近年来投入巨资为协作公司建成了新的住宿大楼。以前协作单位住的是低矮的平房，八个人一间，非常拥挤，洗漱用品都放在地上，很不卫生，使用公共卫生间和澡堂，很不方便。如今住得宽敞、舒适了，协作单位职工的干劲也更大了。

时任阿舍勒铜业总经理的余振昌介绍，阿舍勒铜业协作单位新宿舍楼项目，是紫金矿业践行"和谐创造财富，企业员工社会协调发展"理念的具体实践。紫金矿业总裁邹来昌曾指示说：工程队是紫金矿业的同盟军，紫金矿业要将他们的工作、生活设施、安全管理纳入公司的体系一同规划、一同建设、同步推进。

在紫金矿业制定的"和谐创造财富，企业员工社会协调发展"的企业理念里，"协调发展"是紫金矿业的美好愿景，也是紫金矿业融入构筑"人类命运共同体"的行动指南。近年来，紫金矿业已经进入全球化发展新阶段，明确将进一步构建良好的共依共存产业生态，更加重视员工和协作者对美好生活的追求，让尽可能多的人因紫金矿业的存在而受益，塑造国际化负责任大企业的文明形象。

陈景河董事长提出：企业应秉承合作共赢的理念，积极融入当地社会，让有关联的人共同发展，与当地相关方形成利益共同体，这是我们企业文化很重要的内涵，也是企业长期持续发展的基础。

共同发展，让尽可能多的人因公司的发展而受益，是紫金矿业的核心价值观，是一句非常朴实真诚的大白话。不忘初心，方得始终。正是因为紫金矿业在向前走的过程中，始终牢记"为什么出发"，始终努力让员工、社会分享发展的果实，才得以汇聚了方方面面的支持和智慧，开创了紫金矿业的光荣与梦想。

紫金矿业多年来始终坚持企业、职工双向促进。紫金矿业在发展战略规划中，根据职工的共同意愿，确立了"紫金全球矿业梦是中国梦的组成部分"的集体志向，为一大批"追梦人"实现自我价值提供了国际化舞台。紫金矿业人力资源数量快速增长、质量持续提高，拥有5万余名优秀人才和技术工人，其中海外职工占2万人以上，近年来大批"金榜生"和海外国际化人才加盟，硕博士等高层次人才呈现快速增长态势，职工人均收入从上市以来实现了200%以上的增长。

紧紧围绕创造美好生活，紫金矿业制定了《职工职业健康安全工作规划》等一批人文关怀制度，关注职工和协作者美好生活，让劳动者体面生活，把员工作为紫金矿业最宝贵的资源、最宝贵的财富，最广泛地凝聚起集体志向的合力。在广大职工的共同努力下，即便是在上一轮矿产品价格出现连续断崖式下跌、许多国际黄金矿业巨头巨额亏损的背景下，紫金矿业仍实现了较好盈利，并在承压中超越，取得了国际化发展重大突破，进而为更多的"寻梦人"搭建起了更广阔的国际舞台。

开发矿业，造福社会，勿以善小而不为。上善若水，紫金矿业通过点点滴滴、大大小小的投入和参与，践行为项目所在地社区服务的理念。

近年来，紫金矿业在刚果（金）项目的周边社区实施了一系列造福民生的公益事业项目。刚果（金）穆索诺伊项目在环境影响评价过程中纳入了社会经济因素，其中包括社区共同发展的内容。穆索诺伊识别了关键利益相关方并建立了利益相关方沟通和参与计划、社区共同发展计划，在卢阿拉巴省政府、省矿业部的共同见证下，与矿区周边受影响的八个社区正式签署《2021—2025年社区项目任务书》，计划分五年投资约440万美元，陆续捐建培训学校、医疗卫生站、专业农场、农贸市场、多功能体育场和市政供水设施等20多个项目，着重解决当地社区较为紧迫的道路安全问题、社区卫生防疫问题、粉尘和噪声问题、居民搬迁问题、农业发展问题、饮用水卫生问题等。

刚果（金）卡莫阿铜业实施"可持续民生计划"项目，项目涵盖教育、农业、小微企业等领域，从基础的识字教育，到捐建社区小学、中学，从培训蔬菜种植、鱼类养殖，到扶持社区居民开办制砖厂、制衣厂，内容丰富、形式多样，显著改善了当地社区居民的生活水平。至今已有超过1000个居民直接受益于该"可持续民生计划"项目，项目也获得社区居民和当地政府的高度肯定。

乌拉河族是塞尔维亚波尔市重要的民族，波尔市周边12个村庄中有11个村的居民属于乌拉河族，乌拉河文化艺术节是波尔地区乌拉族一年一度的传统民族文化盛事，每年都会邀请政府官员、当地企业、各界社会人士和社区居民一同狂欢庆祝，2021年是波尔市第28届乌拉河民族文化节。塞紫铜与塞紫金高度重视项目周边社区的文化民俗，大力支持此项民俗文化的传承，于2021年8月赞助了该文化节的举办，被当地社区授予"荣誉居民"的称号。

哥伦比亚大陆黄金公司积极参与"武里蒂卡发展计划"，支持武里蒂卡项目影响区域内咖啡庄园的发展，为庄园经营者提供经营管理相关知识培训，引导其创建自己的商业模式，提高本地区咖啡知名度，助力品牌打造。2021年，大陆黄金协助当地社区成立了咖啡种植者协会，协会成员涵盖13个本地特色的咖啡品牌，共涉及当地社区260家咖啡种植户。2021年度，大陆黄金连续第三年获得了安蒂奥基亚省矿业社会责任奖，并获得安蒂奥基亚省"最佳社会实践企业""最佳矿业实践和可持续发展企业"荣誉称号。

作为跨国企业，紫金矿业坚持"共同发展"的理念，致力于构建良好的共依共存产业生态，完善覆盖员工、协作者和社区等利益关联链条的社会责任体系；尊重跨文化和不同种族、民族、性别及残疾人等少数群体平等就业与发展的权利，锻造与企业发展相匹配的人才队伍，提供具有竞争力的薪酬和激励政策，提高本土化用工率，努力让更多人因紫金矿业的存在而获益。

目前，紫金矿业在国内 15 个省（区）和海外 14 个国家拥有重要矿业项目，其中绝大多数矿山资源都位于经济欠发达地区。紫金矿业践行共同发展理念，开发一个矿，就可以造福一方，获得了当地政府、社区、员工的高度认可。

"大到国家社会，小到每一名员工、每一位百姓，都因为紫金矿业这家企业的存在而受益，这便是我们存在的价值。"陈景河这样说。

打造绿色生态低碳品牌

2021 年 1 月，紫金矿业接手已经两年的波尔铜矿焕然一新，迎来了中塞媒体记者和市民代表参观访问。

"真没想到矿区能变得这么漂亮。"波尔市民拉约科维奇说，以前大风一来，尾矿库边坡上尘土飞扬，空气污浊，严重影响周围居民的生活质量。如今尾矿库边坡植被恢复，绿意盎然，"树立了绿色矿山的新样板"。

"中国企业带来了先进的环保理念，组织我们实施了一系列生态绿化和环境综合治理项目。"塞紫铜生态环保部经理米亚那·马里奇介绍说，截至 2020 年 12 月底，公司环保投入达到 7658 万美元，综合治理项目现已完成所有尾矿库、露采边坡以及部分废弃排土场边坡的绿化，种植 6.13 万株苗木，新增绿化面积 34.9 万平方米，公司还在治理粉尘、固体废弃物、废水、废气等方面多措并举，成效显著。

陈景河曾强调:"因为公司曾发生过环保事件的切肤之痛,为此我们在发展道路上,对山水林田湖草生命共同体有着更深的敬畏,深切感受到我们的开发不能给后代留下千疮百孔的山河,这本是我们的使命,也是我们荣光中更有价值的内容。不以牺牲环境为代价换取发展,坚定不移做生态文明建设的先行者,这是矿业企业赢得尊重的不二法则。"

十多年来,紫金矿业引以为戒,卧薪尝胆,负重前行,更加坚持"不以牺牲环境为代价换取发展"的铁律,把"绿水青山就是金山银山"的理念贯穿到矿山开发全过程,建设绿色矿业,如今生态环保已经成为紫金矿业全球化发展的一张重要名片。

紫金矿业认为,现代矿业开发实质上是诸多岩土工程之一,如高速公路、高铁、公园景观等都属于现代岩土工程范畴,由于其高度重视生态再造,实现了"高颜值",而备受赞誉。矿业岩土工程也同样可以做到生态再造,"颜值"也可以很高。

事实上正是如此。多年来,紫金矿业既在青山绿水的环境中抓环保,也在人迹罕至的戈壁荒漠创绿色,国内权属企业共种植树木近450万株。在总部所在地紫金山,紫金矿业把矿区建设成了我国首批28家矿山公园之一的"紫金山国家矿山公园";在阿舍勒铜矿所在地——新疆阿尔泰山脚下的戈壁滩,紫金矿业已经建成了3A级工业旅游示范点,原国土资源部部长徐绍史在参观后,盛赞紫金矿业"在戈壁滩上建起了一座绿洲新城"。

澳大利亚联邦科学与工业研究组织(CSIRO)的湿法冶金首席专家鲁宾逊博士,在参观了紫金山后说,他满眼看到的都是绿色,很多地方都被绿色覆盖、河水也非常清澈。同时,他见过世界上很多矿山,第一次看到矿山在一个废弃的堆场上建立了一个公园!

在海外,针对一些国家的环保指标比国内低、一些国家对生态恢复没有要求的现实,紫金矿业要求海外矿山按照"就高不就低"的原则,实施生态环保再造。也就是说,当地国的环保标准高于中国国内标准时,紫金矿业权属公司就采用当地的标准，而当地国的标准低于中国标准的时候，则坚持用中国的标准。按照"就高"原则打造生态矿业，决不能因海外项目驻地国没要求或者标准低而放松要求，自觉塑造和维护中国企业的良好美誉度。

矿山需要大量用水，用水排放往往是最主要的一个污染源之一。紫金矿业的矿山已经实现闭路循环，矿山用水全部回收利用，局部确实需要排放的，做到清污分流，达标排放。紫金矿业不仅对国内的所有矿山进行矿山河流在线监测，也要求海外的矿山都在河流下游设置第三方在线监测。监测设施由紫金矿业权属企业出钱建设，由政府或者紫金矿业委托第三方来管理，每天检测一次以上。

南美洲圭亚那奥罗拉金矿矿区河流水质在线监测，就是紫金矿业主动提出并建成的。该矿山以前由加拿大公司运营时没有这个第三方项目，2021年年初，陈景河董事长要求全部海外单位都要实施水质在线监测项目，把数据主动汇报给当地的环保部门，奥罗拉金矿因此开始建设该项目。项目建成后，奥罗拉金矿有限公司（以下简称"奥罗拉公司"）特地请圭亚那国家环保部部长到矿山参观水质在线监测系统，宣传紫金矿业的环保理念。

塞紫金丘卡卢·佩吉铜金矿，采用环保领域的最高标准，已形成较为完备的水、气、声、渣定期监测体系，建立了河流水质在线监测系统，并从整体规划入手，制定了绿色生态矿山规划和建设方案，2022年矿山绿化面积70万平方米，植树超6000棵，成为塞尔维亚第一座绿色矿山，这给前来参观的武契奇总统留下了深刻的印象。

同时，紫金矿业还用大量的"矿石流五环归一"矿业工程管理模式创新实践证明，生态与发展不是矛盾的，而是相互促进的有机整体。紫金矿业从矿山废水中回收金属，循环利用，"吃干榨尽"，变废为宝。以紫金山铜矿为例，该矿为高硫铜矿，经过微生物侵蚀自然形成含铜酸性水，同时露采剥离堆筑的废土场经过雨水冲刷，汇流了大量含铜铁酸性溶液。紫金矿业通过对这些含铜废水进行资源综合利用，不但缓解了环保压力，还在其中回收铜金属量 4000~6000 吨 / 年，实现销售收入约 2 亿元，为企业带来巨大经济效益。在吉林珲春曙光金铜矿，珲春紫金尽可能用地热取代炉渣，取代之前，特意把炉渣的含碳量降低到环保标准，使炉渣能够用于铺路、实现废物利用；同时，在矿业开发过程中，紫金矿业通过改良土壤、优化植物生长条件、丰富植被品种，使得矿山复垦后的环境比原始地貌更加宜人美丽，实实在在地实现了生态效益和经济效益的双赢。

2020 年 9 月，中国提出 2030 年前实现碳达峰、2060 年前实现碳中和的目标。为贯彻落实"双碳"目标，紫金矿业 2021 年以来快速响应，依托在产矿山、冶炼企业闲置用地和厂房屋顶，推进光伏、风电等清洁能源项目开发。截至目前，紫金矿业开工建设光伏项目总装机容量 32 兆瓦，完成并网约 20 兆瓦，已并网光伏项目累计发电量超过 600 万千瓦时，实现二氧化碳减排 0.59 万吨，等效种植树木 3218 棵，实现电费收益 360 万元。

在海外，紫金矿业已在哥伦比亚大陆黄金、圭亚那奥罗拉公司、澳大利亚诺顿金田等项目完成光伏项目前期调研，为尽快辐射境外权属企业打下基础。

目前，紫金矿业尽量利用清洁能源、植树造林形成"碳汇"，采用先进的节能装备技术，探索有效的碳排放措施，让单位产能能耗和碳排放指标持续下降，低碳生产成为紫金矿业建设和运营的重要标准。

非洲卡莫阿 - 卡库拉铜矿是全球增长最快的超大型铜矿。为减少矿山开发对环境的影响，卡莫阿铜业始终坚持使用清洁、可再生的水电能源。目前，卡库拉矿山生产一吨铜约排放 0.16 吨的二氧化碳，低于可比铜矿山吨铜二氧化碳排放量 0.19~2.8 吨。卡库拉矿山致力于生产全球"最低碳的铜"，实施"可持续民生计划"，制定了净零运营温室气体排放目标，全面采用清洁、可再生能源，矿山用电将主要来自当地姆瓦丁古沙水电站和英加水电站，到项目全面建成时，吨铜温室气体排放量将进一步降低。根据 2020 年加拿大机构 Hatch Ltd. 独立审核意见，届时卡库拉矿山将成为全球每单位铜温室气体排放量最低的矿山之一。

福建龙净环保股份有限公司（以下简称"龙净环保"）是中国环保产业领军企业和全球最大的大气环保装备研发制造商，在 A 股上市多年，在工业烟气治理和生态环境修复等领域拥有丰富的工程实践经验和强大的技术优势，其产品及工程业务遍布全国，并出口 40 多个国家和地区。2022 年 5 月，紫金矿业出资 17.3 亿元取得龙净环保 15.02% 的股权，同时通过直接持股和受托方式合计拥有龙净环保 25.04% 股份表决权，成为龙净环保第一大股东，获得控制权。收购龙净环保，是紫金矿业整合龙净环保生态环保和新能源技术的一个尝试，目标在于打通生态清洁能源体系，让紫金矿业的矿山减少排放，尽可能实现矿山智能化、电动化，形成紫金矿业在新能源时代的核心竞争力。

本章思考

紫金矿业在企业改制过程中，让紫金山铜金矿周边社区入股，践行与社区协调发展、共同富裕的理念，并长期实施"上杭县高龄老人及孤儿救济项目"，为老人发放高龄津贴以及为孤儿发放生活补助，是中国矿业企业开展普惠公益、实现共同发展的创新。

"让尽可能多的人因紫金矿业的存在而受益"，是紫金矿业对"牢记初心、不忘使命"的实践。

共同发展已成为紫金矿业企业文化最核心的部分。"开发矿业、造福社会"的共同发展价值观，已经成为紫金矿业的软实力。在紫金矿业异军突起的过程中，企业文化发挥了非常重要的作用，企业文化是凝聚员工向心力、关联者协同力、社会支持力的重要力量。

紫金矿业的生态观是：不以牺牲环境为代价换取发展，坚定不移做生态文明建设的先行者，这是矿业企业赢得尊重的不二法则。

第 10 章

成功密码：在管理提升中创新和进步

天行健，君子以自强不息；地势坤，君子以厚德载物。

——《周易》

混合所有制的体制优势

2022年11月9日,紫金矿业第七届独立董事薄少川在北京接受笔者采访时指出,紫金矿业实现了现代企业制度的所有权、决策权和经营管理权完美分离。

薄少川从事矿业和石油天然气行业30余年,曾在加拿大、巴西、澳大利亚担任过多家矿业公司高管,是著名的矿业投资并购专家,有广阔的国际视野,著有《国际矿业风云》一书,对中国和国际矿业有深刻的研究,其评价所言非虚。

事实上,紫金矿业最核心的优势,在于混合所有制的体制优势。紫金矿业早在20世纪末期便借助国有企业改制的浪潮,实施了具有重大意义的整体股份制改造,确立现代企业管理初步模型。紫金矿业在H股和A股上市后,既保留了国有企业的规范性,又具有民营企业的灵活性,实现了所有权与经营权基本分离,监察体系独特高效。

陈景河曾对媒体记者指出,紫金矿业之所以做得比较成功,后来发展速度比较快,又能保持稳健发展,企业体制机制的坚定变革发挥了非常重要的作用。股份制改造后,紫金矿业可以自主地按市场规律运作企业。所有投资等重大事项都由董事会根据市场情况独立决策,这是最重要的机制。

紫金矿业完全按照市场规则，形成良好的法人治理结构。公司党委、股东会、董事会、监事会、经营班子组织体系完善，责权明确，既互相独立，又互相制衡，分工高效。紫金矿业处于完善、透明的管理中，完全按照市场化的标准选人、用人、定薪酬，且始终保持高效自主的独立运行机制。

大股东对紫金矿业绝对信任，充分授权，不干预公司经营，公司所有权与经营权分离，所有的决策由董事会做出，决策效率高，经营机制灵活。

30年来，政府对紫金矿业的信任一脉相承。紫金矿业筹建初期，上杭县委县政府就放手让紫金矿业自主管理，从一开始就放手让紫金矿业去组建班子，独立进行开发经营方面的决策。这个传统一直延续下来。多年来，政府办政府的事，企业干企业的事，政府为企业的发展创造宽松的环境，积极提供服务。上杭县对紫金矿业采取了"放水养鱼"的政策，从不干预公司的经营，为紫金矿业的发展创造了良好环境。

大股东代表、紫金矿业非执行董事李建说，如果按县属国有企业管理的薪酬规定，紫金矿业的薪资水平是不可能引进优秀人才的。但上杭县为此专门与福建省人社厅进行沟通交流，让紫金矿业薪酬按市场化的标准去实施。2020年，紫金矿业实施限制性股票激励计划，拟对公司核心管理层在内的共700人推行股权激励，此举得到大股东的大力支持。

紫金人知恩图报，不忘初心，始终将上杭县当作企业的发祥地。近年来，紫金矿业管理团队形成了一个不成文的规矩：每年股东大会，所有公司高管一律回到上杭县，向大股东汇报上一年业绩，展望新一年计划。

同时，紫金矿业董事会每逢重大的决策事项，都向大股东进行汇报沟通。如"走出去"并购项目这样的重大问题，董事会都会专门向大股东上杭县委县政府报告，甚至组织大股东方面的人员亲自前往现场考察，取得他们的支持。

紫金矿业在上杭县成长，承载着53万人民的梦想，无论在产业发展还是在社会责任等方面，与大股东都是息息相关的。紫金矿业回归A股后，作为大股东的上杭县政府，在支持紫金矿业向外发展、做大做强的同时，也希望公司回总部所在地投资，反哺上杭经济发展。但在投资决策过程中，大股东的意志与公司其他股东往往不一致，因而在股东会上股东之间难免存在博弈。

紫金矿业前副总裁黄晓东曾说：没有地方政府的支持紫金矿业走不到今天，但紫金矿业要长远发展，应当在公司利益和大股东利益上找到一个最大的公约数。

多年来，紫金矿业管理团队一直尽力协调公司利益和大股东利益，在公司稳健发展的同时，回馈上杭县，拉动地方经济发展。

2009年，紫金矿业向下游延伸铜冶炼产业链、布局20万吨铜冶炼项目的时候，在项目选址的问题上，董事会上就存在着不同意见。分歧焦点在于大股东希望将项目放在赣龙铁路旁的上杭县蛟洋镇，而公司董事会从经营项目经济性、环保的角度，希望将项目放在沿海。因为根据立项20万吨铜冶炼项目可研报告，每年需要从海外进口、运回80万吨铜精矿原材料，如果项目放在山区，每年增加的运输成本就是一个巨额的数字。同时冶炼过程中将产生70万吨的副产品硫酸无法找到园区配套企业加工，而硫酸是难以储存的。

最终，经过多方考量，公司董事会尊重了大股东的强烈意愿，将项目放在上杭县蛟洋镇。当年，总裁罗映南和20万吨铜冶炼项目筹建负责人林泓富、贵州紫金总经理邓一明等人，赶往贵州省的瓮福集团，谈下了双方合作建设硫酸深加工的项目，合作在蛟洋设立瓮福紫金化工股份有限公司（以下简称"瓮福紫金"），紫金铜业的硫酸用管道就可以输送到隔壁的瓮福紫金，解决了硫酸的处理问题，得以将铜冶炼的副产品"吃干榨尽"。经过十年发展，紫金铜业在蛟洋工业园区凭空带起了一个金铜和新材料产业链，拉动了地方经济的发展。

优秀的专家决策管理团队

2020年，紫金矿业收购巨龙铜业50.1%股权，实现对巨龙铜业的控股。虽然紫金矿业介入项目竞购比另一家大企业晚，但卖方资金链断裂急需用钱，紫金矿业高效决策，一周内就将收购资金转到对方账户，而另一家启动更早的企业因为繁复的管理程序，资金方案还没来得及上会，因而让紫金矿业抢得了先机。

快速并购巨龙铜业股权的经典例子，再一次充分证明了紫金矿业的体制优势。从当年陈景河用600万元快速收购贵州紫金51%股权、蓝福生用很短时间就谈定了紫金矿业控股经营青海德尔尼铜矿的合作方案，到近年来紫金矿业在国际并购中连连快准稳狠的出手，无不彰显体制的灵活高效和专家管理决策团队的优秀。

长期从事投资并购的紫金矿业前高管蓝福生认为，紫金矿业国际化的成功在于公司具有对行业趋势和地质情况的精准研判能力。这种能力得益于以陈景河为首的核心专业决策管理团队。该团队有一套独到的资源价值判断体系，对矿业有独到的充分洞察市场和把握机遇的能力，总能独具慧眼，拿到别人看不上眼的好项目。

紫金矿业管理团队极为专业，成员大多具有地质、矿冶等专业背景，对资源潜力、经济回报和行业周期等的判断极为精准，并且互相补位，实现了多个专业领域的良好结合。

领头人陈景河，地质科班出身，痴迷矿业，早年从事紫金山找矿获得国家科技进步一等奖，在此后多年的企业管理实践中，又自学了采矿、选冶、经济，把地质、矿业和经济管理学科高度融会贯通，特别擅长站在经济层面分析技术问题，成为中国矿业少有的企业战略家。

走遍全球的独立董事薄少川认为，全球的矿都在陈景河脑子里装着，他的专业性、视野、高度和胸怀无与伦比，他能深度洞察行业周期、敏锐把握市场机会，陈景河董事长就是紫金矿业的核心竞争力之一。

曾任紫金矿业总裁多年的罗映南，地质专业毕业，有多年国企煤矿、冶金行业管理的背景；前董事、高级副总裁黄晓东，是计算机和信息化专家，有多年国企央企海外工作背景；执行董事、副董事长蓝福生，地质专业毕业，具有多年国内国际并购经验；前高管谢成福、曾宪辉，以及现任高管林泓富、谢雄辉、龙翼、郑友诚、吴建辉、廖元杭等都是地质或冶金科班出身。

现任公司执行董事、总裁的邹来昌，毕业于化工专业，在实践中边干边学，从当年"紫金科技功臣"、典型的技术型干部，转型为一个综合型的矿业企业管理专家。

团队有担当，有远大抱负，不因一时一域的成功而自满，而是以"为人类美好生活提供低碳矿物原料"为使命，向国际矿业领先企业持续奋斗。

邹来昌总裁曾说：紫金矿业拥有一支高度忠诚、负责任和稳定的专业化管理的技术团队，他们一以贯之地将公司战略落实到底，坚定战略自信，保持发展定力，一步一个脚印朝着公司发展的目标前进。

紫金矿业的管理团队敢于承担责任，这是公司一个非常难能可贵的优势，也是成功的非常关键的因素之一。因为矿业行业是充满风险的行业，从勘探到投产，每个项目都面临着找矿、资源量、项目可研、融资、技术方案、市场、社区劳工以及市场等一系列风险，没有一个矿业项目没有风险，所以任何一位高管或董事、党委会成员要想在一个项目里边挑出几项风险来，是非常容易的。近些年来，因为有些企业有追责制度，所以管理层怕担责，就不敢决策了。

薄少川认为，对于矿业并购，如果不敢承担风险的话，那什么事都做不了。"我们首先要把这些风险识别出来，然后判断这些风险有没有办法尽量规避，对于那些没有办法规避的，我们只好勇于承担。"

陈景河曾说："紫金矿业和很多企业的差异，在于我们的总经理大部分敢于担责，如果不愿意承担责任，什么事情能推则推，尽可能保护自己，这种队伍是没有希望的。"

紫金矿业团队有魄力，有胆有识，勇于担当，因而在走向全球化的过程中不断开天辟地，在行业低谷收购，或是投资业内不看好的项目时，凭借认真研判、专业分析和准确的地质资料验证，能够迅速决策，抓住转瞬即逝的机会。

这样一支优秀的专家团队，对资源认识特别执着，对市场反应特别敏感，能够抓住机会出手，因此紫金矿业一连串的大项目，都是在市场低迷的时候低成本获取的。

天下武功，唯快不破。矿业并购和资本运作的重大机遇稍纵即逝，紫金矿业由于体制灵活，决策高效，为公司决策和项目实施赢得了时间，因此连连在国际矿业界收获硕果。

紫金矿业在专家管理层的率领下，建立了强大的研发人才团队储备，有地勘院、矿冶院、国家重点黄金实验室和测试公司，有完整的研发测试能力，资源并购评估由自己的专业团队完成，不依赖第三方，提高了评价效率，降低了风险，并抓住时机，低成本收购了一批优质资源项目。

因为专业，所以高效。紫金矿业极其善于逆周期开展海外并购，刚果（金）卡莫阿-卡库拉铜矿、巴布亚新几内亚波格拉金矿，就是这种专业运作下的项目。

伟大的公司要有伟大的董事会

作为一家声名鹊起的世界 500 强公司，紫金矿业的董事会对外界来说是相当神秘的。

多年来，陈景河在紫金矿业的地位如日中天，是否会像一些股民所担心的，在董事会上说一不二、"一手遮天"？紫金矿业的董事会决策是否会形成"一言堂"？

其实这些想象都是外界多虑的。从2016年到2021年在紫金矿业担任独立董事的全国著名矿业投资专家朱光介绍说，紫金矿业的决策注重民主且不失效率，由董事会独立做出，紫金矿业能取得今天成就，关键在于有一个优良的董事会决策机制。

董事会是企业的大脑，是独立做决策的机构。"伟大的公司要有伟大的董事会。"一家没有强大董事会的公司，注定不会成为一家有竞争力的好公司。

因而，董事会建设是公司治理的一个核心问题。紫金矿业建立了较完善的授权机制，股东会充分授权，体制的优势为稳健高效的决策机制奠定基础。紫金矿业董事会建立了包括股权激励在内的薪酬激励制度，将公司业绩与高管薪酬挂钩，使核心管理团队有动力做出专业、高效的决策。董事会由矿业、经济、审计、海外投资等多个领域的专业人士构成，且氛围民主，能让董事们各抒己见，在保持高效决策的同时又防范了风险。

在紫金矿业，公司所有者与经营者的目标利益是高度一致的，公司治理和监督机制完善，不存在"内部人控制"的问题。多年来，董事会以陈景河董事长为核心，形成了独立、开放、包容的董事会文化，采用民主与集中相结合原则。董事会的这种治理结构，既规范合理，又充分民主，同时又有内部制衡的机制。

上市公司设独立董事是《公司法》规定的治理要求。多年来，紫金矿业重视发挥独立董事的作用。紫金矿业聘请了一批专业人士充任独立董事，他们主要负责对公司和内部董事行为的监督，同时出谋划策。早期，紫金矿业请来中国工程院副院长、陈毓川院士担任独立董事；前几年，请来中国工程院院士、著名岩石力学与采矿工程专家蔡美峰担任第六届董事会独立董事。

在紫金矿业第七届（2020—2022年）13名董事会成员中，有6位执行董事，1位非执行董事，6位独立董事，体现了良好的治理结构。其中的6位独立董事，来自于不同的专业背景，能从不同的角度为公司的决策提供支撑：朱光是前矿业央企高管、著名矿业投资专家，毛景文是著名地质专家、中国工程院院士，何福龙是国企前董事长，李常青是大学教授、财务专家，孙文德是谙熟金融证券的香港高等法院执业大律师，薄少川是加拿大籍的国际矿业专家。2022年12月，紫金矿业第八届董事会又增加了一名女性独立董事——厦门建发集团前任董事长吴小敏，她利用丰富的大型国有企业管理经验为紫金矿业服务。

董秘郑友诚说，紫金矿业请来的这些院士、专家，见多识广，不时给公司带来行业最新动态信息，他们用全球矿业的视野和专业知识，帮助紫金矿业，也借力紫金矿业平台，实现参与开发矿业、造福社会的梦想。

事实正是这样，这些独立董事绝不是可有可无的"花瓶董事"，他们既"独"又"懂"，尽力履行勤勉义务。独立董事李常青介绍，除了紫金矿业，他还担任了国内三家大型企业的独立董事，但是来紫金矿业开董事会的次数是最多的，从2020年以来每年都参加会议20多次，其中2022年的参会次数达到27次，远超过他参加其他三家公司董事会会议的次数。独董们尽职尽责，从各自领域的专业高度，经常在董事会上提出极有价值的意见和建议。

独立董事孙文德说，紫金矿业董事会非常注重聆听董事们的意见。董事会建立了一个微信工作群，每逢重大事项，董事长注重听取不同意见，他会在群里请大家发表意见。董事们有不同意见，可以在工作群充分表达，尽量讨论。董事会在重大决策审议前，都会在规定的时限内让董事们获得有关文件材料，让大家有时间充分酝酿，在董事会讨论时，董事们都能积极发言，精彩施策，从不同角度审议项目，集思广益。

曾在世界500强企业厦门国贸担任过17年董事长的独立董事何福龙说，陈景河董事长有个人魅力，但他并不因为有能力就霸道，就一手遮天。每次董事会召开表决，有弃权票，有反对的声音，董事长都有雅量，鼓励不同意见，他总是最后一个发言，从来不过早表达自己的意见。

与一般人想象中不同，紫金矿业董事会会议，并不是一团和气的"一言堂"，不同的意见，乃至激烈的争吵，是会议的常态，董事会决策很少全票通过。

2018年，紫金矿业曾想介入全球最大的铁矿西芒杜铁矿的开发，在提交董事会审议时，因为投资巨大、风险过高受到董事们的激烈反对，最终放弃。

蓝福生说：任何投资项目都是有风险的，所谓"没风险"的项目最好不要去做。从决策机制上来讲，一个项目如果没有任何反对意见，大家都不提意见的话，说明董事们不认真，没有发现风险，对问题考虑不足，项目的风险反而大了。

紫金矿业董事会的民主决策机制，能够充分发挥每一个管理层决策者的智慧，表达出各种意见，尽量防范风险，减少决策失误，是近年来紫金矿业快速稳健发展的重要因素。

紫金矿业独立董事薄少川在其《国际矿业风云》一书中，曾谈到一个良好的董事会对于公司治理的作用：每家公司都有也应该有个核心人物，他是公司的灵魂和标志，有如乔布斯之于苹果。从创业起家的成功的企业家不仅有高超的商业智慧和胆识，而且经常有一些奇思妙想，但往往也不乏胡思乱想。得力的董事会应该能够抑制核心人物的胡思乱想，又不压抑其奇思妙想。

独具特色的监督体系

2022年11月，中国上市公司协会"2022年上市公司监事会最佳实践案例"结果揭晓，紫金矿业集团公司监事会入选"上市公司监事会最佳实践榜"，成为最佳实践榜 30 家企业中唯一入选的矿业企业，充分体现了市场对公司治理体系和监事会工作的认可。

紫金矿业 30 来从一家县属小企业发展成为在国内外有重要影响的跨国矿业集团，其中一条重要的经验是，建立了一套适合企业实际、行之有效、具有鲜明特色的监督管理体系和监督队伍。

陈景河曾说：监督工作也是生产力，监督体系和监督工作在集团跨越式发展过程中发挥了重要作用，成为紫金矿业企业文化的重要组成部分，也是紫金矿业重要竞争力所在。

紫金矿业历来重视监督工作，在初创时期，公司就成立了监察处，重点对物流和基建领域制定了严格的监督管理办法，制定了贪污或受贿 2000 元以上予以开除的《员工处分办法》。早在 1995 年，公司党委成立后的第一份文件，就明确"应充分发挥各级监事会的作用"，明确监事会对监察审计工作的领导，通过"党政合体"的领导体制，结合修订完善党委工作规则、"三重一大"决策管理办法等，实现党的领导与企业法人治理有机融合，推进党的建设与企业生产经营管理同向发力。

紫金矿业把内部监督制度化摆上日程，成立了监察室、审计室、纪委等相应机构，让这些机构参与到人、财、物的监督里去，特别是对党员干部的监督。紫金矿业持续探索国有相对控股 A+H 股上市公司党建工作机制，把党建工作写入公司章程，确立党委"把方向、管大局、促落实"的核心领导地位，突出公司党委对监督与反腐败工作的统一领导，推动党的领导制度优势切实转化为治理效能。实行"交叉任职、双向进入"，董事长担任党委书记，监事会主席兼任党委副书记。

30 年来，特别是上市以来，紫金矿业不断规范和完善监督体系，形成了监事会领导、纪委监督下的监察、审计、内控体系，建立健全了权属企业的监事会制度，形成了监督工作"以条为主、条块结合、有为有位"的工作格局。紫金矿业监事会围绕公司新时代发展战略和国际化发展需求，建立健全监事会、纪委、监察、审计、内控"五位一体"机制（见图10-1），构建了完善的监督体系，在公司治理中积极站位，不缺位、不越位、不错位，促进股东大会、董事会、监事会、管理层、执行层各司其职、各尽其责，形成互相协调、有效制衡的良好局面。

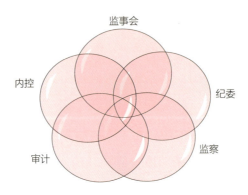

图 10-1　紫金矿业特色的"五位一体"监督体系

紫金矿业在监事会下设监察审计室，作为监事会的办事机构。同时，监察审计室也是董事会审计与内控委员会的日常工作部门，执行内部审计与内控管理，加强对监督体系的支持保障力度。紫金矿业不断完善"公司总部监督、权属企业监督、地区监督召集人"上下联动的监督管理层级网络体系，总部监督机构对权属企业监督机构实行垂直管理，并探索在业务集中地区设立"监督召集人"，便于统筹监督力量，破解单个权属企业监督团队人手少、专业结构不合理的难题，打通监督"最后一公里"。各级监察审计机构既是所在公司的一级职能部门，又是该公司监事会和纪委的工作平台，履行公司内部监察、内部审计、内控评价和风险管理职能。

紫金矿业把建立和加强内部监督体系，当作一家企业保持基业长青的一个重要因素来实施，确保了干部职工队伍相对廉洁。

近年来，紫金矿业国际化加速，在全国15个省区和全球14个国家开发建设了项目，业务遍布全世界，如何在新形势下进行有效监督？

集团公司监审室主任曹三星认为：紫金矿业如今巨大的体量、众多的单位和海量的业务，要求公司必须采取新的手段和方式进行监督，适应全球跨越发展的新局面。

首先是在监督手段上紧跟时代脉搏，用好"智慧监督""数字监督"等科技手段，组织开发"廉正举报平台"，开通"紫金矿业监督台"微信公众号，借助"合同管理系统、财务共享系统、SAP（企业管理解决方案）、PMS（设备管理系统）、SRM（供应商关系管理系统）、EAM（企业资产管理系统）、WMS（仓库管理系统）、CPS（信息物理系统）"等系统软件，保证监督机构人员对事务过程、关键信息的可视，加强大数据分析和利用，精准发现问题。通过信息化手段，实现远程监督行动。

其次是在监督聚焦上始终突出重点，围绕公司改革发展的重点任务，紧盯领导干部这个"关键少数"，特别是各级"一把手"，加强对企业权力集中、资金密集、资源富集、资产聚集等重点部门、重点岗位和重点决策环节的监督，落实各级监督机构负责人参与重要会议、企业经理离任审计、监督机构独立查询调阅权限等制度。

最后是转变监督方式，取消原来过程的会审会签，从事中监督变为事后监督。监督部门逐步退出了业务过程的会审会签，这有助于提高企业决策和执行的效率，充分发挥各岗位的岗位职责和监管责任。事后监督并不是退出过程监督，只是对监督方式进行了调整；让监督部门从形式化的、背书的、花瓶式的工作中脱身出来，突出重点，提高针对性，强调监督的有效性，从而强化了监督部门的监督责任。

紫金矿业实施的过程监督，是通过信息化的手段，远距离监控业务的开展，各级监审部门把原来的会签改为抽查，有针对性地对不同业务，按照一定比例进行抽查。通过主动参与各项业务流程的全面梳理和优化，推动业务信息系统关键信息可视化，重点加强了对关键、敏感业务的事中事后的抽查和专项检查力度。

2021年国庆期间，紫金铜业监督人员对到货粗铜进行了例行抽检，发现了供应商的舞弊行为，避免了800余万元的损失，并根据合同约定额外给予供应商800多万元的违约金扣款，有力地维护了企业利益，堵塞了管理漏洞。

紫金矿业认为，公司绝不是腐败分子的避风港，长期可持续发展必须对腐败零容忍，公司的监督制度早已布下了恢恢天网。"敢伸手，必被捉"。紫金矿业监督系统近年来重拳出击，查处了一批管理干部和关键敏感岗位员工的违规违纪违法案件。

创新是最核心的竞争力

近年来，紫金矿业的快速崛起，吸引了无数关注的目光。业界在共同思考着这样一个问题：什么是紫金矿业的核心驱动力？

"在过去二十几年的时间里面，从过去一家非常非常小的矿业公司发展成为中国目前金属矿业界领先的一家矿业公司，这里面很重要的一点就是创新，尤其是技术创新和管理创新。"陈景河认为，创新是紫金矿业最核心的竞争力，为此他总结出了紫金矿业的"创新三段论"：普遍的科学原理与客观实际的良好结合就是创新，最适合的就是最好的创新，创新就是不断否定自我的过程。

"创新三段论"的第一句话，来源于中国共产党重要的历史经验总结：把马克思主义的普遍真理同中国具体实践相结合。

在紫金山开发初期，紫金矿业在金矿开发经验上是一张白纸，创业者们通过学习和借鉴，选择了堆浸工艺技术路线。堆浸技术已是科学的普遍原理，紫金矿业是如何将这普遍原理与紫金山的具体客观实际相结合的呢？

黄金矿山堆浸技术早在20世纪七八十年代在国内就已经成熟，主要应用在北方干旱少雨的平原地带。紫金矿业首次将堆浸技术应用在南方多雨、山势陡峭的紫金山上，开创了南方多雨坡地大规模堆浸成功工业生产的先例。

紫金山的创新，主要是根据紫金山矿石品位低、氧化程度高、有一定的含泥量、有粗粒金的特点，采用将矿石破碎以后，筛分、洗矿、重选、堆浸、炭浆的复合工艺。重选一上去，等于把粗粒金回收了；泥一洗掉，堆浸透气性好了；将含金的泥水再进行炭浆，又增加了回收率。这三者结合起来效果非常好。其实重选、堆浸、炭浆不是新的工艺，三者有机结合起来的复合工艺非常成功，就是一种创新。紫金人因地制宜创造的联合选金工艺，综合选矿回收率达到84%，比原先提高14%，金矿整个生命周期经济价值达数十亿元。

同时，应用经济地质理论，重新确定紫金山铜金矿可利用边界品位，使可利用金资源储量从5.45吨扩大到近300吨，矿山开采也从地下小规模转为露天大规模，低品位资源产生了高效益，紫金山铜金矿一跃成为"中国第一大金矿"。

紫金矿业还针对紫金山铜矿品位低的特点，成功引进生物湿法提铜技术，建成了全国第一家万吨级生物提铜冶炼厂，彻底解决了国内低品位、难选冶铜矿开发利用的难题。

美籍奥地利政治经济学家熊彼特认为，创新就是新组合，就是生产要素和生产条件的新组合。这个组合可能是技术的组合，也可能是商业模式的组合。只要是组合，就是创新。紫金山上的多种技术组合的创新，极为朴素地印证了熊彼特的创新理论。

邹来昌总裁指出，陈景河创新理论的本质是基于矿业经济思维，非常实际，并不是追求一种非常极致的东西，来实现经济利益的最大化，而是在合适的经济品位的情况下，用合适的技术、最低的投入获得最大的产出。

将普遍科学原理与紫金山客观实际相结合的紫金山创新实践，为紫金矿业培养了一大批人才，特别是形成了紫金矿业的创新理念，成了"走出去"的第一驱动力。

建设新疆阿舍勒铜矿时，紫金矿业在规划建设和技术方面开展了一系列创新，在矿山生产规模扩大33%的条件下，只用85%的预算投资就完成了项目建设，而且工期缩短一年；将原有设计中从河中抽水的方案改为从七千米外筑坝凿洞引水自流到矿山，每年大约节约运营成本600多万元。贵州水银洞金矿属于"卡林型金矿"，贵州紫金自主研发并建成投产的"加压预氧化"难选冶金矿处理技术项目，让金粒从硫化物"外壳"中"破壳而出"，盘活黄金资源50吨，填补了国内技术空白。

30年来，紫金矿业所获得的资源大部分是低品位、难选冶的，也正因别人不想做，或是做不成，紫金矿业才得以以较低代价入主开发，由于坚持采用独特的创新理念，掌握了资源开发的"金刚钻"，才实现了少投入、低成本、高效益，为我国低品位、难处理金铜矿资源的综合利用和产业升级做出了重大贡献。

进入国际化大发展时期后，创新成为紫金矿业参与全球化开发、赢得竞争优势的一个核心竞争力。独具紫金矿业特色的创新理念在海外项目纷纷落地，开花结果。

塔吉克斯坦塔罗金矿是业内公认的复杂多金属难选矿，2007年，紫金矿业通过竞标方式收购塔罗金矿，一年就实现扭亏为盈，2018年，通过技术创新，取得综合回收指标的重大突破，金矿技术指标提高17%，新增利润1.26亿元。

俄罗斯图瓦项目成功实施"克兹尔—喀什特克复杂多金属矿高效分选及综合回收关键技术"，使该矿锌回收率提高了4%、铅回收率提高了16.8%、铜回收率提高了6.8%，年新增产值6000万元。在此基础上，2019年开发

"酸性条件下铜铅分离技术"，在稳定回收率的同时，提高了锌精矿、铅精矿和铜精矿的品位，年增经济效益 5000 万元。

紫金矿业 2018 年年底并购重组塞尔维亚波尔铜业公司后，对波尔矿山和冶炼厂进行全流程优化，大幅提高了铜和伴生金的回收率：铜提高了 4.8%，金提高了 18.9%，半年内即实现扭亏，迅速提高了企业的经济效益。

依托在紫金山开发中积累的低品位矿开发的领先技术和经验，国内外一批低品位、难选冶、别人不想做或是做不成的"病矿山"在紫金矿业手中实现矿山价值的颠覆性提升。

将普遍的科学原理与客观实际良好结合，不仅适用于技术实践，在海外管理创新中也同样大放异彩。

根据不同时期、不同项目和环境，紫金矿业不断探索适合的管理体系和管理模式，在各项目经营管理上实现"一矿一策"，从而实现选择最有效的团队、设备设施、技术组合，以最经济的人力物力成本达到效用最大化。

这些管理方式各有特点却卓有成效。以海外项目属地管理团队为例，在澳大利亚等矿业发达国家的项目以聘请行业专家、国际化人才为主；在俄罗斯、塔吉克斯坦、吉尔吉斯斯坦、塞尔维亚的项目以外派管理层为主，将国内的"紫金模式"充分移植到所在国项目。刚果（金）卡莫阿项目则采用西方矿业公司主导、紫金矿业配合与之合作运营的模式，经过近年来与西方团队的不断磨合和深度合作，项目建设和生产运营都取得了可喜的阶段性成果，同时多元文化背景下的企业运营管理，也为中方团队培养国际化思维、吸收西方企业先进管理经验提供了很好的机会。而中国方案、中国速度在项目上的成功实践，也获得了西方团队的高度认可。中西方团队之间的合作和配合正愈加深入与默契，公司也正朝着更高的目标蓬勃发展。

尤其值得一提的是，紫金矿业 2019 年在非洲国家厄立特里亚的控股公司碧沙矿业，到 2022 年年底共有 1985 名员工，其中仅有总经理高建国和高级行政人员胡伟超两名是非本地籍员工。

2020 年 6 月 1 日，碧沙矿业董事会任命集团公司派出的股东方总经理高建国担任合资公司总经理，新任管理层上台后，理顺管理构建，推行降本增效措施，面向全球招聘优秀人才，下半年生产经营情况相比上半年有较大提升，此后 2021、2022 年，项目效益更加明显。厄立特里亚方股东表示，紫金矿业入驻的两年多，是碧沙矿业历史上最好的两年。

如今的碧沙矿业，是厄立特里亚最大的企业，年产值相当于厄立特里亚 GDP 的 25% 左右，几乎贡献了国家税收的一半。由于金属价格高企、边坡角优化及公司运营成本降低等因素，碧沙矿业更新了矿山全生命周期排产计划，使矿山服务年限从 2026 年进一步延长至 2034 年，2034 年露采结束后还可进行地采。

仅仅两名中方员工就将这个海外项目管理得有声有色，碧沙矿业项目可以说是紫金矿业海外管理方式的一大突破。

最适合的就是最好的创新

在规模宏大的紫金山铜金矿露采场，有一个在全国矿山独具一格的现象：别的大型矿山都是车辆将矿石沿着道路一圈圈往上拉，这里车辆却将矿石往矿山底部各个溜井拉，一车车往溜井倒矿。

笔者在采写本书期间，特意考察了紫金山铜金矿传奇的溜井。在矿山底部标高 484 米处，看到重卡将刚采出的铜矿石倒入八号溜井，矿石坠入标高 330 米的平硐中，再用电机车或千米长距离胶带机将矿石输送到选矿厂。

紫金山金矿一开始采用硐采，产量低，成本高，1998 年转为露采，采用陡帮开采,大规模机械化施工,大大降低了开采成本。但露天采场要从上往下挖,矿石要往上翻山越岭运出,运输成本很高。有紫金山"活地图"之称的陈景河,这时又"脑洞大开",提出了从标高500米处打一个平巷,然后再建设一个溜井,让矿石从上而下实现自溜,然后通过平巷输送到堆浸场的设想。可没有想到,这一有悖常理的方案提出后,矿山设计院纷纷退避三舍,不敢设计。紫金矿业就自己动手,结合设计、施工、生产管理等方面的因素,独创了"悬挂软梯天井溜矿上掘法"施工工艺,利用旧巷道6000米,施工建成平巷与矿山溜井连通,矿石通过溜井自然破碎湖,再通过平硐电机车或长距离胶带机输送到选矿厂,降低采场矿石运输距离和成本(见图10-2)。

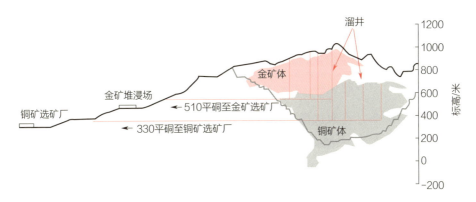

图10-2　紫金山溜井—平硐组合运矿方式示意图

从1998年开始,紫金山上部的金矿共建设了九个溜井,而下部的铜矿全面露采也建了八个溜井。据统计,20多年来,溜井技术取得了年节约运输成本8000万元的显著效益。

溜井技术看似很土,却很实用、高效,将每吨矿石处理成本降到了二三十元,而且矿石在重力作用下在下滑过程中就破碎掉了,还减少了矿石破碎成本。陈景河认为,高科技不一定就是创新,最适合的就是最好的创新。

在紫金山,普遍科学原理就是铜金矿地质状况必须用低品位选冶技术才能让矿山开发出效益,客观实际是紫金山山势陡峭,露采场和选厂高差极大，金矿大规模堆浸场地、铜矿选厂只能建在标高500米以下山麓地段，因此矿山采用大规模露采、在露采场底部通过溜井和平巷输送矿石，是降低矿石处理成本的最佳手段。

一位到过紫金矿业的专家评论说，紫金矿业的因地制宜技术特色就在于结合生产实际搞科研攻关，很容易创新。其实许多技术、专利一捅就破，与生产结合越紧密就越容易出成果。

曾担任厦门国贸多年董事长的紫金矿业独立董事何福龙说，紫金矿业的创新其实就是对旧元素进行新组合，让原有技术与矿山特点进行整合，从而取得最大的经济效益。

如溜井，如平巷，紫金山上的单项能力基本上都不是独创的，但紫金矿业最厉害之处在于结合实际，吸收了矿业的各种技术，整合起来为我所用，经过系统化，创出高效益。

在紫金矿业，类似这样紧密结合生产实际、简单实用而又被业内专家啧啧称赞的"土"技术俯拾即是。这些在实践中研发出的成果甚至没有"名分"，但是经专家、学者一鉴定，就是国内领先水平。而这与陈景河所倡导的不唯书、不唯上、不求洋、只唯实、只求用的技术创新战略有直接关系。

多年来，紫金矿业一直坚持走产学研高度融合之路，实行技术本土化实用化战略。

陈景河曾经说："在相当长时间里，人们把技术神秘化了，科研与生产相脱离，是导致低水平重复、科技成果转化率低的主要原因。紫金矿业实行的是技术的本土化战略，有些看似很复杂的东西，把它弄明白了，与生产一结合，就显得简单了。我们很多在实践中创造的土里吧唧的东西，经专家们一看，就被认定为高新技术。"

创新要接地气，紫金矿业在充分发挥和利用好"内智"的同时，大力借助"外脑"，多年来坚持"产学研"联合之路，建立有机、长效的联系机制，放眼国内、国际，充分利用社会资源为科技创新服务，注重内、外部智力资源良性互动，积极采用"技术联盟""合作框架""内部交叉讲""技术开发项目"等创新合作模式，充分借助社会的科技研发和创新合作平台，来增强企业自主创新能力水平。

紫金矿业与北京矿冶研究院、北京有色金属研究总院、中国地科院、中南大学、厦门大学、中国地质大学、福州大学、昆明理工大学、南昌有色金属设计院等国内高等院校、科研院所在金属选冶加工、矿产资源评价、矿业开发、矿产品深加工等方面均建立了良好的长期合作关系，开发出了一大批具有自主知识产权、国际国内领先的技术成果，建立起博士后工作站，为攻克难关建立了"低品位难处理黄金资源综合利用实验室"，该实验室最终提升为国家级重点实验室，培养出一批具有自主创新能力的科技人才。

产学研深度融合，硕果累累，多项技术在有色金属地质、采选、冶炼、环保、资源综合利用等方面达到国际、国内领先水平，特别是在有色金属矿产资源成矿规律和预测技术研究、矿山深边部评价与高效勘探技术、露天陡帮及地下安全高效开采技术、堆浸选冶技术、复杂多金属矿的选矿分离技术、生物提铜技术、黄铜矿酸性热压/常压预氧化、难处理金矿热压/常压化学催化氧化预处理、固体废弃物综合利用技术等领域的研究和应用方面居国内行业领先地位。

立足于"研发成熟一个，成果转化一个"的方针，这些技术成功转化为生产力，使紫金矿业得以用最小的成本实现了最优的效益。紫金山的技术进行整合后又进行输出，走出国门、走向世界，在全球大放光彩。

紫金矿业 2014 年在贵州紫金建成了中国第一套热压预氧化装置，并实现了规模化工业生产，解决了我国"卡林型"金矿的高效回收难题。但是这一技术创新在落地之前也遇到了诸多困难，正是技术人员出身的贵州紫金矿业总经理黄怀国的专业与坚持，才使这项技术顺利投产。

西藏巨龙铜业，针对采矿场海拔高、与选矿厂距离远且高差大的问题，创造性地设计出了一条总长达9000米的原矿运输皮带，成为全世界海拔最高、速度最快、落差最大（起点标高5170米，总长9000米，速度7.5米/秒，落差700多米）的长下山皮带，用皮带源源不断地将原矿石运送到选矿厂，节省了采用汽车运输的大量费用和避免了高海拔人工运输的风险。

在海外，西方矿业体系虽然有其优势，一丝不苟、专业专注，但有时显得不知变通，阻碍了项目进度，"最适合的就是最好的创新"成为解决问题的钥匙。

碧沙矿业总经理高建国将紫金矿业的创新体系应用于生产实践，对项目生产经营提出了大量优化改进举措。碧沙矿业的选厂此前由于大块喂料太多，破碎机经常出现故障。高建国了解后发现，出现故障主要是因为用大型装载机装载，矿石不经挑选直接倒入破碎机。他建议用小型装载机，挑出大石头，破碎解小后再行放入破碎机，此一微小改动，使破碎能力提高了20%~30%。

厄立特里亚没有国家电网，碧沙矿业日常使用由承包商运营的柴油机组发电，每次大修时，要用五台柴油机组发电。承包商认为，五台是为了保证大修不出问题。高建国要求电力主管计算实际负荷，计算后认为，只需三台发电机组即可，其余可用太阳能补充，把清洁能源使用最大化。五台变三台，每天节省近一吨柴油。

陈景河说：有时候高大上的设计方案不一定适合紫金矿业，有时候"土"办法就能解决问题，创造出大价值。

创新是不断否定自我的过程

关于紫金矿业的创新理念，陈景河的创新"三段论"的第三句是：创新就是不断否定自我的过程。

否定之否定规律是唯物辩证法的三大规律之一。它揭示了事物发展的前进性与曲折性的统一，表明了事物的发展不是直线式前进而是螺旋式上升的。紫金矿业活学活用辩证法原理，没有对过去的成功经验死抱不放，而是不断改革创新，从否定之否定中寻找企业发展的新动能。

罗马不是一天建成的。紫金矿业也是经过30年不断的否定之否定的艰辛历程，在持续变革中浴火重生，才有今天这艘矿业航母在全球劈波斩浪。

30年前，紫金矿业还是一家只有几十名职工的县属矿产公司。陈景河执掌紫金矿业之后，对企业进行了大刀阔斧的改革。1998年，紫金矿业由县级国有矿产公司改制成为有职工参股的有限责任公司；2000年9月，紫金矿业又改制成为有大量民营成分的股份有限公司；从2003年在香港H股整体上市，到2008年回归A股，紫金矿业的发展又迈入一个新的阶段。

几次改制使国有股份在紫金矿业中的份额从100%降至了不到30%，但仍然保留了国有股的相对控股地位。改制成功后，实现了所有权和经营权的分离，政府和股东不干预企业的经营，董事会也能独立自主地进行经营决策，紫金矿业向现代企业大大迈进了一步。在不断的自我否定中，紫金矿业全新的机制和体制优势脱颖而出。

企业要在激烈的市场竞争中不断前行，要有否定之否定的创新精神。一直以来，紫金矿业都全力坚持机制创新，这使企业内部保持着强大的生命力。通过不断改革用人制度和分配制度，积极制定发展战略，扩大资源占有量，主动参与市场竞争，高度重视人力资源开发和环境保护，切实搞好技术创新，不断提高企业科技含量，实施成本优先战略，加强企业文化建设，紫金矿业逐步建立了一套科学、"合适"的管理系统。

陈景河认为：管理是一个系统工程，要不断发展，要与客观实践相结合，要按企业发展的不同阶段，不断改变模式和策略。没有最好的管理模式，只有最合适的管理模式。

这句话也是紫金矿业在管理体制上不断嬗变和升级的最好体现。多年来，企业的管理手段，随着环境的变化在不断调整。

在紫金矿业发展的初期，公司只有紫金山一座矿山，那时候基本就是陈景河一支笔管到底。因为当时企业的规模就不大，如果一件事情办下来需要太多人签字，反而会影响效率。但随着企业规模不断扩大，紫金矿业所拥有的矿山也越来越多，紫金矿业的管理层就开始授权放权。

在香港上市后，紫金矿业在国内各省区和周边国家投资的项目急剧增加，跨区域国际化经营必然会带来地域上的分散性，给企业的管理和人、财、物等交流活动的调控增加了难度。紫金矿业按区域分别，将所投资的子公司及下属公司划归七大片区进行管理，除了福建省内公司为主的东南片区外，其余六大片区以北京、昆明、长春、乌鲁木齐、呼和浩特和香港为中心，分别组建华北、西南、东北、西北、内蒙古、境外等片区，逐步建立和完善以区域分级管理为主的集团化管理体制。分级管理和完善的控制体系是紫金矿业的一大亮点，紫金矿业做到了多而有序、快而不乱。此外，片区绩效考核与激励约束制度、重大事项的内部报告制度等也都非常有效快速。

随着国际化的进一步加深，紫金矿业海外经营进入丰收期，海外矿产资源储量和利润占公司比重逐年加大。为此，2016年，紫金矿业撤销了区域公司，实行了以事业部制为主体的公司管理体系改革，设立了境外、矿山、冶炼加工等三大事业部；搭建财务共享中心、采购与销售中心；改革人力资源、建设、科技、地勘、行政后勤和监督等六大系统；全面加强基础管理，修订完善制度体系，强化计划预算管理、资金税筹管理，注重现代信息技术的应用。

成立三大事业部，使紫金矿业实现了从区域管控到业务管控、专业化分工管理的重大转变；六大系统的改革则全面整合、优化内部资源。这就使得紫金矿业的管理更加精准、更加专业，实现了扩产增量，提高效率，降本增利。

通过管理体系改革，紫金矿业可以对权属企业进行直接管理，这种"扁平化"的管理模式，不仅可以加快信息传递速度，使决策更快更高效，而且使企业的分权得到了贯彻实施，让每个中层管理者有更大的自主权可以进行更好的决策。

早些年，因为资金相对匮乏，紫金山金矿的矿山基建、采矿等完全采用外包的形式，虽然比较省事，但在管理上尤其是在一些关键技术的沟通上仍然存在着些许障碍。在香港上市前后，紫金矿业开始进行产业链延伸，组建建设公司、设计公司、矿冶院、技术公司等配套队伍。陈景河认为：有条件了，矿山开发就一定要自营，这也是锻炼自己队伍的好机会。

由于不断健全配套设计、施工、研发的板块，紫金矿业不仅在海外并购上抓住了许多转瞬即逝的机会，而且在资源开发效率上，建设速度和运营效率极高，在海外多次创造项目所在地速度纪录。

近十年来，技术赋能是紫金矿业大手笔海外并购的底气。并购的关键在于每个并购项目要能够快速地形成利润中心，对公司形成现金流支持。紫金矿业总地质师王京彬曾在第二届中国国际矿业投资与发展高峰会议上指出："并购是矿业公司基本的增长模式，但并购不只是'买买买'，常规利润的并购只扩大了经营规模，获取超额并购利润的背后逻辑是有机的并购增长。"

紫金矿业极其重视海外项目资源转化的时间成本。紫金矿业有配套的技术公司、测试公司、设计公司、建设公司、市场公司、物流公司，项目审批一完成就加班出图，同时项目大型设备采购、配送、建设配套跟进。紫金矿业"五脏俱全"，关键时刻冲得上去，加上紫金矿业建设者们的聪明才智和吃苦奉献精神，众多优势叠加，使得公司项目建设快、投产快、回收快。

紫金矿业并购的项目，都能扭亏为盈，或产能扩张，低成本并购加上技术赋能，让公司实现了资源获取能力和资源变现能力的双重提高。塔吉克斯坦泽拉夫尚金矿、澳大利亚诺顿金田、塞尔维亚波尔铜矿、圭亚那奥罗拉金矿等一批原本亏损的项目都在一年内扭亏为盈，充分显现出紫金矿业独特的优势和竞争力。

对此，陈景河曾深有感触：与同行对比，紫金矿业为什么效率高？主要是高层懂经济和专业，重大项目直接居间指挥；集团有自己高效率的研究、设计和施工单位，一声令下齐上阵，没有漫长烦琐的程序，为公司决策和项目实施赢得了时间。项目审批和项目建设同步推进，有建设公司、物流中心负责大型设备采购。这几个优势叠加，使得紫金矿业建设快、投产快、回收快。

紫金矿业在不断的自我否定中，摸索出来最适合的发展模式和管理经验，在近年的跨越式发展中绽放光芒。

让艰苦创业文化深入一线

"矿业是艰苦行业，不怕艰苦是最基本的要求。"穆索诺伊公司总经理丘国柱曾长期在陈景河身边工作，这是他听到的董事长最经常强调的一句话。丘国柱记得陈景河曾在多个场合说过："为什么我们没有像其他企业家、老板一样，天天去打高尔夫球？因为矿业是艰苦行业，要带着大家一起干！"

从紫金山时代开始，陈景河就将地质队员披荆斩棘的精神植入紫金文化之中。多年来，艰苦奋斗、开拓创新成为紫金矿业走向全国、走向世界的文化之魂。

当年，紫金矿业走出去之初，中西部地区偏远闭塞，交通不便，受命外派创业的大批紫金人不辞辛苦，远离家人，在密林、荒原、大漠、戈壁深处开天辟地，白手起家，在短时间内一座座矿山新城拔地而起。

贵州新恒基矿业有限公司总经理邹南荣 1995 年就到紫金山金矿工作，2007 年他作为紫金锌业的第一批外派员工，来到南疆创业，从厦门到乌鲁木齐要 5 个小时，再转机喀什 1.5 个小时，他一年回不了几次家。

紫金锌业项目建设初期，大家有的住工棚，有的住土窝子。南疆自然条件恶劣，冬天非常冷，经常起沙尘暴，风沙过后，满嘴巴都是沙土，嘎嘎作响。就在这种艰苦条件下，紫金人硬是在短时间内将项目建成。

邹来昌总裁曾谈道：当年拥有紫金矿业原始股的职工变现股份、实现财富自由后，大部分人并没有离开公司，而是留在紫金矿业，继续奋斗，如蓝福生、刘荣春、胡月生等众多中高级管理人员。紫金矿业的上市和股份解禁，并没有对创业团队造成重大冲击，紫金人经受住了资本和财富的考验。这充分说明紫金人艰苦奋斗的创业精神一如既往。

随着紫金矿业国际化进程的加快，大批海外项目的建设管理，更需要紫金人四海为家、艰苦创业、牺牲小我的奉献精神。尤其是 2020 年以来，新冠疫情席卷全球，大批紫金人乘坐公司包机奔赴海外，舍小家顾大家，确保了在疫情背景下紫金矿业依然能够高速发展。

南非金谷商贸物流有限公司总经理郑凯，从 2014 年开始就外派非洲，打通物流通道，从他的小儿子郑清宸 2020 年出生到 2023 年春节才见四次面，两个儿子特别是小儿子都快认不得爸爸了，说起来郑凯很愧疚。正因一大批郑凯们的奉献，海内外一批项目才提前投产。

办矿需要强大的执行力。这些年来，紫金矿业在全球并购收购每一座矿山，团队尽调完成后，矿山开发方案基本上就已经做出来了，只要矿一买下来，马上就开干，从设计到建设，紫金矿业的效率特别高，投资特别省，成本特别低。

2018 年年底，紫金矿业并购的塞尔维亚丘卡卢·佩吉铜金矿，包括上部带矿和下部带矿，按照原设计公司的规划，2025 年才能完成矿山投产。2019 年年初，紫金矿业团队进驻后，2021 年 6 月进入试生产阶段，仅用 2.5 年就完成了上部带矿采选工程建设任务，当年就实现利润 20 多亿元，2022

年实现利润 50 亿元。项目有上百亿元的资本支出，提前四年投产，每年节省的利息费用就是一个天文数字。

2020 年 6 月，紫金矿业收购巨龙铜业 50.1% 的股权，主导开发我国已探明铜金属资源储量最大的世界级斑岩型铜矿。但在紫金矿业入驻前，矿山建设已经停滞一年多。面对长期停工、历史遗留问题繁杂，以及冰天雪地、高寒低压低氧的恶劣环境，上百名员工主动报名，要求到高原去建功立业。紫金人不畏艰险，仅用一年半时间，就完成一期投产，为这个总投资超过 150 亿元的大型高原建设项目开了好局。

穆索诺伊公司二期铜钴资源综合回收利用项目，紫金人仅用九个月建成投产。投产后，不断进行小修小改，至今公司选矿厂实施了 40 余项科技改造项目，选矿年处理量从原来的 165 万吨提高到 186 万吨，优化了选矿产品结构，年产铜金属量从 5.5 万吨提升至 6.9 万吨。公司附近的一家知名矿企的浮选回收率一直在 72% 左右，而在穆索诺伊公司，氧化铜的浮选回收率已经从设计的 75% 上升到 83%，达到了世界先进水平。

穆索诺伊公司原总经理张兴勋说，二期项目建成投产后的两年内，虽然项目已基本进入平稳生产期，但流程的改造还在继续，每个厂长、副厂长很少有晚上 10 点之前回宿舍的，都在盯指标、盯技改，实现公司利益最大化。湿法厂尾矿加压泵站的两台大型尾矿输送泵的高压变频柜，是某生产厂家的核心技术，对方设置了严密的技术壁垒，迟迟不愿提供现场服务，这对湿法厂的工程进度带来影响。一位年轻的电气技术员李铭，本来不会调试，但他总把这件事放在心上。后来他用了一周时间，主动摸索钻研，通过与厂家的联系沟通，参阅了大量的技术资料，以极大的耐心，极为艰难也极为准确地完成了调试任务。

矿山不同于制造业，是非标的行当。紫金矿业的优势，在于板块协同，有自己的技术研究机构、设计公司，所有项目都可以自己研究设计，每个矿山都有实验室。因此在开发过程中碰到问题马上可以调整解决。

可以说，紫金矿业已是全球矿业行业的典范。因此，陈景河确信，紫金矿业的效率速度，就投资周期来说，基本上可以省 20%，成本可以降低 15%，真正做到多快好省。

创新方法论："矿石流五环归一"

2020 年 9 月 9 日，紫金矿业第六次科技大会在上杭县召开，在大会由中矿联举办的"创新与可持续发展论坛"上，紫金矿业总结出的以矿石流为走向，将地质勘查、采矿、选矿、冶炼、环保全流程统筹研究的"矿石流五环归一"矿业工程管理模式，成为论坛的亮点，被院士、专家誉为中国矿业绿色高效开发的典范。

这是紫金矿业在中国矿业界首创的独立的话语体系，也是构建全球核心竞争力的"独门功夫"。

紫金矿业的发源地——紫金山铜金矿在 20 世纪 80 年代初，被专家报告认为"金矿品位低、规模小、开发价值极小"，而险些被放弃开采。陈景河带领团队创新性地利用经济地质理论和成矿预测成果，使紫金山可利用黄金资源储量由专家认定的 5.45 吨上升至近 300 吨。

紫金山资源得以大幅增长，一方面，是创新找矿理论补充勘查的结果；另一方面，则是在开发过程中，通过自主技术创新大幅降低资源入选品位，使原来大量达不到开采价值的废矿石成为有效资源的结果。

从 1993 年到 2008 年，紫金山金矿进行了六次技术改造，年采选规模从 5 万吨增加到最大 3750 万吨，最高年产金 18 吨，紫金山金矿石边界品位降低至 0.15 克/吨，铜矿石边界品位降低至 0.2%，原来被认为的"无效资源"变为 316 吨黄金、500 万吨铜，成为中国最大的世界级金矿。至 2019 年年底，紫金山金矿累计产金 208 吨，累计实现利润 225 亿元，低品位金矿资源实现了高效益。

与此同时，紫金矿业在开发阶段进行全面的生态恢复，建成了紫金山铜金及有色金属矿产资源综合利用示范基地，对开采的资源吃干榨尽，并在堆浸场上建设植物园，把紫金山矿区建成了我国首批 28 家矿山公园之一的"紫金山国家矿山公园"，开发矿山生态旅游，取得了巨大的经济和社会效益，实现了紫金山低品位金矿资源绿色高质量开发，探索出我国矿山资源开发的一个有效模式。

借紫金山这个大熔炉、大学校，紫金矿业培养了一大批人才，也使紫金矿业在创新成果上不断开花结果，在地质勘查、湿法冶金、低品位资源综合利用、大型矿山规模化开发等技术方面，拥有行业领先的竞争力；在高效开采、深部采矿、选冶技术、综合回收和环境恢复治理等方面取得了一系列的突破。

以紫金山为"试验田"，陈景河认识到：我国基本金属矿产资源富矿少、贫矿多，总体禀赋及开发条件比较差，且在矿产资源开发过程中，探、采、选、冶以及环境保护各专业分割存在局限性，强调各个环节指标的优化，忽视矿山整体系统的协同效应；同时，缺乏创新思维，由于计划经济时代相对固化的工业指标和"规范"，以此完成的可行性研究及设计一旦核准后就成为必须遵守的"标准"；在理论研究层面，缺乏经济思维，强调技术至上，未认识到技术只是为经济目的服务的手段，成为制约我国矿山高效、绿色规模化开发的瓶颈。

据此，陈景河在充分总结紫金山成功开发经验的基础上，根据矿石走向，创新性地提出了"矿石流五环归一"矿业工程管理模式（见图 10-3），统筹探、采、选、冶和环境保护五个环节经济指标和技术路线，将其归结于实现经济社会效益最大化。

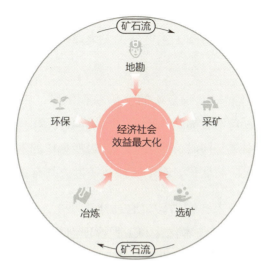

图 10-3 矿石流五环归一

多年来,"矿石流五环归一"矿业工程管理模式不断完善,以此指导公司生产实践,取得巨大成功。

贵州水银洞金矿是紫金矿业走向全国的第一块里程碑。该矿以含砷、含碳的难处理"卡林型"金矿为主。2001 年 5 月,紫金矿业接手后,凭借自主研发的"常压化学催化预氧化技术",仅四个月就攻克了选冶难关。2017 年,紫金矿业进一步掌握了"加压预氧化"难选冶金矿核心技术,并在该矿成功实现产业化和达标达产,可开发利用水银洞金矿区原来不能利用的金资源,新增经济价值数百亿元,开辟了低品位难处理金矿提取的新途径,院士、专家一致认为,该项目填补了我国难处理金矿加压预氧化的空白,达到国际领先水平。

新疆阿舍勒铜矿原开发单位由于选矿瓶颈,迟迟不能产生效益。紫金矿业接管后,依靠创新,迅速研发出一套浮选方案,效果良好;同时,通过大量创新优化,该项目仅用 4 亿多元就完成了原单位预算 8 亿多元的工程项目,且生产能力提升了 33%,成为紫金矿业的主力矿山之一。

吉林珲春金铜矿原来由于技术落后、思想保守，停产多时。紫金矿业控股后，进行了重大技术改造和工艺更新，大大降低了生产成本，使其迅速起死回生。

山西紫金在义兴寨—义联金矿的找矿勘查工作，在矿区河湾斑岩体内发现了大型金矿床，新增金属量102.62吨，新增资源潜在价值近300亿元，保证了矿山可持续发展，同时，该大型、斑岩型金矿的发现，突破了对矿区单一石英脉型金矿成矿的认识，对于区域找矿勘查具有重要的借鉴意义。

在刚果（金）科卢韦齐铜钴矿，通过补充勘查，新增铜资源131万吨、钴资源9万吨。经过系统技术优化和工程管理创新，项目建设期大幅缩短，一期设计建设期2.5年，实际建设期2年，可研预算总投资6.4亿美元，实际投资约3亿美元。二期仅用九个月完成建设，投产后形成了年产铜10万吨、钴3000吨的大型矿山。项目投产第一年实现利润1亿美元，成为非洲矿山建设与运营的新标杆。

紫金矿业创业之初，国内外优质矿产资源已经被老牌矿业公司先入为主，作为矿业的"后来者"，紫金矿业所获得的资源不是低品位、就是难选冶，也正因别人不想做，或是做不成，紫金矿业才得以以较低代价入主开发，进而以"矿石流五环归一"矿业工程管理模式为指引，开展一系列的技术创新和管理创新，使得矿山投资显著减少、成本大幅降低、矿石入选品位不断大幅降低，可利用资源大幅增加，矿山总价值出现颠覆性提升，真正实现了少投入、低成本、高效益，不但走出了一条差异化创新发展之路，更为我国开发低品位、难处理矿石提供了一个样本。

"矿石流五环归一"矿业工程管理模式的成功应用，使紫金矿业由紫金山金矿起步，之后成功开发紫金山下部低品位铜矿，并面向全国及全球发展。紫金矿业从一家缺资金、少技术的小企业，变成拥有国内15家、国外14家大型矿山的企业，金、铜、锌矿产资源及产量和主要经济综合指标约位于全球有色矿业企业第十位，在国内名列前茅，并成功成为金属矿业领域

"一带一路"的先行者。

紫金矿业独立董事、中国工程院院士毛景文认为:"矿石流五环归一"矿业工程管理模式作为紫金矿业打造全球矿业核心竞争力的方法论,找到了矿业问题的钥匙和解决方案,已经上升到了哲学的境界。"五环归一"源自老子的《道德经》。"一"是指一切,抱元守一,是根本。有了一,才能一生二、二生三、三生万物。"矿石流五环归一"矿业工程管理模式所强调的经济和社会效益最大化,两者互相依存,缺一不可,从而实现共同发展、造福社会的企业理念。

探索跨文化管理之道

据有关调查显示,全球范围内企业跨国经营失败率超70%,其中80%左右是企业跨文化管理失败而导致的。不同文化背景的团队成员在行为方式、经营观念、决策原则、管理方式等方面存在较大差异。

近年来,紫金矿业在项目所在国全面推动公司中西方文化的交流和融合,凭借其强大的文化包容力创造了海外的"紫金奇迹",凝心聚力,探索出了一条跨文化管理之道。

紫金矿业的海外运营模式主要有三种:第一种是全套照搬国内模式,在海外复制一家国内矿山企业;第二种是沿用海外运营团队,并按原有管理模式继续运营;第三种是遵守当地矿业规则,参考借鉴当地管理模式,中方团队深入参与,融合中国元素,打造一家多元文化融合的国际化企业。

长期在非洲从事管理工作的张兴勋认为,文化融合,关键在于推进企业文化建设,形成共同的企业愿景,把来自不同文化背景的利益相关方紧密联结在一起,使团队目标方向一致,形成强大的发展合力;建立有效的企业管理制度，确保管理规范化；在不断完善自身管理制度时，要充分考虑来自不同文化背景的员工的利益，遵循人性化原则，避免因文化差异而造成制度的适用性问题；通过制定科学的管理制度和流程，实现有效激励和约束，使得各项管理活动有法可依、有章可循，避免文化差异带来的管理冲突。

非洲刚果（金）卡莫阿铜矿是艾芬豪矿业主导、紫金矿业参与管理的国际项目。副总经理李志林介绍，该公司员工来自17个国家，文化背景、生活习惯不尽相同。但经过磨合，大家都能很好地融入大环境中，奔着同一个方向前进。在二期工程总包合同招投标过程中，中方团队坚持按照股东协议和公司制度，通过公平公正的招投标程序，切实履行股东审批程序，最终选择性价比较高的承包商，既加快了项目进度，又节省了投资。在紫金矿业的推进下，在勘探增储、项目可研设计、卡库拉斜坡道开拓、外部电力项目、建设项目和物资采购等重点工作中引入中国元素，均取得实质性进展和突破。

卡莫阿现场采购经理布莱克说，项目之前采用南非的采购运输模式，紫金矿业物流人员过来以后，在招投标、采购、物流运输等方面带来很多不一样的东西，不同的工作方式方法值得学习借鉴。后来公司在物资采购、仓储管理等方面借鉴紫金矿业模式，采购了中国的苏美达发电机、金龙客车等产品。许多中国物资性价比高，艾芬豪矿业方面很满意。

在哥伦比亚的大陆黄金公司也是这样做的。哥伦比亚地处南美，紫金矿业团队一直在思考将紫金矿业元素和当地文化糅合起来，发挥各自的长处。大陆黄金大力推行本地化，提拔应用当地的优秀干部，在管理中制定团队的运营目标，制定完成目标的明确标准和简洁的流程，即采用SOP（Standard Operating Procedure）标准作业程序，将作业流程关键控制点进行细化和量化，用流程规范管理人员的行为，用标准约束操作人员，从而达到管理有章可循，让中方员工和当地员工一同遵守标准，围绕同一个目标开展工作。

大陆黄金总经理李雷忠认为：SOP本身没有文化区分，大家都认同这种做法，所以中方管理人员在给本地职工下达操作流程时，他们都非常容易接受。大陆黄金主要就是主导和引导当地管理人员制定标准，并参与过程的监督，及时对落实的结果进行反馈。大家以共同的目标和价值创造为导向，整个团队就融合到一起了。

本章思考

在 30 年的发展过程中，紫金矿业形成了比较成熟的管理体系，包括完善的法人治理结构、兼具国企规范性和民企灵活性的混合所有制体制、以专家团队为主的决策体系、独具特色的"五位一体"监督体系、负责任的 ESG 体系、"矿石流五环归一"矿业工程管理模式，以及文化高度融合与团队的强大执行力。

矿业企业的创新有特别的生命力。世界上没有两座矿山是一模一样的，这使得用普遍的技术原理结合矿山实际进行创造性工作非常重要。矿山投资是巨大的，但投资控制的余地也是巨大的。符合矿山资源工艺技术路线的创新，将为企业带来优厚的回报。

创新是紫金矿业的核心竞争力，普遍的科学原理与客观实际的良好结合就是创新，最适合的就是最好的创新，创新就是不断否定自我的过程。

第 11 章

成事在人：构建真正培养人才、激活人才的人才机制

> 公司最大资产并不是拥有庞大的成功，不是靠理论，不是靠计划，也不是国家政策，而是人，只有人才能使企业获得成功。
>
> ——日本著名企业家　盛田昭夫

"土老帽"成为"栋梁材"

紫金矿业创业之初，条件艰苦，面临着几乎无资金、无技术、无人才的窘境，依靠着一群胸怀理想抱负的热血青年，依托紫金山铜金矿资源，通过实战的磨炼，使大量"土老帽"成长为行业专家，一批文凭不高、专业不对口的职工成长为优秀企业管理者。

这是紫金矿业从小矿产公司到世界五百强道路上的一道人才群体成长的风景线。

"土老帽"扛起大梁，这是早期紫金矿业的艰难条件逼出来的。矿山专业分工很细，但紫金山当年人手不足，员工只能身兼数职。比如，当年刘永全被分配到紫金山铜矿办公室后，不仅要管文秘、后勤、外界协调等工作，甚至还兼过厂医，令人大跌眼镜。而紫金山金矿从中医学院毕业的厂医廖伯寿，因为工作需要，曾转换为办公室人员、矿山管理干部。

跨专业边干边摸索是创业初期紫金山铜金矿的常态。铜矿中专学校航空摄影测量专业的毕业生陈家源，受命为打通520主平硐南北口进行隧道测量，通过边学边干，完成了测量任务。此后他又受命完成了打通520硐至640硐110米高位天井的施工测量，从一个中专生变身为矿山测量专家和企业管理干部。

矿业管理有其独特性，重在接地气，科班专业和文凭只是必要的理论基础，矿山干部最重要的还是要在实践中悟出管理门道，现场解决问题。

何维是福建省煤炭工业学校测量专业毕业生，1999 年加盟紫金矿业后，在紫金山铜金矿总工办测量科带一个测量组，进行采矿场的采空区调查，将采矿场包括地下采空区摸了个透。因为采矿场最大的安全隐患就是采空区，此后何维被调到安全科担任副科长、科长。何维在工作中培养了较强的矿山地理时空概念，而采矿场管理又对时空概念要求高，他从测量到安全到生产现场管理，经常参加图纸会审，积累了丰富的经验，并自学了采矿理论，拿到了测量专业大专、采矿专业本科文凭。实践加上理论的提高，使何维的矿山管理水平大幅提高，他在铜金矿做了包括排水系统在内的大量创新。

2014 年的夏季，何维担任紫金山金矿露采场采矿厂的副厂长。当时正值雨季，由于露采场管理经验不足，导致无矿可采，几乎断矿一周，铜金矿矿部连续开会，都无法解决问题，严重影响生产。何维根据自己的现场管理经验，向矿部提出对策，认为露采区域的矿体呈粉状，一下雨就像面团一样板结，因此矿石放不下溜井。他建议增加矿体更坚硬的露采区域掘进，将块矿和粉矿进行搭配，从而避免因为雨水板结的问题。就这样，铜金矿矿部采纳了何维的思路，重新调整采矿方向，五天后矿石重新源源不断地输送到溜井，解决了断矿的危机。这个事件过后，何维有功，直接被任命为负责全面工作的常务副厂长。此后，何维在紫金山干了五年采矿厂副厂长，依序升任陇南紫金副总经理、总经理。

陈景河常说：管理不是某本教科书、某个商学院可以教会你的，而是需要在工作过程中不断总结和思考的。管的人和经历的事多了，自然而然就具备了管理能力，正所谓"刀在石上磨，人在事上练"。

从中专生成长为紫金矿业高级管理人员的陈兴章，就是这样从矿山管理上磨炼出来的。"谁都可以当矿长，我就是从一个维修工成长起来的！"在紫金山铜金矿当矿长的时候，他经常这样鼓励员工。

陈兴章1985年从福建省机电学校机械制造专业毕业后，在县化肥厂搞过设备维修，下海包过小工程，1997年加盟紫金矿业。由于经验丰富，他很快从金矿一般员工晋升为机电处长、二选厂副厂长。2002年4月，陈兴章被外派到新疆，在阿舍勒铜业、富蕴金山任职，后来担任紫金山铜金矿常务副矿长、矿长、集团建设总监兼建设部总经理。

回顾职业生涯，陈兴章深有体会：虽然文凭不高，他之所以能在公司一路受到重用，是因为所学专业设备和工艺紧密相连，通过管理机电，不断熟悉选矿工艺和地质等专业，并跟领导学习管理方法，他边工作边虚心学习，获得了中国地质大学工商行政管理专业函授本科文凭。他成长最快的是在新疆的八年，其中历练最多的是担任富蕴金山总经理的时期。富蕴金山是紫金矿业并购的一个铁矿，储量为5000万吨，陈兴章担任总经理后，最初只有四个人，白手起家，一切都靠自己，招聘员工，组建团队，与当地技校合作办班培养技术工人，到设计院跑设计，从头学习冶炼，学习企业管理，协调各种关系，最终建成一个集采矿、选矿、冶炼、余热发电为一体的矿山项目。

近年来，陈景河与前任总裁王建华在兰州重逢的时候，曾经提到过紫金山铜金矿赖桂华、陇南紫金何维等管理人员，他们深有感慨地说：看起来公司有不少低学历的同志，管理干得还更好！

紫金矿业为什么会有"土老帽"成为栋梁材的普遍现象？

陈景河曾向福州大学紫金学院的毕业生如此解释：在我们紫金矿业，中层干部大多是靠摸爬滚打奋斗出来的，其中有不少的中专生、高中生。这种现象说明，学历不高、冷门专业、艰苦专业的学生有更强的适应性、更强的奋斗欲望，他们没有某些热门专业学生的优越感，却有努力改变自己命运的紧迫感；他们往往少了名牌大学专业学生的矜持、傲气，能够放下身段，沉下一线，接基层，贴地气，因而能快速得到成长。

现任西藏巨龙铜业副总经理的林德才，是紫金矿业的一个员工典范。

出身农村的林德才家境贫寒，1996年初中毕业后因成绩不理想外出打工，体会了世态的炎凉和生存的艰辛，几个月后决心回家继续上学，申请到上杭庐丰职高紫金选矿专业班就读。1998年5月，在紫金山金矿实习的林德才，将一年来在工作中发现的各项问题，向陈景河写信汇报，提出了关于金矿堆浸选矿工艺日常管理的意见和建议。此信被陈景河作为典型，亲自批示，在《紫金矿业报》公开发表，林德才也得到公司提前聘用。

此后，林德才努力工作，不断提升自己。在紫金山金矿担任班组长后，他受命外派安徽铜陵紫金、陇南紫金，锻炼成长，尤其学会了处理股东关系、社区关系和突发事件应急处置的技巧。期间，他利用业余时间，通过函授和网络学习，拿到了大专和本科学历以及工商管理硕士（MBA）学历。

2020年6月，林德才再次被外派到西藏巨龙铜业担任行政总监，主要负责外部协调和依法合规各项手续办理工作。他利用一个月时间，全面理清巨龙铜矿存在的问题，提出解决问题的具体措施，为年底实现"一个月恢复驱龙铜矿项目建设，三个月恢复知不拉生产"的目标提供了有力保障。通过一年半的时间，他全面协调解决了巨龙铜业大批历史遗留问题、推进各项手续办理，营造了政企和谐环境，驱龙项目实现了2021年年底顺利投产。林德才因此荣获2020年集团公司一等功，从当初一个职高毕业生成长为集团重点子公司的副总经理。

长期以来，紫金矿业形成了不唯文凭、但唯能力的用人机制。虽然不少员工文凭不高，但只要肯干，紫金矿业都会给平台锻炼。同时，大批人才的成长还在于公司"蛋糕"越做越大，平台越来越多，外派越来越普遍，人才有了锻炼成长、不断上升的空间。

从紫金山走下来的一批"土老帽"，忠诚、吃苦，肯学习，这批人大多数都没有高学历，也没有太多的技术积累，他们所拥有的就是一种创业激情，一种在紫金山形成的"艰苦创业，开拓创新"的精神，一种在实践中学习实践的刻苦和韧劲，最终成为公司的顶梁柱。

陈景河说，矿业是一个艰苦行业，"聪明人"不愿意投身此行业，就为紫金矿业这群"笨人"提供了机会；正是这群"笨人"不畏艰辛、刻苦学习、大胆探索、勇于实践，凝结了"艰苦创业，开拓创新"的紫金精神，创造了矿业行业的"紫金佳话"。

从"梧桐引凤"到"按图索骥"

紫金矿业股份制改造后，声名不胫而走，产生虹吸效益，一批批人才为紫金矿业的文化、灵活的机制和广阔的平台所吸引，慕名而来。闽西大山里的"梧桐树"，引来越来越多"金凤凰"。

林钦权1982年从沈阳黄金专科学校矿山机械专业毕业后，和同班同学、梅州老乡古小玲一同到中金黄金公司工作，并结成夫妻，林钦权任河北承德峪耳崖金矿副矿长，古小玲担任金矿机械工程师。1996年，林钦权代表峪耳崖金矿前来参观学习紫金山金矿堆浸项目，对紫金矿业印象深刻。

在北方工作了近十年后，林钦权考虑到夫妻双方父母年龄大了，产生了调回南方工作的念头。因此在2001年1月，林钦权去找了陈景河董事长。陈景河看了简历，爽快答应林钦权：夫妻俩过完春节就可以来上班了。

2001年春节后，林钦权夫妻到紫金矿业报到。陈景河说：你是学矿山机械的，还是从专业干起吧！因此他俩被分配到了紫金山金矿矿山机修厂。2月2日，阴冷雨雾，林钦权夫妻带着一大堆装书的箱子上山，被安排到一间很潮湿阴暗的小房子里。

第二天，紫金矿业总经理罗映南、矿长陈家洪和副矿长刘献华特地为这对夫妻接风。饭后，罗映南到林钦权房间看望，一看那阴暗的小房间火就上来了，批评金矿分管房子的同志："你们这样对待引进的人才，再好的人才都会跑掉！"

金矿矿部马上调了四楼一间更大、更亮堂的房间给林钦权夫妻居住。他们的儿子不久后也在公司帮助下，从广东梅州转到上杭一中就读。

紫金矿业原地勘院院长、福建泉州人张锦章，也是慕名来到紫金矿业的专业人才。张锦章1983年从桂林冶金地质学院地质专业毕业后，被分配到江西铜业德兴市云山铅锌矿，从地测科技术员干到云山矿的副总工，一干就是十八年，已是小有成绩的找矿专家。人到中年，有了叶落归根的想法。2000年，张锦章利用家乡的公司紫金矿业的董事长陈景河来德兴铜矿调研取经的时机，主动拜访了陈景河，进行简短的交谈后，拿到陈董事长的一张名片。

张锦章将自己多年的论文、成果报告用一个牛皮袋包装，寄给了陈景河。很快，紫金矿业人力资源部门跟他联系。2002年春节期间，张锦章特地到紫金矿业参观，人力资源部的同志表态如对方单位不放人，可以为他单独建档，并可以协助调动他的妻子翁慧贞到专业对口单位。回到单位后，张锦章再次申请调动，最终得到单位的批准，2001年4月25日，张锦章全家来到上杭县。

曾担任紫金矿冶院副院长、集团技术委员会副总经理的林瑞腾，加盟紫金矿业却是偶然。林瑞腾是上杭人，1983年从北京钢铁学院选矿专业毕业后到铜陵有色工作了20年，在网上看到陈景河的《科技创造紫金》一文后，就对紫金矿业印象深刻。2004年春节，林瑞腾在家乡和紫金矿业的科技顾问丘小平博士等几个同行在紫金大酒店相聚，参观紫金矿业的荣誉展览厅后，他被紫金矿业的魅力深深吸引了。他兴奋地说："紫金矿业发展得太好了！"他很快抱着"能为紫金矿业做点事情"的想法，将简历投给公司，很快就被录用，来到了厦门紫金科技公司工作，后来转战阿舍勒铜矿、俄罗斯图瓦项目，直到2019年退休。

紫金矿业原人力资源干部戴瑞芳回忆，公司创业初期，陈景河四处寻找人才，非常诚恳，极为用心。戴瑞芳的丈夫曾宪辉，是福州大学地质专业毕业生，从龙岩市区的冶金部地矿局龙岩冶金三队地勘分院总工的位置上被陈景河引进到紫金矿业。戴瑞芳也在冶金三队党委办工作，一开始不愿意从繁华的地级市市区调往偏僻的县城。陈景河让夫人赖金莲做戴瑞芳的工作，邀请她到家里做客，并让驾驶员带她在上杭县城里兜风，参观古城新貌，最终把她也网罗过来。

紫金矿业改制成功后，日益壮大，实施"三步走"战略急需大量人才。但与其他处于大中城市的大型矿业企业相比，紫金矿业有着"先天不足"——总部所在地上杭县地处偏远地区，生活、学习、工作，特别是交通条件都不好。

"硬件不足软件补！我们靠老区人火热真诚的心，靠对共同事业孜孜不倦的追求，靠良好的科研氛围和紫金矿业发展的灿烂前景来吸引人才！"每每谈到人才问题，陈景河都会动情地说。陈景河团队求贤若渴，四处出击，按图索骥，一旦发现合适的人选，千方百计网罗，甚至"明抢"。

罗映南是陈景河在福州大学时的同班同学，毕业后当过龙岩市煤炭公司、冶金公司总经理，对全市矿山非常熟悉。2000年年初，罗映南来看望陈景河。陈景河半开玩笑地说：最近市里机构改革，冶金公司将要被裁撤，你干脆到紫金矿业来吧！

罗映南一开始只当是玩笑，没想到陈景河是真有此意。不久，紫金矿业就通过当时的龙岩市领导找到罗映南做思想工作。当年8月，罗映南下定决心，毅然辞去正处级冶金公司经理的职务，来到紫金矿业，前后共担任了13年总裁。

紫金矿业现任副总裁廖元杭，1991年从合肥工业大学粉末冶金专业毕业后，到龙岩市一家粉末冶金厂工作，30岁就干到副总、高级工程师，年轻有为，前程似锦。

2002年，陈景河委托总经理罗映南，到原单位龙岩市冶金工业局物色一位有管理经验的冶金材料方面的人才。罗映南通过行业花名册找到了廖元杭，就派公司人力资源部找后者面谈。

一开始廖元杭有一万个不舍，因为原单位已经把他当作未来的总经理来培养了。就这样拖了半年，陈景河亲自过问催促。在紫金矿业的力邀下，廖元杭最终下定决心来紫金矿业，这已是2003年年初。到紫金矿业后，他马上被任命为矿冶院副院长兼材料化工所所长，做金盐、电解铜粉研究。2005年，廖元杭被派到洛阳紫金银辉筹建黄金冶炼公司，凭着他多年的行业管理经验，该公司产值次年就达到40多亿元。

现任紫金山铜金矿副矿长童胜连，2004年在厦大读研究生，这年初春的一天，突然接到陈景河的电话。原来此时陈景河也在厦大读在职MBA，但两人互不认识，陈景河通过研究生院的花名册找到童胜连，约他谈话。

两人就在厦大一间教室里会面。陈景河平易近人，就像邻家大哥，问了童胜连的情况，并谈了紫金矿业的情况，向他发出加盟邀请。当时，研究生还很吃香，烟草部门也有意向招收童胜连，而此时紫金矿业名气还不大。经过一番了解，童胜连被陈景河礼贤下士、亲自猎人才的热忱所感动，最终决定来紫金矿业。

陈景河在厦大读MBA期间，不仅找到了童胜连，还和MBA班同学黄晓东搭上了线。

黄晓东1981年从合肥工业大学计算机专业毕业后，做过软件工程师、福建省科委处长、并受福建省委派在香港工作了10年，在厦大读MBA时是中铝瑞闽的副总经理。黄晓东和陈景河一见如故，深为紫金矿业的创业精神折服。中铝瑞闽也爱才，见黄晓东要走，急忙派出人事部门跟他谈话，提出提拔他到北京分管海外项目，并许诺给一套房子。黄晓东虽然依依不舍，最终还是于2005年1月从中铝瑞闽投奔山沟里的紫金矿业，任紫金矿业总经济师兼紫金山铜金矿常务副矿长、矿长，后来任紫金矿业执行董事、副总裁，成为推动公司改革转型的一员猛将。

紫金矿业走向海外后，物色懂外语的国际化人才成为当务之急。现任国际部常务副总经理的廖建生就是一位被紫金矿业"定点挖掘"的人才。

2008年，紫金矿业收购塔吉克斯坦泽拉夫尚金矿项目后，到处寻找懂俄语的管理人才。陈景河找到当时分管外经外贸的福建省副省长叶双瑜，请他帮忙找"一个精通俄语、年富力强、有海外经验和管理经验的人才"。

叶副省长找来找去，还真的找到一位闽西人——福建省外经外贸厅人才交流服务中心主任廖建生。廖建生1989年从福建师范大学外语系俄语专业毕业后先后在福建省总工会、福州海员俱乐部工作，1993年被省外经外贸厅选送到塔吉克斯坦，在中国大使馆经济商务处当了三年参赞。

陈景河亲自到福州和廖建生交流，廖建生最终被紫金矿业品牌感召，为陈景河人格魅力所吸引，在单位一片挽留和惋惜声中辞去公职。到紫金矿业后，廖建生担任泽拉夫尚项目副总经理。再次回到塔吉克斯坦，廖建生如鱼得水，工作开展极为顺手。2012年6月，通过他的牵线运作，塔吉克斯坦总统拉赫蒙被请到紫金矿业总部参观，成为上杭荣誉市民，并留言签字称紫金矿业是一座连接塔吉克斯坦和中国的真正"金桥"，引起轰动。

月夜追"韩信"

汉初著名军事家韩信，才华横溢，最初投奔项羽没有被重用，投奔刘邦一开始也同样受到冷遇，决意离汉他奔，识才的丞相萧何得知，月夜追来，晓以大义，韩信复回汉营。

"萧何月下追韩信"的故事，两千年来成为重视人才的经典。紫金矿业创业初期，将人才视若至宝，也有过多例陈景河"月夜电话追韩信"的故事。

福建武平县人吴桂祥，1985年从成都地质学院毕业后，入伍到武警黄金部队，从事黄金找矿工作近20年，2004年退伍自主择业，被紫金矿业录用。吴桂祥上班后，发现紫金矿业开出来的工资不高，达不到自己的期望值，因此决定离职，到人力资源部提交了申请。

没想到第二天晚上，吴桂祥就接到了陈景河的电话。

"公司的薪酬有制度，目前收入是不高，但你不能光看现在，要用发展的眼光来看紫金矿业。只要你有技术、有能力，公司迟早会给你平台，以后会有更好的发展机会！"

陈景河在电话里反复劝说吴桂祥，给他指明未来的方向。吴桂祥本来想去一家工资高出一倍的私营小矿产公司，最终下定决心留了下来。吴桂祥此后在集团地勘院担任总工、副院长，后来担任集团投资部总经理，在中西部的矿山并购和海外项目并购中充分发挥了专业水平，干得风生水起。

与吴桂祥一样，一批从武警黄金部队转业的人员，地质科班毕业，受过锻炼，组织纪律性强、吃苦耐劳。据不完全统计，最高峰时有约40名转业人员为紫金矿业工作，至今仍有一批骨干，在公司各个部门和权属企业奋战。

作为紫金矿业博士后科研工作站首批进站博士之一的刘全军，也是陈景河月夜"追"过的人才，这位紫金矿业当初没有追成的博士，17年之后终于回来了。

四川广安人刘全军，2002年从昆明理工大学博士毕业后，成为紫金矿业博士后科研工作站首批进站博士之一。

刘全军个子不高，其貌不扬，说一口"川普"。当年进站期间，他就针对阿舍勒铜矿高硫铜锌矿、安徽抛刀岭金矿的硫酸渣进行研究，改进了工艺流程，取得了良好的经济效益，还与陈景河董事长合作写成《微波助磨与助浸技术》一书，该书是国内首本讲述将微波新技术应用于磨矿节能增效的专业书籍，在冶金工业出版社出版。

刘全军记得，当年博士后工作站其实正儿八经就四个人，在如今的紫金大酒店12楼办公，陈景河几乎每周都要前来和大家座谈，关注博士们在科研课题方向的思路和想法。有一次他正好在工作时间用电脑玩围棋，下得入神的时候，陈景河进来了。刘全军没来得及关电脑就站起来了，心里有点虚，和董事长谈起科研项目的事来。

谈着谈着，电脑传出"嘣"的声音。陈景河问这是干啥，刘全军不好意思地说了实话。陈董事长笑眯眯地说：下围棋好啊，可以开拓你的视野，训练你的思维，是个好事嘛！刘全军冷汗直冒，此后一直感谢董事长的宽容。

刘全军出站后，陈景河、邹来昌等公司领导一直邀请他留下来，为紫金矿业做贡献。2005年7月的一天，他在厦门紫金宾馆，准备坐飞机回昆明，就在清晨5点多钟，陈景河打电话给刘全军，苦口婆心请他加盟。

由于家庭等原因，刘全军最终还是回到大学从事教学科研工作，这些年来在资源综合利用、难选冶矿石处理、稀贵金属选矿、碎磨理论与工艺、矿物粉体材料等领域在国内取得一流成绩。但十几年来，陈景河、邹来昌等紫金矿业高管对刘全军依然关注，而刘全军心中的紫金情结也在一直感召着他。

念念不忘，必有回响。在离开博士后工作站17年之后，2022年4月，刘全军入职紫金矿业，担任矿冶院总工程师，全力为紫金矿业效力。

紫金矿业博士后科研工作站2002年首批进站博士之一李宏煦，曾在中南大学师从原中国工程院常务副院长王淀佐院士，获矿物加工工程专业博士学位。2005年，李宏煦完成紫金矿业博士后科研工作站研究后，到北京科技大学任教，历任副教授、教授、博士生导师、冶金与生态工程学院副院长，兼任稀贵金属绿色提取与回收北京市重点实验室主任、冶金工程国家级实验教学中心主任等职。

李宏煦不忘紫金矿业培养之恩，2017年，毅然放弃在首都高校优越的工作生活条件，投奔紫金矿业，担任紫金山铜金矿湿法厂厂长、副矿长兼总工程师，2020年9月，又受命外派到南美圭亚那奥罗拉公司任副总经理，利用他多年来在低品位硫化矿物的生物冶金与矿物资源绿色加工提取领域的技术和管理经验为公司海外项目服务。

黄金诚可贵，人才价更高。对于人才，紫金矿业可以说是用尽了各种方法。

2008年6月，紫金矿业投资5亿元收购了福建省福州市民营矿业公司环闽矿业的大部分股权。后者在福建省、江西省有一大批小型金属矿矿权，包括连城县姑田铜钼矿、泰宁县铅锌矿，这些矿山大都处于详查阶段。同时这家公司还有几十个地质勘探专业人才，其中不少就是陈景河母校福州大学的校友和福建省地矿局的前同事。当时紫金矿业的并购出发点是，万一这些矿权一时无法进行效益转化，这批人才也是宝贵资源。

果然，紫金矿业在这笔并购中网罗到了"大鱼"。其中最为出色的一位就是张顺金。张顺金1984年从长春地质学院毕业后，到福建省地矿局区域地质调查队从事矿产勘察工作多年，2005年到环闽矿业担任总经理兼总工程师，在几年时间里在福建、江西申报了100多个矿权，震动了矿业界，被当时国土资源部当作民营地勘的典型。

收购环闽矿业时，正是矿业疯狂的高峰期，此后进入矿产市场低潮，环闽矿业所属的大部分矿权没有再继续勘查，同时小矿开发已不符合紫金矿业的项目大型化战略了，但是张顺金等一批人才却为紫金矿业所用。张顺金加盟紫金矿业后，担任地勘院总工程师、院长，之后到麻栗坡钨业、塔吉克斯坦担任总经理，2018年担任集团投资部总经理。到投资部后，凭着多年地勘和矿山管理经验，连续成功参与了塞尔维亚波尔铜矿、加拿大内维森公司、哥伦比亚大陆黄金公司、西藏巨龙铜业、阿根廷 3Q 锂业、西藏拉果错、湖南湘源锂业等一系列项目并购的尽职调查，为紫金矿业获取优质资源立下了汗马功劳。

后来，陈景河半开玩笑地对张顺金说：为了你，公司多花了 5 个亿！

紫金矿业所处的地理区位先天不足，陈景河团队能追到一批"韩信"，靠的是感情留人、事业留人。矿冶院院长王乾坤，是紫金矿业近年来从海外引进的高级人才，对此深有感触。

王乾坤 1982 年大学毕业后任职长沙矿冶研究院，并获得硕士学位，1992 年到海外读博士、工作，在多家国际知名矿业研发和生产公司担任资深研究员和技术负责人。近些年，在海外功成名就的王乾坤，因为母亲年老，想回国工作。当时，一家黄金行业的央企已承诺提供职位。但他和陈景河、邹来昌等领导谈心后，就改变了想法，转头加盟紫金矿业。

王乾坤说：紫金矿业的平台非常好，机制更灵活，领导层有战略眼光，有理想，有情怀，支持科研，同时礼贤下士。国外公司层级意识非常强，作为中层要与 CEO 交流是很难的，一个搞科研的专家与董事会主席直接交流是不可想象的。而紫金矿业的领导人没有架子，科技专家可以直接与管理层交流，得到帮助，可以实现自己的想法，没有障碍，不要层层汇报。这就是紫金矿业吸引他回来的理由。

2017 年，王乾坤作为紫金矿业引进的福建省高层次 B 类人才、国家级重大人才计划专家到紫金矿业工作。入职紫金矿业以来，他已申请专利 26 项，获得授权发明专利 4 项，实用新型专利 1 项，2020 年获紫金矿业科技标兵称号，2 项科研成果获得中国有色金属工业科学技术奖一等奖。他主持的多项科研成果已成功实现工业化，为紫金矿业海外项目创造了巨大效益。

不拘一格降人才

对于公司急需的专业人才,大山里起家的紫金矿业用人机制非常灵活。人力资源部门通过社会招聘、退休返聘、猎头招聘等多种手段,将高端人才网罗到门下,只要是人才,不问年龄,不问来历,没有那么多条条框框,甚至走了想回来还可以再回来。

在紫金矿业人力资源管理创新上,陈景河将"不拘一格降人才"的用人理念,表现得淋漓尽致。

紫金矿业发展早期,科班出身的专业人员匮乏,紫金矿业用返聘的手段,召引了一大批经营经验丰富、专业造诣深厚的地质、采矿、冶金等行业的老专家前来为公司服务。

1996年10月,江西西华山钨矿副矿长刘献华投奔紫金矿业后,不久就带来了一些退休专家前来紫金矿业,林绍蔚、郭躬庆等老采矿工程师,为紫金矿业利用"银发人才资源"开了先河。此后,紫金矿业从全国各大矿山返聘退休老专家,为我所用。

1939年出生的攀钢研究院老专家解殿春,2002年被紫金矿业聘任为集团公司副总工程师,负责对紫金山铜金矿露采进行境界优化研究,此后"陡帮开采"项目获得了国家黄金协会一等奖。解殿春后来还兼任了厦门紫金工程设计有限公司董事长,一直干到2011年。

1942年出生的杨立根,原是长沙矿山研究总院采矿研究所所长,2002年刚退休,就返聘前来紫金山做采矿方法的研究。

1949年出生的夏倩,是铜陵有色安庆铜矿总工程师,井下采矿实践经验非常丰富,2003年紫金矿业返聘他来担任紫金山铜矿建设指挥部副指挥长,指导铜矿井下开采技术。夏倩利用丰富的矿山经营经验,确定井下开采的方向，建立了工程管理机构，设计出了工艺方法，同时他把铜陵矿山的中深孔凿岩和爆破的队伍、设备全套引进到紫金山，打开了铜矿开采的全新局面，他一直在紫金矿业干到 2016 年才退休。

陈景河用人，完全从公司发展的事业高度出发，胸怀宽广，从不计个人恩怨。他早年担任闽西地质大队分队长时，胡斌是大队长，胡惟和是陈景河前任的分队长和同事，两人分别是地质专业毕业的高工、教授级高工。当时在闽西地质大队工作时，他们甚至有过业务上的争执。但陈景河不计前嫌，胡斌、胡惟和、曾宪荣等一批当年地质队的老同事，退休后都被返聘到紫金矿业发挥余热。胡斌到紫金矿业地勘院当院长，胡惟和到东南地勘院当总工程师，都在紫金矿业地质找矿工作中发挥了重要作用。

这些返聘而来的老专家，作风踏实，认真敬业，紫金矿业让年轻技术人员担任他们的助手，一边照顾他们生活起居，一边跟班学习，发挥了"传帮带"的作用。

陈景河对"一见钟情"的专业人才，往往如获至宝，有一种特别的执念。只要他看上的合适紫金矿业的人选，总会千方百计、想方设法把他们招进来，即使一开始没有招成，公司也会长时间盯住这些人物，不少目标最终都成了紫金人，为紫金矿业所用，施展身手。

杨松 1987 年从江西冶金学院选矿专业毕业后，在南昌有色冶金设计研究院一直干到副院长，陈景河在矿山设计中认识了他，2002 年还邀请杨松一同到加拿大、智利考察矿业，杨松深受紫金矿业艰苦创业的文化感染。陈景河认定杨松是一个既懂矿山设计又懂管理的综合性专业人才，一直跟踪他。2006 年，杨松辞职去了一家央企负责海外项目，项目进展不如意，陈景河利用这个机会加紧游说杨松，终于让他于 2008 年 1 月加盟紫金矿业，后来领衔厦门紫金工程设计有限公司，开创出了一片新天地。

与杨松同一批加盟紫金矿业的，还有 1962 年出生的阮仁满博士，阮仁满是北京有色金属研究总院矿冶所副所长、生物冶金国家工程实验室副主任，兼任"低品位难处理黄金资源综合利用"国家重点实验室副主任、学术委员会副主任。陈景河结识这位矿业界高级专家后，经常请他前来矿山讲学指导，一直"盯梢"。2008年，阮仁满挡不住陈景河的热诚，加盟紫金矿业，担任了一届集团副总工程师和矿冶院院长，先后组织申报并组织实施了国家发改委立项的"国家认定企业技术中心能力建设"、国家科技部立项的"'低品位难处理黄金资源综合利用'国家重点实验室建设"及福建省区域科技重大项目"低品位铜矿及其废水资源化利用与高精度铜箔研究开发""复杂低品位银多金属矿高效选冶关键技术研究"等重大项目。

王晋军不到30岁就当了中国银行龙岩分行的副行长，曾被省委组织部作为全省银行国际结算的专才送到香港培训。1996年，他在厦大经济系读在职硕士研究生时，正好和陈景河是同学。陈景河一直想挖他未得。直到2016年，52岁的王晋军终于辞去银行的职务，担任资本公司总经理，整合集团的投资业务，做得顺风顺水。

紫金矿业回归A股后，招聘具有国际化视野的高层次人才列入了公司议事日程。为了适应国际化战略的需求，紫金矿业实施全国性人才战略，拓宽引进高层次人才的渠道和架构。

"对有特别才能和技术的人才，要用特别的方式吸引。"陈景河表示，紫金矿业的大门永远向优秀人才敞开。

引进山东黄金原董事长王建华担任总裁一职，是紫金矿业不拘一格实施全国性人才战略的一大手笔。2013年下半年，紫金矿业原总裁罗映南退休，陈景河迅速请刚退休的王建华前来接棒。

陈景河很早就认识同行王建华，他认为后者多年担任山东黄金董事长，是位管理型企业家，熟悉现代企业管理和经营工作，善于处理和解决复杂问题，驾驭全局能力和综合协调能力强，可以为紫金矿业带来全新理念。

确实，引进王建华后，紫金矿业在短时间内完成管理理念转变、升级、创新。譬如，在管理细节上，所有人在上班时间必须佩戴胸卡；办公区域内全面禁烟；试水竞聘上岗制度；各部门办公室内的精美茶具等"没收"，公司管理效能得到提升。

著名经济学军邱晓华，曾任国家统计局局长、中海油高级研究员、民生证券首席经济学家等职，2012年5月，紫金矿业聘请他前来担任董事、副董事长。此后，紫金矿业在2013年抓住矿业经济低迷的契机，引进中铝董事会秘书刘强女士担任董秘，引进加拿大上市公司亚洲现代资源公司总裁、世界银行（华盛顿）高级矿业顾问杨开辉担任副总裁。这三位高层次人才，分别任职了一到两届，他们为紫金矿业注入了高端管理元素。

紫金矿业现任首席水文师王军，1965年生，毕业于中国地质大学水文地质专业，长期从事矿山水文地质地下水研究，原是长沙院矿山防水的教授级高工、国家级五届安全生产专家库成员。紫金矿业首席岩土工程师李如忠，1965年生，是马鞍山院的教授级高工、国务院特殊津贴获得者、国家级五届安全生产专家库成员。近年来紫金矿业将这两位高级专家作为福建省确定的B类引进人才引进到公司技术委员会，专门分别从事矿山水害治理工作和采矿安全工程控制工作，他们在工作中发挥了重要作用。

紫金矿业如此执着，始终通过各种手段猎取高层次人才，是因为管理升级和科技赋能的迫切需要。

在管理升级方面，陈景河认为，紫金矿业许多管理干部包括高管都是在一起共事多年、彼此比较熟悉的"老人"，长期下去未免产生碍于情面、思想僵化等一些弊端。从外面引进具有国际化视野的高管，犹如向平静的水面投下一块巨石，不仅能给紫金矿业注入新的活力，也能带来新的理念、新的变化。

事实确实如此。就以王建华为例，他不负众望，上任后在短时间内就以现代企业的标准对紫金矿业进行大刀阔斧的改革，并立竿见影，取得了让人惊喜的效果。

随着公司国际化程度的加深，紫金矿业迫切需要与之适配的人力资源工作。紫金矿业首次通过猎头公司，从珠三角挖来人力资源专家黄远光，很快打开了人力资源工作的新局面。

黄远光 2002 年从兰州大学毕业后，在美的集团和玖龙纸业担任人力资源总监，在人力资源领域积累了相当深厚的经验。2016 年 6 月，黄远光加盟紫金矿业，担任集团首个人力资源总监。

黄远光发现，矿业行业刚刚度过一个冬天，将迎来一个大的繁荣周期，同时紫金矿业的业务高速发展，国际化的特征越来越明显，应该在人力资源方面要有大的储备和作为。紫金矿业及时启动了"金榜生英才 200"计划，从 2017 年到 2021 年，公司共招聘"金榜生"1147 人，2022 年"金榜生"计划升级为"英才 1000"计划，招录了来自全球 17 个国家、不同文化、不同肤色、不同种族的 1200 名应届毕业生。同时，黄远光改革集团薪酬体系，为紫金矿业社招了一大批人才。

在科技赋能方面，紫金矿业早期，就利用公司科技大会等平台，经常请一批院士、高级专家前来考察、指导、讲学，传经送宝。"低品位难处理黄金资源综合利用"国家重点实验室、福建省院士专家工作站建立后，成为院士、专家前来工作服务的重要平台。中国工程院、中国科学院、美国工程院、俄罗斯科学院四院院士王淀佐，曾经担任过紫金矿业国家重点实验室学术委员会主任，为紫金矿业湿法冶金的创新指点方向。

在 A 股上市后，紫金矿业更是不遗余力，请院士担任高级职务，参与公司管理，出谋划策。如中国工程院院士陈毓川，是著名的矿床地质学家，从 2009 年 11 月到 2013 年 10 月，紫金矿业请他担任了两届独立董事；中南大学教授、博导、中国工程院院士邱冠周是著名矿物工程学家，紫金矿业在 2014 年 10 月请他担任了一届独立董事，为集团权属矿山的低品位硫化矿的生物冶金做出贡献；郭先健从昆明理工大学博士毕业后，先后担任北京有色金属研究总院冶金所副所长，加拿大 McGill 大学冶金系、Noranda 公司高级研究员，北京科技大学客座教授，紫金矿业聘请他为集团总工程师、集团顾问。

目前，来自中国科学院、中国工程院的 17 名院士、专家担任紫金矿业的科技顾问。

为了引进高端科研人才，紫金矿业可谓用尽一切手段。2019 年 7 月，紫金矿业通过福州大学紫金学院，采用"学校所有，校企共用"的"双聘教授"模式，引进北京矿冶研究总院院长蒋开喜前来福州大学当教授，从事有色金属冶金科研、教学。

蒋开喜本科、硕士毕业于东北工学院（现东北大学）有色金属冶金系，1994 年获得德国亚琛工业大学有色金属冶金研究所有色金属冶金博士学位，是国家"万人计划"领军人才、"有色金属清洁高效提取与综合利用"国家级科技创新团队负责人，在有色金属冶炼工艺技术和资源综合利用研发方面取得重要成绩，多项创新成果获得工程化应用。

蒋开喜调到福州大学后，既是"高校人"，也是"企业人"，兼任紫金矿业首席科学家和总工程师，既能保持高校的体制身份，又能享受企业的薪酬待遇。蒋开喜团队到福州大学后开展公司科研攻关，主持的几个重大研究项目，都取得了重大进展。在非洲穆索诺伊项目技改中，蒋开喜团队提出提高铜的浸出率、减少还原剂亚硫酸钠的用量的工艺；针对紫金矿业在塞尔维亚并购的铜金矿会产出无法利用的含金黄铁矿，蒋开喜团队提出了直接熔炼附吸的提金方案，已完成卡尔多炉工艺试验，取得了金回收率 98% 的效果。这些技术突破，将为企业创造巨量的经济效益。

同样是利用"双聘教授"的模式，福州大学紫金学院柔性引进了中国工程院院士毛景文团队，团队一出手就获得塞紫金项目启动经费 1000 万元人民币，主攻优化矿山开采方案，将矿山年产量 50 万吨的设计提升到 1000 万吨，20 倍之差震惊了原来的设计方。有了这个突破点，课题组进一步与塞紫铜开展科研项目合作——Jama 矿年产 1800 万吨的超大规模自然崩落法关键技术研究，该矿将成为塞尔维亚第一座自然崩落法矿山，也将是全球生产规模最大的有色金属自然崩落法矿山之一。

从"膏药摊"到"英才1000"计划

"请问紫金矿业公司在哪里？"

"上杭。"

"啊，上海！好地方呀！"

"不是，上杭，杭州的杭。"

"哦，上杭。上杭在哪里？"

"福建省龙岩市下面的上杭县。"

"哦，没听说过。"前来摊位上咨询的毕业生失望地摇着头走了。一旁的毕业生哄然大笑。

曾经担任过紫金矿业早期人力资源部经理的童胜连，回忆起当年在云南昆明工学院校招时的一个笑话。童胜连的普通话带有客家口音，在提供咨询时说话分不清"杭""海"，结果闹出了笑料，让他至今记忆犹新。

紫金矿业最早的"校招"，是1994年暑假，在上杭县街心花园举行的首届企业人才招聘会。当时紫金矿业和县里其他企业一起参加全县大中专生企业人才招聘会。紫金矿业的摊位，只有几张简易的桌子，桌子前铺着用毛笔写着"闽西紫金矿业总公司"字样的红纸，旁边写着一串招聘岗位。虽然简陋，但陈景河很重视，亲自坐在摊位上为毕业生提供咨询，最终录用了一名本科生和八名中专、中技生。

公司快速发展急需大批高校毕业生。此后，紫金矿业改变守株待兔的人才招聘模式，每年主动出击，在福建省当地高校和国内部分地质冶金高校进行校招，网罗急需的专业人才。当年紫金矿业知名度低，地处偏僻，薪酬待遇也不高，加上矿业从业者在大家心目中的形象是灰溜溜的，校招往往大失所望。起初人力资源部门曾到本地的龙岩学院、闽西职业技术学院，招机电等紧缺专业的毕业生，但人气不旺。

1999年，紫金矿业第一次前往国内矿冶本科院校招揽毕业生。现任紫金矿业副总裁龙翼，是湖南省永州道县人，1999年从东北大学采矿工程专业毕业。当年春天，紫金矿业副总经理蓝福生和人力资源部总经理张赠华首次前往东北大学招生。龙翼一心想回南方工作，当时就看上了离家近的广东省一家铁矿，但对方意愿不足。而紫金矿业的人员非常热情，龙翼最终带着女朋友邓辉和紫金矿业签了约。这年紫金矿业在东北大学收获了"两对半"，除了龙翼和邓辉一对，还有甘永刚和孙中梅一对，同时还招了一个光棍张兴勋，这"两对半"，后来都成了紫金矿业国际化的骨干。

童胜连回忆，紫金矿业改制后，人力资源部门仅有五六个人。每年负责到各地高校校招的只有两个人，他们白天发广告、宣讲、面试、协调学校招生办，晚上加班筛选材料。毕业生的一大堆简历，还得用麻袋背回来。由于当时紫金矿业没什么名气，校招工作并不顺利，两名人力资源员工找学校学生会、班干部配合，给毕业生做工作，让更多的同学前来听招聘宣讲。童胜连苦笑地说，当年的校招简直就像"拉人头、卖狗皮膏药的摊子"。

为了吸引更多人才，紫金矿业在矿业院校"打窝"，从2001年开始，在武汉中国地质大学设立"紫金奖学金"，设特等奖奖金35000元、一等奖奖金10000元、二等奖奖金5000元、三等奖奖金2000元，其单项奖金数额列中国地质大学设立的所有奖学金榜首，同时在南方冶金学院、昆明理工大学等院校设立奖学金，提高企业知名度，激发学生刻苦学习。到了校招季节，作为客座教授的陈景河董事长亲自到中国地质大学参加年度颁奖典礼，为师生做报告，推介紫金矿业，宣传矿业创新，举行供需见面会，吸引了一批毕业生前来应聘洽谈和签订协议书。

2003年春天，中国地质大学大四学生、福建宁德市人刘招平看到校招会上福建省只来了紫金矿业一家单位，抱着回家乡工作的想法，刘招平平生第一次投递简历、第一次参加面试，就和紫金矿业签了约。但不久，刘招平前往紫金山实习，发现上杭天遥地远，交通不便，开始打退堂鼓。在矿山上待了一个月后，刘招平感觉这里氛围特别好，大家下班吃完饭，经常在一起散步聊天，同事之间非常友好，于是决定留下来。由于刘招平工作扎实肯干，不到一年他就被提拔起来，担任紫金山铜金矿二选厂环保车间副主任。此后刘招平一路成长，先后担任陇南紫金总经理、诺顿金田首席执行官，现任集团环保总监。

随着公司发展壮大，在全国知名度逐渐提高，校招的学校档次、人才档次也逐步提高。香港上市后，从 2004 年到 2016 年，紫金矿业每年校招 50~200 人，一批批大学各个专业的毕业生源源不断地进入紫金矿业，为公司输入新鲜血液。与此同时，层次更高的硕士、博士等高学历人才也开始纷纷加盟紫金矿业。

1999 年，紫金矿业引进了首个博士——中科大世界经济专业的博士生李达。2001 年，紫金矿业又引进一位博士——现任阿根廷锂业科思公司总经理的黄怀国。黄怀国 2001 年从厦大化学化工学院化学系博士毕业后，最初与一家全国有名的大企业签订了工作协议。当时这家企业给的待遇极为优厚：年薪 12 万，还给房子和车子。碰巧紫金矿业也到厦大寻找人才。陈景河诚邀黄怀国到紫金矿业实地参观，并与其进行了一番推心置腹的谈话。黄怀国看到了紫金矿业广阔的发展前景，更被陈景河的人格魅力所折服。因此，虽然当时紫金矿业只能给他 6 万元的年薪，而且条件要比此前签约的那家企业艰苦得多，但黄怀国还是毅然选择了紫金矿业。

2002 年，中国黄金行业首家博士后工作站在紫金矿业启动，黄怀国作为首位进站博士开展工作。此后，紫金矿业更加重视在各大名校广收博士人才。陈宏是福建长汀人，在他 2006 年从厦大会计系博士毕业前夕，紫金矿业人力资源部门就到厦大找他，游说他回闽西家乡服务。陈宏当时还是第一次听说有这家企业，因此抱着试试看的心态，前去了解公司情况，受到公司领导的热情迎接，还上紫金山参观了热火朝天的矿区。经过一番考察，陈宏深受紫金矿业的奋斗氛围感染，最终入职紫金矿业，来到紫金山铜金矿上班，此后调任财务部总经理。

紫金矿业回归 A 股后，在国内声名鹊起，公司发展迫切需要更多的人才。紫金矿业高层身体力行，爱才之切、效率之高，令人感动。现任福州大学紫金地质与矿业学院院长的衷水平，是 2009 年副总裁邹来昌亲自前往中南大学招来的博士生。衷水平是江西赣州人，2000 年从南方冶金学院有色冶金专业毕业后，到中金岭南下属的广东韶关冶炼厂当车间工人，2002 年考到贵州大学有色冶金专业读硕士，2005 年到中南大学读博士，2009 年 6 月博士毕业时，已是湖南省优秀毕业生。衷水平记得，当年邹来昌副总裁前来校招，鼓动他加盟紫金矿业。此时，紫金矿业在矿业行业内已经有相当的知名度和影响力，衷水平已经阅读过不少这家"冉冉升起的矿业明星"的故事，更知道紫金矿业重视科技创新和人才。衷水平毫不犹豫选择了紫金矿业。更为幸运的是，衷水平到紫金矿业不久，就成为公司与中国科学院过程工程研究所联合培养的博士后人选，边担任国家重点实验室秘书，边进行博士后学习，很快成为公司的一个科技明星。

北京大学博士、中国科学院广州地球化学研究所博士后祁进平所学的是矿床学专业，他在网上进行比较后，觉得紫金矿业更适合自己事业的发展，就抱着试试看的态度向紫金矿业人力资源部投了简历。没想到仅过了三天，就接到紫金矿业董事长陈景河的电话，亲自欢迎他加盟。这事始终让祁进平深有感触。

紫金矿业全面进入新一轮创业后，相对于宏伟的国际化战略，公司最大的瓶颈是国际化人才相对不足。2015 年以来，紫金矿业针对公司国际化人才相对不足的问题，持续加大国际化人才引进与培养，建设了国际化人才专项招聘、高级后备人才、优秀青年人才、优秀工匠、"金榜生"等多专业、多层次、覆盖企业各项发展需求的全人力资源体系。

2016年的秋季开始,紫金矿业在清华大学启动了"金榜生英才200"计划,引进来自全球的优秀毕业生。从2017年到2021年,紫金矿业共招聘"金榜生"1147人。

2022年,为了顺应2030年全面建成"绿色高技术超一流国际矿业集团"的目标,加大人力资源储备,"金榜生"计划已经升级为"英才1000"计划,当年招录了来自全球17个国家、不同文化、不同肤色、不同种族的1200名应届毕业生,招聘入职人数创历年最高。2022届"金榜生"中,博士占比2%,硕士占一半,共有295人毕业于双一流院校,占比23%,131人毕业于海外百强名校,占比10%。本届"金榜生"中有32名外籍职工,来自俄罗斯、阿根廷、刚果(金)、哥伦比亚等17个国家。

五年来,紫金矿业招聘的2300多名"金榜生"已奔赴全球岗位,逐步成为公司国际化骨干力量,成为公司达到"绿色高技术超一流国际矿业集团"目标的新鲜血液。

"庐大"、紫金班和福州大学紫金学院

不少曾参与紫金矿业前期创业的老同志,都还记得公司当年一个俏皮的称呼:"庐大毕业生"。"庐大"其实是指上杭县庐丰中学1996级职高班,这批职高学生到紫金山上工作后,"庐大毕业生"成为当时一个自我调侃的词语。

紫金矿业创业之初,不仅专业技术人员不足,连矿山操作工等技术工人都缺乏。1996年,为培养选矿技术人员,紫金矿业与上杭县当时的农村职高庐丰中学联合创办96选矿班,在全县各乡镇招收了60个学生。选矿班依托庐丰中学,开设了地质学、矿物学、机械制造、电工、无机化学、氰化提金等专业课程,紫金矿业也派了两名老师前来讲授专业课。

据"庐大毕业生"、紫金矿业改革办李小春回忆，陈景河当年对全班同学寄予了浓浓的情意和殷切的期望，经常在百忙之中抽空到校看望同学们，并带着矿石标本，为 96 选矿班学生讲课，兴致勃勃地为同学们讲授地矿知识和紫金文化。紫金矿业还对该班生活贫困的同学给予长期资助。1999 年春天，这批职高学生已经在紫金山上实习多时，为检验 96 选矿班全体同学的学习、实践情况，陈景河亲自出考卷、亲自参加监考。考试后，陈景河又召集全体学生，进行现场试卷讲评，还为大家讲述紫金矿业今后的发展规划。

这批职高学生，除了八个人在实习途中跑掉之外，其他同学分别以合同工、劳务派遣工等用工形式被紫金矿业录用。他们大部分是来自农村的孩子，吃苦耐劳。当年紫金山铜金矿生活条件不佳，一间宿舍要住 10 个人，三班倒轮班，一个班上十多个小时，两三个月才回家一次，但大家全部坚持了下去，后来大部分成为公司骨干。

虽然档次不高，但"庐大"毕竟是紫金矿业与学校联合培养人才最早的尝试。在 H 股上市后，紫金矿业为了给海外项目储备人才，加大了本科生的定点培养。紫金矿业采取订单式培养，先后与中国地质大学、江西理工大学、福州大学等高校合作，涉及选矿、采矿安全、冶金、机电、地质等五个专业，联合培养矿业类人才和紫金矿业的未来员工。紫金矿业为这些定向生提供全额学费。不仅如此，定向生经过紫金矿业批准选修的相关专业，也可由公司报支学费，同时公司为他们提供社会实践机会、实习岗位及相应补贴；定向生毕业后可获得到国内外就业的机会，享受高于市场水平的薪酬待遇。

其中，最为典型的是 2004 级中国地质大学地质工程紫金班的招生培养工作。紫金矿业 2004 年在中国地质大学开设地质工程紫金班，重点招收闽西地区应届高中毕业生，并结合紫金矿业实际情况编制了专门的培养计划，为紫金矿业未来发展培养自己的专门人才。

当年，这种办学模式还是我国校企结合的一个先例，是高校办学的一种创新，得到国家教育部及福建省招生办大力支持。那几年，中国地质大学资源勘查专业每年只能从福建省招到1~2名学生，要完成地质工程紫金班30个招生名额，任务还是相当艰巨的，因此招生宣传是关键。

为保证紫金班生源素质，紫金矿业在龙岩市新闻媒体上大做广告，深入到龙岩五县一市一区各重点中学宣传，并与各校高考负责人及高三毕业班班主任面对面沟通交流，人力资源部开通热线电话，全天24小时提供咨询服务。最终全省有大约80人填报了中国地质大学紫金班，紫金矿业和中国地质大学共同进行招生录取工作，完成30名招生计划，除一人外均为闽西农家子弟。该班生源素质高，高考成绩在600分以上的有三人，最高分614分。

如果说"庐大"、紫金班是权宜性的人才培养举措的话，2007年，紫金矿业在中国高等教育界引爆了一个"炸弹"，那就是创办公司永久性的"黄埔军校"——福州大学紫金矿业学院（以下简称"福州大学紫金学院"）。

改革开放以来，中国企业家捐资办大学的义举屡见不鲜。李嘉诚捐资20亿港元办汕头大学，黄如论捐资1.8亿元兴建福建江夏学院，玻璃大王曹德旺捐资100亿元建设"福耀科技大学"，都已被传为佳话。但企业直接通过办大学培养为己所用的人才的事例却鲜见。2000年，吉利投资8亿多元创建了全国最大的民办大学——北京吉利大学，吉利董事长李书福因为吉利缺人才，认为与其去挖竞争对手的，不如去自己培养自己的人才。而紫金矿业则采用另一种方式与福州大学联合办学，培养企业未来的矿业人才。

受诸多因素影响，我国高校从20世纪90年代初开始减少地质专业招生，加上社会对地质行业的偏见，高考时报考地质专业的学生极少，并且这少量的地质专业毕业生，毕业后只要有条件几乎都改行了。从21世纪开始，地质专业应届大学毕业生难招的问题越来越突出，导致我国地质、矿业人才奇缺，成为矿业市场上供需矛盾最突出的问题之一。

矿山行业是一个艰苦的行业，紫金矿业那些年招聘来的地矿类专业人才，有一部分做得相当不错，也有一部分不适应紫金矿业而离开。紫金矿业认识到，从长远来看，要打造百年紫金、世界紫金，必须有源源不断的自己培养的人才，用陈景河的话说，"自己培养的人有根"，最好的办法就是创办自己的"黄埔军校"。

创建于1958年的福州大学是国家"211工程"综合性重点大学，具有地质、采矿等专业的长期办学历史和经验，曾为国家培养了大批地质矿业优秀人才。福州大学既是陈景河的母校，也是紫金矿业高管罗映南、蓝福生、刘晓初等人的母校。紫金矿业高管们与母校福州大学谈合作办学问题，双方一拍即合，决定校企联办紫金学院，复办地矿专业，以福州大学为主导，紫金矿业协办，全面资助学生就学。

2007年6月6日，福州大学紫金学院揭牌仪式在该校校区举行，标志着前几年停办的地质和采矿专业从此"复苏"。双方本着"创建一流矿业学院、培养中国一流矿业人才"的目标合作创办该学院，共同探索和建立教学、科研、生产紧密结合、可持续发展的新型教学机制，立足于培养中国矿业行业优秀地质矿业专业人才，力争经过一二十年的努力，最终创办一所全国一流的矿业学院。

当时，紫金矿业与福州大学合作创办紫金学院，在全国没有先例，是个创举。在学院初创时期，紫金矿业无偿捐赠3000万元，用于本部教学基础设施建设和人才引进；此后，紫金矿业先后投入资金约1.5亿元，于2010年2月建成上杭教学基地，并无私支持基地的日常管理运行。此外，紫金矿业每年还提供奖（教）学金100万元。2016年6月，紫金矿业在福州大学旗山校区捐建的紫金楼已投入使用。

上杭教学基地占地面积51831平方米，可同时容纳1000名学生学习、实践。福州大学紫金学院的学生三四年级就到上杭教学基地，接受"双师型"教师讲课，并到紫金山铜金矿实习，和矿工们生活工作在一起，在就业前就能接受紫金文化和矿山工作的磨炼。福州大学紫金学院有全国最好的实习基地和全国最好的矿物加工基地，矿业研究院有大量的样品，全部学生一开始就进入实战，让学生不再纸上谈兵，出成果更为容易。

自 2009 年起，福州大学紫金学院聘任了 40 余名实践经验丰富的企业专业技术人员，实施由企业工程型教师为主导的专业课程教学、企业实践与毕业设计等企业培养方案。从大三下学期进驻上杭教学基地的学生，更能全方位接受"工程型"教师的培养。无论是了解企业文化，还是深入矿山实地教学，"工程型"教师在理论学习和生产实践之间搭建了桥梁。

实际上，学者出身的陈景河有办学情结，他就是福州大学紫金学院的"首席教授"。每年新生开学或毕业生毕业，陈景河只要有空，都会前往参加，与学生面对面交流，谈紫金矿业的过去、现在、未来，分享他的成长经历和心得，谈责任、谈学习、谈奋斗、谈做人，孜孜不倦，苦口婆心，谆谆教导。尤其对紫金矿业国际化急需的外语人才，陈景河每一次都大声疾呼，迫切强调，鼓励同学们提高外语能力和动手实践能力，沉下心来，脚踏实地，加快成才。陈景河希望福州大学紫金学院培养出中国及全球地矿精英及领袖，希望福州大学紫金学院未来成为全球地矿的"哈佛""牛津"，希望同学们成为紫金矿业未来的技术专家或具有专业背景的管理者。

陈景河说："中华民族的振兴企盼着你们，中国地矿走向全球企盼着你们，紫金矿业宏伟目标的实现企盼着你们。"

由于校企双方形成了有针对性的合作，福州大学紫金学院培养出的许多毕业生在工作之初就能很快融入紫金矿业，到目前已有一批毕业生迅速成长为技术和管理骨干。他们对紫金矿业的忠诚度、动手实践能力和专业素养都得到了用人单位的一致认可，创造了丰硕的成果。

2021 年，福州大学将原环境与资源学院与紫金矿业学院合并为紫金地质与矿业学院（以下简称"福州大学紫金学院"），学院把握福州大学新一轮学科整合提升机遇，加大全球化专业人才引进，积极推进原环境与资源学院的地质工程学科合并，办学能力显著提升，迈上新的发展平台。学院当年应届毕业生 162 人，在入学分数较低的情况下，实现就业率 80.12%、本科考研升学率 36.81%。学院新生规模有所扩大，新招录秋季入学本科生 226 人，其中福建省内 132 人、省外 94 人。

学院坚持国际化办学，近年来与澳大利亚昆士兰大学等国际矿业名校开展联合办学，学院校企深度融合"紫金模式"获国家级教学成果二等奖。2021 年，紫金矿业继续捐赠 1500 万元支持办学，到 2022 年年底，紫金矿业已累计向学院投入约 2.5 亿元。

科技免责制

多次应邀到紫金矿业参与和指导科研工作的中国工程院院士、北京矿冶研究总院副院长邱定蕃深有感触地说："紫金矿业实现超常规快速发展，原因在于集团公司有一个坚强而有魄力的领导班子和先进的管理机制，在于公司领导层对科技高度重视的战略眼光。"

紫金矿业重视科技创新、重视技术人才的文化源远流长。紫金矿业的创新文化跟公司创始人、舵手陈景河自身的经历有莫大关系。从一名基层科技人员逐步成长为矿业集团舵手后，陈景河将科技创新基因植入紫金矿业。

早在 1995 年，紫金矿业就成立了科协，首批科协成员 66 人。1999 年 3 月 6 日，公司科技工作会议召开，72 名科协会员参加。这次科技工作会议实际上成了公司首届工作会议。此后，紫金矿业科技大会每隔几年召开一次，规格越来越高，每次都邀请一批院士、专家、省部级高官前来参加，交流讲学，奖励科技功臣，为紫金矿业的创新文化点火引路。到 2020 年，紫金矿业总共召开了六次科技大会，影响深远。

陈景河率先垂范，在当好科技创新带头人的基础上，把培养科技团队、营造科研环境放在了突出位置，亲自担任了紫金矿业主要科研机构矿冶院的第一任院长。高层领导深刻的科技意识，让紫金矿业形成了重视科技、重视人才的良好氛围。创业之初，紫金矿业在科技人员的使用上不论资排辈，对年轻人大胆给任务、压担子，放手使用年轻人，尽管资金匮乏，但对科技创新舍得花血本重奖，每年都对技改项目进行奖励。

中专毕业的赖富光从铜矿机修工、机修车间主任干起，1997年担任紫金山金矿副矿长。那一年他因为"双塔板设计创新"得了年度奖励，奖金1万元。当时一年工资才几万元，这笔钱在当时是一笔巨款，很有诱惑力。

此后不久，赖富光提出了"提高电气运行功率因素"技术创新项目，在没有在公司立项的情况下，组织一帮技术人员，利用金矿零星资金，做成了这个技术创新项目，运行后一年可以节省成本100万元。赖富光没有向公司提出要任何报酬，没想到，陈景河在《紫金矿业报》上看到消息后，立即派人到矿山开展核实，之后马上奖励科研团队8000元。

对于科技人员论功行赏，不仅重奖，而且提拔。机械制造专业的中专生黄孝隆1997年担任紫金山铜矿矿长，受命将原有的铜矿改造成金矿炭浆厂。当时上杭县还没接入互联网，信息不通，黄孝隆仅有手头《黄金开发手册》一书里的关于炭浆厂工艺的八行字，和陈景河去陕西太白金矿浆厂参观时拍摄的四张照片作为资料。黄孝隆根据书籍文字描述和照片，依样画葫芦，在老铜矿原有破碎、磨矿的基础上，成功将铜矿改造成炭浸系统。因为自主研发有功，黄孝隆不久后被提拔担任紫金山黄金冶炼厂厂长。

紫金山揭顶大爆破施工需要1∶500的地形图，当时测绘公司的报价是50万元。刚毕业的测绘专业中专生赖桂华，受命自行开展地形测量。赖桂华带着两个助手，起早摸黑，翻山越岭，一个月时间就完成了大爆破场地地形图测量，给公司节省了50万元，他拿到了5000元的奖金，不久后被提拔为金矿采矿厂生产技术科副科长。

时任黄金冶炼厂副厂长的邹来昌请缨自主研发无氰高压解吸—电积设备获得成功，使公司电解成本至少下浮了50%，每年创造大幅利润，成为公司科技创新的标杆和典范，邹来昌因此连升两级，被提拔为集团副总工程师。此后他成功开发黄金提纯技术、高温高压流程试验装备等，成为紫金矿业科技成果最多的科技人员之一，被誉为"紫金科技功臣"。

陈景河认为，矿产资源的竞争，归根结底是产品成本的竞争、开发技术的竞争、人才的竞争。科技创新的核心因素在人，然后才是"人尽其才"的机制和环境。

为了营造"人尽其才"的创新环境，紫金矿业在矿业行业创造性地推出了科技免责制，彻底打消了科研人员的顾虑，极大地激发了科研人员的创造力。

当时，紫金矿业正值黄金冶炼厂实施技术改造，需投入百万元资金引进新一代的黄金冶炼设备。邹来昌到北京设备商考察后，发现设备昂贵，同时设备工艺与自己此前设想、推导的流程相距不远，根据多年化工专业经验，应该可以自行开发。

邹来昌因此向陈景河请示成立一个科研小组自行研发。自行研发虽然投入不多，但不能保证百分之百成功。陈景河慎重考虑后表态："行！你们就大胆组织攻关，成功了成果是你们的，不成功责任是我的。"结果出乎意料地顺利，在邹来昌小组的攻关下，紫金矿业依靠自身力量成功研制出了设备，节约了大量资金，获得了巨大的经济效益。

紫金矿业认识到，矿业领域的技术研发是一个漫长而艰辛的过程，颠覆性创新，失败往往是必然的，而成功是偶然的。因此，2002年7月，陈景河在紫金矿业第二次科技大会所做的科研工作报告中正式提出："鉴于科技探索是一项高风险工作，对科研过程可能的失败，实行免责制，鼓励广大科技工作者大胆实践探索。"此后，科研免责制在紫金矿业正式开始推行。任何一个科研人员，都可以提出科研项目和研究方案，经专家评议可行后即可立项研究。若研究失败，公司承担一切责任，而项目人员和研究人员可以不负任何责任。

科技免责制的实施,保证并促进了科研人员的"异想天开",为科研人员早出成果、多出成果、出好成果提供了强大的精神动力与智力支持,以及制度与物质上的有力保障,使科研人员放开手脚,勇于创新,创造热情和潜能得到了极大释放,不仅涌现和培养了一批年轻的科技人员,还完成了一系列高水平、适用性强的成果。

为最大限度地释放科技免责制所带来的红利,紫金矿业还建立了与之相配套的考核制度,实行了以工作量、成果、成本等为量化依据的薪酬制度,而且工作量所占比例最高,达到了30%~40%。这就意味着,只要你有想法,并付诸了科研行动,即便是最终没有取得成果,薪酬也不会受到太大影响。而一旦你出了成果,奖励也丰厚得足以让其他人"眼红"。

2005年度紫金矿业科技贡献特别奖获得者林瑞腾,通过科技攻关,成功研发出了"搅拌脱药"技术方案,解决了阿舍勒铜矿锌硫分离问题,每年可节约投资500万元,仅锌精矿就可增加销售收入1000万元。紫金矿业对他一次性重奖15万元,并破格提拔重用,他后来担任了俄罗斯图瓦多金属矿项目的龙兴公司董事长。

事实上,紫金矿业的科技创新之路并不是一帆风顺的,公司的科研开发也经历过失败。

2002年紫金矿业收购吉林珲春金铜矿后,针对大量低品位的金矿资源,矿冶院立项开发加压预氧化项目,由一批科研人员负责研发,在上杭县城的南岗基地开发一套中试设备。

项目的工艺路线是:将低品位铜金矿的铜加硫酸浸出,形成含金和铜的精矿,再对精矿进行固液分离,提炼出黄金。但由于整体工艺设计、配套企业设备材质等多种问题,经过几年攻关发现,国内还不具备和矿冶院配套生产出加压预氧化设备的条件,不得不改成常压预氧化,但设备无法调试成功，由于精矿矿粉超细，无法彻底分离。这个科研项目前后投入上亿元资金，交了一笔昂贵的学费。

负责这个项目的公司博士后科研工作站首批进站博士黄怀国，并没有因项目失败受到问责。但这个项目也让黄怀国认识到，作为化工专业的博士，自己在管理等方面的不足。陈景河董事长鼓励他，希望他不要拘泥于技术，成为集团的复合型人才，能走上管理岗位。紫金矿业继续给他平台历练。黄怀国此后担任厦门紫金矿冶技术有限公司副总经理、青海威斯特铜业总经理、贵州紫金总经理、澳大利亚诺顿金田总工程师、阿根廷锂业科思总经理，从一个科研人员成功转型为管理人员。

当年曾参与过这项科研的贵州紫金副总经理熊明说，紫金矿业实行科技免责制，研发项目失败了不要紧，只要下功夫去做，肯定会有成功之日。

加压预氧化项目初期的失败，由于有科技免责制的政策，研发人员并没有受到问责，研发团队后来反而愈挫愈奋。2011年，塔吉克斯坦泽拉夫尚项目急于采用加压预氧化工艺开发金矿，当时加拿大一家名叫谢里特的公司已有成熟的技术，紫金矿业曾想引进技术。谢里特公司派员来厦门和紫金矿业进行了两次谈判，提出试验费用200万美元、设计费用900万美元，投产后每处理一吨硫还要收5加元的技术许可费。

面对国外高额的技术转让费用，陈景河说：还是自己来干吧！紫金矿业成立了科技攻关小组，由陈景河亲自担任组长。

为此，紫金矿业引进了一位湿法冶金专家王春。王春曾在巴布亚新几内亚的红土镍矿负责红土镍矿硝酸加压浸出工艺项目。他1995年从中国科学院博士毕业后到北京矿冶研究总院从事湿法冶金方面的工作，很早就与紫金矿业有交集，对紫金文化深有了解。到2013年，王春已在国外工作了八年，担任瑞木镍钴项目的总工程师兼副总经理，他看到了中国公司与海外矿业的差距，一直在寻找一家更能发挥他能力的中国矿业公司。在陈景河董事长的邀请下，王春辞去了原来的职位，离开在北京的妻儿，投奔紫金矿业，担任加压预氧化项目负责人。

在王春、孙鹏、江城、熊明等专业人员的努力下，矿冶院2012年在厦门建设了一套高温高压中试装置，仅仅投入了800万元人民币。研发人员与国内一些顶尖的矿冶设计院、设备厂家进行充分交流，利用这套中式装置做了大量实验，经过两年努力，取得了所有高压釜的设计参数，到2014年完成了加压预氧化工艺的初步研发，此后在贵州紫金加压预氧化项目技改中应用，让大量低品位金矿资源转化成经济效益，让即将闭坑的矿山起死回生，大放异彩。

紫金矿业引进的首个博士黄怀国说，科技免责制给科研人员极大的信任，大家才会放开手脚去做一些自主创新的工作。

中国工程院院士邱定蕃感慨地说："对科研工作实行免责制，我是第一次听说。科研人员都是有压力的，往往不敢承担一些难度大的课题。实行免责制，他们就可以放手干了！"

在实践中学习实践

紫金矿业的老员工里流传着一句话：我是紫金一块砖，哪里需要哪里搬。

矿业是一个艰苦行业，一门实战性极强的专业，只有"在实践中学习实践"，才能摸到路径，迅速成长。在创新实践中识别人才、培养人才、锻炼和发展人才，为人才提供成长平台，是紫金矿业的宝贵经验。

陈景河常说："我们发展到西北、西南、东北，甚至海外，对于人才，我们并不是培养好了再放出去，也没有那个时间，而是让他们自己在游泳中学习游泳，在实践中学习实践。"

"在实践中学习实践",就是把年轻人推到生产、管理和科技的一线去,给他们压担子,在实践中磨炼成长。其中一个重要的方式就是外派。30 年来,从紫金山一个平台拓展到全国 15 个省区的几十个平台,再从中国走向全球,在 14 个国家创造了平台,为大批紫金人历练成长造就了一个个精彩的大熔炉。

1994 年就加盟紫金矿业的傅飞龙,2002 年就开始外派,先后转战安徽、内蒙古、贵州、甘肃及海外塞尔维亚,2021 年年底才调回总部,外派将近 20 年,是紫金矿业外派时间最长的员工之一。在塞尔维亚,他和外派同事同甘共苦,一天到晚都在现场促管理,原本其他公司设计要五年才能投产的丘卡卢·佩吉铜金矿,紫金矿业用 2.5 年就投产。

十多年来,海外项目面对的政府、劳资关系、社区环境与国内完全不同,要将一个项目在完全陌生的国度快速建成并高效运营,更加考验紫金人的智慧、能力和创造性。紫金矿业在非洲的首个项目穆索诺伊铜矿,因为有一帮年轻人披荆斩棘,两年多的时间就建成了一期项目,穆索诺伊项目也成为人才基地。

紫金矿业收购穆索诺伊铜矿后,就派年轻的龙翼担任总经理,负责铜矿一期建设。龙翼 1999 年从东北大学采矿工程专业毕业后来到紫金矿业,从紫金山铜金矿技术员干起,后来到新疆金宝矿业、富蕴金山、阿舍勒铜业任职,从副职到独当一面,在新疆八年里积累了丰富的管理经验。

2014 年 7 月,龙翼带领 10 个人的穆索诺伊项目团队,前往陌生的非洲。团队在刚果(金)卢科韦齐市区租房,举目无亲,没有任何社区关系。面对周边长满荒草、浸泡在大水坑的矿区,从零开始,慢慢摸索。面对厂区选址、大矿坑抽水、电力线路架通、土地林地征用、社区拆迁等一大堆问题,龙翼每天一早开会,和团队互相鼓励,一件件解决。穆索诺伊公司一期采选项目于 2015 年 5 月动工建设,到 2017 年 6 月 13 日建成投产,设计建设期为两年五个月,实际建设仅用两年。当年穆索诺伊公司的副总经理王凌志、张兴勋，总工程师张卿，物流部经理郑凯，都是年轻人，经过海外项目磨炼，全部成才。张兴勋、张卿、郑凯等骨干继续参与管理穆索诺伊二期铜钴回收项目，并再次创造了奇迹，仅用九个月就建成试产。

在实践中学习实践，关键在于学习。陈景河曾在多个场合提到，要不拘一格用人才，学习能力是关键。2022年6月，陈景河在新疆调研，了解到新疆三家大型权属企业中两家企业的总经理都不是矿业专业出身，他说："这两位总经理一个是学中文的，一个是学营销的，在阿舍勒铜业工作几年，现在他们矿业技术、管理都很精通，总经理都当得很好！只要肯学，很快就会了。""不是专业出身，更有创新思维，能突破专业人员局限。我是学地质的，经过长期坚持学习，在工作中学习，地采选冶、财务、管理等都学会了。"因此，2022年，紫金矿业在总部举办两期地矿专业培训班，让一批非地矿专业的总经理前来培训学习，实现快速掌握专业能力。

丘国柱是从外事部门加盟紫金矿业的，不是地矿科班出身，但他的学习能力很强。2016年外派俄罗斯图瓦项目出发前，丘国柱向陈景河董事长讨教，陈景河说："本身学什么专业没关系，只要去学习就能很快成长，不要有什么压力。还是那句话，合适就是最好的创新，要找到最合适图瓦选矿的工艺。"

丘国柱马上买了选矿专业的书背到图瓦，每天晚上恶补基础理论，同时向采厂的地质专家了解矿石性质，向选厂的技术人员请教，坚持每天上午参加选厂分析会，下午开采选联动会，在很短的时间内，大家创新提出配矿思路，后来建立冶金矿山模型指导选矿，产品回收率和产品质量第一次得到大幅度提升。此外，还研究国外铅锌选矿资料，通过团队一年多的努力，在集团首次采用超细磨设备和工艺，较好地解决了铜铅锌硫解离和选别问题，实现了选矿的第二次提升，使锌的回收率突破90%。经过一线技术人员与管理者的努力，目前俄罗斯图瓦项目选矿回收率稳定在93%~94%。

在实践中学习实践，也是被逼出来的。紫金矿业有一种传统，集团公司给外派员工一个任务，受命者拎包就走、马上奔赴陌生的前线，先干再说。

2018年，澳大利亚诺顿金田业绩低迷，生产设备老旧，成本居高不下，地质储量极度短缺，面临无米下锅的境地。当年12月底，本在陇南紫金任总经理的刘招平临危受命，调到诺顿金田担任CEO。

在最初的半年里，刘招平觉得真是太难了，感觉公司到了要关门停产的地步，自己都感觉到心慌，因为澳大利亚与中国的做法完全不一样。刘招平全力以赴，夜间、周末都在工作，熟悉当地文化和法规，同时恶补英语。

刘招平起初也考虑用一些中式的方法来管理，以提升效率、降低成本，但他发现中国的方法在那里可能用不上。因此他采用与本地员工文化沟通的办法，因为大家的目标是一致的，那就是企业要长远发展，要降低成本，尽快创造效益。通过与本地经理达成这些共识，大家逐渐取得相互信任，之后事情就做开了。

刘招平理清了思路，先通过地质部门解决了三年的可采资源，然后创造条件让本地员工发挥出操作大机械的工作效率，从而实现降本增效。经过半年的改革，露采采剥总量逐步上升，采剥单位成本下降，吨矿综合成本下降，2019年全年产金5.7吨，同比增长35%，生产经营利润4.8亿元，超越紫金矿业接手后历年利润总和，诺顿金田终于浴火重生。

诺顿金田总经理助理简伟峰说，中方人员的英语水平也是在这样的环境中被逼着学好的。到了诺顿，开口第一句讲不好英语没事，过几天就会了。在诺顿金田，简伟峰专门请老师给中方人员培训，每周来公司讲半天课，纠正发音，讲解语法、语言习惯。培训三个月到半年，员工工作沟通基本上就没问题了。

为了自身尽快成长，紫金矿业有一些优秀员工主动申请，投入一线去学习磨炼。

吴冠斌2014年从中国科学院地质专业博士毕业后加盟紫金矿业，在国际部待了几个月后，主动申请到一线企业锻炼，被外派到新疆阿舍勒铜业。在阿舍勒，吴冠斌先在生产技术处、地质处负责地质勘探，一年后他又要求调到企业的核心部门采矿厂，担任了副厂长。作为地质专业的科班生，吴冠斌初来采矿厂，感到很多东西都不懂，他就在井下一线把爆破、铲运、提升、通风、充填等工序全部跟了一遍，上午下井，下午与技术人员交流、向他们请教，晚上学习《采矿技术手册》。经过几个月跟班学习，他基本上熟悉了采矿技术流程。三年后，吴冠斌从阿舍勒铜业调回董事会，在理论、管理等方面得到全面的提升。2020年1月，吴冠斌被派往贵州紫金担任总经理，此时他已经可以独当一面，在贵州紫金不到一年通过管理改革，大大提升了企业效益。

蔡雪琳2012年加盟紫金矿业后任集团财务副总监，为国际并购、集团财务管理提升、国际财务管理人才培养做了大量工作。刚果（金）卡莫阿项目开始建设后，蔡雪琳一再要求到这个国际一线项目去锻炼，董事会一直舍不得放她出去，最终于2020年派她到卡莫阿项目担任联席财务总监。

蔡雪琳离别丈夫和两个还在上学的女儿，远赴非洲。她靠流利的英语，除了担任联席财务总监，还负责人力、法务、后勤等工作，她建章立制，进行成本核算，作为中方高管，起了主要的协调作用，也得到项目主导方艾芬豪矿业人员的认可和尊重。蔡雪琳在工作之余，尽量参与艾芬豪矿业同事的聚会，如骑车、烧烤之类的活动，受到大家的喜欢，因此与艾芬豪矿业同事建立私交，工作开展得更好。

蔡雪琳说，在海外工作虽然牺牲了家庭，但是无怨无悔，因为这是她一直想要的人生大平台。卡莫阿项目资源量规模大，易选易冶，是一个可遇不可求的项目，项目地刚果（金）多元文化融合，项目在艾芬豪矿业这种西方的管理体系主导下运营，而且从勘探期到建设期、生产期，再到技改持续发展，经历了一座矿山所有的发展周期和产业链。这样一种跨文化的工作环境，一个富有挑战性的国家，加上纯英语的工作环境，对一个人的锻炼是非常大的，也成了培训紫金矿业国际化人才的熔炉。

陈景河说：从发展的眼光看，要成为全球超一流的金属矿业公司，必须有一大批优秀的国际化人才，要把一些高素质的国际化人才放在重要岗位上锻炼。

二三十年来，大批紫金矿业的青年干部在基层一线锻炼成长。尤其是近几年，紫金矿业通过海内外实战培养面向国际化的人才梯队，一大批高级后备人才、优秀青年人才及各专项人才，向境内外输出，通过海外项目磨炼，解决人才短缺问题。2022年12月底，紫金矿业海外外派人员达到6000余人，其中一大批员工已陆续"回归"公司总部，成为紫金矿业的中坚力量。

让"李云龙"脱颖而出

李云龙是电视连续剧《亮剑》中的主角，是在长期革命战争中成长起来的个性鲜明、敢打善战的猛将，随着电视剧经久不衰的热播，李云龙也成为新时代敢于担当的闯将的代名词。

紫金矿业需要一大批敢于担当的人才。如何让人才成长，让"李云龙"脱颖而出？

在发展前期的2007年，陈景河就指出：在人才及准人才的培养和引进上，思想品德、艰苦创业精神及对企业的忠诚度最为重要。今后新毕业的学生，要全部在一线当班三个月，吃不了苦的，还是早走为好。表现不好，不能在基层普通操作岗位独立工作的，不得录用。对引进人员，不能与企业文化较好融合的，还是不用为好或不得重用。

因此，要成为人才，首先要接受艰苦创业的紫金文化。紫金矿业多年来形成一个制度，凡是大学毕业生，一律先到车间倒班。近年来每年新招收的"金榜生"，无论是"海归"还是文科类专业毕业生，全部到一线实岗锻炼，让"金榜生"首先体验行业的艰苦，感知矿业最基础的流程，这也是成为一个合格紫金人的必经之路。

姜雍 2007 从集美大学机械专业毕业后，和当年公司校招的 128 名毕业生全部到矿山当工人。姜雍在紫金山铜金矿，先后在机修车间、喷淋车间、炭浸车间当操作工，三班倒干了九个月。2008 年春节的时候，姜雍在紫金山铜金矿破碎车间做年度检修，正好碰到春节雪灾，山上天寒地冻，又碰上大断电，除夕夜只能在工地吃泡面。当时宿舍共八个毕业生，最后剩下二个人，大部分吃不了苦跑了。

姜雍出生于矿山家庭，中学时代的暑假都在矿山生活，因此对矿山有亲切感，这些苦对他来说没什么，他坚持了下来。艰苦的矿山生活磨炼了他的意志，后来他从技术员、物流业务员、监审人员成长为集团监审室副主任、集团市场部副总，2021 年 12 月担任紫金矿业物流有限公司总经理。

邱晓斌是中国地质大学 2006 级本科生，毕业后到北京有色金属研究总院、东北大学读了硕士、博士，2018 年作为福建省工科引进人才、"金榜生"加盟紫金矿业。当年被分配到紫金山铜金矿后，邱晓斌先后到几个车间岗位轮岗，此后到湿法厂萃取车间担任工艺技术员，在一线操作岗位干了近半年，有了最基层实践经验后，被提拔为湿法厂萃取车间副主任、湿法厂选冶车间主任，到 2020 年 9 月担任湿法厂副厂长，一步一个脚印干上来，在紫金矿业湿法冶金领域崭露头角。

俗话说，是骡子是马，先拉出去遛遛。紫金矿业制定了一套完善的人才派遣机制，对于新来的大学生，实施"总部到一线"二次乃至多次派遣模式，让更多的人才通过外派、挂职等方法，到一线和基层磨炼，在项目实践中成长。

从美国科罗拉多矿业大学硕士毕业的张逸铖，2017 年作为首届"金榜生"加盟紫金矿业后，不久被派往吉林珲春紫金，从技术员、班长做到副厂长，期间还短期前往澳大利亚诺顿金田工作，2019 年 3 月调回总部董事会办公室担任会务和翻译，2019年11月再次被外派到非洲穆索诺伊公司担任选矿厂副厂长。这几年跨越东西南北半球的经历，犹如一块块磨刀石，将当年稚嫩的"海归"打磨得更加沉稳、专业、成熟。2020年9月，张逸铖再次被调回董事会担任要职。

为提高人才使用效率，盘活集团内部人力资源，集团总部和各个权属公司，都不时通过岗位公开招聘或竞聘，实现人力资源配置的市场化，使众多优秀的、敢于担当的人才脱颖而出，走上更重要且适合的岗位。

云南省曲靖市人赵维，2007年7月从云南大学制药工程专业毕业后，加盟紫金矿业旗下的云南隆兴矿业公司，担任化验员，工作一年后，靠良好的专业素养，成功竞聘到贵州紫金担任质计科副科长。此后他在工作中不断提升文字水平，先后担任了贵州紫金办公室文秘、综合科科长，从2016年起获贵州紫金三等功一次和二等功三次。由于工作出色，2020年，赵维担任贵州紫金办公室主任兼党办主任。

现任财务总监吴红辉，是通过岗位公开竞聘走上高层管理岗位的人才。吴红辉1996年从龙岩财经学校毕业后到龙岩市一家国有酒店从事会计工作，2004年酒店破产，他在买断身份和工龄后，只好在社会上漂泊。但他没有"躺平"，依然在不断学习，考了注册税收师、高级会计师。2007年，机会终于来了，吴红辉成功应聘到内蒙古巴彦淖尔紫金，担任财务部副经理。2013年，集团公司公开竞聘计财部总经理，吴红辉靠着实力，在多名竞争者中脱颖而出，成为计财部总经理。后来他又凭借出色的工作成绩，晋升为集团财务总监。

吴红辉深有感触：紫金矿业用人机制非常好，肯干就会给平台，不排资论辈。公司大学生、研究生、博士生众多，如果唯文凭论资排辈的话，就轮不到他了。因此，他始终边干边学，如今继续攻读MBA，即将毕业。

猛将发于卒伍，宰相起于州郡。对于如何发掘卒伍中的"李云龙"，紫金矿业制定了两个机制来保障，即高级后备人才计划和优秀青年人才计划。

高级后备人才计划，面向岗位在副总经理及以上、年龄在 45 周岁以下的人选，每年选拔 10 名左右。优秀青年人才计划面向 35 周岁以下、全日制本科学历以上的大学生群体，每年选拔 50 名左右。

其中优秀青年人才计划，选拔人才后采用"五个一"的培养模式，即一次座谈会、一次总部内训、一次厦大定制化外训、一个交流互动平台、一次年度系统述职，通过集中培养模式，提升优秀青年人才素质。

福州大学紫金学院本科生张俊杨 2011 年毕业后，加盟集团西北地勘院，到新疆从事地质勘查工作，先参与大红山项目，探明低品位铜金属量约 43.90 万吨，不久又参与阿舍勒铜矿补勘项目，探明新增高品位铜金属量 30.30 万吨，获得 2014 年"集团一等功"。2016 年，张俊杨受命转战山西紫金担任地质处处长，矿山地质处与会战项目组密切配合，拿下会战项目开门红，新增单金金属量 4.14 吨，当量金金属量 8.4 吨。地质处荣获山西紫金 2016 年"先进集体"，张俊杨个人荣获 2016 年"集团二等功"。

张俊杨一毕业就投身一线，屡立功劳，2017 年成为紫金矿业首批"优秀青年人才"。从 2018 年开始，张俊杨相继担任云南元阳华西、武平紫金、吉尔吉斯斯坦奥同克公司总经理，2022 年 9 月成为紫金矿业新一届"高级后备人才"，也是 2022 届 10 名人选中唯一一位 35 岁以下的人才。

厦大化学化工专业的硕士生陈世民，2017 年毕业后作为当年"英才 200"的一员加盟紫金矿业。陈世民入职后到紫金铜业实习，在电解厂当操作工，倒班三个月。出身农村的陈世民，从小养成了吃苦耐劳的习惯，很快适应了企业艰苦的环境。他在车间边干边学，从操作工到技术员、值班长，不久被提拔为制酸厂副厂长。陈世民脚踏实地，在工作中善于创新，2020、2021 连续两年被评为集团"优秀青年人才"，2021 年 12 月担任福建紫金选矿药剂有限公司总经理。

近年来，"优秀青年人才"的选拔和培养成效显著，五期累计共 175 人入选，经过持续跟踪培养，百余位获得职位晋升，近半数外派海外一线，在推动集团青年人才快速成长、激发干部活力方面起到了卓有成效的作用。其中，2022年的69名"优秀青年人才"中，有10名是2017年"英才200"的"金榜生"。

据统计，紫金矿业近五年来，就有超过40%的外部引进人才担任了本部或子公司的中高级管理职位，应届毕业生中近20%从基层脱颖而出。

一个优秀的组织，必须在机制层面上确保最优秀的人愿意去一线。

为了不让在前方冲锋陷阵的"李云龙"和埋头苦干的"雷锋"吃亏，紫金矿业进行了激励机制的改革，新的薪酬体系参考了世界知名的咨询公司，制定了紫金矿业特色的4P薪酬模式。基本工资（PERSON）：结合个人职级、资质、年功及过往经历，根据成就、贡献等因素确定的基薪体系，总共有53档，每年都会有积分维护，积分达到就可以涨工资；岗位津贴（POSITION），以海外、艰苦地区为导向，向偏远、艰苦地区倾斜，如海外最遥远的阿根廷高原项目地区，系数是总部的6.5倍；异地津贴（PLACE）：夫妻无法团聚的津贴；绩效工资（PERFORMANCE）：主要根据履职绩效及实际创造的价值确定。4P薪酬体系更科学合理，向艰苦一线倾斜，向年度绩效倾斜，鼓励员工长期服务。

紫金矿业还建立了员工专业职务晋升的积分机制，解决非行政管理岗位员工长期服务的职务待遇问题。积分制的核心，就是员工管理数字化，每年对员工的学历、工龄、年度考核、内外部奖励、发明专利等进行综合评分，从五级员工到三级、二级、一级都设定了分值，只要达到分值，员工就自动晋升。

龙秀甲2004年从中国地质大学毕业后入职紫金矿业，从紫金山铜金矿技术员、班长、车间副主任干起，一步步成长，后来被外派到紫金矿业云南麻栗坡项目担任质技科科长、副矿长，2013年到紫金测试公司担任副总经理，近年来到哥伦比亚大陆黄金负责技术服务。龙秀甲多年来热衷科技创新，多次获得集团三等功、二等功，以及福建省、中国黄金协会、中国有色金属协会的科技攻关、管理等奖项，评上了高级工程师，每年的考评基本上在 B+ 以上。2021 年他凭借积分，荣升集团二级专员，并担任紫金测试公司常务副总经理。

紫金矿业人力资源副总监卫才兵说，积分制解决了员工级别晋升的通道问题，有了一个公开公正客观的评价机制，用标准、数据和规则来管理人事问题，因此员工可以一门心思去提升自身素质，把业务干好，而不用挖空心思去找关系。

紫金矿业坚持以价值创造者为本的人才理念，重视并尊重人才，培养了一支优秀的人才队伍，这是紫金矿业发展的根本动力。紫金矿业这种"平等竞争、优胜劣汰、扬长避短、人尽其才"的人才理念和用人机制，不仅有利于人才的脱颖而出，还增强了人才的成就感、事业感和归属感，使一大批有志之士沉下心来，一门心思搞管理、搞研究。

培养工匠精神

在紫金山铜金矿井下 300 米深处平硐里，有一支大学生采掘队，每天操作着现代化的凿岩台车和锚网台车作业，将铜矿石从幽深的井下源源不断地采出。大家不怕脏不怕累，下班从井下出来，每个人的衣服都是脏兮兮的，但脸上都写满了乐观的笑容。

紫金山铜金矿大学生采掘队，成立于 2022 年 6 月 1 日，一共八人，其中硕士生四人，在井下从事掘进班和支护班的作业。

队长雷涛，2013 年从福州大学紫金学院采矿工程专业毕业，2015 年到紫金山铜金矿后，就一直从事井下采掘工作，是紫金矿业最早的一批大学生采掘队队员之一。

雷涛说，大学生要从基层干起来，深入基层学习采矿等施工工艺，只有把一线的东西都搞清楚了，你才有能力去管理别人。矿业行业条件是比较艰苦的，特别是井下的作业环境较差，但大家选择来到紫金矿业，就已经有了吃苦耐劳的思想准备，最终还是能适应的。

大学生采掘队成立以后，起初大家一个班干下来疲惫不堪，通过互相鼓励，慢慢适应了井下作业。队员们文化水平高，专业素质好，很快摸到了作业的路子，在师傅的指导下，半个多月就可以独立操作台车、锚杆台车作业了。通过四个月的锻炼，每个人都成了专业能手。

"外界以为矿工还在用铁铲挖矿，其实我们是在开着几百万的'豪车'工作！"2021年毕业的采矿工程专业硕士生肖红生自豪地说。肖红生跟另一位机械专业硕士生张清何，两人配合开一台价值200多万元的凿岩台车，目前凿岩技术已经熟能生巧了。

目前大学生采掘队共有七台凿岩台车和锚网台车，已订购了600万元一台的安百拓电脑版台车。这种车对操作工的技术要求更高，是顺应铜金矿智能化、自动化的方向引进的。

作为高学历的人才，大学生采掘队善于将理论知识应用到实际生产实践中去，改善现场的作业条件。根据几个月的作业，大学生采掘队发现四米多长的排险棍有十五六斤重，作业时非常耗费体能。在大家的建议下，采矿厂将排险棍改为棍身空心、但头上实心的棍，改造后排险棍重量轻了很多，捅浮石效果也更好。肖红生认为，要把大学生的知识真正运用到实践中去，优化施工参数，改进作业条件。

走向世界的中国矿业，呼唤更多高素质技术技能人才、能工巧匠和大国工匠。随着技术装备的进步，自营将成为紫金矿业的主体运营模式。紫金矿业特别鼓励相关专业的大学生加入到一线的大学生采掘队。

陈景河说：紫金矿业要高度重视技术工人的培养，要向澳大利亚等矿业发达国家学习，培养一大批高素质技术工人队伍。要与高质量的技术院校进行长期合作，解决技术工人的来源和培养问题，进一步完善技术工人技术职务晋升体系。要促使高技能工人的薪酬高于办公室大部分工程师的现象成为常态，进一步完善技师队伍建设，逐步拆除技术干部与技术工人的"篱笆"。

近年来，紫金矿业积极建设知识型、技能型、创新型劳动者队伍，弘扬劳模精神和工匠精神，培养与超一流国际矿业集团相匹配的"大国工匠"。集团公司和权属企业员工岗位技术比武由来已久，每年各单位都定期或不定期举办1~2次相关活动，从机工、焊工、司机等车间操作工种到厨师、公文写作等后勤工种均有不同形式的练兵比武，这些活动不仅大大激发了员工自主探索创新的活力，也进一步调动了广大员工对岗位工作的激情。

2016年3月，集团工会举行了首届"紫金杯"技术比武活动，开展了机电、重机及酒店服务类共计九个项目的比武，共有来自紫金山铜金矿、紫金铜业等本土企业的145名选手参赛。此后，紫金矿业每年都举行技术比武竞赛活动。

通过常态化的技术比武，一批能工巧匠在实践中脱颖而出。2016年12月7日，海峡卫视《客家人》栏目首次推出大型电视专题片《闽西客家工匠》，来自紫金山铜金矿的技术工人袁致忠幸运入选。

在众多紫金矿业培养出来的优秀产业工人中，黄金冶炼公司的高级技师李良，就是紫金矿业培养出来的一名工匠人才。

李良18岁从技校毕业后，在上杭县农械厂担任钳工，平时爱钻研，是厂里的技术能手。1994年，时年31岁的李良被调到紫金矿业黄金冶炼厂工作。当时，黄金浇铸工艺一直是紫金矿业的技术难关，金锭浇铸的外观缺陷等问题一直得不到解决。

李良接受任务后开始钻研，仅用一个月时间就解决了这一问题，他创造性地使用金锭浇铸排气装置，使50克、100克制作工艺装备，一次性通过上海黄金交易所认证；400盎司金锭的外观达到国际先进水平，顺利通过英国伦敦黄金市场协会LBMA认证，为紫金矿业进入全球金银交易市场、扩大国际知名度立下了汗马功劳。通过科技攻关，他在国内首创三千克金锭平模浇铸工艺，创新400盎司金锭浇铸工艺，达到国际领先水平。近年来，他又主持设计研发蒸发料、靶材等机械设备及工艺装备，为紫金矿业在新材料领域的进步做出了突出贡献。

紫金矿业为技工人才成长提供了宽松的环境，从精神上、物质上鼓励技工人才创新。扎根生产一线的李良，近30年始终如一，立足岗位，苦练本领，攻坚克难，勇于创新和奉献，不断实现自我超越，凭借其精湛技艺和不懈努力，从一名普通岗位工人成长为我国黄金冶炼行业金银工艺品加工、金银铸锭、金银靶材制作等领域的知名专家型技能人才，先后赢得福建省技术能手、福建省优秀人才、全国技术能手、国家级技能大师工作室领衔人等荣誉称号，获得专利15项，获得省部级科技奖十余项。

在做好自身工作的同时，李良还勤于技能的传播，几十年如一日，甘为人梯，给身边的年轻人免费做"导师"，他将自学掌握的各项技能，毫无保留地传给了车间的年轻员工，他积极为公司做好后续人才培养工作，每年培养8~10名技术骨干，其中指导紫金铜业员工周衍干获得2012年全国黄金行业职业钳工赛第11名，指导罗日火在2012年全国黄金行业职业钳工赛中获得优秀奖、在2016年龙岩市职业技能赛中获得钳工组第三名等多项好成绩。

如今，李良已成长为紫金矿业黄金冶炼厂业务科科长，他为企业培养的30多名技术工人，全部成为生产技术骨干。

职高毕业生范富荣，也是从一个工人成长为全国行业劳模、企业管理人员的典范。范富荣从职高机电专业毕业后，到紫金山铜金矿担任电工，工作扎实，参加全市技术比武大赛获得电工组第二名。2005年紫金山铜金矿开展自动化PLC项目，范富荣通过技术提升，解决了破碎机停电后不规则开机的问题，先后获提拔任破碎车间副主任、金铜矿机电厂和湿法厂副厂长、集团技术处副处长，一路提升，如今已是西藏巨龙铜业副总经理。范富荣多次获得集团技术标兵、优秀员工、集团功臣等称号，还成为全国黄金行业劳模、国务院特殊津贴获得者，获得福建省高技术人才等荣誉。

范富荣说，他在紫金山上16年，从浮选到湿法，在矿山多个部门和岗位锻炼过，每个岗位他都能做得最好，让同事放心，让领导信任，并在实践中不时找出创新的路子。

为了打造矿业工匠队伍，从2021年起，紫金矿业人力资源部门开展"工匠计划"，招聘产业技术工人，2021年共引进279名来自昆明冶专、湖南有色、湖南安全、四川机电等职业技术院校的大二及大三学生，到各项目单位一线进行上岗。

2022年6月，紫金矿业正式组建"大学生采掘队"定向培养，以建设集团、紫金山铜金矿、阿舍勒铜业为试点，共计35名大学生入队。当年9月15日，首届"工匠计划"入职培训班在紫金矿业总部开班，新入职的157位学员通过远程和现场学习的方式参加培训。

紫金铜业还成立了由30名2022届"金榜生"组成的首届大学生炼铜班，配备了冶金、材料、化工等不同专业人员，由熔炼厂牵头制定专业培养方案，进行为期两年的系统理论培训、现场跟班学习、独立上岗实操、专业技能比拼等专项培养，从"入岗"到"出师"，形成"传帮带教"全流程成才体系。截至2022年年底，紫金矿业共计引进342名工匠学生。一支新时代的工匠队伍正不断壮大。

本章思考

人才是企业的第一资源，员工是紫金矿业最宝贵的财富。紫金矿业的历史，就是陈景河团队引聚、发掘、造就人才的历史。优秀的人才，它是一个群体，应当涵盖优秀的决策层、管理层、优秀的科技人才和优秀的一线员工。

关于人才，陈景河的观点是：为人正直，具有很强的事业心，富有创新精神和经济观念，知识渊博，视野开阔，能及时发现并解决工作中的问题，有较强的组织能力，有主见又善于听取、吸纳他人意见，有原则又能与各种类型人员良好共事。

紫金矿业用人的策略是：英雄不问出处，让员工在国内和海外项目一线平台历练，在游泳中学习游泳，在实践中学习实践，让普通人在项目锻炼中成长，不拘一格降人才。

紫金矿业的人才理念是以价值创造者为本，即尊重劳动、劳动者和劳动者成果，全力打造以价值创造为核心的选人、用人，与价值创造者共享成果的制度体系；推动建立与全球化发展及国际标准适配的人力资源体系，不断构建全球各类专业人才集聚的高地。

第 12 章

决胜未来:始终奋进是企业发展的永恒主题

战略不是我们未来要做什么,而是我们今天做什么才有未来。

——现代管理学之父、美国著名管理学家　彼得·德鲁克

战略牵引聚焦星辰大海

2021年1月29日,紫金矿业公布了未来五年(2+3)规划和2030年发展目标纲要(简称"十年纲要"),提出用十年时间分三步建成全球一流矿业公司的宏伟目标,吹响了紫金人"全球矿业梦"的号角。

近30年来,与国家命运同频共谱的紫金矿业,以2020年为里程碑,已站在了全球化的新平台上,紫金矿业的事业已经进入了中国矿业史上的"无人区",公司放眼世界,高屋建瓴,主动对接融入国家"十四五"规划,由公司党委牵头,制定了公司五年(2+3)规划和十年纲要,对标全球矿业一流企业。

多年来,紫金矿业善于利用战略牵引,在制定公司发展战略后,整个发展路径按照公司的发展战略一步步实施。在21世纪之初,紫金矿业就制定了公司发展总目标:建设高技术效益型特大国际矿业集团;并确定了"三步走"发展战略:第一步实现国内黄金行业领先,第二步实现国内矿业领先,第三步争取到2020年实现国际矿业先进。

早在2007年11月14日,在天津市举行的中国国际矿业大会上,陈景河就紫金矿业的特色、价值观以及未来发展接受《中国黄金报》专访。陈景河满怀信心地说:15年后,紫金矿业将真正成为国际矿业巨头!

2006年，紫金矿业营收刚突破100亿元，2007年也才达到150亿元，公司的规模、营收与国际矿业巨头相比，几乎就是一个零头。陈景河信心十足，言之凿凿，举座皆惊。

陈景河对记者说：为什么说15年呢？因为未来15年无疑仍将是中国快速发展的时期，这种发展仍要以资源作为保障。从国内的情况看，大矿比较少，未来的方向是国际化，这方面紫金矿业大有可为。

15年后，紫金矿业献给未来的魔盒揭开了。经过多年的基础夯实，公司国际化在穿越矿业寒冬后厚积薄发，又一次迎来了高光时刻。2021年，紫金矿业实现新一轮的井喷式发展，横空一跃，再次惊艳神州。

2021年紫金矿业的业绩，神奇地应验了陈景河2006年的预言，当年公司经营指标实现跨越式增长，创下历史最高水平，营收和资产总额双双突破2000亿元大关，全年实现利润总额248亿元，归母净利润156.72亿元。紫金矿业归母净利润位居全球金属矿企第八、全球有色金属矿企第六、中国有色金属矿企第一。紫金矿业已经跻身全球矿业巨头之列。在全球行业排名榜上，2021年紫金矿业首次跻身福布斯财富世界双500强，分别排名第398位和第486位。

紫金矿业当年的梦想，并不是天马行空的梦呓，而是有中国走向世界和紫金矿业超常发展的客观依据和内在逻辑。陈景河团队的创业蓝图，来自惊人的智慧和战略洞察力，在多年孜孜以求下，最终梦想成真，实现从优秀到卓越。

30年来，紫金矿业从紫金山走向全国，从中国走向全球，攀越了一座座高峰。对于一家有远大志向的矿业公司来说，紫金矿业的梦想是星辰大海，是五洲四洋，是跻身全球矿业之林。在2018年工作会期间，陈景河董事长就提出了"五年再造一个紫金"的设想。十年纲要的出台，正是这一设想的"蓝图化"和进阶升华。

五年（2+3）规划和十年纲要提出，未来 5~10 年，公司主要经济指标接近或基本达到全球一流矿业公司水平，多项综合指标进入全球前 3~5 位，全面建成高技术效益型特大国际矿业集团，以优质绿色矿物原料为国家经济社会发展提供源源不断的支撑。

紫金矿业五年（2+3）规划和十年纲要分为三个阶段：

第一阶段是 2021—2022 年，要实现主要矿产品产量和主要经济指标跨越式增长，矿产金 67~72 吨，矿产铜 80 万~85 万吨，经济实力和企业规模显著提升，进入全球前八位，初步建立全球化运营管理体系；

第二阶段是 2023—2025 年，继续全面开发已有矿产资源，关注中大型金铜生产型矿业公司并购机会，显著提升主要矿产品资源储量和产量，矿产金 80~90 吨，矿产铜 100 万~110 万吨，基本建立全球化运营管理体系，基本达到全球一流金属矿业公司水平，进入全球前五位；

第三阶段是 2026—2030 年，到 2030 年全面建成高技术效益型特大国际矿业集团，主要经济指标接近或基本达到全球一流矿业公司水平，控制资源储量、主要产品产量、销售收入、资产规模、利润等综合指标争取进入全球前 3~5 位。

陈景河认为，紫金矿业未来能否再创辉煌，关键要看公司的国际化进程。

2022 年，紫金矿业在新的台阶上实现跨越增长，更上一层楼，实现营业收入 2700 亿元，归母净利润 200 亿元（见图 12-1）。迎来"三十而立"的紫金矿业，恰风华正茂，交出了一份沉甸甸的业绩单：实现矿产金 56 吨，矿产铜 86 万吨，矿产锌（铅）44 万吨。2022 年，紫金矿业矿产铜、矿产金和矿产锌产量在全球上市企业中排名分别为第 6、第 9 和第 4。特别是矿产铜产量实现爆发式增长，相当于中国国内总产量的近一半，紫金矿业成为全球一流的铜生产商。紫金矿业宣告圆满"超预期"完成了五年（2+3）规划第一阶段的任务。

图 12-1 紫金矿业盈利走势图（数据来源：公司历年年报）

基于过去三年的发展成绩，叠加外部环境变化、拥有的优势和面临的挑战，紫金矿业修订完善了未来三年规划和2030年发展目标。2023年1月30日，紫金矿业公告了新修订的《公司三年（2023—2025年）规划和2030年发展目标纲要》，明确到2025年基本建成全球化运营管理体系，努力接近全球一流金属矿业公司水平；到2030年综合指标排名进入全球一流矿业公司行列，建成"绿色高技术超一流国际矿业集团"，铜、金矿产品产量进入全球3~5位，锂产量进入全球前10位。

规划明确，在主要矿产品产量方面，紫金矿业未来三年（2023—2025年）将努力实现已有矿产资源全面高效开发和产能稳步提升，其中矿产铜目标为2023年95万吨、2025年117万吨；矿产金2023年72吨、2025年90吨；碳酸锂2023年0.3万吨，2025年12万吨；矿产锌/铅2023年45万吨，2025年48万吨（见表12-1）。

表 12-1　主要矿产品产量规划

	单位	2022 年	2023 年	2025 年	年复合增长率
矿产铜	万吨	86	95	117	11%
矿产金	吨	56	72	90	17%
矿产锌/铅	万吨	44	45	48	3%
矿产银	吨	387	390	450	5%
碳酸锂	万吨	—	0.3	12	/
矿产钼	万吨	0.4	0.6	1.6	59%

现代管理学之父、美国著名管理学家彼得·德鲁克曾说过：战略不是我们未来要做什么，而是我们今天做什么才有未来！

紫金矿业再一次以执着的信念和预期，牵引企业今天的布局。管理团队通过强大的学习力建构未来的洞察力和掌控力，为明天引路。紫金矿业修订的战略，是基于开发矿业、造福社会的宏旨，基于对行业未来趋势的判断，基于对全球经济变局的认知，和对自身发展优势的把握。

新修订的规划，战略更加宏大，目标更加具体明确，路径清晰可见，顶峰仰之弥高，但可望而可及，只待紫金人勇攀新高峰。

让处在一线的人做决策

2020 年 6 月底，在陈景河董事长"打造矿业界华为"的号召下，集团高层集体南下深圳华为总部，开展集中研讨学习，为公司战略修订和改革借鉴他山之石。

"一杯咖啡吸收宇宙能量"，在华为总部为期一周的思想碰撞，激发了高层战略设计和战术动作的灵感。在总结研讨会上，陈景河首次提出了改革的"三步走"路径，并将之纳为紫金矿业十年纲要的重要内容，把"建成先进的全球运营管理体系，形成全球竞争力和比较优势"上升到战略高度。

紫金矿业有史以来第一次把改革工作与企业战略目标协同起来，同频共振、相互赋能，无疑是一项重大的机制创新成果。

紫金矿业的发展史，实际上是一部不断改革、自我革命的历史。近年来，紫金矿业进入国际化快速发展新阶段，陈景河意识到，紫金矿业的构架、思维、理念越来越难以适应全球化的布局。紫金矿业提出，公司现阶段主要矛盾是日益全球化与局限的国内思维及管理方式之间的矛盾。

新的主要矛盾，通俗地说，就是紫金矿业已经是全球经营的"身子"，但"脑袋"及行为方式还是国内的。

陈景河谈到，紫金矿业海外大部分企业基本上是中国人，大多沿用国内制度体系，工作语言也基本上是中文，对国际规则了解不多，更谈不上深和透，显著缺乏国际大公司人才全球化的"范"。中西方文化管理、安全管理方面有很大的差异，西方的安全文化已经融进骨子里，紫金矿业应该汲其所长、补己之短。

陈景河 2022 年 12 月在公司会议上举了一个例子：不久前，澳大利亚诺顿金田有一位地质岗位的中国员工，在井下没有支护的掌子面上进行地质采样，被管理者发现，最终予以开除。尽管诺顿金田井下非常安全，当时也没有出现任何事故，但是按照制度，这位中方员工严重违反安全规则，处理结果不容更改。

陈景河通过这个典型案例警示大家，出现安全事故，一把手要承担责任，如果能将安全理念贯彻到每一位员工身上，就能避免很多事故的发生。他总结说：有志于成为国际超一流跨国矿业企业的紫金矿业，若不能建立高标准的国际规则和体系，没有一流的国际化人才来营运和管理，那将是非常危险的！

在五年（2+3）规划和2030年发展目标纲要的酝酿过程中，紫金矿业高层反复在思考一个课题：紫金矿业进入中国矿业前无古人的全球化"无人区""深水区"，目标既定，改革怎么改？这是一个"开放式"的课题，没有标准答案，最适合的就是最好的。

陈景河董事长、邹来昌总裁多次部署改革工作，明确提出了要把坚持紫金人的文化自信、能力自信与吸收国际规则和西方先进管理经验结合起来，走"中间路线"，推动以"国内为主"向"大型跨国矿业公司"管理体系转变，构建紫金矿业特色的全球竞争力。

变革是面向未来的风险工程。畏惧失败就不会有变革，没有变革就没有未来。刀刃向内，自我解构，打破"舒适区"，紫金矿业立志学习华为，构建IT全覆盖的"流程化组织"。华为的管理提升实践证明，只有职业化、流程化，才能提高一家大公司的运作效率，降低管理内耗。近年来，华为建成了一个扁平化、去审批化、由数据驱动的体制，这种体制，"让处在一线的人做决策"，一切都在阳光下，让人自发自主去关注当下的每一个节点，达成公司整体目标。应势而生的改革办承担起了"主攻手"的任务，各部门围绕"简洁、规范、高效"的目标掀起了变革热潮。

此后，紫金矿业全面启动构建全球化运营管理体系改革，计划通过"三步走"形成具有紫金矿业特色的、具有全球竞争力的高适配度全球化运营管理体系，其中第一阶段（2020—2022年）聚焦以国内管理体系为主向大型跨国矿业公司管理体系的转变。

在构建全球化运营管理体系改革中，信息数字技术将扮演极其重要的角色。紫金矿业充分发挥信息数字技术在体系改革中的关键作用，搭建更高效、更便捷、更实用的业务平台，用信息数字技术带动企业运营管理的简洁、规范化，实现高度集成和高效的目的，推动企业运营管理的全球化与现代化。

近几年来，紫金矿业网络建设得到快速发展，国内所有权属企业和境外部分权属企业已实现与集团总部的互联互通，对促进公司的全球化经营、加快全球一体化管理发挥了重要作用。紫金矿业基于矿山行业特点和权属企业地理分布，组织构建符合集团实际应用需求的全球广域网网络和数据中心，建立"云、管、边、端、控"的紫金矿业特色信息化基础架构规划；通过国际专线、SD-WAN、CDN等手段和网络通信技术，进一步优化全球广域网链路；在数据中心建设方面，形成了混合多云的集团数据中心架构，大量引入虚拟化技术，采用一体化机房、超融合设备；通过构建统一通信平台、统一视频监控平台、统一监控管理平台和统一IT服务四个平台，促进集团的IT运维保障工作逐步形成标准化、平台化、智能化、全球化的统一管控体系。

特别是2020年以来，包括视频会议在内的信息技术、大数据和人工智能的应用显现出了巨大的作用。2020年，集团信息部门保障物理会议超过3500场，平台支持线上会议超过32000场，保障各项大型会议十余场，确保了新冠疫情下国内外的有效沟通和业务交流。2021年的集团工作会议，为落实疫情防控要求，在总部、厦门分部、各权属企业设置了65个视频分会场，260余个网络直播接入，让全球各家权属企业管理人员第一时间听取领会会议精神。

对于构建全球化运营管理体系，陈景河还强调，改革成败的关键，在于思想的解放、在于管理思想的变革，这个变革就是要对集团公司各级管理层有基本的信任，用人不疑，疑人不用，完善制度建设，权力下放，让处在一线的人做决策，加强有效监督，减少审核（批），提高效率是改革的基本出发点。

紫金矿业进行了大刀阔斧的改革。通过整体规划、分步实施，各个关键人、财、物等业务系统和税务、合同、金融、资金等风控业务系统试点建设完成，部分完成国内推广，主要业务系统间初步实现数据流互联互通。自动化、ERP（企业资源计划系统）、基础架构、信息安全等服务逐步开始覆盖海外；各生产企业智能装备、安环系统、远程管控系统等，以点带面、示范引领，在全集团逐步有序展开。

紫金矿业改革办全面开展总部流程梳理优化，完成了总部流程优化后的信息系统落地工作，经优化归并后的流程共计 228 个，其中在全集团使用的流程有 130 个，仅在集团总部使用的流程有 98 个；202 个流程已实现信息系统线上运行。整个流程切掉了原来冗余的节点，一般流程实现 3 个节点完成，较复杂的流程 5 个节点完成。

从 2021 年年初以来，紫金矿业以制度、权限、流程、平台为主要抓手，制度修订基本完成并加快转化，对外投资、建设立项、资产处置、人力资源、物资采购、矿权维护、对外捐赠等全面实施权限下放，流程精简 33%，主要流程平均效率提升 36%，有效激活组织内生动能，管理效率大幅提升。

在组织架构层面，集团总部定位为战略管控型总部，聚焦管战略、资本、投资、计划预算等，总部部门从传统的"科层制"向"矩阵式"管理架构转型，形成服务于业务一线的三大产业运营管理部门、七大职能系统和六大业务支持部门（见图 12-2）。

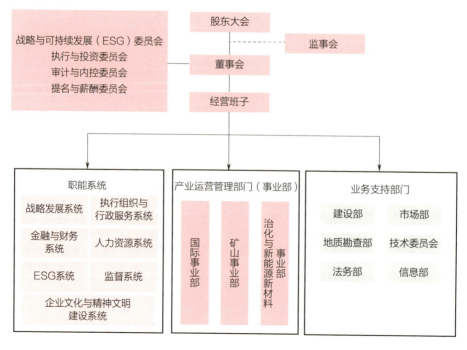

图 12-2　紫金矿业总部矩阵式管理架构

对于市场部负责的物流板块，紫金矿业全面建设物流系统信息平台，构建以 MDG（主数据管理系统）为基础，以 SAP 为枢纽，以 SRM（智能采购平台）、CPS（大宗商品购销管理平台）为核心，以贸易管理系统、LE（智汇物流管理系统）、WMS（仓储管理系统）为协同，以物流大数据 BI 报表为展现的可检查、追溯、对比、赋能、全覆盖的物流管理信息系统整体架构，使所有采购、销售、物流业务公开透明，在平台上可检查、追溯、比对和统计分析。

近年来，紫金矿业每年的采购额都达到上百亿元。物流与工程项目，涉及大批资金出入，历来都是敏感领域。紫金矿业对采购实行权限分离、限制自由裁量权的改革，采购并不是一个部门或者子公司自己说了算，而是选商、用商、定商"三权分立"，相互协作，相互制约。子公司需要采购，可以将计划上报到集团；集团采购部门进行招投标实施、供应商评估与管理，并由集团抽调专家进行价格评估；同时，采购部门和乙方谈价钱的时候，会通过 SAP 系统，将标的历史价格和以往使用记录调出来，一同评估；定标又是由业主单位、事业部、市场部抽调高级别的领导、专家，根据谈判结果形成报告之后，确定采购标的商家。

紫金矿业市场部总监黄孝隆说，这样，用户归用户，谈判的归谈判的，定标的归定标的，所以采购基本上不会跑偏，产生腐败的可能性大大减小。

紫金矿业的子公司，在与集团全球化运营管理体系对接的同时，也根据自身实际情况进行薪酬等体系的改革，实现提质增效。

紫金（厦门）工程设计有限公司原来职工奖金根据合同额来提成，导致苦乐不均，合同额高的项目大家争着做，合同额少的或是集团安排的项目没人爱干。公司实行薪酬改革，实行奖金工日制，成立了一个委员会，从专家库里随机抽七人，进行项目打分，评定每个项目的工日，减少了人情因素，以此计算项目奖金。

新的激励机制更加科学完善，促使大家主动去加班，提高效率，保质保量,多劳多得。公司大楼里的灯经常亮到凌晨3点,设计师们周末加班或在项目现场加班是常态。

副总经理张忠宝兴致勃勃地谈公司的加班文化:现在整个体制氛围比较好,一个新项目来,大家都会主动去抢活干,一线的工程师基本上都忙不过来。出差到新疆或者塞尔维亚等地,大家都带着笔记本电脑到现场设计。

总经理杨松说,改革后他成了"无事"总经理,他的权力都下放了。一个老总其实不要管太多,把规则制定出来,自己喝茶、喝咖啡就可以了,让员工去创造业绩。

紫金国际贸易有限公司(以下简称"紫金国贸")总经理雷桂琴介绍说,改革后的紫金矿业速度更加凸显。2021年紫金国贸在连云港和中国五矿成立五矿有色金属江苏有限公司,该公司主要业务是混矿处理和销售,总投资才3000多万元。紫金国贸投资900万元,占股25%。紫金国贸从向集团汇报到项目通过集团公司直投会流程,仅仅用了一个星期,显示了紫金矿业的高效率。

集团公司计财部总经理饶佳,曾在澳大利亚诺顿金田任财务总监,他介绍,诺顿金田财务制度很简单,基本上就一两页纸,上面规定了简洁的操作流程。2022年9月,他从海外回到总部计财部工作,经过几个月的体验,他认为改革后集团OA上的流程很简洁规范,计财部给权属企业的资金拨付流程非常快捷,极少有需要人工签字的事项,紫金矿业的制度流程的简洁规范程度,跟国外公司相比已丝毫不差。

构建全球矿业核心竞争力

关山万千重,山高人为峰。紫金矿业勇攀全球最高峰,没有陶醉停留于越来越绚烂的美景,而是一鼓作气再出发,站在全新发展平台上构建全球竞争力，向世界一流目标奋进！

党的十九大报告首次提出，培育具有全球竞争力的世界一流企业。

未来重任在肩，目标远大，使命艰巨。对于紫金矿业而言，全球化为主要方向、世界超一流为基本目标，构建全球竞争力是必然要求。

关于矿业企业全球竞争力，从2018年开始，陈景河就在中国国际矿业大会等全国性平台上不断慷慨陈词：中国需要大批具有全球竞争力的企业，紫金矿业为构建中国矿业全球竞争力努力奋斗。

"紫金矿业过去的成功主要是搭上了中国改革开放经济高速发展的顺风车。国际化是未来的重大考验，在国际矿业市场上脱颖而出，具备全球竞争力，才是真正意义上的成功！"

作为"一带一路"先行者，紫金矿业已积蓄与国际先进矿业企业同台竞技的基本条件，以国际化为特征的新一轮发展呈现出良好的态势。构建全球竞争力，是基于近20年来，紫金矿业在出海弄潮、筑梦寰宇的大量国际项目历练中形成的战略自信、能力自信和文化自信。

陈景河说，受历史和地理因素决定，全球最优质的矿产资源仍然主要掌握在西方矿业巨头手里，作为矿业市场的后来者，必须有比较竞争优势才可能实现赶超。而形成全球竞争力和比较竞争优势，必须要有"加速度"，要有自己的"独门功夫"，付出更多更大的艰辛和努力。

如何打造在全球矿业的核心竞争力？对紫金矿业而言，这是走出舒适区的新一轮自我革命。路虽远，行则将至；事虽难，做则必成。近三年来，紫金矿业在"深化改革、跨越增长、持续发展"中前行，在打造全球矿业竞争力上进行了孜孜不倦的努力，实现了全球化运营管理体系的初步建立和全球竞争力的全方位提升。

矿业公司生存和发展的基础就是矿产资源，一流的矿产资源，是紫金矿业成为全球化矿业公司的前提。紫金矿业坚持资源优先和逆周期并购策略，以较低代价获取了一批优质资源，成功完成对中国最大的世界级超大型铜矿——西藏巨龙铜矿、中国最大的单体金矿——海域金矿的并购，并完成对境外的哥伦比亚武里蒂卡金矿、圭亚那奥罗拉金矿、苏里南 Rosebel 金矿、蒙古哈马戈泰铜金矿以及国内的四川平武金矿、新疆萨瓦亚尔顿金矿等矿山项目的并购，成功入股招金矿业并成为其第二大股东。到 2022 年年底，紫金矿业保有资源量铜 7372 万吨、金 3117 吨、锌（铅）1118 万吨、当量碳酸锂 1215 万吨，分别升至全球第 7、第 9、第 7 和第 9，为控制有色金属矿产资源最多的中国公司。

紫金矿业实现了绿色转型。从 2020 年开始，面对全球能源革命发生重大变化、"双碳"目标催生巨大市场的背景，紫金矿业把全面进军新能源新材料产业作为重大战略决策，奋起直追，抢抓历史机遇，强力开启新能源领域布局，构建起"两湖一矿"的产业格局，控制的碳酸锂当量资源量跻身全球第 9、国内第 3，为新一轮跨越增长开拓了广阔的增量空间。同时，紫金矿业全力"孵化"磷酸铁锂、电解铜箔、高性能铜合金等新材料重磅项目，并关注被誉为"终极能源"的氢能源的发展，与福州大学等合作成立了以氨—氢为主要技术路线的氢能源公司，全面推动产业化；通过并购获得上市公司龙净环保的控制权，全力推进其"环保+新能源"战略转型，强化公司环保及新能源产业链条。

紫金矿业在自主创新方面有了突破。近年来深入推广应用"矿石流五环归一"矿业工程管理模式，关乎集团未来可持续增长的关键技术"大规模地下矿山崩落法"研究应用进展顺利，塞紫铜波尔铜矿旗下的 JM 铜矿、多宝山铜业的铜矿全面进入施工图阶段，丘卡卢·佩吉铜矿下部带矿、紫金山罗卜岭铜钼矿研究及工程前期工作有序开展。

同时，紫金矿业实现与国际标准和规范的主动对接。实施以"绿色、安全、可持续"为重要特征的 ESG 体系建设，高度重视"双碳"目标，推动企业制定"双碳"行动方案，建成 15 座国家级绿色矿山、10 家国家级绿色工厂。绿色生态成为紫金矿业国际化的"靓丽名片"，本质安全水平实现提升，ESG 治理理念日益深入人心，获评香港上市公司"杰出 ESG 企业"称号，MSCI 上调公司 ESG 评级为 B 级，实现"脱 C"目标。

在吸引国际化人才方面，紫金矿业近年来的"人才强企"战略卓有成效，建立并完善了高级后备人才、优秀青年人才、"英才 1000""工匠 300"及总部机关"双 50"等人才机制，面向全球遴选优秀人才，推行全员素质提升工程，持续加强正向激励，实施限制性股票激励计划，实现股东、公司和员工利益深度"捆绑"，推进企业员工"双向成长"。

从 2020 年到 2022 年的三年，是紫金矿业发展最快的三年，初步建立起"简洁、规范、高效"的全球化运营管理体系，初步完成从"国内为主"向"大型跨国矿业公司"管理体系转变的变革，从顶层设计开始加大授权放权力度，深化管理制度、流程、支撑体系的改革，有效提升国际规则准则的运用能力，激活组织内生动能，集团总部"矩阵式"管理架构基本建成，在公司治理、管理效率和整体活力改善方面初步形成全球竞争力。

"我们决不能因为近年的快速成长而骄傲自满，沾沾自喜，以为自己无所不能，目空一切；虚心向西方先进同行学习借鉴是必修课！"

2022 年 12 月，集团公司新一届班子换届后召开的党政联席会议提出，公司现阶段的主要矛盾是日益全球化与局限的国内思维及管理方式之间的矛盾。公司在肯定成绩的同时也清醒地认识到，紫金矿业与国际一流矿业公司相比有较大差距，中高管理层"大脑"和思维及行动方式还停留在国内，与大型跨国矿业公司高度适配的管理体系还没有系统建立起来，公司在发展方式、安全生产和依法合规方面仍然任重道远。

为达成前述目标，紫金矿业提出将以"提质、控本、增效"为工作总方针，破解日益全球化与局限的国内思维及管理方式之间的矛盾，夯实全球矿业竞争力，推进全球化运营管理和绿色低碳 ESG 可持续发展。坚持走紫金矿业特色的全球化发展道路，在业务规模持续增长的基础上，构建绿色低碳高质量可持续发展模式；坚持控制成本为企业管理的永恒主题，进一步提升精细化管理水平和自主创新核心竞争力，重塑全球矿业比较竞争优势；推动增量项目产能全面释放、存量项目稳产高产提质增效，加快资源优势向经济社会贡献转化。

同时，培厚资源基础，重点关注对全球重要成矿带、全球超大型资源、国内及周边重大资源的并购；坚持内部培养和外部引进相结合，建设高适配的全球人才队伍；打造相关方"创造价值、共同发展"的良好业态，提升紫金文化全球竞争软实力。强化"红线思维""底线意识"，提高跨国业务监督能力，增强系统性风险防控能力。

为了构建全球竞争力，达到打造超一流绿色国际矿业集团的目标，陈景河董事长信心满满："要敢于梦想，敢于胜利！"

矿业追梦人再出发

站在福建省上杭县古田镇古田山庄三楼主会议厅左边走廊上，前方不远处，高耸入云的毛公山的雄奇景观扑面而来。

2023年1月28日到29日，参加紫金矿业战略发展务虚会的代表们，在会议休息期间，不时能欣赏丽日蓝天下毛公山的壮丽景色。

两天的战略发展务虚会结出了硕果。会议审议通过了《公司三年（2023—2025年）规划和2030年发展目标纲要》及《三年（2023—2025年）工作指导意见》《第二阶段（2023—2025）深化改革方案》《应对气候变化行动方案》《紫金文化核心理念体系》等重要纲领性文件，并举行了隆重而简洁的发布会，明确到2025年基本建成全球化运营管理体系，努力接近全球一流金属矿业公司水平；到2030年综合指标排名进入全球一流矿业公司行列，建成"绿色高技术超一流国际矿业集团"，铜、金矿产品产量进入全球 3~5 位，锂产量进入全球前 10 位。

会议明确了"日益全球化与局限的国内思维及管理方式之间的矛盾"为紫金矿业现阶段主要矛盾，通过系列纲领性文件，绿色高质量发展、共同发展，实现"超一流"，成为公司未来的工作指南，全面开启了公司向全球一流矿业公司发展的进程。

邹来昌总裁在会上表态：紫金矿业将以"提质、控本、增效"为工作总方针，全方位提升发展质量，重点解决日益全球化与局限的国内思维及管理方式之间的矛盾。

紫金矿业再一次形成共识：解决矛盾的关键是系统解决国际化人才的问题！实现全球矿业梦，最终的落脚点还是人才。

在位于闽西山区的小镇古田，紫金矿业立足寰宇、放眼今后三十年，为自身重新定位，让绿色照亮未来。陈景河说：构建人类命运共同体是主旋律，矿产资源通过全球配置是主要经济体的必然选择，也是大型跨国矿企实现可持续发展的必然选择，我们一定要站在全球的角度去看世界、看行业，若只看中国，有明显的局限性，更不能只关注福建、龙岩及上杭！

紫金矿业第八届董事会的第一次重要会议，用未来的庄重承诺和远景规划，迎来了公司的三十周年（见图 12-3）：

2025 年基本建成全球化运营管理体系，努力接近全球一流金属矿业公司水平，单位工业增加值温室气体排放量下降 20%；

2029 年，单位工业增加值温室气体排放量下降 38%，较国家目标提前一年实现碳达峰；

2030 年综合指标排名进入全球一流矿业公司行列，可再生能源使用占比达到 30% 以上，建成"绿色高技术超一流国际矿业集团"；

2040 年建成国际超一流矿业公司；

2050 年较国家目标提前十年实现碳中和，为本世纪末全球气温较工业化前水平升高值控制在 2 摄氏度以内贡献力量。

图 12-3　紫金矿业未来的宏伟目标

当今世界，控制温室气体排放和气候变暖已成为全球共识，遵循《联合国气候变化框架公约》及《巴黎协定》的目标和原则，顺应新能源替代化石能源的能源革命，探索建立全球气候治理新机制，需要所有地球村民的共同努力。

紫金矿业实现碳中和的目标，按照最初的方案，原本计划以 2055 年为节点编制行动方案。但在对标全球领先的西方矿业公司基本计划于 2050 年实现碳中和后，陈景河董事长坚定地提出：紫金矿业作为跨国公司，且有志于建设绿色超一流的矿业集团，要对标西方公司。经反复研究和测算，紫金矿业正式发布了比国家目标提前十年实现碳中和的目标方案。

行业人士认为，与国内很多大企业相比，紫金矿业此次确立的碳中和目标非常具有挑战性，对标全球行业头部企业同步实现目标，彰显了紫金矿业的雄心壮志和负责任的跨国大企业形象。

建成超一流矿业公司，实现全球矿业梦的终极目的，是造福社会，是参与构建全球命运共同体，为人类美好明天做出贡献。

紫金矿业在勇攀世界矿业最高峰的山腰上，再一次擘画未来发展蓝图，为公司实现全球矿业梦指明方向。

征程万里风正劲，紫金扬帆恰逢时。

紫金人，因梦想而集结。30年前，地质队员陈景河在上杭县矿产公司76名员工的心头，点亮他胸中"待来日，金山光芒，夺目耀眼"的梦想，迈出了紫金山开发的第一步。

30年后，陈景河团队用打造"绿色高技术超一流矿业集团"的梦想，再一次点亮紫金矿业的天空。全球5万名矿业追梦人，再次启航，为新一轮的宏伟梦想再出发。

今天的矿业追梦人，是一个来自五洲四海、肤色不同、语言不同的国际大联盟。新时代的流淌着"李四光""王进喜"血脉的新矿业人，挥别父母妻儿，背着笔记本电脑，操着略带客家口音、福建口音、中式口音的英语、西班牙语、俄语、非洲土语，走向远方，走向五大洲的矿区，和全球操着各种语言、有各种肤色的新紫金人会合，共同走进林海雪原、大漠戈壁、热带雨林和高山荒野，在新航程中创造紫金矿业的新奇迹。

创业永不停歇，只有逗号，没有句号。陈景河在战略发展务虚会的闭会致辞中说，对过去最好的致敬，就是书写新的历史，对目标最好的把握，就是开创更美好的未来。

凡是过往，皆为序章。三十而"励"的紫金矿业，前途似海，来日方长。

"伟大的事业不是等得来、喊得来的，而是拼出来、干出来的，我们要坚定战略自信、能力自信、文化自信，勇于面对全球化道路上的困难和挑战，将重大决策部署付于行动、见于成效，加快向'绿色高技术超一流国际矿业集团'的宏伟目标奋进，为人类美好生活贡献紫金力量！"

2023年1月29日，当陈景河讲完战略务虚会闭幕词的时候，已是黄昏。左边毛公山上的落日美景，让开了一整天会议略显疲倦的他精神一振。

古田山庄广场上，一幅巨大的宣传牌上的文字，在夕阳下特别显眼：成功从古田开始，胜利从古田启航。

然后，他大步登车，车队在金色迷离的余晖中，渐渐远去。

本章思考

紫金矿业善于利用战略牵引，早在20年前的21世纪之初，就设计紫金矿业发展路线，谋划了企业发展三步走战略，并一步一步实现。紫金矿业2005年实现国内黄金行业领先、2013年实现国内金属矿业领先、2022年进入全球金属矿业前十行列。

2023年年初，紫金矿业修订了未来新的企业发展三步走战略：2025年基本建成全球化运营管理体系，努力接近全球一流金属矿业公司水平；2030年综合指标排名进入全球一流矿业公司行列，建成"绿色高技术一流国际矿业集团"；2040年建成国际超一流矿业公司，达到"绿色高技术超一流国际矿业集团"的战略目标。

紫金矿业将以"提质量、控成本、增效益"为工作总方针，全方位提升发展质量，重点解决日益全球化与局限的国内思维及管理方式之间的矛盾。

后　记

本书采写前后相隔 12 年，是两段分别长达一年多的"逆行"的创作过程。

第一阶段是 2010 年。当时我刚进行调研不久，就发生了紫金矿业汀江铜离子废水泄漏的"7·3"事件，铺天盖地的舆论声讨让企业被批得一无是处，进入空前的至暗时刻。我坚信紫金矿业的内在精神价值，不为负面舆情所动，身背骂名，继续前行，通过近两年的采访，写成一部书稿，在紫金山铜金矿整改完成、公司走出低谷后的 2013 年，出版了书籍《紫金矿业真相》。如今回头看，还好当年及时对一些创业元老进行深度采访，获得了许多一手的翔实材料，后来有两位提供宝贵素材的企业创始元老——曾任公司党委书记的曾庆祥、曾任公司财务总监的周铮元老先生均已去世。

第二阶段是 12 年后的 2022 年，又是一次"逆行"。正值疫情，出行艰难，我无数次穿行于龙岩市、厦门市、福州市之间，约谈采访对象，并前往上海、新疆、甘肃、贵州等地的紫金矿业权属企业调研。其中 8 月份在新疆调研，在阿舍勒铜业考察后，仓皇乘机离疆，避免了滞留铜矿 100 余天的惊险。同时庆幸的是，得益于紫金矿业内部先进的技术优势，在当时无法前往北京、香港和海外考察采访的情况下，利用远程视频会议进行访谈，获得了很好的效果。

两次"逆行",收获同样是满满的感动。紫金矿业从一家国有小矿企起家,30年成为一个全球矿业巨头,在于有非常之人的非凡梦想的召唤和牵引。当年,陈景河几次放弃舒适的事业和生活,回到紫金山继续找矿,放弃在省属单位的工作领衔开发紫金山,冒着巨大风险与外资争夺矿权,每次都需要超凡的胆识、理想和格局。他带领团队成功开发紫金山后,又勇闯全中国,弄潮全世界。这些历程无不充满了艰难险阻,紫金人在梦想的指引下,克服千难万险,走过万水千山,历尽艰苦卓绝,"虽九死其犹未悔",闯出了一条中国矿业前所未有的全球化道路。

在2022年以来的调研中,我更广泛深入地访谈了一大批紫金人。这些平凡的普通人,为了梦想而来,在荒山野岭艰苦创业、以全球五洲四海为家,远离家人,默默无闻地奋斗,建成一座座矿城。从高级管理团队,到普通管理和技术人员,我从他们身上,找到了企业实现崛起的最关键的人的因素,领悟到了公司从小到大、走向全国、筑梦全球、基业长青的成功密码。同时,我更加深刻地理解了多年来紫金矿业为什么一直求贤若渴,矿业为什么需要大量人才储备和长期艰苦奋斗、开拓创新的精神。

因为感动,所以痴迷,然后全身心投入采写,多少次夜不能寐、风雨兼程。我深知,要照亮读者,首先要燃烧自己,要深度了解矿业,彻底吃透紫金矿业,才能将故事讲好。我记得美国著名管理学家德鲁克曾说过:"管理得好的工厂,总是单调乏味,没有任何激动人心的事件发生。"确实,矿业是枯燥无趣的,矿山管理是按部就班的。好在紫金矿业是一家有故事的公司,在调研过程中,我尽量挖掘出公司在创业、改制、并购中的戏剧性情节,力图增加书籍的吸引力和可读性。

当然,2022年以来的采访,广度深度与之前完全不可相提并论。如果说第一阶段更侧重于企业初创故事和财富神话传奇的话,第二阶段则侧重对企业全面深度的理性梳理和价值拷问。事实上,2022年的紫金矿业与当年刚回归A股的紫金矿业,在企业体量、管理构架、行业影响力上已经完全不同。此外，因为有公司更明确的调研授权，我得以进入企业内部，收集大量翔实材料，访谈大批高质量的人物，零距离了解公司内部运行情况，因而对于公司的历史、现状的把握也更加深刻。

矿业是人类最古老的行业之一，却又是一个专业性很强的行业，包含着多门类的学科。2022年以来，一年的时间里，我深入紫金矿业多个权属矿山、企业考察、调研，完成了180余人的访谈，他们有高管、独立董事、各级管理人员、技术人员、骨干员工，涉及地质、采矿、冶金、建设、物流、财务、金融、投资并购、信息技术等多种行业。这次调研与其说是采访，不如说是一场MBA级的培训，众多行业专家面对面对我进行知识普及和授课。调研紫金矿业的历程，是一个多学科、多专业的学习过程，令我如同进入了一个精神宝库，眼界大开，实现了个人知识和视野的一次大提升。

因此，我首先要感谢接受采访的紫金人。华为总裁任正非曾说过："现在有一些大顾问公司和我们说'不要一分钱来做顾问行不行'，我们拒绝了，因为还要给他们讲课，还费劲。"事实正是这样，对于一个外行的记者而言，深入紫金矿业是一个学习行业知识的过程，这当中费尽了访谈对象大量的精力和脑力。在此，感谢众多紫金矿业大咖为我传授宝贵的行业知识。

在2022年以来的采写过程中，我得到了公司不少人的帮助。公司董秘郑友诚是老新闻人，每次交流都让我醍醐灌顶、思路大开。董事会办公室的黄伟程、汪洁、刘星，党群文化部的丘志华、林钦权、邹永明、李凌生、赖吉辉等许多同志，或陪同我采访，或为我提供线索，或点拨我的思路，对书籍调研和写作起了重要作用。

最后要感谢公司管理层给予我这个可遇不可求的机会。据我所知，公司高层谢绝了不少一线城市的大牌作家、著名咨询公司的调研写作请求，将这个光荣使命交给本人这个不知名的本土作者来完成。这主要是考虑到矿业的专业性和本人对紫金矿业前期的了解。

这与紫金矿业的一贯风格是相符的。紫金矿业管理团队多年来都是不拘一格降人才，奉行"适合的就是最好的"，这种用人理念造就了许许多多原本平凡的人物。因此，我要感谢公司管理层的高度信任。只是囿于水平，没有将紫金矿业这块高品位的精神金矿，完完整整挖掘展示出来。

傅长盛

2023 年 6 月 8 日于厦门中航紫金广场